Die Maß- und Gewichtsordnung

vom 30. Mai 1908

mit den Ausführungsbestimmungen

Unter Benutzung amtlicher Quellen

erläutert und herausgegeben

von

Dr. Plato

Kais. Geh. Regierungsrat
und Mitglied der Kais. Normal-Eichungskommission

Berlin

Verlag von Julius Springer

1912

ISBN-13: 978-3-642-94077-4 e-ISBN-13: 978-3-642-94477-2
DOI: 10.1007/978-3-642-94477-2
Softcover reprint of the hardcover 1st edition 1912

Vorwort.

Am 1. April 1912 ist die Maß- und Gewichtsordnung vom 30. Mai 1908 in Kraft getreten. Sie bringt gegenüber der Maß- und Gewichtsordnung vom 17. August 1868 so viele und in das ganze gewerbliche und geschäftliche Leben so tief einschneidende Änderungen, daß eine völlig neue Rechtslage geschaffen ist. Nicht nur ist der Begriff der Eichung durch die Einführung der zwangsweisen, in regelmäßigen Fristen zu wiederholenden Nacheichung gegen früher ein viel umfassenderer geworden, auch der Kreis der dem Eichzwange unterliegenden Meßgeräte hat durch die Einbeziehung der Meßgeräte des Großhandels und der Vereine, der Maße, Gewichte und Wagen, die in fabrikmäßigen Betrieben zur Ermittelung des Arbeitslohnes dienen oder von Behörden im Verkehre mit dem Publikum verwendet werden, eine wesentliche Erweiterung erfahren. Er hat ferner an Ausdehnung gewonnen dadurch, daß neben den Fässern für Wein, auch die für Obstwein und Bier, neben den Gasmessern für Leuchtgas auch die für Koch- und Heizgas usw. zu den eichpflichtigen Gegenständen gehören sollen. Wichtig ist die grundsätzliche Aufhebung der Gemeindeeichämter und die Verstaatlichung des Eichwesens. Ein politisch bedeutsamer Fortschritt ist die Aufgabe der Sonderstellung, die Bayern bisher auf dem Gebiete des Eichwesens einnahm, und die hierdurch erzielte Einheitlichkeit und Freizügigkeit des Eichzeichens im gesamten Reichsgebiet. Die Einfügung der Strafbestimmungen in das Gesetz und ihre Milderung gegenüber § 369, 2 Str.G.B. wird allgemein willkommen geheißen werden. An minder wichtigen Änderungen bringt das Gesetz die Einführung der Gewichtsstücke zu 125 und 250 Gramm, die Zulassung von Förderwagen und Fördergefäßen jeder Größe im Bergwerksbetriebe, die Aufnahme der Bezeichnungen Dezimeter, Milliliter, Hektogramm und Doppelzentner usw.

Der Neuerungen sind so viele, daß es nicht unerwünscht für die Rechtsprechung wie für die Eichpraxis sein wird, wenn die einzelnen Bestimmungen des Gesetzes, das trotz seiner verhältnismäßigen Kürze mannigfache Schwierigkeiten in sich birgt, durch Erläuterungen dem Verständnis näher gebracht werden. Bei den nachfolgenden Erklärungen und Bemerkungen ist den rein technischen Abschnitten besondere Berücksichtigung zuteil geworden. Aber auch die Behandlung juristischer Fragen, die sich an einzelne Festsetzungen knüpfen, ist nicht außer acht gelassen worden. Besondere Sorgfalt würde darauf verwandt, die bisherige Rechtsprechung, soweit sie nicht durch die veränderte Rechtslage überholt und bedeutungslos geworden ist, möglichst lückenlos anzuführen und zur Erklärung der Vorschriften mit heranzuziehen. In den Anlagen sind andere Gesetze, Verordnungen und Abmachungen, die für die Ergänzung der Maß- und Gewichtsordnung von Belang sind, vollständig oder wenigstens auszugsweise abgedruckt. Auch sind alle Ausführungsbestimmungen, die auf Grund des Gesetzes erlassen sind, dort zusammengestellt.

Wenn Verfasser mehrfach auf die Absicht des Gesetzgebers hinweist, auch soweit sie sich nicht aus den öffentlichen Verhandlungen ergibt, so glaubt er sich hierzu dadurch berechtigt, daß er von der Feststellung des ersten Entwurfes des Gesetzes bis zu seiner Verabschiedung an allen Arbeiten und Beratungen beteiligt war.

Wilmersdorf. Plato.

§ 1.

Die Grundlagen[1]) des Maßes und des Gewichtes sind das Meter und das Kilogramm.[2])

Das Meter ist der Abstand zwischen den Endstrichen des internationalen Meterprototyps bei der Temperatur des schmelzenden Eises.[3])[4])

Das Kilogramm ist die Masse des internationalen Kilogrammprototyps.[5])

[1]) Durch das Gesetz vom 19. Brumaire An VIII (10. Dezember 1799) wurde in Frankreich die Länge des Meters im Verhältnis zu den altfranzösischen Maßen festgesetzt und die im französischen Archive aufbewahrten Verkörperungen des Meters und des Kilogrammes (mètre des archives und kilogramme des archives) als Urmaße bestimmt. Das mètre des archives ist ein Endmeter, d. h. seine Länge wird dargestellt durch den Abstand zweier einander gleichgerichteter Ebenen, die durch die Enden des Maßstabes gelegt sind und zur Stabachse senkrecht stehen. Es ist von Lénoir aus Platin hergestellt und hat einen rechteckigen Querschnitt von 25 mm Breite und 4,05 mm Dicke. Das von Fortin verfertigte Kilogramm besteht aus dem gleichen Material.

Wie sich später ergab, hatte man bei den Verkörperungen der Urmaße keine glückliche Hand gehabt. Schon die Wahl eines Endmaßes als Prototyp muß als verfehlt bezeichnet werden, da Endmaße sich nur mit wesentlich geringerer Genauigkeit bestimmen und untereinander vergleichen lassen als Strichmaße. Dann ist Platin ein zu weiches Metall. In der Tat zeigt auch die eine Endfläche des mètre des archives Eindrücke, die wahrscheinlich durch den beweglichen Kontakt bei Messungen auf einem Fühlhebelkomparator hervorgebracht sind und den Wert dieser Fläche als Begrenzung der Längeneinheit mindestens zweifelhaft erscheinen lassen. Zudem war das benutzte Platin unrein, so daß die Urmaße nicht in Flüssigkeitsbäder getaucht werden durften. Nach dem damaligen Stande der metronomischen Wissenschaft konnte daher weder die Ausdehnung des Metermaßes noch die Dichte des Kilogramms mit hinreichender Sicherheit bestimmt werden. Endlich war auch der Querschnitt des Meters zu schwach gewählt, um gegen Verbiegungen Schutz zu gewähren.

Diese Übelstände traten um so mehr in Erscheinung, je größer die Anzahl der Staaten wurde, die das metrische System einführten, weil die von den Urmaßen abgeleiteten Kopien, die als Landes-Urmaße zu dienen bestimmt waren, untereinander nicht übereinstimmten. Die hierdurch entstandene allgemeine Unsicherheit gab zuerst dem Direktor des preußischen geodätischen Institutes Generalleutnant Dr. Baeyer Anlaß, bei der preußischen Akademie der Wissenschaften den Antrag zu stellen, daß eine europäische Behörde eingesetzt werden möge, die gemeinsame Urmaße herstellen und aufbewahren, Kopien von ihnen verabfolgen und innerhalb bestimmter Fristen vergleichen sollte. Diese Anregung wurde von den Gelehrten anderer Länder aufgenommen, von den wissenschaftlichen Körperschaften und auch von den Regierungen gebilligt. Nach langen Verhandlungen, die sich acht Jahre hinzogen, kam es endlich zu Vereinbarungen, die in der am 20. Mai 1875 unterzeichneten, in der Anlage 12 abgedruckten Meterkonvention ihren Abschluß fanden.

Die internationale Meterkonvention wurde abgeschlossen zwischen den Staaten: Deutschland, Österreich-Ungarn, Belgien, Brasilien, der Argentinischen Konföderation, Dänemark, Spanien, den Vereinigten Staaten von Amerika, der Französischen Republik, Italien, der Republik Peru, Portugal, Rußland, Schweden und Norwegen, der Schweizerischen Eidgenossenschaft, der Türkei und der Republik Venezuela. Diesen 17 Vertragsstaaten traten noch späterhin bei: 1879 Serbien, 1882 Rumänien, 1884 Großbritannien, 1885 Japan, 1890 Mexiko, 1907 Kanada, 1912 Siam. Brasilien und die Türkei sind nachträglich wieder zurückgetreten, dagegen steht der Beitritt von weiteren englischen Kolonien und von China in Aussicht.

Das im Artikel 1 der Meterkonvention vorgesehene internationale Maß- und Gewichtsbureau begann nach der Fertigstellung der erforderlichen Baulichkeiten (Pavillon de Breteuil im Park von St. Cloud nahe bei Sebres) im Jahre 1878 seine Arbeiten sofort und im Jahre 1889 hatte es seine Hauptaufgabe, die Herstellung und Vergleichung neuer internationaler Urmaße vollendet. Am 24. September 1889 trat in Paris die internationale Meterkonferenz zusammen und setzte endgültig fest, daß an Stelle des mètre des archives und des kilogramme des archives in Zukunft die internationalen Prototype die alleinige Grundlage des metrischen Systems bilden sollten. Die internationalen Prototype waren aus einer größeren Anzahl gleichzeitig hergestellter Maßstäbe und Gewichte ausgewählt worden, während die übrigen Prototype durch das Los unter die Vertragsstaaten verteilt wurden.

[2]) Nach Artikel 1 der Maß- und Gewichtsordnung für den Norddeutschen Bund vom 17. August 1868 (B.G.Bl. S. 473, Anlage 11) und nach Artikel 1 des Gesetzes vom 11. Juli 1884 (R.G.Bl. S. 115) bildete das Meter die alleinige Grundlage des Maßes und des Gewichtes. Das Kilogramm war erläutert als das Gewicht eines Liters destillierten Wassers bei +4 Grad des hundertteiligen Thermometers. So bestechend indessen der Gedanke der Zurückführung aller Maße und Gewichte allein auf die Längeneinheit theoretisch auch ist, seine Durchführbarkeit scheitert an praktischen Schwierigkeiten, da weder die mechanische Technik den Raum eines Kubikdezimeters

(Liters) durch ein Hohlgefäß oder einen Körper mit solcher Genauigkeit darzustellen, noch die metronomische Wissenschaft die Verkörperung so sicher auszumessen vermag, wie es für die Bestimmung einer fundamentalen Einheit erforderlich ist. Unter Wahrung der einmal ermittelten Masse des Kilogrammes wurde daher seine unmittelbare Zurückführung auf das Meter bald aufgegeben, und es wurde entsprechend dem Vorgehen der internationalen Meterkonvention (Beschluß der Generalkonferenz für Maß und Gewicht vom Jahre 1889) in Deutschland durch Gesetz vom 26. April 1893 (R.G.Bl. S. 151) das Meter allein als Grundlage der Längenmaße und der von ihnen abgeleiteten Flächen und Raummaße bestimmt, während das Kilogramm zur Grundlage der Gewichte und der Hohlmaße erklärt wurde. Die vorliegende Fassung des § 1 Abs. 1 gibt den Inhalt des § 1 Abs. 1 des Gesetzes vom 26. April 1893 wörtlich wieder.

3) Nach der Erläuterung zum Entwurfe der Maß- und Gewichtsordnung ist „eine sachliche Änderung des bestehenden Gesetzes (nämlich des Gesetzes vom 26. April 1893) nicht beabsichtigt. Dagegen erschien für die Begriffsbestimmung eine neue Fassung geboten. Zunächst ist die bisherige Definition des Meters (das Meter ist die Einheit des Längenmaßes. Es wird dargestellt durch den bei der Temperatur des schmelzenden Eises gemessenen Abstand der Endstriche auf demjenigen Maßstab, welcher von der internationalen Generalkonferenz für Maß und Gewicht als internationales Prototyp des Meters anerkannt worden und bei dem internationalen Maß- und Gewichtsbureau niedergelegt ist) insofern anfechtbar, als bei dem Urmaße von dem gemessenen Abstande nicht wohl gesprochen werden darf. Eine wissenschaftlich erschöpfende Definition des Meters ist bisher nicht bekannt. Das Gesetz wird daher von einer Begriffsbestimmung dieser Art absehen und sich mit der Feststellung der Beziehung des Meters zu dem internationalen Meterprototyp begnügen müssen. Hierbei wird jedoch von den Merkmalen für die Feststellung des Abstandes das eine, nämlich die Temperatur des schmelzenden Eises, ausdrücklich zu erwähnen sein, um zum Ausdruck zu bringen, daß diese Temperatur die Normaltemperatur des metrischen Systems ist, während andere Erfordernisse, z. B. daß das Eis unter dem Drucke einer Atmosphäre schmelzen und daß der Stab sich in horizontaler Lage befinden muß, im Gesetz unerwähnt bleiben können. Die vorgeschlagene Fassung befindet sich mit der nachfolgenden Definition für das Kilogramm in systematischer Übereinstimmung."

Die Metereinheit wurde bis zum Jahre 1889 durch den Abstand dargestellt, der bei der Temperatur des schmelzenden Eises zwischen den Mitten der Endflächen des in den französischen Archiven aufbewahrten Platinstabes von rechteckigem Querschnitte (mètre des archives) stattfand.

Nach dem Beschlusse der internationalen Generalkonferenz für Maß und Gewicht vom Jahre 1889 gilt jetzt als Meter der bei der Temperatur des unter dem Drucke einer Atmosphäre schmelzenden Eises stattfindende Abstand zwischen den Endstrichen eines im Pavillon de Breteuil niedergelegten Stabes, dessen Querschnitt durch die nebenstehende Figur in natürlicher Größe veranschaulicht ist. Der Stab besitzt an jedem Ende eine Gruppe von je drei Strichen, von denen der mittelste als Endstrich gilt, während die rechts und links von ihm befindlichen Striche als Hilfsstriche anzusehen sind.

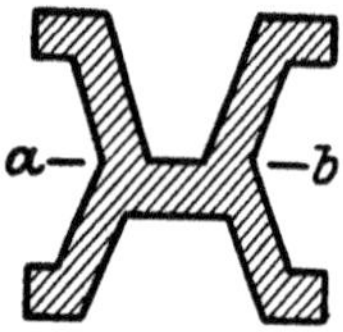

Als Material zur Herstellung des Stabes, des „internationalen Prototyps", ist eine sehr reine Legierung von 90 Prozent Platin mit 10 Prozent Iridium von fast stahlgleicher Festigkeit verwendet worden, die neben ihrer Härte auch durch ihre sehr günstigen sonstigen chemischen und physikalischen Eigenschaften für die Beständigkeit der Darstellung der Längeneinheit anscheinend eine besonders große Sicherheit bietet. Die Striche befinden sich in der neutralen Ebene dieses Stabes, nämlich in der Ebene, die gleichlaufend mit der Fußebene durch die Schwerpunkte der Querschnitte gelegt und in der Zeichnung durch die Linie a b angedeutet ist.

Bei Messungen ist der Stab auf eine horizontale Unterlage zu lagern. Zu benutzen ist er ohne Formel, der Abstand der Endstriche gilt als fehlerfrei und eine Beziehung zu dem mètre des archives ist nicht gegeben; die alten französischen Prototype gelten nur noch als historische, nicht mehr in Gebrauch zu nehmende Erinnerungsstücke. Lediglich aus Gründen der Pietät für die Grundlagen und die Begründer des metrischen Systems, und zur Verhütung der Übelstände, die bei einer merklichen Verschiedenheit der bisherigen und der neuen Einheiten etwa eintreten könnten, ist ausdrücklich bestimmt, daß die in den neuen Prototypen verkörperten Größen mit den alten französischen genau identisch sein sollen. In der Tat ist es auch gelungen, dieser Bestimmung so genau nachzukommen, daß selbst für die feinsten Maßbestimmungen der Wissenschaft und Technik kein Unterschied der Länge des bisherigen mètre des archives von dem neuen internationalen Meterprototyp erkennbar ist.

[4]) Als Normalthermometerskala ist von der Generalkonferenz für Maß und Gewicht die Wasserstoffskala angenommen. Die Temperaturmessungen finden aber mit Quecksilberthermometern statt, deren Angaben durch besondere Untersuchungen auf die des Wasserstoffthermometers zurückgeführt worden sind.

Jedem Prototyp sind 4 von Tonnelot in Paris verfertigte Glasthermometer in Stabform beigegeben, und zwar erhielt Deutschland die Thermometer Tonnelot Nr. 4321, 4322, 4323 und 4324. Eine Beschreibung der Thermometer ist in dem ihnen beigegebenen Zertifikat (§ 2 Anm. 1) enthalten. Sie bestehen aus Hartglas, dessen Zusammensetzung durch chemische Analyse wie folgt gefunden wurde:

Kieselsäure	71,48	Kalk	14,54
Schwefelsäure (SO^3)	0,73	Natron	10,99
Chlor	Spuren	Kali	0,34
Aluminium	1,41	Magnesia	Spuren
Eisenoxyd	0,25	Manganoxydul	Spuren

Zur Reduktion eines Tonnelotschen Quecksilberthermometers aus Hartglas auf die Skala des Wasserstoffthermometers dient die nachfolgende Tafel:

$$T_{\text{Wasserstoff}} = T_{\text{Quecksilber}} + \text{Zuschlag.}$$

T_m in °	0° in Grad	1° in Grad	2° in Grad	3° in Grad	4° in Grad	5° in Grad	6° in Grad	7° in Grad	8° in Grad	9° in Grad
− 20	+0,172	+0,184	+0,195	+0,208	+0,220	+0,233				
− 10	+0,073	+0,082	+0,091	+0,100	+0,110	+0,119	+0,129	+0,140	+0,150	+0,161
− 0	0,000	+0,006	+0,013	+0,020	+0,027	+0,034	+0,041	+0,049	+0,057	+0,065
+ 0	0,000	−0,006	−0,012	−0,018	−0,023	−0,028	−0,033	−0,038	−0,043	−0,047
+10	−0,052	−0,056	−0,060	−0,063	−0,067	−0,070	−0,073	−0,076	−0,079	−0,082
+20	−0,085	−0,087	−0,089	−0,091	−0,093	−0,095	−0,097	−0,098	−0,100	−0,101
+30	−0,102	−0,103	−0,104	−0,105	−0,106	−0,106	−0,107	−0,107	−0,107	−0,107
+40	−0,107	−0,107	−0,107	−0,107	−0,107	−0,106	−0,106	−0,105	−0,104	−0,104
+50	−0,103	−0,102	−0,101	−0,100	−0,099	−0,097	−0,096	−0,095	−0,093	−0,092
+60	−0,090	−0,089	−0,087	−0,085	−0,084	−0,082	−0,080	−0,078	−0,076	−0,074
+70	−0,072	−0,070	−0,068	−0,066	−0,064	−0,062	−0,059	−0,057	−0,055	−0,053
+80	−0,050	−0,048	−0,045	−0,043	−0,041	−0,038	−0,036	−0,033	−0,031	−0,028
+90	−0,026	−0,023	−0,021	−0,018	−0,016	−0,013	−0,010	−0,008	−0,005	−0,003
+100	0,000	+0,003								

[5]) Die Erläuterung zum Entwurfe gibt an:

„Auch die bisherige Bezeichnung des Kilogramms als Einheit des Gewichtes wird aus wissenschaftlichen Gründen angefochten. Die internationale Generalkonferenz für Maß und Gewicht hat in Ausübung der ihr durch die Meterkonvention vom 20. Mai 1875 (R.G.Bl. 1876 S. 191) zugewiesenen Fürsorge für die Verbreitung und Vervollkommnung des metrischen Systems in der im Oktober 1901 zu Paris abgehaltenen Versammlung folgende Begriffsbestimmung angenommen:

1. Das Kilogramm ist die Einheit der Masse; es ist gleich der Masse des internationalen Kilogrammprototyps.
2. Der Ausdruck Gewicht bezeichnet eine Größe gleicher Art, wie eine Kraft; das Gewicht eines Körpers ist das Produkt der Masse dieses Körpers mit der Beschleunigung der Schwere; insbesondere das normale Gewicht eines Körpers ist das Produkt der Masse dieses Körpers mit der normalen Beschleunigung der Schwere.
3. Der im internationalen Maß- und Gewichtsdienste für den Wert der normalen Beschleunigung der Schwere angenommene Wert ist $980{,}6\ \frac{\text{cm}}{\text{sec}^2}$, eine Zahl, die schon durch verschiedene Gesetzgebungen anerkannt worden ist.

Immerhin ist die Definition des Kilogramms als Masse noch nicht allgemein anerkannt. Es erscheint hiernach zweckmäßig, das Kilogramm weder als Einheit des Gewichts noch als Einheit der Masse, sondern schlechthin als die Masse des internationalen Kilogrammprototyps zu definieren."

Über die Begriffe „Masse, Gewicht, Schwere und Kraft" herrschen in den beteiligten Kreisen noch vielfache Unklarheiten. Während von einer

Seite Masse und Gewicht streng voneinander geschieden werden, sehen andere beide Begriffe als gleichbedeutend an (z. B. Olof Linders in seiner Schrift: Zur Klarstellung der Begriffe Masse, Gewicht, Schwere und Kraft. Leipzig 1905). Die Kaiserliche Normal-Eichungskommission hat immer den Standpunkt vertreten, daß innerhalb des eigentlichen Maß- und Gewichtswesens, und dieses allein hat die Maß- und Gewichtsordnung zu regeln, (Mitteilungen der Kaiserlichen Normal-Eichungskommission 1. Reihe, S. 123: Bekanntmachung betreffend den Begriff des Kilogramms), es nicht erforderlich ist, Gewicht und Masse durch besondere Definitionen auseinander zu halten. In Verfolg dieser Auffassung lautete die Definition des Kilogramms nach dem Gesetz betreffend die Abänderung der Maß- und Gewichtsordnung vom 26. April 1893 (R.G.Bl. S. 151):

> Das Kilogramm ist die Einheit des Gewichtes. Es wird dargestellt durch die Masse desjenigen Gewichtstückes, welches durch die internationale Generalkonferenz für Maß und Gewicht als internationales Prototyp des Kilogramms anerkannt worden und bei dem internationalen Maß- und Gewichtsbureau niedergelegt ist.

Mit dieser Begriffsbestimmung hat eine Anzahl von Physikern und Technikern sich durchaus einverstanden erklärt. Andere Physiker und Geodäten bestehen auf der Definition des Kilogramms als Einheit der Masse mit Hinweis auf den Gebrauch in der physikalischen und geodätischen Literatur. Demgegenüber schreibt der Vorstand des Vereins Deutscher Ingenieure in einer auch in der Zeitschrift des Vereins deutscher Ingenieure (1904) abgedruckten Eingabe an das Reichsamt des Innern: Durch die Definition des Kilogramms als „Masse" des internationalen Kilogrammprototyps wird eine weitgehende Verwirrung in den Bezeichnungen für die Masse einerseits und für die Schwere (der Masse) andererseits herbeigeführt, da bekanntlich der heutige Sprachgebrauch und die gesamte technisch wissenschaftliche Literatur mit Kilogramm (Gramm usw.) die Schwere (der Masse), nicht aber die Masse selbst bezeichnen.

In diesem Widerstreit der Meinungen für die eine oder andere Partei Stellung zu nehmen, ist nicht Sache des Gesetzes. Das Kilogramm ist daher weder als Einheit des Gewichtes noch als Einheit der Masse, sondern schlechthin als die Masse des internationalen Kilogrammprototyps bezeichnet worden, ein Vorgang, der sich auch in den Gesetzgebungen anderer Länder findet.

Das internationale Kilogrammprototyp wird verkörpert durch einen aus dem gleichen Material wie das internationale Meterprototyp hergestellten Zylinder von einer dem Durchmesser seines Querschnittes gleichen Höhe. Auch bei ihm ist es gelungen, seine Masse mit der des früheren Prototypes, des kilogramme des archives, so vollkommen in Übereinstimmung zu bringen, daß das neue und das alte Prototyp als identisch angesehen werden können. Das internationale Kilogrammprototyp wird daher, wie das internationale Meterprototyp ohne Formel benutzt.

§ 2.

Als deutsches Urmaß gilt derjenige mit dem Prototyp für das Meter verglichene Maßstab aus Platin-Iridium, welcher durch die internationale Generalkonferenz für Maß und Gewicht dem Deutschen Reich als nationales Prototyp[1]) überwiesen worden ist. Es wird von der Kaiserlichen Normal-Eichungskommission aufbewahrt.

[1]) Die nationalen Prototype sind in derselben Weise und aus dem gleichen Material hergestellt, wie das internationale Prototyp. Der Abstand zwischen ihren beiden Endstrichen ist mit dem Abstand der Endstriche des internationalen Prototyps, dem Meter, in Temperaturen zwischen 0° und 40° der internationalen Wasserstoffskala so genau verglichen, daß man bei jeder im Maß- und Gewichtsdienste vorkommenden Gebrauchstemperatur auf Grund der von dem internationalen Komitee ausgestellten Zertifikate den jeweiligen Abstand der Endstriche voneinander innerhalb eines wahrscheinlichen Fehlers von ein bis zwei Zehntausendsteln des Millimeters kennt.

Durch die in der Generalkonferenz ausgeführte Verteilung der nationalen Prototype nach dem Lose ist Deutschland in den Besitz des Urmeters Nr. 18 gelangt, das von der Kaiserlichen Normal-Eichungskommissiom in ihrem Dienstgebäude zu Berlin-Charlottenburg, Werner-Siemens-Str. 27/28 in einem feuersicheren eingemauerten Schrank aufbewahrt wird. Durch Trocknungsmittel wird die Feuchtigkeit der Luft in dem Urschrank dauernd auf rund 50 Prozent erhalten. Der Aufbewahrungsort der Urmaße kann nur vermittelst zweier Schlüssel geöffnet werden, von denen der eine in den Händen des ältesten Mitgliedes der Normal-Eichungskommission als Referenten für die Urmaße, der zweite in den Händen des Bureauvorstehers sich befindet.

Das Zertifikat des deutschen Urmeters lautet in Übersetzung:

Internationales Komitee für Maß und Gewicht.

Beglaubigung des internationalen Bureaus für Maß und Gewicht für das Meter-Urmaß Nr. 18, zugeteilt dem Deutschen Reiche.

Dieses Urmaß wurde von den Herren Johnson, Matthey & Co. zu London aus einer Legierung von Platin mit 10 Prozent Iridium in Form eines Stabes von 120 cm Länge und sogenanntem X-Querschnitt verfertigt. Der Stab wurde von den Herren Gebr. Brunner in Paris durch Handarbeit gerichtet und abgezogen, endlich poliert und auf eine Länge von 102 cm abgeschnitten.

Es wurde von dem der französischen Abteilung der Meter-Kommission beigeordneten Ingenieur Herrn G. Treska, auf ellipsenförmigen Flächenstücken, deren ebene Flächen Spiegelpolitur erhalten hatten, mit den Begrenzungsstrichen versehen. Diese ganze Arbeit wurde im Conservatoire des Arts et Métiers zu Paris unter Leitung von Herrn Cornu, Mitglied des Instituts, als Vertreter der französischen Abteilung, und von Herrn Broch, Direktor des internationalen Bureaus, als Vertreter des internationalen Komitees ausgeführt.

Die Entfernung des Grats von den Strichen geschah im Bureau durch Herrn Boinot, Assistenten dieser Anstalt.

Dem Urmaße beigegeben sind zwei Musterstücke, welche von seinen beiden Enden abgeschnitten und von Herrn L. Laurent zu Paris zum Behufe des Studiums der Ausdehnung nach der Methode Fizeau bearbeitet wurden.

Das Urmaß befindet sich in einer besonderen Kapsel, die von einem Zylinder aus massivem Holz mit ausgesparter Längsrinne zur Aufnahme des Stabes gebildet wird, der seinerseits in einer starken zylindrischen Umhüllung aus Messing steckt, die einen Schraubenverschluß trägt.

Beschreibung.

Der Querschnitt des Maßes ist von sogenannter X-Form und einem Quadrate von 20 mm Seite eingeschrieben. Die obere Fläche der Mittelrippe, auf welcher die Striche gezogen sind, fällt mit der neutralen Ebene zusammen. Durch eine geringe Schwächung der unteren Schenkel ist diese Ebene in die Mitte der Höhe des Querschnittes gebracht.

Die Teilung der polierten Flächenstücke besteht an jedem Ende aus drei, 6 bis 8 Mikron (Anmerkung: Mikron, bezeichnet μ, bedeutet das Tausendstel des Millimeters) breiten, voneinander durch Zwischenräume von 0,5 mm getrennten Strichen. Der Abstand zwischen den Mittelstrichen dieser beiden Gruppen von 3 Strichen ist die Länge des Stabes. Die Lage der Mittelachse wird durch je 2 stärkere Längsstriche bestimmt, die auf den beiden Flächenstücken in einem gegenseitigen Abstande von 0,2 mm gezogen sind.

Der Stab trägt auf der oberen Fläche der Rippen eingraviert:

links die Inschrift: A 18
rechts „ „ B 18.

Auf die beiden, dem Urmaße in einer besonderen Schachtel beigegebenen Musterstücke sind dieselben Nummern und Buchstaben eingraviert, wie auf den Enden, von denen sie losgetrennt sind.

Chemische Zusammensetzung.

Die Reindarstellung des Platins und des Iridiums, aus welchen die Legierung des zur Herstellung der Stäbe dienenden Barrens bestand, wurde von Herrn Stas, Mitglied der Akademie der Wissenschaften zu Brüssel, als Vertreter des internationalen Komitees, von Henri Sainte-Claire-Deville und nach seinem Tode von Debray, Mitgliedern des französischen Instituts, als Vertretern der französischen Abteilung kontrolliert.

Die Analyse der Legierung wurde von diesen Gelehrten an mehreren Proben ausgeführt, die unmittelbar den bearbeiteten Stäben entnommen waren. Nach den Ergebnissen dieser Analysen enthält die Legierung keine Spur unverbundenen Iridiums; sie enthält kein Ruthenium und nur eine äußerst kleine Menge, ein bis zwei Zehntausendstel Rhodium und ein Zehntausendstel Eisen. Die gefundene Menge Iridium betrug 10,08 bis 10,09 Prozent.

Herr Tornöe, Assistent des internationalen Bureaus, hat unter Leitung des Herrn Debray an den Analysen teilgenommen, welche im Laboratorium für wissenschaftliche Untersuchungen der Ecole normale supérieure zu Paris ausgeführt wurden. Nach dem Tode des Herrn Debray hat Herr Tornöe über diese Analysen einen ausführlichen Bericht verfaßt, der im 7. Band der Travaux et Mémoires des internationalen Bureaus veröffentlicht ist.

Bestimmung.

Ausdehnungskoeffizient. Die Bestimmung der Ausdehnung war Herrn R. Benoit, erstem Mitgliede des internationalen Bureaus, und Herrn Ch. Guillaume ständigem Hilfsarbeiter im Bureau, anvertraut worden. Behufs dieser Bestimmung verglich man das Urmaß Nr. 18 mit dem internationalen Urmaße M in dem Troge des Ausdehnungskomparators bei acht verschiedenen Temperaturen zwischen 0°,1 und 37°,6. Die absolute Ausdehnung des internationalen Urmaßes M war früher mit Hilfe des Ausdehnungskomparators sowie durch die Methode von Fizeau gemessen worden.

Die Beobachtungen haben zu folgendem Ergebnisse geführt:

Ausdehnungskoeffizient des Urmaßes Nr. 18 von 0° bis t°:

$$\alpha = 10^{-9} \quad (8591 + 1{,}70\ t)$$

wo t die in Graden ausgedrückte Temperatur des Quecksilberthermometers Tonnelot aus hartem Glase bezeichnet, oder

$$\alpha = 10^{-9} \quad (8642 + 1{,}00\ T)$$

wo T die Temperatur nach der für den internationalen Dienst für Maß und Gewicht angenommenen Normalskala (Skala des Wasserstoffthermometers) bezeichnet.

Länge bei 0 Grad. Die Längenmessungen wurden in Wasser auf dem Komparator Brunner unter der Leitung des Direktors Herrn Broch von den Assistenten des Bureaus Herren Benoit und Isaachsen ausgeführt.

Die nationalen Urmaße, deren Zahl 30 beträgt, wurden untereinander in 11 ineinandergreifenden Gruppen, nämlich 5 Gruppen von 6 Stäben und 6 Gruppen von 5 Stäben, verglichen; außerdem wurde jedes derselben mit dem vorläufigen Urmaß I_2 des internationalen Bureaus, welches seinerseits im Jahre 1882 mit dem französischen mètre des archives verglichen worden ist, und andrerseits mit dem neuen internationalen Urmaß M verglichen. Endlich sind diese beiden letzteren Stücke I_2 und M auch untereinander verglichen worden. In jeder Gruppe sind die Vergleichungen in allen möglichen Kombinationen ausgeführt. Jede vollständige Vergleichung umfaßte vier besondere Vergleichungen in den vier Lagen, welche die Stäbe zu den beiden Mikroskopen und zu den Beobachtern einnehmen können.

Die vereinigten Ergebnisse dieser 196 vollständigen oder 184 besonderen Vergleichungen haben für den Stab Nr. 18 ergeben:

bei der Temperatur Null

Urmaß Nr. 18 = $1\ \text{m} - 1{,}0\,\mu \pm 0{,}1\ \mu$

Die Gleichung des Urmaßes ist also:

Urmaß Nr. 18 = $1\ \text{m} - 1{,}0\,\mu + 8{,}642\ T + 0{,}00\,100\ T^2 \pm 0{,}2\ \mu$

wo T die in Graden der im internationalen Dienst für Maß und Gewicht angenommenen Normalskala ausgedrückte Temperatur bezeichnet.

Zwischenräume der Hilfsstriche. Diese Zwischenräume wurden unter Wasser mittels der Mikrometer des Komparators Brunner bestimmt, indem man an jedem Ende die beiden Zwischenräume und ihre Summe gesondert beobachtete. Die Beobachtungen wurden jedesmal 10 mal wiederholt.

Bezeichnet man die Striche von dem Ende A bis zum Ende B des Urmaßes der Reihe nach durch die Nummern 1, 2, 3 und 4, 5, 6, so daß also die Nummern 2 und 5 die Striche bezeichnen, welche das Meter begrenzen, so findet man für die Zwischenräume die folgenden Werte:

Ende A.	Zwischenraum [1 bis 2] =	499,7 $\mu \pm 0{,}1\ \mu$
	„ [2 „ 3] =	507,6 $\mu \pm 0{,}1\ \mu$
	„ [1 „ 3] =	1007,3 $\mu \pm 0{,}2\ \mu$
Ende B.	Zwischenraum [4 bis 5] =	501,5 $\mu \pm 0{,}1\ \mu$
	„ [5 „ 6] =	496,8 $\mu \pm 0{,}1\ \mu$
	„ [4 „ 6] =	998,2 $\mu \pm 0{,}2\ \mu$

Internationales Bureau
für Maß und Gewicht
(Pavillon de Breteuil bei Sèvres
den 28. September 1889.

Der Direktor des
Bureaus
gez. Dr. René Benoit.

Die Richtigkeit beglaubigt:
für das internationale Komitee für Maß und Gewicht

Der Sekretär
gez. Dr. Ad. Hirsch.

Der Präsident
gez. Gal. Marquis de Mulhacén.

Im Jahre 1891 erlitt das deutsche Meterprototyp Nr. 18 einen Unfall, der seine erneute Bestimmung erforderlich erscheinen ließ. Der Stab wurde daher dem internationalen Bureau eingesandt und dort durch René Benoit mit zwei Prototypen des internationalen Bureaus, Nr. 26 und T_3, verglichen. Die Nachmessungen wurden in acht verschiedenen Lagen zum Beobachter und den Mikroskopen des Komparators ausgeführt und ergaben eine geringe Verkürzung um etwa $^3/_4\ \mu$. Die Länge des Urmaßes bei 0° wird also jetzt dargestellt durch die Gleichung:

$$\text{Urmaß Nr. } 18 = 1\ \text{m} - 1{,}72\ \mu.$$

Das Zertifikat des Thermometers Tonnelot 4321 lautet in Übersetzung:

Beschreibung:

Das Thermometer ist im Juli 1884 durch den Verfertiger meteorologischer Präzisionsinstrumente, Herrn Tonnelot zu Paris, hergestellt worden.

Das Thermometer besteht aus Hartglas, dessen Zusammensetzung in Anlage V zu diesem Beglaubigungsschein (§ 1 Anm. 4) mitgeteilt ist; das Gefäß ist angeschmolzen und hat den gleichen Durchmesser wie die Röhre.

Die Röhre ist von —4,9° bis 51,5° und von 94,1° bis 103,2° gleichmäßig in Zehntelgrade geteilt, der dazwischenliegende Teil ist durch eine Erweiterung ersetzt.

Die wichtigsten Ausmessungen in Millimetern sind folgende:

Entfernung der Mitte des Gefäßes vom Nullpunkt der Teilung .	64,0	mm
Entfernung der Mitte des Gefäßes vom Punkt 100	458,9	„
Länge eines Grades der Teilung	6,744	„
Gesamtlänge des Thermometers	521,8	„
Äußerer Durchmesser der Röhre und des Gefäßes	4,8	„

Untersuchung.

Die Teilung. — Die Untersuchung der Teilung geschah, indem auf die aufeinanderfolgenden Striche des Thermometers ein Mikroskop, welches sich auf dem Schlitten einer Teilmaschine befindet, eingestellt wurde. Diese Untersuchung wurde zweimal für zwei symmetrische und umgekehrte Lagen des Thermometers ausgeführt. Die Gleichmäßigkeit der Teilung war befriedigend.

Das Kaliber. — Zuerst ist eine Kalibrierung der beiden Hälften ausgeführt worden, indem drei Fäden von je 50 Grad 10 mal in jeder Lage beobachtet wurden; sodann wurden 3 vollständige Kalibrierungen durch Einteilung der Strecke [0 bis 50] in 5 Teile ausgeführt und gesondert berechnet; zuletzt kam eine vollständige Kalibrierung von 2 zu 2 Grad jeder Teilstrecke von 10 Grad, mit je 2 nach beiden Seiten übergreifenden Graden (also von —2° bis +12°, von +8° bis +22° usw.). Die Kaliberfehler der um 100° Grad liegenden Stellen sind durch Hilfsfäden von verschiedener Länge bestimmt worden. Die Kaliberfehler, bezogen auf das Intervall [0 bis 100] sind folgende:

Kaliberfehler

Teilstriche	Fehler	Teilstriche	Fehler	Teilstriche	Fehler
—2	—0,0026	20	+0,0346	42	+0,0963
0	0,0000	22	+0,0393	44	+0,0823
+2	+0,0010	24	+0,0502	46	+0,0671
4	+0,0046	26	+0,0603	48	+0,0478
6	+0,0033	28	+0,0670	50	+0,0241
8	+0,0077	30	+0,0715	52	—0,....
10	+0,0161	32	+0,0814		
12	+0,0263	34	+0,1010	96	+0,0708
14	+0,0359	36	+0,1184	98	+0,0319
16	+0,0386	38	+0,1240	100	0,0000
18	+0,0391	40	+0,1133	102	—0,0269

Der wahrscheinliche Fehler dieser Fehlerangaben ist nicht größer als ±0,001°. Eine vollständige Tafel der Kaliberfehler für alle Zehnteile des Grades ist aus graphischer Interpolation abgeleitet worden.

Die Untersuchung der Teilung und die Kalibrierung ist im Juli 1885 durch Fräulein A. Taufflieb ausgeführt worden, unter Leitung des Herrn Dr. Ch. Ed. Guillaume, savant attaché im internationalen Bureau für Maß und Gewicht.

Die Druckkoeffizienten. — Der Koeffizient für den äußeren Druck β_e ist durch eine Reihe von 81 Beobachtungen mit Drucken, welche zwischen 726,2 mm und 712,6 mm lagen, bestimmt worden.

Der Koeffizient für den inneren Druck β_i wurde aus der Relation

$$\beta_i = \beta_e + 0{,}000\,015\,4$$

berechnet.

Diese Untersuchung ist durch Herrn Dr. Ch. Ed. Guillaume am 12. Dezember 1884 ausgeführt worden.

Die Druckkoeffizienten sind folgende:

$$\beta_e = 0{,}000\,108\,4 \pm 0{,}000\,000\,33$$
$$\beta_i = 0{,}000\,123\,8 \pm 0{,}000\,000\,33$$

Diese Zahlen bedeuten in Graden die Änderung der Lesung für eine Änderung des Quecksilberdruckes um ein Millimeter.

Der Fundamentalabstand. — Der Fundamentalabstand ist 5 mal bestimmt worden. Die Beobachtungen des Punktes 100 geschahen jedesmal sowohl in horizontaler wie in vertikaler Lage, während der Nullpunkt jedesmal in vertikaler Lage unmittelbar nach dem Punkt 100 bestimmt wurde.

Die Beobachtungen sind mit Hilfe der Druckkoeffizienten durchweg auf die horizontale Lage umgerechnet worden.

In der nachfolgenden Tafel sind die Beobachtungsergebnisse zusammengestellt.

Datum	Beobachter	Fundamentalabstand °
3. März 1885	Herr Guillaume	100,080
26. März 1885	"	100,083
15. April 1885	"	100,077
21. April 1885	"	100,075
11. Mai 1885	"	100,084
	Mittel	100,079 8 ±0,001 1

Daraus ergibt sich der Wert eines Intervalles zu 0,999 203° ± 0,000 011.

Der Nullpunkt. — Nach Beendigung der Untersuchung des Thermometers wurde 3 mal der Nullpunkt durch Herrn Dr. Ch. Ed. Guillaume bestimmt.

Die Resultate der Beobachtungen sind folgende:

Datum der Beobachtungen	Temperatur vor der Bestimmung des Nullpunktes	Ablesung des verbesserten Nullpunktes	Nullpunkt reduziert für hinreichend lange Einwirkung der Temperatur des schmelzenden Eises
31. März 1887	8°	—0,005	+0,002
1. Oktober 1887	11°	+0,004	+0,006
5. April 1888	4°	+0,006	+0,010

Reduktion auf die normale Temperaturskala. — Die Tafel der Fehler, durch welche die in Graden des Quecksilberthermometers Tonnelot Nr. 4321 ausgedrückte Temperatur in Graden der normalen Temperaturskala des internationalen Maß- und Gewichtsdienstes angegeben wird, findet sich in der Anlage V zu diesem Beglaubigungsschein (§ 1 Anm. 4).

Der Direktor des Bureaus.
gez. Dr. O. J. Broch.

Die Zertifikate für die übrigen Thermometer sind, abgesehen von den Zahlenwerten, gleichlautend. Sie sind, wie auch die Zertifikate für die nationalen Prototype, abgedruckt in den „Wissensch. Abh. d. K. N. E. K." 1. Heft.

§ 3.[1] [3])

Aus dem Meter wird die Einheit des Flächenmaßes — das Quadratmeter — und die Einheit des Körpermaßes — das Kubikmeter gebildet.

Für die Teile und die Vielfachen der Maßeinheiten gelten folgende Bezeichnungen:

A. Längenmaße.

Der zehnte Teil des Meters heißt das Dezimeter. Der hundertste Teil des Meters heißt das Zentimeter. Der tausendste Teil des Meters heißt das Millimeter. Tausend Meter heißen das Kilometer.

B. Flächenmaße.

Der hundertste Teil des Quadratmeters heißt das Quadratdezimeter.

Der hundertste Teil des Quadratdezimeters heißt das Quadratzentimeter.

Der hundertste Teil des Quadratzentimeters heißt das Quadratmillimeter.

Hundert Quadratmeter heißen das Ar.

Hundert Ar heißen das Hektar.

Hundert Hektar heißen das Quadratkilometer.

C. Körpermaße.

Der tausendste Teil des Kubikmeters heißt das Kubikdezimeter.

Der tausendste Teil des Kubikdezimeters heißt das Kubikzentimeter.

Der tausendste Teil des Kubikzentimeters heißt das Kubikmillimeter.

Dem Kubikdezimeter wird im Verkehre der von einem Kilogramme reinen Wassers bei seiner größten Dichte unter dem Druck einer Atmosphäre eingenommene Raum gleichgeachtet. Diese Raumgröße heißt das Liter[2]).

Der tausendste Teil des Liters heißt das Milliliter.

Hundert Liter heißen das Hektoliter.

[1]) Gegenüber dem Artikel 3 der Maß- und Gewichtsordnung vom 17. August 1868, auch gegenüber der Fassung, die dieser Artikel durch das Gesetz vom 26. April 1893 erhalten hat, weist § 3 verschiedene Änderungen auf. „Die Reihenfolge der abgeleiteten Maßeinheiten ist so gewählt, daß durchweg diejenige Maßgröße zuerst angeführt ist, welche der Grundeinheit am nächsten kommt. Bei den Längenmaßen war zunächst das Dezimeter einzuschalten, eine Maßgröße, die in Werkstatt und Wissenschaft viel im Gebrauch und wegen des entsprechenden Körpermaßes (Kubikdezimeter) für das Maßsystem von besonderer Bedeutung ist. Auch sind gemäß der Anführung des Zentimeters und des Millimeters unter den Längenmaßen, das Quadratzentimeter und das Quadratmillimeter sowie das Kubikzentimeter und das Kubikmillimeter unter den Flächen- und den Körpermaßen besonders ge-

nannt. Unter den Flächenmaßen hat noch das Quadratkilometer als Einheit zur Bestimmung größerer Flächen Aufnahme gefunden.

Das Liter ist nicht mehr unmittelbar als der tausendste Teil des Kubikmeters — als welches sich vielmehr das Kubikdezimeter darstellt — bezeichnet, es soll ihm nur im Verkehre gleichgeachtet werden. Der Unterschied zwischen dem Kubikdezimeter und dem Liter darf auf $^1/_{20\,000}$ angenommen werden, kommt also nur bei den feinsten Messungen in Betracht." (Erläuterungen zum Entwurf.)

²) In der Sitzung der internationalen Generalkonferenz für Maß und Gewicht vom 16. Oktober 1901 wurde folgende Begriffsbestimmung des Liters festgesetzt (Comptes rendus des séances de la troisième conférence générale des poids et mesures S. 39):

1. Die Einheit des Raummaßes, für Bestimmungen großer Genauigkeit, ist der Raum, der durch die Masse von 1 Kilogramm reinen Wassers bei seiner größten Dichte und unter dem normalen Druck einer Atmosphäre eingenommen wird; dieses Raummaß wird Liter genannt.

2. Bei Raumgehaltsbestimmungen, die keinen hohen Grad von Genauigkeit erfordern, kann das Kubikdezimeter dem Liter gleichgeachtet werden; und, bei diesen Bestimmungen, können die auf den Würfel der Längeneinheit begründeten Raumgehaltsangaben durch solche ersetzt werden, die auf das Liter bezogen sind, wie es eben definiert ist.

Nach den neuesten Berichten des internationalen Bureaus für Maß und Gewicht (Procés verbaux des séances de 1905 S. 53) beträgt der Unterschied zwischen dem Kubikdezimeter und dem Liter nur noch $^1/_{30\,000}$. Nach den Untersuchungen der Herren Macé de Lépinay, René Benoit und Henri Buisson einerseits und Herrn Chappuis andrerseits, die an fünf verschiedenen Quarzwürfeln angestellt wurden, ergab sich der Wert des Liters

1 Liter = 1,000 026 bis 1,000 029 kg.

³) Die abgekürzte Bezeichnungsweise der metrischen Maß- und Gewichtsgrößen ist durch die Bekanntmachung des Reichskanzlers betreffend die abgekürzten Maß- und Gewichtsbezeichnungen vom 17. Januar 1912 (Zentralblatt für das Deutsche Reich S. 17, Anlage 10) geregelt worden.

Der Bundesrat hat bereits unterm 8. Oktober 1877 über die im amtlichen Verkehr und bei dem Unterricht in den öffentlichen Lehranstalten anzuwendenden Abkürzungen der Maß- und Gewichtsbezeichnungen Beschluß gefaßt (Bekanntmachung vom 20. November 1877 — Zentralblatt für das Deutsche Reich S. 565) und unter dem 8. April 1897 eine solche Abkürzung auch für die als Doppelzentner bezeichnete Gewichtsmenge von 100 Kilogramm beschlossen (Bekanntmachung vom 6. Mai 1897 — Zentralblatt für das Deutsche Reich S. 119 —). Die Einführung einer Anzahl neuer Maß- und Gewichtsbezeichnungen, nämlich des Dezimeters und entsprechend des Quadrat- und Kubikdezimeters, ferner des Milliliters in § 3 sowie des Hektogramms in § 5 machten erneute Festsetzungen erforderlich. Ein Vorgang hierfür war gegeben in den Regeln, die das Internationale Komitee für Maß und Gewicht in seiner Sitzung vom 2. Oktober 1879 über die Abkürzungen der metrischen Maß- und Gewichtsbezeichnungen aufgestellt hat. Diese sind die folgenden:

Längenmaße		Flächenmaße		Körpermaße	
Myriamètre . . .	μm	Kilomètre carré . .	km²	Mètre cube . . .	m³
Kilomètre	km	Hektare	ha	Stère	s
Mètre	m	Are	a	Decimètre cube . .	dm³
Dezimètre	dm	Mètre carré . . .	m²	Centimètre cube .	cm³
Centimètre	cm	Decimètre carré . .	dm²	Millimètre cube . .	mm³
Millimètre	mm	Centimètre carré .	cm²		
Mikron	μ	Millimètre carré .	mm²		

Raummaße		Gewichte	
Hektolitre	hl	Tonne	t
Dekalitre	dcl	Quintal métrique . .	q
Litre	l	Kilogramme	kg
Decilitre	dl	Gramme	g
Centilitre	cl	Decigramme	dg
Millilitre	ml	Centigramme . . .	cg
Mikrolitre	λ	Milligramme . . .	mg

Die Bezeichnungsweise des internationalen Komitees ist in die neueren Gesetze der Deutschland benachbarten Staaten Frankreich, Norwegen, Österreich-Ungarn, Schweiz übergegangen und hat in der wissenschaftlichen und technischen Literatur weitgehende Verbreitung gefunden. Diesem Umstande hat der Bundesrat dadurch Rechnung getragen, daß auch in Deutschland die internationalen Ausdrücke in Zukunft zulässig sein sollen, aber hinsichtlich der Bezeichnung der Flächen- und Körpermaße nur wahlweise neben den im Jahre 1877 eingeführten. Für die Beibehaltung der letzteren spricht die mehr als 30jährige Gewöhnung der Bevölkerung.

Unberührt von der Neuordnung und noch in Kraft bleiben die nachfolgenden Bestimmungen der Bekanntmachung vom 20. November 1877:

1. Den Buchstaben werden Schlußpunkte nicht beigefügt.

2. Die Buchstaben werden an das Ende der vollständigen Zahlenausdrücke — nicht über das Dezimalkomma derselben gesetzt, also 5,37 m, — nicht 5 m, 37 und nicht 5 m 37 cm.

3. Zur Trennung der Einerstellen von den Dezimalstellen dient das Komma — nicht der Punkt. — Sonst ist das Komma bei Maß- und Gewichtszahlen nicht anzuwenden, insbesondere nicht zur Abteilung mehrstelliger Zahlenausdrücke. Solche Abteilung ist durch Anordnung der Zahlen in Gruppen zu je drei Ziffern, — vom Komma aus gerechnet, mit angemessenem Zwischenraum zwischen den Gruppen zu bewirken.

Die von der Normal-Eichungskommission benützten Abkürzungen sind in der Eichordnung an den entsprechenden Stellen angeführt.

§ 4.

Als deutsches Urgewicht gilt dasjenige mit dem Prototyp für das Kilogramm[2]) verglichene Gewichtsstück aus Platin-Iridium, welches durch die Internationale Generalkonferenz für Maß und Gewicht dem Deutschen Reiche als nationales Prototyp[1]) überwiesen worden ist. Es wird von der Kaiserlichen Normal-Eichungskommission aufbewahrt.

[1]) Durch die in der Generalkonferenz ausgeführte Verteilung der nationalen Prototype nach dem Lose ist Deutschland in den Besitz des Urgewichtes Nr. 22 gelangt, das von der Kaiserlichen Normal-Eichungskommission aufbewahrt und gehandhabt wird (§ 2 Anm. 1).

Das Zertifikat des deutschen Urgewichtes lautet in Übersetzung:

Internationales Bureau für Maß und Gewicht.

Beglaubigung des internationalen Bureaus für Maß und Gewicht für das Kilogramm Urgewicht Nr. 22, zugeteilt dem Deutschen Reiche.

Dieses Urgewicht wurde von den Herren Johnson, Matthey & Co. zu London aus einer Legierung von Platin mit 10 Prozent Iridium in Form eines Zylinders verfertigt, dessen Höhe seinem Durchmesser gleich ist.

Es wurde sodann abgedreht, mit feinem Schmirgel poliert und nach Bestimmung seines Volumens im Dienstgebäude des internationalen Bureaus endgültig justiert. Diese verschiedenen Operationen wurden von Herrn Collot, Mechaniker zu Paris, ausgeführt.

Beschreibung.

Das Kilogramm hat die Form eines geraden Zylinders von 39 mm Höhe und 39 mm Durchmesser mit abgerundeten Kanten.

Es trägt auf der zylindrischen Fläche in zwei Drittel seiner Höhe die aufpolierte Nummer 22. Es wird unter einer doppelten Glasglocke aufbewahrt und steht auf einem Untersatz, der mit einer Platte aus Bergkristall bedeckt ist. Zur Versendung wird es auf seinem Untersatz durch Schrauben festgehalten, die mit speziell zu diesem Zwecke gereinigtem Wildleder bekleidet sind; das Ganze wird durch eine aufgeschraubte Umhüllung aus Messing geschützt.

Chemische Zusammensetzung.

Die Reindarstellung des Platins und des Iridiums, aus denen die Legierung des zur Herstellung der Kilogramme dienenden Barrens bestand, wurde von Herrn Stas, Mitglied der Akademie zu Brüssel, als Vertreter des internationalen Komitees, von Henry Sainte-Claire-Deville und nach seinem Tode von Debray, Mitgliedern des französischen Instituts, als Vertretern der französischen Abteilung kontrolliert.

Nach den Ergebnissen dieser Analysen enthält die Legierung keine Spur unverbundenen Iridiums; sie enthält kein Ruthenium und nur eine äußerst kleine Menge, ein bis zwei Zehntausendstel Rhodium und ein Zehntausendstel Eisen. Die gefundene Menge Iridium betrug 10,08 bis 10,09 Prozent.

Herr Tornöe, Assistent des internationalen Bureaus, hat unter der Leitung des Herrn Debray an den Analysen teilgenommen, welche im Laboratorium für wissenschaftliche Untersuchungen der Ecole normale supérieure zu Paris ausgeführt wurden. Nach dem Tode des Herrn Debray hat Herr Tornöe über diese Analysen einen ausführlichen Bericht verfaßt, welcher im 7. Band der Travaux et Mémoires des internationalen Bureaus veröffentlicht ist.

Bestimmung des Volumens.

Die Bestimmung der Dichte des Kilogramms war Herrn Thiesen, Mitglied des internationalen Bureaus, anvertraut.

Die Bestimmung des Volumens erfolgte vor der endgültigen Justierung des Stückes, welches noch um 44,10 mg schwerer als ein Kilogramm war. Zehn Bestimmungen wurden bei einer mittleren Temperatur von 3,7° in drei verschiedenen Proben destillierten Wassers ausgeführt. Dieselben wurden auf die Temperatur des schmelzenden Eises mit Hilfe des folgenden, zwischen 0° und t° gültigen Ausdehnungskoeffizienten des Platin-Iridiums reduziert:

$$k = 10^{-9} (25\,707 + 8{,}6\ t)$$

wo t die in Graden ausgedrückte Temperatur des Quecksilberthermometers Tonnelot aus hartem Glase bezeichnet, oder

$$k = 10^{-9} (25\,859 + 6{,}5\ T)$$

wo **T** die Temperatur nach der für den internationalen Dienst für Maß und Gewicht angenommenen Normalskala (Skala des Wasserstoffthermometers) bezeichnet.

Aus dem für das Volumen bei Null Grad gefundenen Werte

46,4048 ml ± 0,0002 ml

(Anm.: ml bedeutet Milliliter = Tausendstel Liter), welchem eine Dichte von

21,5504

entspricht, hat man für das endgültig justierte Kilogramm den Wert abgeleitet:

Volumen des Kilogramms Nr. 22
46,403 ml.

Masse des Kilogramms.

Die Vergleichungen der Urgewichte untereinander wurden von Herrn Thiesen, Mitglied des Bureaus, mittelst der Wage Rueprecht Nr. 1 und von Herrn Kreichgauer, Assistenten des Bureaus, mittelst der Wage Rueprecht Nr. 5 ausgeführt. Die Vergleichungen mit dem internationalen Urgewicht geschahen durch Herrn Thiesen mittelst der Wage Bunge.

Die 42 Urgewichte wurden untereinander in 6 Gruppen, jede aus 7 Kilogrammen gebildet, und in 7 Gruppen von je 6 Kilogrammen verglichen, endlich wurde auch jedes Kilogramm mit dem neuen internationalen Urgewicht des Kilogramms K verglichen. Dieses letztere, im Jahre 1880 mit dem Kilogramm des Archives verglichen, war demselben in den Grenzen der Beobachtungsfehler gleich befunden worden.

In jeder Gruppe wurden die Vergleichungen in allen möglichen Kombinationen ausgeführt.

Jede vollständige Vergleichung bestand aus 4 Wägungen; zwischen den Wägungen wurde die Belastung der Wage geändert, teils durch Zufügung von Hilfsgewichten, teils durch Vertauschung der Schalen aus Bergkristall, auf welchen die Kilogramme während der Wägung ruhten.

Die Ausgleichung des ganzen Systems dieser 273 Vergleichungen oder 1092 Wägungen hat für das Kilogramm Nr. 22 die folgende Gleichung ergeben:

Urgewicht Nr. 22 = 1 kg + 0,053 mg ± 0,002 mg

Internationales Bureau für Maß und Gewicht (Pavillon de Breteuil bei Sèvres) den 28. September 1889.

Der Direktor des Bureaus gez. Dr. René Benoit.

Die Richtigkeit beglaubigt:

für das internationale Komitee für Maß und Gewicht

Der Sekretär gez. Dr. Ad. Hirsch.

Der Präsident gez. Gal. Marquis de Mulhacén.

Auch das deutsche Urgewicht ist bereits einer Nachprüfung unterzogen worden, entsprechend einem Beschlusse der Generalkonferenz für Maß und Gewicht vom Jahre 1895, der eine erneute Untersuchung der gesamten nationalen Urgewichte für das Jahr 1899 in Aussicht nahm (Comptes rendus des séances de la deuxième conférence générale des poids et mesures 1895 S. 128). Nach den in den Proces verbaux des séances du comité international des poids et mesures von 1895 S. 49 gemachten Mitteilungen hat das deutsche Urgewicht 0,047 mg an Masse verloren. Es hat demnach jetzt die folgende Gleichung:

Urgewicht Nr. 22 = 1 kg + 0,006 mg.

Diese Veränderung liegt nahe an der Grenze der Beobachtungsfehler, sie entspricht einer Verringerung der Höhe des Gewichtsstückes um 0,0019 μ.

[2]) Das Kilogramm bildet im metrischen System die ausschließliche Einheit des Gewichtes. Es sind daher neben ihm weder andere, nicht dem metrischen System angehörende Gewichtsgrößen, noch auch Vielfache oder Unterteile des Kilogramms mit abweichender Benennung und Unterteilung als Einheit zulässig. Nach den älteren Gesetzen gab es außer dem Handelsgewicht noch ein besonderes Juwelengewicht, ein Medizinalgewicht und ein Münzgewicht.

Das Juwelen(Karat-)gewicht ist in Preußen durch § 5 des Gesetzes betreffend die Einführung eines allgemeinen Landesgewichtes vom 17. Mai 1856 (Gesetz-Sammlung S. 545) für den eichpflichtigen Verkehr abgeschafft, und es ist auch in Deutschland durch die Maß- und Gewichtsordnung vom 17. August 1868 nicht wieder zugelassen worden. Trotzdem sind im Handel mit Brillanten, Perlen, farbigen Edelsteinen usw. nach wie vor alle Umsätze unter Zugrundelegung des Karatgewichtes (1 Karat = 205,5 mg) vor sich gegangen. Wenn in Deutschland hieraus keine Schwierigkeiten entstanden, so liegt der Grund darin, daß dieser Handel zum großen Teile im Auslande vor sich geht und, soweit er sich im Inlande vollzieht, im allgemeinen nicht als ein Zuwägen im öffentlichen Verkehr im Sinne des Artikels 10 der

M. u. G.O. von 1868 anzusehen war. Das neue Gesetz führt in diesen Verhältnissen insofern eine Änderung herbei, als in Zukunft nicht nur das Zuwägen, sondern überhaupt jedes Wägen im öffentlichen Verkehr, soweit dadurch der Umfang von Leistungen bestimmt wird, die Benutzung geeichter, d. h. also metrischer Gewichte bedingt. Auch der Verkehr mit Edelsteinen und Perlen fällt daher zum größten Teil unzweifelhaft unter die Bestimmungen des § 6. In anderen Staaten hat man das Karat stillschweigend geduldet, obwohl z. B. in Frankreich, Italien und der Schweiz nicht nur die Benutzung nicht metrischer Maße und Gewichte, sondern selbst die Anwendung nicht metrischer Bezeichnungen gesetzlich untersagt ist.

Um diesen ungesetzlichen Zuständen ein Ende zu machen, haben die Edelsteinhändler der meisten Kulturstaaten, außer England, sich über die Annahme eines dem metrischen Systeme angepaßten Juwelengewichtes, des metrischen Karates zu 200 Milligramm, geeinigt.

Die Anerkennung dieses Karates als Gewichtseinheit und Gewichtsbezeichnung ist bei den Regierungen nirgends auf Schwierigkeiten gestoßen. Zuerst ließ Spanien durch Königliche Verordnung vom 11. März 1908 das metrische Karat für den Handel mit Diamanten, echten Perlen und Edelsteinen zu. Es folgten Frankreich (Gesetz vom 22. Juni 1909), die Schweiz (Gesetz vom 24. Juni 1909), Rumänien (Gesetz vom 3./16. März 1910), Norwegen (Gesetz vom 27. Mai 1910), Schweden (Gesetz vom 18. Juni 1910), Italien (Gesetz vom 7. Juli 1910), Niederlande (Gesetz vom 10. März 1911). In Deutschland bedarf es besonderer gesetzgeberischer Maßnahmen nicht, da hier ein Verbot der Anwendung nicht metrischer Bezeichnungen für metrische Maße und Gewichte nicht besteht, auch die Preisfestsetzung nach beliebigen Einheitsmengen nicht untersagt ist. Als Karatgewichte können ohne weiteres die Präzisionsgewichte in den eichfähigen Abstufungen dienen. Die Aufbringung der Bezeichnung Karat allein oder neben der metrischen Bezeichnung ist allerdings nicht gestattet (§ 78 der Eichordnung, vgl. auch Mitteil. d. K. N.E.K. dritte Reihe, S. 191).

Auch das besondere Medizinalgewicht sollte durch § 4 des oben angeführten Gesetzes bereits 1856 beseitigt werden. Indessen war durch § 12 dieses Gesetzes der Zeitpunkt, wann § 4 in Kraft treten sollte, Königlicher Verordnung vorbehalten. Diese ist erst unterm 16. März 1867 (Gesetz-Samml. S. 386) erlassen worden. Artikel 7 der M. u. G.O. vom 17. August 1868 bestätigt dann noch ausdrücklich, daß ein von diesem Gewicht (gemeint ist das Kilogrammgewicht) abweichendes Medizinalgewicht nicht stattfindet. Die in Ausführung der M. u. G.O. von der Kaiserlichen Normal-Eichungskommission erlassene Eichordnung behandelte die Frage der Medizinalgewichte zunächst aufschiebend, indem sie in § 30 lediglich bestimmte: In Beziehung auf die Medizinalgewichte bleibt weitere Anweisung vorbehalten. Diese Anweisung ist erfolgt durch die Denkschrift der K. N.E.K. betreffend die Medizinalgewichte vom 15. Februar 1871. Dort ist angeordnet:

„Medizinalgewichte werden als Präzisionsgewichte im Sinne der Eichordnung vom 16. Juli 1869 angesehen und fallen in jeder Beziehung unter die bezüglich letzterer Gewichte in der Eichordnung und Gebührentaxe erlassenen Bestimmungen."

Als letzte sind die besonderen Goldmünzgewichte aus dem Verkehr gezogen. Nach Artikel 8 der Maß- und Gewichtsordnung vom 17. August 1868 (Anlage 11) verbleibt es in Betreff des Münzgewichts bei den im Artikel 1 des Münzvertrages vom 24. Januar 1857 (Gesetz-Samml. S. 312) gegebenen Bestimmungen.

Artikel 1 dieses zwischen den deutschen Zollvereinsstaaten und Östreich-Ungarn nebst Lichtenstein abgeschlossenen Münzvertrages setzte fest, daß das Pfund zu 500 Gramm (Zollpfund) in den vertragenden Staaten der Ausmünzung zur Grundlage dienen und auf deren Münzstätten als ausschließliches Münzgewicht eingeführt, auch zu diesem Zwecke eine selbständige Einteilung in Tausendteile mit weiterer dezimaler Abstufung erhalten sollte.

Artikel 8 der M. u. G.O. vom 17. August 1868 ist amtlich erst aufgehoben durch Artikel 6 des Gesetzes betreffend Änderungen im Münzwesen. Vom 1. Juni 1900 (R.G.Bl. S. 250). Tatsächlich ist Artikel 8 aber bereits durch das Gesetz betreffend die Ausprägung von Reichsgoldmünzen vom 4. Dezember 1871 (R.G.Bl. S. 404) und das ergänzende Gesetz, „Münz-Gesetz vom 9. Juli 1873 (R.G.Bl. S. 233)" erledigt. Nach § 1 des Gesetzes vom 4. Dezember 1871 „wird eine Reichsgoldmünze ausgeprägt, von welcher aus einem Pfunde feinen Goldes $139^1/_2$ Stück ausgebracht werden. § 12 des Gesetzes lautet:

Es sollen Gewichtsstücke zur Eichung und Stempelung zugelassen werden, welche das Normalgewicht und das Passiergewicht der nach Maßgabe dieses Gesetzes auszumünzenden Goldmünzen, sowie eines Vielfachen derselben angeben. Für die Eichung und Stempelung dieser Gewichtsstücke sind die Bestimmungen der Artikel 10 und 18 der Maß- und Gewichtsordnung vom 17. August 1868 maßgebend.

Artikel 2 des Gesetzes von 1873 ordnet die Ausprägung von Reichsgoldmünzen zu 5 Mark, 279 aus einem Pfunde an. In beiden Gesetzen ist das Gewicht der Münzen also noch auf die Pfundeinheit bezogen. Aber die Kaiserliche Normal-Eichungskommission gibt in ihrer „Bekanntmachung der Vorschriften über die Eichung und Stempelung der Goldmünz-Gewichte. Vom 31. Januar 1872 (Besondere Beilage zu Nr. 12 des R.G.Bl., Zirkular der K. N.E.K. Nr. 13)" und in der weiteren „Bekanntmachung betreffend die Eichung und Stempelung von Gewichtsstücken, welche das Normalgewicht und Passiergewicht des goldenen Fünfmarkstückes angeben. Vom 27. Januar 1877 (Zentralblatt für das Deutsche Reich S. 90, Zirkular der K. N.E.K. Nr. 30)" die Masse der Goldmünzgewichte nicht in Pfunden und Unterteilen des Pfundes, sondern in Grammen an. Diese Bestimmungen sind in die Eichordnung vom 27. Dezember 1884 aufgenommen worden (§§ 48 bis 54 der E.O.) und auch in die Eichordnung vom 8. November 1911 übergegangen (§§ 81 bis 86 der E.O.), in letztere jedoch mit der Maßgabe, daß die Gewichte für die Fünfmarkstücke fortgelassen sind, weil diese Goldmünzen gemäß der Bekanntmachung des Reichskanzlers vom 13. Juni 1900 (R.G.Bl. S. 253) mit dem 1. Oktober 1900 außer Kurs gesetzt sind.

Die Goldmünzgewichte entsprechen nicht den in § 14 vorgeschriebenen Gewichtsgrößen, man kann also eigentlich nicht sagen, daß sie dem metrischen System angehören; der Zusammenhang mit dem metrischen System ist nur dadurch gegeben, daß ihre Masse auf die metrische Einheit bezogen ist.

Neben diesen, nicht dem metrischen System angehörigen Gewichten waren für den Gebrauch der Postbehörden noch besondere Gewichtsstücke zu 40 Gramm und zu 15 Gramm zur Eichung zugelassen (§§ 52 bis 54 der E.O. vom 27. Dezember 1884), die sich zwar auf die Kilogrammeinheit beziehen, aber aus dem Rahmen der im Artikel 14 der M. u.G.O. vom 17. August 1868 zugelassenen Vielfachen des Gramms fallen. In die Eichordnung vom 8. November 1911 sind die Postgewichte nicht wieder aufgenommen, da durch eine anderweitige Abstufung des Portos für Drucksachen die Gewichtsstücke zu 40 Gramm entbehrlich geworden sind, und auch die Gewichtsstücke zu 15 Gramm ihre Bedeutung verloren haben, nachdem das Gewicht für einfache Briefe von 15 auf 20 Gramm erhöht worden ist. Die Post wird also beim Abwägen von Briefen und Drucksachen in Zukunft — nach Verbrauch ihrer Bestände an Postgewichten — ausschließlich geeichte Handelsgewichte benutzen, zu denen als Ergänzung noch ein Präzisions-Gewichtsstück zu 0,5 Gramm hinzutritt.

§ 5.[1]) [2])

Für die Teile und die Vielfachen des Kilogramms gelten folgende Bezeichnungen:

Der tausendste Teil des Kilogramms heißt das Gramm.
Der tausendste Teil des Grammes heißt das Milligramm.
Hundert Gramm heißen das Hektogramm.
Hundert Kilogramm heißen der Doppelzentner.
Tausend Kilogramm heißen die Tonne.

[1]) Gegenüber dem Artikel 5 der Maß- und Gewichtsordnung vom 17. August 1868 führt § 5 zwei neue Gewichtsgrößen ein, das Hektogramm und den Doppelzentner. Dieser war bereits in den dem Reichskanzler vorgelegten Entwurfe des Bundesrates vom 1. April 1905 aufgenommen worden, mit folgender Begründung: „Für die Gewichtsmenge von 100 kg, die einer besonderen Bezeichnung in der geltenden Maß- und Gewichtsordnung entbehrt, ist wegen des nach dieser Richtung hervorgetretenen und von den beteiligten Kreisen wiederholt dringlich geltend gemachten Bedürfnisses zunächst im Wege der Verwaltungsvorschrift durch den Bundesrat die Bezeichnung „Doppelzentner" im amtlichen Verkehr sowie beim Unterricht in

den öffentlichen Lehranstalten zur Einführung gebracht (Bekanntmachung vom 6. Mai 1877, Zentralblatt f. d. D. R. S. 119). Inzwischen hat diese im gewerblichen Verkehr ebenfalls zu weiter Verbreitung gelangte Bezeichnung auch in der Gesetzessprache, insbesondere im Zolltarifgesetze vom 25. Dezember 1902 (Reichs-Gesetzblatt S. 303) Anerkennung gefunden. Demgemäß wird auch die neue Maß- und Gewichtsordnung die Bezeichnung aufnehmen müssen, obwohl sie begrifflich an die dem metrischen Systeme fremde Pfundeinheit anknüpft.

Die Einfügung des Hektogramms in den Entwurf einer Maß- und Gewichtsordnung geschah auf Beschluß des Reichstages. Nach dem Berichte der Kommission hofft man, „daß dies ‚Hektogramm' sich allmählich in den Verkehr einbürgern und die Durchführung des Dezimalsystems erleichtern werde". Hierin dürfte man sich täuschen.

2) Über die Abkürzungen der Gewichtsbezeichnungen vergl. § 3 Anm. 3 Seite 14 und Anlage 10.

§ 6.

Zum Messen und Wägen 3) im öffentlichen 1) Verkehre, sofern dadurch der Umfang von Leistungen bestimmt werden soll, dürfen nur geeichte 4) Maße, 5) Gewichte 6) und Wagen angewendet und bereit gehalten 8) werden. Zum öffentlichen Verkehre gehört der Handelsverkehr auch dann, wenn er in nicht offenen 7) Verkaufsstellen stattfindet. 2)

Auch zur Ermittelung des Arbeitslohnes in fabrikmäßigen Betrieben 11) dürfen nur geeichte Maße, Gewichte und Wagen angewendet und bereit gehalten werden.

Den Maßen stehen im Sinne dieses Gesetzes gleich die zur Raummessung bestimmten Meßwerkzeuge für Flüssigkeiten und für trockene Gegenstände. 9)

Unberührt bleiben die Vorschriften über die Eichung der zu steueramtlichen Zwecken bestimmten Geräte. 10)

Durch Beschluß des Bundesrats kann für bestimmte Arten von Betrieben, sowie für den Verkehr bestimmter Arten von Waren, insbesondere für den Verkehr nach und von dem Auslande, die Anwendung und Bereithaltung solcher nicht nach den inländischen Vorschriften geeichter Meßgeräte zugelassen werden, welche auf einem anderen als dem metrischen Systeme beruhen. 12)

1) Öffentlicher Verkehr. a) Historische Entwicklung des Begriffes vom Jahre 1816 bis zum Erlaß der M. u. G.O. vom 30. Mai 1908.

In der M. u. G.O. für die preußischen Staaten vom 16. Mai 1816 (Gesetz-Samml. 1816 S. 149) wird verordnet:

„§ 10. Zu seinem Privatgebrauch und in seiner eigenen Wirtschaft kann jeder sich ungestempelter Maße und Gewichte bedienen.

§ 11. Sobald aber irgend etwas nach Maß oder Gewicht überliefert wird, kann sowohl der Geber als der Empfänger fordern, daß die Überlieferung nach gehörig gestempelten Maßen und Gewichten erfolgt.

§ 12. Wer irgendeine Ware für jedermann feil hält, darf sich bei dem Verkauf keines andern als gehörig gestempelten Maßes und Gewichtes bedienen; auch selbst in seinem Laden oder in seiner Bude keine ungestempelten Maße oder Gewichte haben. Durch die Übertretung dieser Vorschrift wird, wenn auch sonst keine Übervorteilung vorgefallen ist, eine Polizeistrafe von einem bis fünf Tlr. verwirkt.

§ 19. Die örtliche Polizei ist verpflichtet, die Maße und Gewichte, wonach öffentlich verkauft wird, oft zu untersuchen."

In der Instruktion für die Eichungs-Kommission vom 14. Dezember 1816 heißt es dann in § 6:

„Zum besonderen Wirkungskreise der Eichungskommission, insoweit dieselbe die Stelle eines Eichungs-Amtes vertritt, gehören: ....

h) Eine gleiche Verpflichtung (nämlich der Prüfung und Ausstellung eines Attestes) liegt derselben in Ansehung derjenigen Böttcher-Gefäße ob, welche zum öffentlichen Verkehr gebraucht werden und die einen bestimmten Inhalt haben sollen."

Der Begriff „öffentlicher Verkehr" ist also augenscheinlich gleichbedeutend mit Handelsverkehr oder Warenverkehr in offenen oder öffentlichen, jedermann zugänglichen Verkaufsstellen im Gegensatz zum Privatgebrauch.

Hierauf deutet auch die Kabinettsordre vom 28. Juni 1827 (Gesetz-Samml. 1827 S. 83):

„Auf den Bericht des Staatsministers vom 25. d. M. bestimme ich, zur Ergänzung der Vorschriften in der M. u. G.O. vom 16. Mai 1816 §§ 10 u. 12, daß derjenige Warenverkäufer, in dessen Besitz oder Gebrauch ein ungestempeltes Maß oder Gewicht gefunden wird, außer der verwirkten Polizeistrafe von 1 bis 5 Tr. auch die Konfiskation des Maßes oder Gewichtes erleiden und, mit der Behauptung des Privatgebrauches in seiner eigenen Wirtschaft, zur Entschuldigung nicht gehört werden soll."

Noch deutlicher geht dieser Sinn hervor aus dem Reskript des Kgl. Minist. des Innern und der Polizei vom 4. November 1828 an das Kgl. Polizei-Präsidium in Berlin (v. Kamptz Annalen XIII, 135).

„... Dagegen ist es außer Zweifel, und in den Bestimmungen der M. u. G.O. von selbst enthalten, daß die im öffentlichen Verkehr allein zulässigen Maße und Gewichte nicht anders, als mit dem vorgeschriebenen Eichungs-Stempel versehen, öffentlich, es sei im gewöhnlichen Handelsverkehr oder auf Märkten, zum Verkauf ausgestellt werden können, und wenn es nötig, ist vor Übertretung dieser Regel, bei Vermeidung der in dem § 12 bestimmten Polizei-Strafe zu warnen, indem gar kein Grund vorhanden, den nach § 10 gestatteten Privat-Gebrauch ungestempelter Maße und Gewichte durch eine das allgemeine Sicherheits-Interesse bedrohende Maßregel zu erleichtern usw."

In dem Reskript des Kgl. Minist. des Innern und der Polizei vom 22. Mai 1829 an die Kgl. Regierung zu N. N. (v. Kamptz Annalen XIII, 386) wird dann entschieden, daß ein öffentlicher Verkehr auch dann vorliegt, wenn der Kreis der Personen, die für den Verkehr in Betracht kommen, ein beschränkter ist. Das Reskript lautet:

„Aus den Bestimmungen in den §§ 10, 11, 12, 30 der M. u. G.O. vom 16. Mai 1816 erhellt die Befugnis jedes Käufers, alles, was nach Maß oder Gewicht überliefert werden soll, in der vorgeschriebenen Weise zugemessen oder gewogen zu verlangen, und aus dieser Befugnis folgt die Verpflichtung der Gastwirte, sich in ihrem Verkehr nur der gestempelten Maße und Gewichte zu bedienen, von selbst. Denn insofern dieselben ihren Gästen ohne Unterschied, Fourage, Bier und andere Getränke nach einem bestimmten Gewicht und Maß käuflich überlassen, gehören sie allerdings in die Klasse derer, welche für jedermann etwas feil halten, indem der Ausdruck: „Jedermann" immer nur in Verbindung mit dem Geschäfts-Betriebe, von dem die Rede, richtig erklärt, und außer diesem Zusammenhange gar nicht gedacht werden kann, wenn man nicht in vielfältigen Widerspruch geraten und in Ungereimtheiten verfallen will, da eine Ware, die für jedermann feil geboten wird, gar nicht zu finden sein dürfte."

Nach dem heutigen Sprachgebrauch ist der Gastwirt ein Gewerbetreibender, das Reskript erweitert also auch noch die Verpflichtung zur Benutzung geeichter Maße, Gewichte und Wagen auf Gewerbetreibende, von Laden oder Bude ist hier nicht mehr die Rede.

Noch weiter geht das Reskript des Kgl. Minist. des Innern für Gewerbe-Ang. sowie der Kgl. Verwaltung für Handel, Fabrik- und Bauwesen vom 16. Juli 1835 an die Kgl. Regierung zu Merseburg (v. Kamptz Annalen XIX, 486):

„Die Ansicht, daß der Gebrauch ungeeichter Gemäße in den Mühlen beim Abmessen der sogenannten Mehlmetze ebensogut eine Zuwiderhandlung gegen die Bestimmungen der M. u. G.O. v. 16. Mai 1816 darstellt als der feile Verkauf, wird als richtig anerkannt."

Bestätigt wird diese Auffassung durch das Reskript des Kgl. Minist. des Innern, für Gewerbe-Ang. und der Finanzen vom 30. November 1837 (v. Kamptz Annalen XX, 1015) und das Reskript des Kgl. Minist. des Innern und der Polizei und der Finanzen vom 24. Februar 1840 (Minist.Blatt 1840 S. 113). In letzterem heißt es:

„Wenngleich der Verkehr der Müller mit ihren Mahlgästen kein eigentliches Feilhalten im Sinne des § 12 der M. u. G.O. vom 26. Mai 1816 in sich begreift, so kann solcher doch nicht zu dem Privatverkehre, bei welchem der Gebrauch ungeeichter Gemäße gestattet wäre, gezählt werden. Derselbe steht vielmehr mit dem öffentlichen Feilhalten, soweit es sich um die Auseinandersetzung mit den Mahlgästen mittelst Abmessens handelt, auf gleicher Linie."

Hiernach ist dem öffentlichen Verkehre zuzurechnen oder gleichzuachten jeder Gewerbebetrieb, in dem ein Messen zur Feststellung des Umfanges von Leistungen stattfindet.

Bestätigt werden die vorangegangenen Ministerial-Reskripte durch die Verordnung vom 13. Mai 1840 (Gesetz-Samml. 1840, S. 127):

„Da die in der M. u. G.O. vom 16. Mai 1816 enthaltenen Vorschriften über die Verbindlichkeit zur Anwendung gestempelten Maßes und Gewichtes sich nicht als ausreichend ergeben haben, um die durchgängige Anwendung gleicher und richtiger Maße und Gewichte im Handel und Verkehre zu sichern, so verordnen Wir, auf den Antrag Unsres Staats-Ministeriums wie folgt:

§ 1. In allen Fällen, wo etwas nach Maß oder Gewicht verkauft wird, darf die im Inlande erfolgende Überlieferung nur nach Preußischem, gehörig gestempeltem Maße oder Gewichte geschehen. Ist im Vertrage ein fremdes Maß oder Gewicht verabredet, so muß dasselbe bei jener Überlieferung auf Preuß. Maß oder Gewicht reduziert werden.

Die Übertretung dieser Vorschrift hat für jeden der Kontrahenten eine polizeiliche Geldbuße von einem bis fünf Taler zur Folge. Auch wird das dabei gebrauchte ungestempelte oder fremde Maß oder Gewicht konfisziert.

§ 2. Das in der M. u. G.O. vom 16. Mai 1816 und in Unserer Ordre vom 28. Juni 1827 in Ansehung der Warenverkäufer erlassene Verbot des Besitzes oder Gebrauchs ungestempelter Maße oder Gewichte findet auf sämtliche Gewerbetreibende dergestalt Anwendung, daß dieselben, bei Vermeidung der darin vorgeschriebenen Strafen, kein ungestempeltes Maß oder Gewicht von der Art, wie es zum Einkauf oder Verkauf von Waren in ihrem Gewerbebetrieb dient, besitzen oder gebrauchen dürfen.

§ 3. Auf die Beachtung dieser Vorschrift (§ 2) hat die örtliche Polizei in Gemäßheit des § 19 der M. u. G.O. vom 16. Mai 1816 durch Untersuchung der in den Gewerbs-Lokalen vorhandenen Maße und Gewichte zu wachen."

In logischer Folge der Auslegung, die die Bestimmungen der M. u. G.O. vom 16. Mai 1816 in der Zwischenzeit durch die angeführten Ministerialreskripte erfahren haben, ist hier anstelle des Warenverkäufers der übergeordnete Begriff des Gewerbetreibenden getreten. Auch ist ganz allgemein gesagt, daß in allen Fällen, wo etwas nach Maß oder Gewicht verkauft wird auch die Überlieferung nur nach gehörig gestempeltem Maße oder Gewichte geschehen darf; ferner daß die Gewerbetreibenden in ihrem Gewerbebetriebe, keine ungestempelten Maße oder Gewichte besitzen oder gebrauchen dürfen. Die in § 12 der M. u. G.O. vom 16. Mai 1816 durch den Zusatz „in seinem Laden oder in seiner Bude" hineingebrachte Einschränkung auf öffentliche Orte ist also fallen gelassen, gleichfalls infolge der Auslegung des § 12. Es kann daher keinem Zweifel unterliegen, daß der öffentliche Verkehr alle Fälle umfassen soll, in denen überhaupt Waren nach Maß oder Gewicht verkauft werden. Also auch der Verkehr in nicht offenen Verkaufsstellen, wie er im Großhandel vielfach gebräuchlich ist, stellt sich als ein öffentlicher im Sinne der Verordnung vom 13. Mai 1840 dar. Der Ausdruck „öffentlicher Verkehr" ist auch hier nicht benutzt worden. Daß die Verordnung vom 13. Mai 1840 aber den öffentlichen Verkehr zu regeln bestimmt war, ergibt sich aus dem Gesetz die Stempelung und Beaufsichtigung der Wagen im öffentlichen Verkehr betreffend vom 24. Mai 1853 (Gesetz-Samml. 1853, S. 579).

Dieses Gesetz bestimmt in seinem

„§ 1. In allen Fällen, wo nach den Bestimmungen der M. u. G.O. vom 16. Mai 1816 und der Verordnung vom 13. Mai 1840 gestempelte Gewichte angewendet werden müssen, soll die Verwiegung auch nur mittels gestempelter Wagen geschehen."

Die Überschrift und der Inhalt des § 1 zeigen mit Deutlichkeit, daß dem Begriffe „öffentlicher Verkehr" die obige Auslegung zukommt.

Die Maß- und Gewichtsordnung vom 17. August 1868 (Bundes-Gesetzbl. S. 473) besagt im

Artikel 10. Zum Zumessen und Zuwägen im öffentlichen Verkehre dürfen nur in Gemäßheit dieser Maß- und Gewichtsordnung gehörig gestempelte Maße, Gewichte und Wagen angewendet werden.

Das Bundesgesetz ist aus den preußischen Gesetzen hervorgegangen, an die es sich vielfach anlehnt, und da es den Begriff „öffentlicher Verkehr" nicht näher erläutert, so kann nur angenommen werden, daß es diese Worte in dem gleichen Sinne aufgefaßt wissen will, wie er sich in Preußen allmählich entwickelt hat und in der Verordnung vom 13. Mai 1840 und dem Gesetz vom 24. Mai 1853 niedergelegt ist.

Die Maß- und Gewichtsordnung vom 30. Mai 1908 enthielt in ihrer ursprünglichen, dem Reichstage unterm 1. April 1905, sowie in der zweiten, ihm unterm 28. November 1905 vorgelegten Fassung den Ausdruck „Verkehr" anstelle von „öffentlichem Verkehr" mit der Begründung, daß der Entwurf dadurch gewisse bei der Auslegung des Gesetzes hervorgetretene Zweifel (gemeint sind Entscheidungen des Oberverwaltungsgerichtes S. 30) beseitigt. „Insbesondere stellt er klar, daß die Vorschrift des § 6 nicht nur den Verkehr in den dem Publikum zugänglichen Verkaufs- und ähnlichen Räumen treffen, sondern auch dann Platz greifen soll, wenn das Messen und Wägen, vorausgesetzt, daß davon der Umfang von Leistungen abhängt, sich in den inneren Geschäfts- und Betriebsräumen vollzieht. Es kann künftig nicht mehr zweifelhaft sein, daß auch der Großhandel den Vorschriften über die Benutzung geeichter Meßgeräte unterworfen ist." Die Begründung geht also davon aus, daß dem Begriffe „öffentlicher Verkehr" zwar die aus der historischen Entwicklung hervorgegangene Bedeutung beizulegen sei, daß aber besser der weitergehende Ausdruck „Verkehr" zu wählen sei, um eine historisch nicht begründete und der Absicht des Gesetzgebers nicht entsprechende Auslegung zu verhindern.

Der Reichstag hat den Ausdruck „öffentlicher Verkehr" wiederhergestellt und den Zusatz gemacht: „Zum öffentlichen Verkehr gehört der Handelsverkehr auch dann, wenn er in nicht offenen Verkaufsstellen stattfindet." Stehen geblieben ist der Nebensatz: „sofern dadurch der Umfang von Leistungen bestimmt werden soll", stehen geblieben ist ferner die Bestimmung: „Unberührt bleiben die Vorschriften über die Eichung der zu steueramtlichen Zwecken bestimmten Geräte". Hierdurch erfährt der Begriff „öffentlicher

Verkehr" eine wesentliche Erweiterung. Wenn der öffentliche Verkehr sich nur auf den handelsgewerblichen Verkehr, wie er sich im Kauf und Verkauf äußert, beziehen sollte, so wäre der Nebensatz: sofern usw. überflüssig, weil bei dieser Art des Verkehres durch das Messen und Wägen stets der Umfang von Leistungen bestimmt wird. Umgekehrt kann im Verkehr durch Messen und Wägen sehr wohl der Umfang von Leistungen bestimmt werden, ohne daß ein Warenumsatz stattfindet, wie z. B. im Transportgewerbe, im Baugewerbe usw. Aber auch der Verkehr der Behörden, z. B. der Post, der Eisenbahn usw., mit dem Publikum soll als ein öffentlicher angesehen werden, sonst hätte es nicht der Ausnahmebestimmung für die Steuerbehörden bedurft. Als öffentlicher Verkehr ist daher nicht nur der Handels-, der gewerbliche oder der geschäftliche Verkehr aufzufassen, sondern im Gegensatz zum inneren Betriebe und Privatgebrauch überhaupt jeder Verkehr, bei dem der einen Partei, möge diese nun eine einzelne Person, eine Gesellschaft (Verein) oder auch eine Behörde sein, jedermann, d. h. die Allgemeinheit, das Publikum, kurz die Öffentlichkeit gegenübersteht. Daß der Kreis der Personen ein beschränkter sein kann und sogar sein muß, geht schon aus dem Ministerialreskript vom 22. Mai 1829 hervor. Daß ein öffentlicher Verkehr sich auch an einem öffentlichen Orte vollziehen muß, kann nach der historischen Entwicklung des Begriffes nicht verlangt werden.

Die von dem Gesetzgeber gewollte Absicht, auch den Großhandel, den Verkehr der Vereine mit ihren Mitgliedern und den Verkehr der Behörden mit dem Publikum zu treffen, wird daher durch die Wiedereinschiebung des Wortes „öffentlicher" vor „Verkehr" nicht hinfällig gemacht. Der Zusatz: „Zum öffentlichen Verkehr gehört der Handelsverkehr auch dann, wenn er in nicht offenen Verkaufsstellen stattfindet", hat daher weder erweiternde noch einschränkende, sondern lediglich erläuternde Bedeutung.

Dagegen kann der Verkehr der Arbeitgeber mit ihren Arbeitnehmern nicht als ein öffentlicher bezeichnet werden. Sollte auch dieser, wie es bei der Fassung des Entwurfes geschah, durch § 6 der M. u. G.O. berücksichtigt werden, so bedurfte es nach Einschiebung des Wortes „öffentlich" einer besonderen Bestimmung, wie sie im zweiten Absatz des § 6 jetzt vorliegt.

b) Die bisherige Rechtsprechung. Da der Begriff des „öffentlichen Verkehrs" in der M. u. G.O. vom 30. Mai 1908 gegenüber dem Bundesgesetz vom 17. August 1868 eine Erweiterung erfahren hat, so kann die bisherige Rechtsprechung nicht durchweg zu seiner Erläuterung herangezogen werden. Indessen ergeben doch verschiedene Urteile, daß dem öffentlichen Verkehr auch in dem Bundesgesetz vielfach die Bedeutung beigelegt wurde, die ihm jetzt unzweifelhaft zukommt.

Öffentlichkeit des Ortes. Öffentlicher Verkehr ist nicht Verkehr an öffentlichen Orten. Das ist diejenige Bedeutung, die den Worten „öffentlich, Öffentlichkeit" im Strafgesetz meist zukommt. Zu einer solchen einschränkenden Auslegung der M. u. G.O. liegt aber kein Grund vor (O.L.G. Marienwerder 17. 3. 1893). —

Öffentlicher Verkehr im Sinne des Artikels 9 umfaßt nicht nur den Gewerbebetrieb in öffentlichen Verkaufsstellen, sondern allgemein den handelsgewerblichen Verkehr, der, weil er nicht auf einen bestimmten Personenkreis beschränkt ist, das Merkmal der Öffentlichkeit trägt (O.L.G. Cöln 31. 1. 1902). Zumessen und Zuwägen im öffentlichen Verkehr, d. h. mit Wirkung nach außen an jeden beliebigen Dritten (O.L.G. Posen 25. 1. 1905). Der öffentliche Verkehr vollzieht sich an den Orten, die jedermann zum Ankauf und Verkauf von Waren zugänglich sind, an denen dem Publikum Gegenstände zu- oder abgemessen werden. An diesen Orten, gleichviel ob öffentlichen oder nicht öffentlichen, darf der Gewerbetreibende nur solche zum Gebrauche in seinem Gewerbe geeignete Maße usw. haben, die den gesetzmäßigen und verordnungsmäßigen Bestimmungen entsprechen (O.L.G. München 20. 10. 1908). — Zu den Orten, die dem öffentlichen Verkehr des Gewerbetreibenden mit dem Publikum dienen; . . . sind nicht nur die Geschäftsräume zu zählen, in welchen der Gewerbetreibende dem Publikum Waren zuwägt, sondern auch Geschäftsräume, in welchen er Waren für das Publikum herstellt, die dazu bestimmt sind, an das Publikum abgegeben zu werden, besonders wenn diese Räume, wie es mit dem Laboratorium des Angeklagten zutrifft, in unmittelbarer Nähe des zum Verkehre mit dem Publikum bestimmten Verkaufslokals sich befinden, so daß die Art der Verwahrung der Gewichte die Möglichkeit ihrer Verwendung im Verkaufslokale mit dem dort anwesenden Publikum nicht ausschließt (O.L.G. Stuttgart 29. 4. 1907).

Kreis der Personen. — Verkehr mit einem unbestimmten Personenkreise ist stets öffentlich (O.V.G. 1. 2. 1909). Wenn erläutert ist, daß als öffentlicher Verkehr derjenige bezeichnet wird, in welchem Waren für jedermann feilgehalten und verkauft werden, so ist hiermit nicht gemeint gewesen, es müsse unbedingt jedermann (quivis ex populo) in der Lage sein, zu kaufen, und nur, wenn dies zutreffe, bestehe ein öffentlicher Verkehr. Es kann sich auch schon ein Verkehr mit einer beschränkten Anzahl von Personen als ein öffentlicher darstellen (O.V.G. 11. 4. 1904). Vgl. auch O.V.G. 15. 10. 1890 (Entsch. Bd. XX S. 426): der Verkehr eines Konsumvereins mit seinen Mitgliedern hat die Eigenschaft eines öffentlichen im Sinne des Artikels 10 der M. u. G.O. — O.V.G. 11. 4. 1904: desgl. der Verkehr einer G. m. b. H. mit ihren Gesellschaftern — O.L.G. Cöln 24. 3. 1893: desgl. Verkehr des Großhändlers mit dem Publikum der Detaillisten.

Der Gesamtbegriff. Der Natur der Sache und der ratio legis entsprechend ist hier (nämlich im Artikel 10 der M. u. G.O. vom 17. August 1868) mit „öffentlicher Verkehr“ lediglich der Verkehr im Handel und Gewerbe im Gegensatz zum Privatgebrauch auch des einzelnen bezeichnet. Das ist auch dem Sprachgebrauch keineswegs entgegen. Dieser Verkehr heißt „öffentlich“ ganz zutreffend deshalb, weil hierbei dem einzelnen Privaten ein beliebiger, unbestimmter, bisher möglicherweise unbekannter Dritter sich entgegenstellt, dessen Person sich lediglich aus dem Geschäftsbedürfnis ohne Rücksicht auf persönliche Verhältnisse ergibt; mit anderen Worten: im Verkehr tritt dem einzelnen die Gesamtheit, das Publikum, d. i. die Öffentlichkeit, entgegen. Verkehr im Handel und Gewerbe ist daher stets öffentlich in diesem Sinne. Der Zusatz „öffentlich“ hat weder ausdehnende noch beschränkende, sondern lediglich erklärende Bedeutung. Den engeren

Begriff „Verkehr an öffentlichen Orten“ hätte der Gesetzgeber auch nur durch diese Worte ausdrücken können. Die Richtigkeit dieser Auffassung ergibt sich auch daraus mit Notwendigkeit, daß die entgegengesetzte zu Folgerungen führt, die mit der Tendenz der M. u. G.O. zur öffentlichen Sicherheit und Ordnung im Verkehr ein einheitliches Maß- und Gewichtssystem einzuführen, unvereinbar sind. Der gesamte Gewerbebetrieb im Hausierhandel z. B. wäre danach den Bestimmungen der M. u. G.O. nicht unterworfen (O.L.G. Marienwerder 17. 3. 1893).

Der Begriff des öffentlichen Verkehrs umfaßt die Fälle, in denen Waren von Gewerbetreibenden oder anderen Personen nach Maß- und Gewicht verkauft werden; der öffentliche Verkehr vollzieht sich an den Orten, die jedermann zum An- und Verkauf von Waren zugänglich sind, an denen dem Publikum Gegenstände zu- oder abgemessen werden. An diesen Orten, gleichviel ob öffentlichen oder nicht öffentlichen, darf der Gewerbetreibende nur solche zu seinem Gewerbe geeignete Maße, Gewichte und Wagen haben, die den gesetzmäßigen und verordnungsmäßigen Bestimmungen entsprechen. Die Strafbarkeit ist hierbei nicht dadurch bedingt, daß die vorschriftswidrigen Meßgeräte tatsächlich im öffentlichen Verkehre benutzt werden, oder daß sie zur Benutzung im öffentlichen Verkehr bestimmt sind, doch ist sie ausgeschlossen, wenn die betreffenden Meßwerkzeuge lediglich den inneren Zwecken des Gewerbebetriebs dienen und in einer Weise zur Anwendung gelangen, daß sie im öffentlichen Verkehre zum Zumessen und Zuwägen an das Publikum nicht gebraucht werden können (OLG. München 20. 10. 1908).

Vgl. auch O.V.G. 15. 10. 1890, 20. 9. 1894, 4. 10. 1899, 18. 3. 1901, 11. 4. 1904, 1. 2. 1909: Öffentlicher Verkehr gleich Verkehr, bei dem Waren für jedermann feilgehalten und verkauft werden, aber auch bei welchem Waren von jedermann gekauft werden — O.L.G. Hamm 9. 6. 1902: Öffentlicher Verkehr umfaßt alle diejenigen Fälle, in denen überhaupt Waren nach Gewicht verkauft werden — O.L. Posen 4. 2. 1903, 18. 2. 1903, 4. 3. 1903: Der Begriff „öffentlicher Verkehr“ verlangt keineswegs, daß mit dem Gewerbebetriebe eine öffentliche Verkaufsstelle oder eine Veräußerung auf öffentlichen Märkten verbunden sei. Vielmehr genügt es, wenn der Gewerbebetrieb auch ohne jene Erfordernisse einen Geschäftsverkehr nach außenhin mit einer unbestimmten Personenzahl, kurz also mit der Öffentlichkeit in sich schließt.

Die Rechtsprechung ist also ziemlich einheitlich zu der Auffassung gekommen, daß als öffentlicher Verkehr jeder gewerbliche Verkehr nach außenhin zu betrachten sei, bei dem Waren umgesetzt werden, unabhängig davon, ob mit dem Betriebe eine öffentliche Verkaufsstelle verbunden ist, so daß also der Großhandel und der Kleinhandel, auch der Verkehr der Konsumvereine mit ihren Mitgliedern, der Verkehr der G. m. b. H. mit ihren Genossen usw. unter den Begriff fallen. Nur hinsichtlich des Verlangens der Öffentlichkeit des Ortes kommt das Oberverwaltungsgericht zu einer anderen Entscheidung (O.V.G. 20. 9. 94, O.V.G. 4. 10. 1899, O.V.G. 18. 4. 1901, O.V.G. 6. 10. 1904), die dazu geführt hat, daß der Großhandel tatsächlich von der Eichpflicht seiner Meßgeräte befreit wurde. Um ähnliche Entscheidungen für die Zukunft auszuschließen, ist der erläuternde Zusatz gemacht worden: „Zum öffentlichen Verkehr gehört der Handelsverkehr auch dann, wenn er in nicht offenen Verkaufsstellen stattfindet." Die Absicht des Gesetzgebers geht aus den Kommissionsverhandlungen deutlich hervor. Der Antragsteller gibt an, daß der Großhandel durch den Zusatz erfaßt werde. Ein Vertreter des Bundesrats erklärt: Die Einbeziehung des Großhandels durch den Zusatz sei willkommen zu heißen, seine Befreiung vom Eichzwange würde kaum verständlich sein und eine einseitige ungerechte Belastung des Kleinverkehrs bedeuten. Auch für den Verkehr mit dem Auslande sei es sehr wichtig, wenn allgemein bekannt sei, daß auch der Großhandel zur Anwendung tauglicher Meßgeräte verpflichtet würde. Die Berufung darauf, daß ein Nachwiegen möglich sei und meistens stattfinde, könne nicht beruhigen. Viele Streitigkeiten würden sich kaum schlichten lassen, weil eine Verminderung der Ware auf dem Transport behauptet werden könne. Das bahnamtlich ermittelte Gewicht sei zudem immer Bruttogewicht und beweise für das Nettogewicht nichts. Gerade im Großhandel nutzten sich die Geräte verhältnismäßig stark und schnell ab. (Bericht der IX. Kommission über den Entwurf einer Maß- und Gewichtsordnung — Nr. 33 der Drucksachen. 11. Legislaturperiode, II. Session 1905/1907, Nr. 553.)

[2]) Eichpflichtiger Verkehr. Nicht jeder öffentliche Verkehr ist auch zugleich ein eichpflichtiger Verkehr. Im Sinne des § 6 wird der öffentliche Verkehr ein eichpflichtiger 1. wenn ein Messen und Wägen oder beides stattfindet, 2. wenn durch das Messen und Wägen der Umfang von Leistungen bestimmt wird, 3. wenn zum Messen und Wägen Maße, Gewichte und Wagen benutzt werden.

Weder der öffentliche, noch der Verkehr überhaupt bedingen ein Messen oder Wägen. Vielfach wird Ware für eine bestimmte Geldsumme verlangt. Der Einkauf und Verkauf kann beispielsweise auch nach der Stückzahl stattfinden (nach Stück, Dutzend, Mandel, Groß, Buch, nach Hundert, Tausend usw.) oder nach einer willkürlichen Menge oder Packung, bei der an ein bestimmtes Maß oder Gewicht nicht gedacht wird (Büchse, Dose, Eimer, Glas, Tafel, Sack, Korb, Pack, Faß, Krug, Flasche, Bündel, Strähne usw.), oder nach irgendeiner sonstigen Abmachung.

Entscheidend für die Festsetzung des Rechtsgeschäftes ist in erster Linie der Wille der Parteien. Bestehen keine ausdrücklichen Vereinbarungen, wie es im Kleinhandel die Regel sein wird, so entscheidet der Handelsgebrauch. Gesetzlich geregelt ist dieser im allgemeinen nicht, jedoch ist für die Überlieferung von Wein, Obstwein und Bier durch § 9 der M. u. G.O. indirekt Bestimmung getroffen. Auch das Gesetz zur Bekämpfung des unlauteren

Wettbewerbes vom 27. Mai 1896 (R.G.Bl. S. 145) bietet in § 5 (abgedruckt nebst den Ausführungsbestimmungen in der Anlage 13) eine Handhabe, um für gewisse Waren Sonderfestsetzungen zu treffen. Endlich bestehen in einer Reihe von Städten Polizeiverordnungen, daß gewisse Waren nur nach Maß oder nur nach Gewicht verkauft werden dürfen.

Wenn die Preisberechnung nach Maß oder Gewicht erfolgt und die Bezahlung entsprechend dem Preise der Maß- oder Gewichtseinheit geleistet und angenommen wird, so ist augenscheinlich von beiden Seiten, Käufer und Verkäufer, davon ausgegangen, daß tatsächlich ein Messen stattgefunden hat, und das Gerät, mit dem die Messung vorgenommen wurde, vertritt die Stelle eines Maßes. Es liegt also ein eichpflichtiger Verkehr vor. (L.G. Magdeburg 10. 10. 1894, O.L.G. Naumburg 17. 1. 1895.)

Wenn der Käufer nicht für einen bestimmten Geldbetrag Waren verlangt, sondern eine bestimmte Quantität nach metrischer Einheit, so betrifft der Kaufvertrag die jeweilig bestimmte Quantität, und deshalb muß der Verkäufer sie dem Käufer auch zumessen (O.L.G. München 22. 3. 1902).

Im vorliegenden § 6 ist nicht von Zumessen die Rede, sondern nur von Messen. Um so weniger kann es einem Zweifel unterliegen, daß bei Zutreffen der übrigen Bedingungen ein eichpflichtiger Verkehr vorliegt, sobald die Preisberechnung nach Quantitäten erfolgt und daß diese Art des Kaufvertrages unbedingt ein Messen voraussetzt. Wo und in welchem Augenblicke, ob in Gegenwart des Käufers (siehe auch öffentlicher Verkehr), ob vor einem Transport im Magazin des Verkäufers oder nachher bei der Überlieferung, auch in der Wohnung des Käufers (am Erfüllungsorte) ist gleichgültig (O.L.G. München 22. 3. 1902). Bei der modernen Entwicklung des Verkehrs ist diese Feststellung von größter Wichtigkeit. Je mehr der Großhandel dazu übergeht, unmittelbar mit dem Publikum in Verbindung zu treten, um so mehr bürgert es sich ein, an einer Stelle die Waren aufzumachen und sie in plombierten Säcken (Kohlen), Säckchen (Mehl, Hundekuchen ...), in Paketen oder Tüten (Kaffee, Kakao, Malzkaffee, Zucker, Tee, ...), Kannen (Petroleum), Flaschen (Milch ...) usw. entweder unmittelbar dem Publikum zuzusenden, oder sie in Zweigstellen für jedermann feilzuhalten. Der Verkauf findet nach Gewicht vom 50 Kilo-Sack bis zum 100 Gramm-Päckchen herab oder nach Maß vom 100 Liter-Ballon bis zum Zehntelliter-Fläschchen statt, ohne daß jede Aufmachung dem Käufer besonders vorgemessen oder vorgewogen wird. Es handelt sich also um einen Verkehr auf Treu und Glauben, bei dem stillschweigend vorausgesetzt wird, daß das Messen und Wägen vor der Aufmachung durch den Verkäufer stattgefunden hat. Gerade um solche Fälle zu treffen, ist in dem Gesetz der Ausdruck „Zumessen und Zuwägen“ der M. u. G.O. vom 17. August 1868, der noch Zweifel übrig ließ, durch den weitergehenden Ausdruck „Messen und Wägen“ ersetzt. Der frühere Ausdruck war nach der Erläuterung zum Gesetz „dahin mißverstanden worden, daß die Anwesenheit des Empfängers der gemessenen oder gewogenen Gegenstände vorausgesetzt werde. Das Gesetz will aber auch die Fälle treffen, in welchen der Käufer abwesend ist und ihm die Ware zugesendet wird. Durch die neue Fassung soll jenes Mißverständnis beseitigt werden". Weiteren Aufschluß über die Absicht des Gesetzgebers bietet die Erklärung eines Regierungsvertreters bei der zweiten Lesung des Gesetzes in der Reichstagskommission; der Großhandel gehe in der neuesten Zeit viel dazu über, Originalpackungen für das Publikum herzustellen. Diese müßten mit geeichtem Maß und Gewicht abgeteilt und gewogen werden, denn ob diese Teilungen in dem Laden oder in der Fabrik geschähen, sei für das Publikum gleichgültig. Durch diese Erklärung wird auch das nach dem neuen Gesetz unhaltbare Urteil des O.L. München vom 20. 12. 1910 berichtigt.

Durch die Erweiterung des Begriffes „öffentlicher Verkehr" ist auch der Begriff „eichpflichtiger Verkehr" gegenüber dem gleichen Begriff im Artikel 10 der M. u. G.O. vom 17. August 1868 ein umfassenderer geworden. Eine weitere Ausdehnung erhält er dadurch, daß die Eichpflicht nicht erst durch ein Zumessen und Zuwägen, sondern bereits durch einfaches Messen und Wägen bedingt wird, sofern dadurch der Umfang von Leistungen bestimmt wird. Es wird also in Zukunft die Eichpflicht nicht erst eintreten, wenn ein Umsatz von Waren stattfindet, vielmehr überhaupt überall da, wo Arbeitsleistungen nach Maß oder Gewicht im öffentlichen Verkehr bewertet werden.

Die Wagen und Gewichte, die die Eisenbahn, die Post, die Spediteure oder sonstige Transportunternehmer usw. zur Feststellung des Gewichtes der ihnen zur Beförderung übergebenen Güter benutzen, sind daher eichpflichtig, wenn der Preis der Beförderung sich nach dem Gewicht bemißt. Bei der Personenbeförderung unterliegen die Maße dem Eichzwange, mit denen die Entfernungsunterschiede ermittelt werden, falls die Fahrpreise sich nach den durchfahrenen Entfernungen abstufen. Taxameter sind nicht eichpflichtig, weil als Entfernungsmesser kein Maß im Sinne des § 6, sondern eine Meßmaschine benutzt wird und das Publikum sich stillschweigend hiermit einverstanden erklärt hat. In anderen Ländern werden die Taxameter geeicht.

Die Geräte der Feldmesser (Landmesser, Geometer, Markscheider usw.) zählen zu den eichpflichtigen, soweit sie nicht besonders durch die Verordnung des Bundesrats vom 18. Dezember 1911 (R.G.Bl. S. 1064, Anlage 4) ausgenommen sind.

Geschieht die Wertbemessung einer geleisteten Arbeit nach laufenden Metern, nach Quadrat- oder Kubikmetern, wie beim Ausschachten, Aufschütten, Anrampen, Pflastern usw., beim Verlegen von Röhren, Kabeln, Leitungsdrähten, von Parkett, Fliesen, Kacheln usw., beim Malen, Anstreichen, Putzen, Tünchen usw., beim Herstellen großer Fässer und vielen anderen gewerblichen Arbeiten, so besteht für die benutzten Maße ebenfalls der Eichzwang.

Endlich kann es nach der Begründung zu § 6 keinem Zweifel unterliegen, daß „künftig auch die zur Feststellung der Qualität einer Ware dienenden Meßgeräte, sofern sich nach dem Ergebnisse dieses Messens und Wägens der Umfang von Leistungen, z. B. der Kaufpreis, bestimmen soll, im öffentlichen Verkehre nur gebraucht werden dürfen, wenn sie geeicht sind. Hierher gehören die Maße, Gewichte und Wagen der Getreideprober (§ 131 bis 136 der Eichordnung vom 8. November 1911, Anlage 9), ferner die Lehren — soweit sie nicht durch die Verordnung des Bundesrates vom 18. Dezember 1911 (R.G.Bl. S. 1064, Anlage 4) von der Eichpflicht befreit sind — und die Maße, die z. B. zur Ermittelung der Stärke von Balken, Brettern, Fassoneisen und dergl. dienen, weil von dieser Messung die Preisberechnung abhängt. Auf anderen Verkehrsgebieten kommen ähnliche Verhältnisse vor.

Nicht eichpflichtig sind alle Meßgeräte, die lediglich im Privatgebrauche benutzt werden. Zum Privatgebrauch gehört auch das Nachmessen oder Nachwägen gelieferter Waren, solange hieraus keine Rechtsansprüche abgeleitet werden. Soll indessen die Nachprüfung einer Quantitätsbestimmung für ein Rechtsgeschäft oder für den Umfang von Leistungen von Bedeutung sein, oder findet das Messen und Wägen überhaupt nur durch den Käufer oder Zahlungspflichtigen statt, so müssen auch in diesem Falle geeichte Meßgeräte angewendet werden, denn das Gesetz unterscheidet nicht zwischen Käufer und Verkäufer oder zwischen Zahlungspflichtigen und Zahlungsempfänger (vgl. auch O.L.G. Marienwerder 17. 3. 1893, O.L.G. Marienwerder 17. 3. 1896, O.L. Cöln 24. 2. 1906, Oppenhof Kommentar Anm. 12 zu § 369 Nr. 2 Str.G.B., Obertribunal 31. 10. 1878 in Oppenhof Rechtsprechung Bd. 19, S. 496).

Auch die im inneren Betriebe verwendeten Meßgeräte unterliegen nicht dem Eichzwange, weil sie nicht im öffentlichen Verkehr benutzt werden. Betroffen wird hiervon der gesamte Verkehr, der sich zwischen zwei Abteilungen eines Gewerbebetriebes vollzieht: das Zumessen oder Zuwägen von Rohmaterialien an die Arbeitnehmer, das Nachmessen und Wägen zur Kontrolle, ob keine Materialien veruntreut sind, ob die Arbeit den Mustern und den Anforderungen entspricht und dgl., das Messen und Wägen, das zum Zwecke der Herstellung von Mischungen geschieht (O.L. Breslau 9. 4. 1895), oder auch zur Feststellung des Ladegewichtes für den Bahnversand (O.L.G. Breslau 11. 6. 1895) usw. Das Herstellen der Waren ist innerer Betrieb, namentlich unterliegen die in den Laboratorien zur Bereitung und Untersuchung von Waren erforderlichen Maße und Gewichte nicht dem Eichzwang. Die Analysenwagen in den Laboratorien der Apotheker brauchen also nicht geeicht zu sein, die Eichpflicht besteht nur für den Verkauf (Erklärung eines Regierungsvertreters bei den Kommissionsberatungen, dagegen spricht sich aus O.L. München 11. 2. 1893, O.L.G. Stuttgart 29. 4. 1907). Die Maße, die Schneider, Schuhmacher, Bandagisten, Tapezierer und andere Handwerker zum Maßnehmen benutzen, sind im allgemeinen schon deshalb nicht eichpflichtig, weil durch das Maßnehmen in der Regel nicht der Umfang von Leistungen bestimmt wird und eine Verwendung im inneren Betriebe vorliegt. Eine solche ist auch bei vorbereitenden Messungen anzunehmen. So dürfen z. B. in der Forstwirtschaft beim Aufstapeln geschlagenen Holzes ungeeichte Maße benutzt werden, nicht aber beim Verkauf.

³) Messen und Wägen. Die M. u. G.O. vom 17. August 1868 redet nur von Zumessen und Zuwägen. Wenn nun auch die Rechtsprechung sich z. T. dahin ausgesprochen hat, daß beim Zumessen und Zuwägen eine Anwesenheit des Käufers nicht erforderlich ist (Kammergericht 25. 1. 1897, O.L. Braunschweig 25. 5. 1895), so war der frühere Ausdruck doch mißverstanden worden. „Das Gesetz will aber auch die Fälle treffen, in welchen der Käufer abwesend ist und ihm die Ware zugesendet wird. Durch die neue Fassung soll jenes Mißverständnis beseitigt werden." (Begründung zu § 6 des Entwurfes vom 28. November 1905.)

Der neue Ausdruck ist viel weitgehender als der frühere, denn unter „Messen" ist überhaupt jede Quantitätsbestimmung zu verstehen. Die M. u. G.O. will aber nicht das Messen überhaupt regeln, die Zeitmessungen scheiden ohne weiteres aus, vielmehr will sie nur die Quantitätsbestimmung von Sachgütern treffen, soweit dieselbe für die Begründung von Rechtsverhältnissen wesentlich ist (O.L.G. Marienwerder 17. 3. 1893). Handelt es sich um eine Feststellung von Längen, Flächen oder Räumen, so spricht man vom Messen im engeren Sinne des Wortes; wird die Masse ermittelt, so kommt das Wägen in Betracht. Zum Messen bedarf es nicht der Maße, zum Wägen nicht der Wagen und Gewichte. Werden aber zum Messen und Wägen Maße, Gewichte und Wagen benutzt oder bereitgehalten, so müssen diese geeicht sein.

Die Anwendung von Maßen und Gewichten im Verkehr setzt stets ein Messen und Wägen voraus.

⁴) Geeicht. Daß im § 6 und in den folgenden Paragraphen nicht mehr von gestempelten, sondern von geeichten Maßen usw. die Rede ist, hängt mit der im § 10 gegebenen Begriffsbestimmung der Eichung zusammen. „Wichtig ist ferner, daß der erste Absatz zum Messen und Wägen nicht mehr ‚in Gemäßheit dieser Maß- und Gewichtsordnung gehörig gestempelte', sondern lediglich ‚geeichte' Meßgeräte verlangt. Das Publikum kann nicht beurteilen, ob ein Meßgerät vorschriftsmäßig geeicht ist, ihm ist für die Beurteilung der Verkehrsfähigkeit allein das Vorhandensein des Eichzeichens maßgebend. Letzteres soll in Zukunft genügen. Der Besitzer soll nicht für die von den Beamten beim Eichen begangenen Fehler verantwortlich gemacht werden können. Eine Bestrafung gemäß § 22 dieses Gesetzes kann nur in Frage kommen, wenn der Besitzer die Unrichtigkeit des mit dem Eichstempel versehenen Geräts kannte oder nach Lage der Umstände kennen mußte."

So weit die Begründung zum Entwurfe der Maß- und Gewichtsordnung. Der hier klar ausgedrückten Absicht des Gesetzgebers wird aber die Fassung des ersten Absatzes nicht gerecht. Setzt man nach der Begriffsbestimmung des § 10 im § 6 statt der dastehenden Fassung den Wortlaut: „Zum Messen und Wägen ... dürfen nur durch die zuständige Behörde vorschriftsmäßig geprüfte und gestempelte Maße usw. angewendet und bereitgehalten werden", so läßt sich ein Unterschied im Wortsinn zwischen der früheren und der jetzigen Fassung kaum noch begründen. Wollte der Gesetzgeber seine Absicht auch im Gesetzestexte klar zum Ausdruck bringen, so müßte es heißen: „dürfen nur mit den vorschriftsmäßigen Stempelzeichen und Jahreszeichen versehene Maße usw.", dann fällt fort, daß die Maße usw. auch vorschriftsmäßig geprüft sein müssen, und daß die Stempelung eine vorschriftsmäßige sein muß. Die Fassung ist aber gleichgültig. Eine Bestrafung nach § 22 kann nur dann eintreten, wenn ein Verschulden des Täters vorausgesetzt wird, wenn also dem Täter Vorsatz oder Fahrlässigkeit zur Last fällt (§ 22 Anm. 1). Da nun nicht angenommen werden kann, daß das Publikum alle Vorschriften der Eichordnung und der Instruktionen kennt (§ 10 Anm. 3), so ist es in der Regel gar nicht imstande zu beurteilen, ob ein Meßgerät vorschriftsmäßig geprüft ist. Von einem Verschulden bei Benutzung eines Meßgerätes, das vom Eichbeamten zu Unrecht geeicht ist, kann daher wohl nicht die Rede sein (vgl. auch Obertribunal, Senat für Strafsachen, zweite Abteilung 7. 1. 1875). Dagegen darf vorausgesetzt werden, daß jeder, der Meßgeräte verwendet, die Stempel- und Jahreszeichen kennt und auch darüber Bescheid weiß, wo die Zeichen angebracht sein müssen. Bei Benutzung eines falsch gestempelten Meßgerätes wird daher im allgemeinen eine Fahrlässigkeit vorausgesetzt werden können.

Wegen der Erläuterung des Begriffes geeicht vgl. auch § 10 Anm. 3.

5) Maß und Meßwerkzeug. Maß kommt her von Messen. Als Maß im weitesten Sinne des Wortes ist daher jedes Gerät anzusehen, das zum Messen benutzt werden kann. Wie aber im Sinne des Gesetzes das Messen nur auf die Quantitätsbestimmung von Sachgütern bezogen werden kann, so sind als Maße auch nur solche Geräte anzusehen, die zur Quantitätsbestimmung von Sachgütern verwendet werden können, also z. B. nicht die Zeitmaße, Kraftmaße, elektrischen Maße usw. § 6 der M. u. G.O. will nun nicht die Maße ganz allgemein, sondern nur die Maße des Verkehrs treffen. Über diesen Begriff entscheidet der Sprachgebrauch, die Absicht des Gesetzgebers und die bisherige Rechtsprechung. Nach dem Wortsinn und dem Sprachgebrauch können als Maße des Verkehrs nur solche Geräte gelten, die die Quantität von Sachgütern durch unmittelbare Messung bestimmen lassen und in einfachem Verhältnis zur Einheit stehen; d. h. als Maße für Längen kommen nur wieder Längen, als Maße für Räume (Körper) nur Räume in Betracht.

Meßgeräte, bei denen die Quantität nicht unmittelbar, sondern erst durch Benutzung von Hebeln, Zahnrädern usw. ermittelt werden, sind keine Maße, sondern Meßmaschinen und daher nicht eichpflichtig. Hierher gehören z. B. die Fahrpreisanzeiger, die Ledermeßmaschinen und die verschiedenen im Textilgewerbe an den Maschinen angebrachten Meßuhren.

Meßgeräte, die zwar die Quantität unmittelbar finden lassen, aber in keinem einfachen Zahlenverhältnis zur Einheit stehen, gelten gleichfalls nicht als Maße. Man bezeichnet sie vielfach als Meßwerkzeuge. Hierunter sind namentlich die für Längenmessungen bestimmten Meßgeräte mit vieleckigem oder kreisförmigem Querschnitt zu rechnen, wie die Haspeln, Weifen, Meßwalzen, Meßräder und andere. Sind in solche Geräte Maße eingefügt, sind z. B. Bandmaße (Meßbänder) in Meßwalzen eingelegt, so sind diese Maße unter den bestimmten Voraussetzungen eichpflichtig.

Die Eigenschaft als Maß erhält ein Meßgerät nicht erst dadurch, daß es von der Kaiserlichen Normal-Eichungskommission für eichfähig erklärt und in die Eichordnung aufgenommen wird. So ist z. B. ein Litergefäß aus Blei oder Holz, das einem geeichten Litermaß genau gleicht, unzweifelhaft ein Maß, obgleich es aus eichtechnischen Gründen mit Rücksicht auf sein Material niemals zur Eichung zugelassen werden kann. Ebenso haben Flaschen, Kannen, Ballons, Syphons, Krüge usw., Meßbänder aus Köper, Spazierstöcke usw. ganz sicher Maßcharakter, da sie sich zu Quantitätsbestimmungen eignen und in einfachem Verhältnis zur Einheit stehen. In der Privatwirtschaft und bei vorbereitenden Messungen dürfen solche und ähnliche Geräte als Maße benutzt werden, was auch häufig geschieht — erinnert sei z. B. an die Lotmaße für Kaffee, an die Stöcke der Förster und anderes —, im eichpflichtigen Verkehre ist aber ihre Verwendung als Maß strafbar, weil sie ungeeicht sind und überhaupt nicht geeicht werden können.

Die Eigenschaft eines Gerätes als Maß wird ferner nicht dadurch berührt, wenn es daneben noch als Transport- oder Aufbewahrungsgefäß dient, wie es bei Kannen und Flaschen häufig der Fall ist. Auch ist es gleichgültig, ob das Gefäß beim Kaufe entleert wird und in den Händen des Verkäufers verbleibt, oder ob es mit der Ware dem Käufer übermittelt wird, sobald nur die Messung ausschließlich mit dem Gefäß und nicht mit einem besonderen Maße vor oder nach der Überlieferung ausgeführt wird.

Die Absicht des Gesetzgebers tritt im dritten Absatz des § 6 hervor. Wenn dort gesagt ist: „Den Maßen stehen im Sinne dieses Gesetzes gleich die zur Raummessung bestimmten Meßwerkzeuge für Flüssigkeiten und trockene Gegenstände", so sollen also die Meßmaschinen und die hier nicht besonders aufgeführten Meßwerkzeuge auch nicht als Maße gelten. Hinzugefügt ist der Zusatz allerdings nicht aus diesem Grunde, sondern weil die Eichordnung neben den eigentlichen Maßen (Längenmaße, Flüssigkeitsmaße, Hohlmaße) noch Meßwerkzeuge für Flüssigkeiten und Meßwerkzeuge für trockene Gegenstände, auch Meßwerkzeuge für wissenschaftliche und technische Untersuchungen anführt. Es soll kein Zweifel darüber gelassen werden, daß diese aber auch nur diese Meßwerkzeuge zu den Maßen im Sinne des Gesetzes gehören. Die Begründung spricht sich hierüber aus wie folgt: „Schließlich sollen den Maßen die zur Raummessung bestimmten Meßwerkzeuge für Flüssigkeiten und für trockene Gegenstände gleichgestellt werden. Unter Meßwerkzeugen werden im allgemeinen solche zum Messen bestimmter Arten von Gegenständen dienenden Geräte verstanden, die nach Gestalt, Einrichtung oder Anwendungsweise dem Begriff eines Maßes im strengen Sinne des Wortes nicht entsprechen, namentlich solche, welche die Benutzung verschiedener Maßgrößen zulassen. Aber nicht sämtliche Meßwerkzeuge sollen der Eichpflicht unterworfen werden, vielmehr kann ein Bedürfnis nur in Ansehung der zur Raummessung bestimmten Meßwerkzeuge für Flüssigkeiten und für trockene Gegenstände anerkannt werden. Zu ersteren gehören z. B. die Meßflaschen und die Maße mit Ablaßvorrichtung, zu den letzteren die Maße für Brennmaterialien usw". Der Begriff der Meßwerkzeuge ist hier etwas anders erläutert als oben, weil er nur auf die eichfähigen Meßwerkzeuge Rücksicht nimmt, während die oben angeführte Begriffsbestimmung ganz allgemein auf alle Meßwerkzeuge sich bezieht.

Weiterhin kommen für die Erläuterung des Begriffes aus den Verhandlungen der Kommission die nachstehenden Erklärungen von Regierungsseite in Betracht: Milchkannen, in denen vielfach die Milch von Landwirten zur Genossenschaft geschickt wird, sind nicht eichpflichtig, solange sie nur zum Transporte dienen. Erst wenn die Gefäße zum Messen benutzt werden, sind sie dem Eichzwange unterworfen*). Die Uhren der Anzeigerdroschken sind nicht eichpflichtig, weil sie nicht „zur Raummessung bestimmte Meßwerkzeuge für Flüssigkeiten oder trockene Gegenstände" sind. Es ist zu berücksichtigen, daß §6 des Entwurfs nur die dort bezeichneten Meßgeräte dem eichpflichtigen Verkehr unterwerfen wollte; Maschinen und Geräte, welche nicht unter die dort bezeichneten Kategorien (Maße, Gewichte, Wagen, Meßwerkzeuge für Flüssigkeiten oder trockene Gegenstände) fallen, sind überhaupt nicht eichpflichtig.

Die Rechtsprechung ist in Beziehung auf den Begriff „Maß" im Sinne der M. u. G.O. eine schwankende. „Diese Auffassung des Begriffes des ‚Maßes' (nämlich als Gefäß, welches zum Messen bestimmt ist) ist nach dem Wortsinne wie nach dem Zwecke der Strafbestimmung eine zu enge. Nach dem gewöhnlichen Wortsinne muß als Maß jedes Gefäß bezeichnet werden, welches eine Maßbezeichnung trägt (es handelte sich um eine Korbflasche, die auf einem Blechstreifen den Vermerk 5 Liter trug) und deshalb, wie nach ihrer sonstigen Beschaffenheit zum Messen verwendet werden kann..... Geeignet aber kann zu solchem Gebrauch (zum Gebrauche als Maß in dem

*) Nach einem Stenogramm lautete die Erklärung, daß die Gefäße, insofern sie zum Transport der Milch dienen, nicht der Eichpflicht unterlägen. Das Messen und Wägen sei nach Beendigung des Transports in irgendeiner Weise vorzunehmen. Wenn diese Gefäße aber mit einem Inhalt von soundsoviel, ohne kontrolliert zu werden, angenommen werden müßten, dann würden sie Maße.

Gewerbe des Besitzers) sehr wohl auch ein Gefäß sein, das von den üblichen Formen und Größen abweicht, und das nach seiner ursprünglichen Bestimmung zu anderen Zwecken als zum Messen dienen sollte (O.L.G. Breslau 24.9.1901). Auf gleichem Standpunkt steht folgende Erläuterung: Wie der Vorderrichter feststellt, bezieht der Angeklagte als Milchengroshändler die Milch in der fraglichen Kanne von den Gütern und gibt sie plombiert an die Kleinhändler weiter unter Bezugnahme auf den auf der Kanne angegebenen Fassungsgehalt. In diesem Tatbestande ist auch das Moment der Bestimmung der Kanne zum Zumessen im öffentlichen Verkehr enthalten, das nach Artikel 10 der deutschen Maß- und Gewichtsordnung von 1868/71 das entscheidende Kennzeichen eines eichungspflichtigen Maßes bildet (O.L. Breslau 28. 2. 1905). Dasselbe Gericht erklärt als Flüssigkeitsmaß jedes Hohlgefäß, das durch das Gesetz oder die Eichordnung zum Messen im Geschäftsverkehr ausdrücklich bestimmt ist oder dem unbefangenen Käufer als ein solches gesetzliches Meßwerkzeug erscheinen kann (es handelte sich um Gefäße, in denen Branntwein verkauft wurde und die verschiedene Größe hatten, je nachdem für 3 oder 5 Pfennig Branntwein verlangt wurde)..... Es ist nicht außer acht zu lassen, ob nicht schon die Art und Weise des Gebrauches die Annahme, daß es sich dabei um gesetzlich zulässige Maße handele, in dem Käufer hervorrufen mußte, ... wenn also die verlangte Menge unmittelbar aus einem Faß oder Bottich in dem Gefäß verabfolgt wurde, ohne daß die Flüssigkeit vorher ein anderes Maß passierte. Ebensowenig ist es von Belang, welchen Rauminhalt die beanstandeten Gefäße gehabt haben (O.L.G. Breslau 8. 1. 1895). Der Begriff des Maßes wird nicht dadurch beeinträchtigt, daß es neben seiner Benutzung als Meßwerkzeug gleichzeitig noch die andere Zweckbestimmung hat, als Aufbewahrungs- und Transportmittel zu dienen. Wenn jemand eine leere Literflasche bringt und dagegen eine mit Petroleum gefüllte Literflasche erhalten hat, welche der Händler im Vorrate und teils selbst gefüllt, teils schon gefüllt bezogen hatte; hierbei ist eine besondere Preisbestimmung des für das Petroleum zu zahlenden Preises nach der Quantität oder nach einem anderen Maßstabe nicht erfolgt, sondern der Käufer hat ohne weiteres den Preis eines Liters entrichtet, und dieser Preis ist von dem Händler auch angenommen: auf beiden Seiten ist mithin augenscheinlich davon ausgegangen worden, daß die Flasche, worin das Petroleum zum Verkaufe gelangte, einen Liter enthalte und daß der Käufer ein Liter kaufen, der Verkäufer ein solches verkaufen wollte. Danach aber vertraten, indem die Kontrahenten die Höhe der Leistung und Gegenleistung lediglich nach dem Rauminhalt der fraglichen Flaschen bemaßen, die letzteren — die auch in der Tat ein Liter enthalten haben sollen — faktisch die Stelle eines Maßes, nämlich eines Litermaßes (IV. Strafkammer L.G. Magdeburg 10. 10. 1894, O.L. Naumburg 17. 1. 1895). Zu einer ähnlichen Entscheidung kommt das O.L. Stettin (26. 4. 1895) hinsichtlich der Petroleumkannen. Flaschen, in welchen

Gewerbetreibende ihren Abnehmern Waren überliefern, können unzweifelhaft Maße sein (Kammergericht 25. 1. 1897). Jedes als Maßeinheit der Preisabrede zugrunde gelegte Gefäß (z. B. auch eine Tonne) ist als Maß geeignet (O.L. Marienwerder 17. 3. 1893).

Aus dem Gesetze selbst und den Kommissionsberatungen ist zweierlei zu ersehen, einerseits, daß Meßmaschinen und Meßwerkzeuge mit Ausnahme der im Gesetz besonders angeführten nicht als Maße angesehen werden sollen, andererseits aber, daß jedes Gefäß, das zum Messen benutzt wird, indem bei der Preisberechnung sein Raumgehalt ohne weitere Nachmessung zugrunde gelegt wird, auch als Flüssigkeitsmaß zu betrachten sei.

Die Rechtsprechung beschäftigt sich lediglich mit Raummaßen. Auch sie kommt zu dem Ergebnis, daß der Maßcharakter nicht durch die Eichfähigkeit bedingt wird. Jedes Hohlgefäß kann als Maß dienen und ist als solches anzusehen, wenn sein Inhalt der Preisberechnung zugrunde gelegt wird, gleichviel zu welchen Zwecken das Gefäß sonst noch bestimmt ist. Insbesondere aber, und diese Feststellung ist von größter Bedeutung, obwohl sie ganz selbstverständlich erscheint, ist ein Gefäß dann als Maß anzusehen, wenn die Ware nach der Maßeinheit verlangt und bezahlt wird. Die Anwendung auf Längenmaße ergibt sich von selbst.

Aus der Begriffsbestimmung ist noch eine wichtige Schlußfolgerung zu ziehen. Wenn „Maß" begrifflich von „Messen" abzuleiten ist, so kann die Benutzung eines Maßes im Verkehr nicht ohne Messen gedacht werden; und weiterhin, wenn eine Ware nach der Maßeinheit verlangt und bezahlt wird, so muß sie mit einem Maß gemessen werden oder gemessen sein.

Schankgefäße sind keine Maße, sie haben den Vorschriften des Gesetzes betreffend die Bezeichnung des Raumgehalts der Schankgefäße vom 20. Juli 1881 (R.G.Bl. S. 249, Anlage 17), sowie des Gesetzes wegen Änderung des Schankgefäßgesetzes. Vom 24. Juli 1909 (R.G.Bl. S. 891) zu entsprechen.

[6]) Gewicht. Wie das Wägen nur eine bestimmte Art des Messens ist, so ist auch das Gewicht nur ein Maß, nämlich ein Massenmaß. Die Erläuterungen in der Anm. 5 treffen also auch auf Gewichte zu. Als Gewicht ist demnach jede Masse anzusehen, die die Masse von Sachgütern durch unmittelbare Wägung bestimmen läßt. Ein Stein, ein Stück Blei oder Eisen usw. kann daher den Charakter als Gewicht haben, gerade wie z. B. unter gewissen oben geschilderten Umständen eine Flasche, ein Glas usw. Maßcharakter gewinnen kann.

[7]) Die Fassung kann zu Zweifeln Anlaß bieten. Der Gegensatz besteht zwischen offenen Verkaufsstellen und anderen Stellen, in denen ein Handelsverkehr stattfindet. Zu den letzteren gehören nicht nur die Kontore und Bureauräume der Gewerbebetriebe, sondern auch die Packräume, unter Umständen auch Fabrik- und sonstige Herstellungsräume, wenn darin sich ein eichpflichtiger Verkehr abspielt, also z. B. Packungen, namentlich solche

für den Kleinverkehr vorgenommen werden. Es soll also in Zukunft der Großhandel, fußend auf die oben (S. 30) erwähnten Erkenntnisse des Oberverwaltungsgerichtes, sich nicht dadurch der Eichpflicht entziehen können, daß er die Packungen für den Kleinverkehr in die Fabrikräume verlegt und etwa noch an den Türen ein Schild anbringt: „Eintritt verboten". Daß Abwägungen und Abmessungen, wenn sie für die Preisfestsetzung maßgebend sind, zum Handelsverkehr gehören, bedarf keines besonderen Beweises (vgl. auch: eichpflichtiger Verkehr).

[8]) Es wird in der Regel schwierig sein, nachzuweisen, ob eine strafbare Benutzung von Meßgeräten stattgefunden hat. § 369 Nr. 2 Str.G.B. stellt deshalb bereits den bloßen Besitz unter Strafe. In § 6 ist neben der Anwendung lediglich die Bereithaltung ungeeichter Meßgeräte untersagt. Im Gegensatze zu dem bloßen Besitze „wird ein Bereithalten nur dann gegeben sein, wenn die in Frage kommenden Meßgeräte an Orten, an denen sich ein Verkehr vollzieht oder die mit solchen Orten in Verbindung stehen, so aufgestellt und aufbewahrt werden, daß die Anwendung zum Messen und Wägen im Verkehr möglich erscheint und nach Lage der Verhältnisse zu erwarten ist. Hieraus folgt zugleich, daß die auf den Lagern der Fabrikanten und Händler befindlichen, zum Verkaufe, nicht aber zum Gebrauch im eigenen Geschäftsverkehr bestimmten Meßgeräte der Eichpflicht nicht unterliegen. Wenn der Fabrikant oder Händler die bei ihm auf Lager befindlichen Meßgeräte gleichwohl eichen läßt, so geschieht dies nicht in Erfüllung einer ihm obliegenden gesetzlichen Pflicht, sondern in der Absicht, die Meßgeräte dem Abnehmer gebrauchsfähig übergeben zu können." (Begründung zum Entwurf vom 28. November 1905.)

Zu den bei den Händlern auf Lager befindlichen Meßgeräten sind auch solche zu rechnen, die im Laden offenbar zum Verkauf bereit stehen. Wenn ein Eisenhändler auf Regalen Wagen und Gewichte zum Vertriebe an das Publikum aufbewahrt, so liegt im allgemeinen ein Bereithalten zum Messen und Wägen im öffentlichen Verkehr nicht vor. Steht aber ein Gewicht auf dem Ladentisch neben einer zum Gebrauche beim Abwägen benutzten oder bestimmten Wage, so ist anzunehmen, daß auch das Gewicht zum Wägen beim Verkaufen bereitgehalten wird und deshalb der Eichpflicht unterliegt. Eine Entscheidung wird allerdings nur von Fall zu Fall getroffen werden können.

Die Maß- u. G.O. vom 17. August 1868 kannte die Strafbarkeit des „Bereithaltens" nicht, gleichwohl bietet die bisherige Rechtsprechung wertvolle Hinweise für die Erläuterung dieses Begriffes. — Da der Artikel 10 der M. u. G.O. vom 17. August 1868 die gehörige Stempelung nur für die im öffentlichen Verkehre befindlichen Maße, Gewichte und Wagen vorschreibt, so erstreckt sich auch die hier aufgestellte Vermutung des Gebrauchs vorschriftswidriger Maße, Gewichte und Wagen nur auf solche Maße, Gewichte und Wagen, bei denen nach der Art ihrer Aufbewahrung eine auf Verwendung im Gewerbebetriebe abzielende Gebrauchsbereitschaft anzunehmen ist. Diese ist gegeben bei Meßwerkzeugen, die der Gewerbetreibende in seinem Geschäftsraum oder allenfalls in einem unmittelbar daran anstoßenden Privatraum zur Hand hat, nicht aber dann, wenn das ungeeichte oder unrichtige Maß in einem vom Geschäftslokal räumlich getrennten Gelasse sich befindet, das der Gewerbetreibende nicht betreten kann, ohne in auffälliger Weise seine geschäftliche Verrichtung vor dem Zumessen und Abwägen zu unterbrechen (O.L.G. München 30. 1. 1909). Soll diese Präventivvorschrift (§ 369 Nr. 2 Str.G.B.) ihren Zweck erfüllen, so muß es genügen, wenn die zu beanstandenden Maß- und Gewichtswerkzeuge in einer so nahen räumlichen Beziehung zum öffentlichen Verkehr des Gewerbetreibenden gefunden werden, daß sie als im öffentlichen Verkehr befindlich anzusehen sind. Wollte man ausschließlich den Raum entscheiden lassen, wo die Maß- und Gewichtswerkzeuge sich befunden haben, nicht ihre sonstige Beziehung zum öffentlichen Verkehr, so würde die Präventivvorschrift gegenstandslos, ihrer Umgehung Tür und Tor geöffnet sein (O.L.G. Posen 7. 1. 1904). Vgl. auch O.L.G. Celle 11. 3. 1893, 26. 7. 1894, O.L.G. Breslau 19. 2. 1895, O.L.G. Kiel 9. 7. 1896.

9) Vgl. Eichordnung vom 8. November 1911 §§ 38 bis 46, §§ 60 bis 73.

10) „Auch das Messen und Wägen, das im Verhältnisse der Steuerbehörden zu den Steuerpflichtigen zur Feststellung von Steuerbeträgen usw. geschieht, fällt nach der neuen Fassung des § 6 an sich unter die Bestimmungen der Maß- und Gewichtsordnung, und es wird deshalb auch die Eichung der nur für steueramtliche Zwecke bestimmten Geräte, soweit sie zur Bestimmung der Steuerleistung dienen, von den auf die Eichung und Nacheichung bezüglichen Vorschriften dieses Gesetzes betroffen werden. Diese Vorschriften werden aber für die Anforderungen, die im steueramtlichen Interesse an die Genauigkeit und Zuverlässigkeit von Meßgeräten zu stellen sind, nicht immer ausreichen. Auch würden die allgemeinen Eichvorschriften den im steueramtlichen Verkehr zur Verwendung gelangenden Meßgeräten besonderer Art schwer angepaßt werden können. Der Entwurf (vom 28. November 1905) hat deshalb — in Übereinstimmung mit dem bestehenden Rechtszustand — ausdrücklich vorgeschrieben, daß die Vorschriften über die Eichung der zu steueramtlichen Zwecken bestimmten Geräte, sei es, daß es sich um reichsrechtliche oder landesrechtliche Vorschriften handelt, unberührt bleiben (aus den Erläuterungen zum Entwurf vom 28. November 1905).

Nach den Bestimmungen der M. u. G.O. vom 17. August 1868 fielen alle Meßgeräte der Behörden nicht unter den Eichzwang, weil es sich bei ihrer Benutzung nicht um ein Zumessen und Zuwägen handelt. Erst die Ersetzung der Worte „Zumessen und Zuwägen" durch „Messen und Wägen" macht die Meßgeräte der Behörden, soweit es sich bei dem Messen und Wägen um die Bestimmung des Umfanges von Leistungen und um einen öffentlichen Verkehr handelt, eichpflichtig und auch nacheichpflichtig. Sollte der Wortlaut des Gesetzes in dieser Beziehung verschiedenen Deutungen Raum geben, so läßt doch die Erläuterung keinen Zweifel darüber, daß grundsätzlich die zu steueramtlichen Zwecken bestimmten Meßgeräte den allgemeinen Vorschriften des § 6 hinsichtlich ihrer Eichpflicht unterworfen bleiben sollen, eine Ausnahme soll nur dann stattfinden, wenn reichsrechtliche oder landesrechtliche Vorschriften gegenteiligen Inhaltes entweder bereits vorliegen oder noch erlassen werden. An eine einseitige Aufhebung der Verpflichtung zur Eichung durch die Steuerbehörden ist nicht gedacht worden.

Im allgemeinen ist für die zu steueramtlichen Ermittelungen dienenden Meßgeräte die Eichpflicht, oder bei nicht eichfähigen Meßgeräten die Beglaubigungspflicht vorgeschrieben, wie die nachfolgende Zusammenstellung zeigt. Eichpflichtig sind:

1. Längenmaße: Maßstab — Brausteuer-Vergütungsordnung (Zentralblatt 1909 S. 525) § 10, 2. — Stockmaß zur Ermittelung der Höhe von Pferden — Anleitung für die Zollabfertigung, Teil III. Anlage zu Ziffer 20 S. 129, 9. —
2. Flüssigkeitsmaße: Gefäße zum Messen des Wassers. — Brennereiordnung (Zentralblatt 1909 Nr. 56) § 19, Schaumweinsteuerausführungsordnung (Zentralblatt 1909 Nr. 367) § 5, Brausteuerausführungsbestimmungen (Zentralblatt 1909 S. 425) § 47; — Gefäße zur Feststellung des Raumgehalts von Flaschen — Ermittelung der Litermenge bei Erhebung der Übergangsabgabe von Bier (Zentralblatt 1911 S. 405).
3. Fässer: a) Raumgehalt — Brausteuergesetz vom 15. Juli 1909 (R.G.Bl. S. 773) Anmerkung zu § 61, Brausteuer-Vergütungsordnung (Zentralblatt 1909 S. 525) Anlage C zu den Brausteuerausführungsbestimmungen § 2 (1) f. — b) Gewicht. — Alkoholermittelungsordnung (Zentralblatt 1900 S. 377) § 7. —
4. Gewichte: Überall wo Wägungen vorgenommen werden, benutzen die Steuerbehörden auch geeichte Gewichte. Besonders erwähnt ist die Eichpflicht in den Branntweinsteuer-Grundbestimmungen (Zentralblatt 1909 Nr. 56) § 25 und in der Branntweinsteuer-Befreiungsordnung (Zentralblatt 1909 Nr. 56) und zwar in der Anleitung zur Untersuchung der Vergällungsstoffe mit Ausnahme des Essigs, Anlage 2 zu § 5, A 3, ferner in den Zuckersteuerausführungsbestimmungen und zwar in der Anleitung für Chemiker zur Feststellung des Quotienten der Zuckerabläufe auf Invertzuckergehalt pp. (Zentralblatt 1903 S. 312) Anlage B und im Brausteuergesetz vom 15. Juli 1909 (R.G.Bl. S. 773) § 17 usw.
5. Wagen: a) Handelswagen. Für diese gilt das eben bei den Gewichten Gesagte. b) Präzisionswagen — Anleitung zur Zollabfertigung Teil III Anlage zu Ziffer 20 Nr. 111 Anweisung zur Feststellung

des Gewichtes eines Quadratmeters Gewebefläche, 3. Abgekürzte Ermittelung Abs. 3. — 3. Selbsttätige Registrierwagen — Brausteuerausführungsbestimmungen § 52 (Zentralblatt 1909 S. 426), § 72.

6. Aräometer: a) Alkoholometer. — Branntweinsteuer-Grundbestimmungen (Zentralblatt 1909 Nr. 56) § 25, Branntweinsteuer-Befreiungsordnung, Anleitung zur Untersuchung der Vergällungsstoffe mit Ausnahme des Essigs. Anlage 2 zu § 5 A 3, Alkoholermittelungsordnung (Zentralblatt 1900 S. 377) § 3. — b) Mineralölprober — Anweisung für die zollamtliche Abfertigung von Mineralöl nach dem Raumgehalt (Zentralblatt 1906 S. 405).
7. Getreideprober. — Gerstenzollordnung. Anleitung zur Feststellung des Hektolitergewichtes (Zentralblatt 1906 S. 308). Anlage B. Zu § 9.
8. Meßgeräte für wissenschaftliche und technische Untersuchungen. Büretten, Pipetten, Meßkolben. — Anleitung zur Untersuchung von Gärungsessig auf seinen Gehalt an wasserfreier Essigsäure (Zentralblatt 1909 S. 1147) Anlage 24 a. Zu § 76 c, Anweisung für die zollamtliche Untersuchung von Verschnittweinen und Verschnittmost auf den Weingeist — oder den Fruchtzucker — und den Extraktgehalt (Zentralblatt 1909 S. 344), Anleitung zur Untersuchung der Mineralöle für die zollamtliche Abfertigung (Zentralblatt 1906 S. 401) a) Bestimmung des Siedepunktes der Mineralöle.

Bei einem Teil dieser Meßgeräte, besonders den Aräometern, ist es freigestellt, ob eine Eichung oder nur eine Beglaubigung vorgenommen werden soll. Bei Pipetten und Büretten ist auch eine bloße Untersuchung durch den Chemiker gestattet — Anleitung zur Untersuchung von Gärungsessig auf seinen Gehalt an wasserfreier Essigsäure (Zentralblatt 1909 S. 1147). Die Beglaubigung wird für ausreichend erachtet bei den folgenden Meßgeräten:

1. Aräometer (Beglaubigung durch die Kaiserliche Normal-Eichungskommission oder durch Eichbehörden). a) Alkoholometer einschließlich Lutterprober — Brennereiordnung (Zentralblatt 1909 Nr. 56) § 124, Alkoholermittelungsordnung (Zentralblatt 1900 S. 377) § 3, ebenda Anweisung zur Untersuchung der Fuselöle auf Weingeistgehalt, Tafeln zur zollamtlichen Abfertigung von Verschnittweinen und Mosten. Anleitung § 1. b) Saccharimeter. Tafeln zur zollamtlichen Abfertigung von Verschnittweinen und Mosten, Anleitung § 1.
2. Thermometer (Beglaubigung wie Aräometer). — Branntweinsteuer-Befreiungsordnung (Zentralblatt Nr. 56). Anleitung zur Untersuchung der Vergällungsstoffe mit Ausnahme des Essigs, Anlage 2 zu § 5. A 3.
3. Essigprober (Beglaubigung durch die Kaiserliche Normal-Eichungskommission). Anleitung zur Prüfung des zur Verwendung als

Denaturierungsmittel bestimmten Essigs (Zentralblatt 1900 S. 440), Anleitung zur Ausführung und Nachprüfung der Vergällung von Branntwein (Zentralblatt 1909 S. 1139).

4. Siemenssche Alkoholmesser und Siemenssche Probenehmer (Beglaubigung durch die Kaiserlich Technische Prüfungsstelle). — Meßuhrordnung (Zentralblatt 1909 S. 70).

5. Apparat zur Bestimmung des Siedepunktes der Mineralöle und Abelscher Petroleumprober (Beglaubigung durch die Physikalisch-Technische Reichsanstalt) Mineralöl-Zollordnung (Zentralblatt 1906 S. 397). C. Anleitung zur Untersuchung der Mineralöle für die zollamtliche Abfertigung.

6. Geräte zur zollamtlichen Abfertigung von Textilwaren (Beglaubigung durch die Kaiserliche Normal-Eichungskommission) a) Schablone — Anweisung zur Feststellung des Gewichtes eines Quadratmeters Gewebefläche 111. b) Präzisionsweife, Präzisionsneigungswage, Gewichte — Anweisung zur Feststellung der Feinheitsnummern der mit Staffelzöllen belegten Gespinste aus pflanzlichen Spinnstoffen 124. c) Präzisionsfadenzähler, 5 mm breite Doppelschere — Anweisung zur Feststellung der Fadenzahl von Gewebeflächen 128. c) Schraublehre — Ermittelung des Durchmessers von Bindfaden, Tauen, Seilen und Stricken 129.

7. Schublehre zur Ermittelung der Wandstärke von Röhren usw. (Beglaubigung durch die Kaiserliche Normal-Eichungskommission). — Schreiben des Staatssekretärs des Reichsschatzamts vom 11. August 1909 — II 9293.

Ungeeicht und unbeglaubigt bleiben z. B. Mohrsche Wagen, Fischersche Ölwagen, Strähnhaspel usw.

Eine Zusammenstellung der hauptsächlichsten in Betracht kommenden Vorschriften findet sich in der Anlage 15.

11) Der Begriff des „fabrikmäßigen Betriebes" ist nach der Gewerbeordnung zu beurteilen.

12) Auf dieser Bestimmung beruht die in der Anlage 3 mitgeteilte Bekanntmachung, betreffend die Zulassung von nicht metrischen Meßgeräten im eichpflichtigen Verkehre. Vom 18. Dezember 1911 (R.G.Bl. S. 1063).

In Deutschland werden noch vielfach beim Einkauf und Verkauf, aber auch bei der Herstellung von Waren, sowie bei der Festsetzung des Arbeitslohnes nicht dem metrischen System angehörige, meist ausländische Maße und Gewichte benutzt. Diesen Zustand dauernd zu erhalten, liegt keine Veranlassung vor, indessen bedingt bei einzelnen Industrien die Rücksichtnahme auf ihre bedeutende Ausfuhr, ihre Beteiligung am Durchgangsverkehr oder auf ihre Abhängigkeit vom Auslande die beschränkte Zulassung der Anwendung und Bereithaltung solcher Meßgeräte.

1. Die Meßgeräte der Textilindustrie.

In der Textilindustrie spielen sowohl Längen- wie Massenbestimmungen eine Rolle. Zur Bestimmung der Länge dienen:

1. Maßstäbe und Bandmaße, die eigentlichen Maße im Sinne des § 6 der Maß- und Gewichtsordnung,
2. Meßwerkzeuge für Längenmessungen wie Haspeln, Weifen, Meßwalzen, Wickel- und Legemaschinen, Rektometer, Meßrahmen, Fadenzähler usw.
3. Meßmaschinen, wie Meßräder, Meßuhren, Hanks usw.

Zu Massenbestimmungen werden ausschließlich Gewichte und Wagen benutzt. Die unter 2 und 3 angeführten Meßgeräte werden nicht als eichpflichtig angesehen, da sie den Begriff des Maßes oder Meßwerkzeuges im Sinne des § 6 Absatz 1 und 3 nicht erfüllen. Dagegen unterliegen die Maßstäbe und Bandmaße im eichpflichtigen Verkehre dem Eichzwange. Es kommt nicht darauf an, ob sie selbständig angewendet werden, oder in andere Meßeinrichtungen, wie Meßtische, Meßzylinder, Meßwalzen, Rektometer usw. eingelegt sind. Ebenso sind die Wagen und Gewichte eichpflichtig, vorausgesetzt, daß durch das Messen und Wägen der Umfang von Leistungen im öffentlichen Verkehre bestimmt oder der Arbeitslohn in fabrikmäßigen Betrieben ermittelt werden soll. Diese Voraussetzungen treffen z. B. nicht zu bei denjenigen Meßmitteln, die, wie die Neigungswagen zur Feststellung der Garnnummer in erster Linie inneren Betriebs- und Kontrollzwecken dienen. Zu dieser Gattung von Meßmitteln gehört auch das „Stefansche Band", ein Bandmaß aus Papier, das beim Falten und Wickeln maschinell in den Stoff eingelegt und nachher beim Verkauf vernichtet wird, sofern es seinem Charakter entsprechend mehr als Zähl- oder Kontrollmittel denn als Maß verwendet wird.

Für die Meßwerkzeuge und Meßmaschinen, ebenso für die nicht als eichpflichtig anzusehenden Maße, Gewichte und Wagen sind Ausnahmebestimmungen nicht erforderlich, dagegen sind sie für den Gebrauch englischer Maße und Gewichte geboten. In der deutschen Textilindustrie ist hauptsächlich wegen der mit der allgemein üblichen englischen Garnnummerierung zusammenhängenden Verhältnisse englisches Maß und Gewicht nicht zu entbehren. Noch jetzt ist ein Teil der Arbeitsmaschinen englischen Ursprungs. Beim Einfuhrverkehr, namentlich beim Bezug von Rohstoffen und Halbfabrikaten und beim Ausfuhrverkehr kommen überwiegend Gebiete in Betracht, in denen das englische System gilt. Aber auch im inländischen Veredelungsverkehr von Betrieb zu Betrieb läßt sich mit Rücksicht auf den Außenhandel die Benutzung englischen Maßes und Gewichtes nicht umgehen. Diesen Verhältnissen trägt die Ausnahmebestimmung unter Nr. 1 Rechnung. Bei der Ermittlung des Arbeitslohnes ist die Anwendung des englischen Gewichtes nicht erforderlich. Die Ausnahme konnte daher in dieser Hinsicht auf das englische Maß beschränkt werden.

2. Die Meßgeräte der leonischen Industrie.

Die leonische Industrie hat eine bedeutende Ausfuhr und muß, schon mit Rücksicht auf die Zollvorschriften, die Packungen dem Gewichtssystem der Einfuhrländer anpassen. Der Einfachheit wegen wird auch die Lohnberechnung nach den ausländischen Gewichten vorgenommen. In Betracht kommen hauptsächlich englische, daneben aber auch ägyptische, indische, chinesische, japanische und andere Gewichte. Im Inlande vollzieht sich der Verkehr mit geeichten Gewichten. Einfuhr kommt nicht in Frage. Nach Nr. 2 der Bestimmungen werden daher für die leonische Industrie für die Herstellung ihrer Waren im Verkehre nach dem Auslande überhaupt alle ausländischen nicht dem metrischen System angehörigen Gewichte zugelassen.

3. Die Meßgeräte der pharmazeutischen Industrie.

In der pharmazeutischen Industrie werden die Waren vielfach gleich in der Fabrik in Aufmachungen verpackt, die ein späteres Öffnen und Nachwiegen durch den Händler oder Käufer ohne gleichzeitige Zerstörung der Packung ausschließen. Soweit solche Waren ins Ausland gehen, müssen sie also unmittelbar nach ausländischem Gewicht eingewogen werden. In Betracht kommen mit Rücksicht auf die Absatzgebiete hauptsächlich englische Gewichte. Da der Verkaufspreis nach dem Gewicht berechnet wird, liegt an sich ein eichpflichtiger Verkehr vor; es bedurfte demnach der vorgesehenen Ausnahmevorschrift für den Verkehr nach dem Ausland.

4. Die Meßgeräte im Holzhandel.

Für den deutschen Holzhandel, d. h. den Handel mit unbearbeitetem und bearbeitetem Holz einschließlich der Holzfurniere, kommen für den Durchgangs- und Ausfuhrverkehr fast alle europäischen Staaten und außerhalb Europas namentlich Nord- und Südamerika, die englischen Kolonien, Ägypten, Algier, Marokko und Japan in Betracht. Bei diesem Verkehr, der bedeutende Werte darstellt, sind neben dem Meter hauptsächlich noch im Gebrauch: englischer Fuß, altfranzösischer Fuß, altschwedischer Fuß und rheinländischer Fuß. Es handelt sich hier um alteingewurzelte Gebräuche, so daß es nicht möglich erscheint, auf diesem Gebiete das metrische System unverzüglich durchzuführen. Es sind aber Verhandlungen im Gange, die dahin zielen, mit Hilfe des internationalen Maß- und Gewichtsbureaus auch im Holzhandel die einheitliche Vermessung nach Meter zur Annahme zu bringen. Wenn daher auch der Gebrauch der fremden oder veralteten Maße durch eine Ausnahmebestimmung weiterhin zugelassen werden mußte, so schien doch deren zeitliche Begrenzung auf vorläufig 10 Jahre angängig.

§ 7.

Soweit Förderwagen und Fördergefäße im Bergwerksbetriebe[1]) zur Ermittelung des Arbeitslohnes dienen[2]), bedürfen sie der Neueichung.

[1]) Nach der Fassung, die für den § 6 des Gesetzes im Entwurfe vorgesehen war, fielen zur Bestimmung des Arbeitslohnes in Bergwerksbetrieben dienenden Förderwagen und Fördergefäße unter die Eichpflicht. Es war aber von vornherein in Aussicht genommen, sie hiervon durch den Bundesrat auf Grund des § 10 (späterhin § 12 des Gesetzes) ausnehmen zu lassen. In der Erläuterung zu § 10 heißt es: „Aus den beteiligten Kreisen ist ferner der Wunsch ausgesprochen, die im Bergwerksbetriebe gebräuchlichen Förderwagen, auch soweit sie zur Bestimmung des Akkordlohnes dienen, nicht dem Eichzwang zu unterwerfen. Zur Begründung ist darauf hingewiesen, daß, abgesehen von den einer Unterwerfung unter die Eichpflicht entgegenstehenden eichtechnischen und Betriebsschwierigkeiten, die Feststellung des Raumgehalts der in Frage stehenden Gefäße zur Ermittelung des Akkordlohns entweder

bereits durch landesrechtliche Bestimmungen gesichert sei (vgl. § 80 k des preußischen Gesetzes vom 24. Juni 1892) oder auf diesem Wege sicherzustellen sein werde. Es dürfte kein Bedenken bestehen, diesen Wünschen Rechnung zu tragen."

§ 80k des preußischen Berggesetzes hat folgenden Wortlaut:

„Erfolgt die Lohnberechnung infolge abgeschlossener Gedinge, so ist der Bergwerksbesitzer zur Beobachtung nachstehender Vorschriften verpflichtet:

1. Wird die Leistung aus Zahl und Rauminhalt der Fördergefäße ermittelt, so muß dieser am Fördergefäße dauernd und deutlich ersichtlich gemacht werden, sofern nicht Fördergefäße von gleichem Rauminhalt benutzt werden und letzterer vor dem Beginn des Gedinges bekannt gemacht wird.

2. Wird die Leistung aus dem Gewichtsinhalt der Fördergefäße ermittelt, so muß das Leergewicht jedes einzelnen derselben vor dem Beginn des Gebrauchs und später in jedem Betriebsjahr mindestens einmal von neuem festgestellt und am Fördergefäße selbst dauernd und deutlich ersichtlich gemacht werden.

Der Bergwerksbesitzer ist verpflichtet, die Einrichtungen zu treffen und die Hilfskräfte zu stellen, welche die Bergbehörde zur Überwachung der Ausführung vorstehender Bestimmungen erforderlich erachtet.

Für Waschabgänge, Halden ...

Diese Bestimmungen sind wörtlich übergegangen in die berggesetzlichen Vorschriften von Anhalt, Braunschweig, Lübeck, Oldenburg, Sachsen-Altenburg, Sachsen-Coburg-Gotha, Schaumburg-Lippe und Schwarzburg-Rudolstadt. Auch die Berggesetze im Königreich Sachsen und in Elsaß-Lothringen stimmen fast wörtlich mit dem preußischen Gesetz überein. Das Bayerische Berggesetz geht weiter, es bestimmt im Artikel 106:

Erfolgt die Lohnberechnung auf Grund abgeschlossener Gedinge, so sind hierbei nachstehende Vorschriften zu beachten:

1. Zur Förderung des gewonnenen Minerals dürfen nur g e e i c h t e Gefäße von gleichem Rauminhalt verwendet werden. Der Rauminhalt sowie das Leergewicht der Gefäße ist den Arbeitern durch öffentlichen Anschlag bekannt zu machen.

2. Ausnahmen können aus besonderen Gründen vom Oberbergamt zugelassen werden, welches hierbei die Bedingungen festzusetzen hat, die eine Benachteiligung der Arbeiter hintanhalten.

Die Bergwerksbesitzer sind verpflichtet, die hierauf erforderlichen Einrichtungen zu treffen.

Für Waschabgänge, Halden ...

In den übrigen Bundesstaaten bestehen keine berggesetzlichen Vorschriften über die Inhalts- oder Gewichtsbestimmung der Förderwagen und Fördergefäße.

In den Kommissionsberatungen hat die Frage der Eichung der Fördergefäße eine bedeutende Rolle gespielt; die Forderung einer reichsgesetzlichen

Regelung wurde fast allgemein erhoben. Mit der Neueichung erklärte sich die Reichsregierung schließlich auch einverstanden, jedoch wurde die Nacheichung bei der großen Anzahl der im Betriebe umlaufenden Förderwagen — ihre Anzahl soll nahezu eine Million betragen — für undurchführbar erklärt. Der Reichstag hat sich daraufhin mit der zwangsweisen Neueichung ohne Nacheichung zufrieden gegeben. Praktisch ist indessen die Frage, ob nur Neueichung, oder Neueichung und Nacheichung, völlig belanglos. Nach Nr. 2 b der allgemeinen Instruktion vom 27. November 1911, muß bei jedem Meßgerät eine Neueichung stattfinden, wenn eine auf wesentliche Teile sich erstreckende Ausbesserung vorgenommen ist. Nun soll nach Angabe eines Regierungsvertreters bei den Kommissionsberatungen die Lebensdauer eines hölzernen Wagens auf 5 Jahre, die eines eisernen Wagens auf 8 Jahre festgestellt sein. Innerhalb dieser Zeit aber müsse jeder Förderwagen jährlich einmal umgebaut werden, wo sonst vielleicht eine Nacheichung genügt hätte.

[2]) Die Förderwagen und Fördergefäße sind Maße im Sinne des § 6 dieses Gesetzes. Soweit sie im öffentlichen Verkehr zum Messen benutzt werden, unterliegen sie, falls durch das Messen der Umfang von Leistungen bestimmt wird, der Verpflichtung zur Neueichung und zur Nacheichung. So fallen z. B. Förderwagen und Fördergefäße, mit denen Kohlen unmittelbar dem Publikum zugemessen werden, wie es in manchen Braunkohlenbergwerken geschieht, unter die allgemeinen Bestimmungen des § 6. Der Verkehr zwischen Arbeitgeber und Arbeitnehmer ist dagegen kein öffentlicher. Im Sinne der Maß- und Gewichtsordnung sind aber nach der Absicht des Gesetzgebers die Bergwerksbetriebe zu den fabrikmäßigen Betrieben zu rechnen. Auch zur Ermittelung des Arbeitslohnes dürfen daher in den Bergwerksbetrieben nur geeichte Maße, Gewichte und Wagen angewendet und bereit gehalten werden (§ 6 Abs. 2). Die in den Bergwerken zu diesem Zwecke benutzten und bereit gehaltenen Wagen und Gewichte müssen z. B. demnach neu geeicht und in den gesetzmäßigen Fristen nachgeeicht werden. Auch auf die Förderwagen und Fördergefäße finden die Vorschriften des § 6 Abs. 2 Anwendung. § 7 enthält also eine Ausnahmebestimmung, und zwar nach zwei Richtungen hin. Einmal befreit er die Förderwagen und Fördergefäße von der Verpflichtung zur Nacheichung, sodann setzt er fest, daß der Zwang zur Eichung erst dann eintritt, wenn die Wagen und Gefäße tatsächlich zur Ermittelung des Arbeitslohnes dienen, nicht aber bereits, wenn sie für diesen Zweck bereit gehalten werden. Die Förderwagen und Fördergefäße werden also hier ähnlich behandelt wie in § 9 die Fässer, bei denen ebenfalls das Bereithalten nicht schon die Eichpflicht bedingt.

Förderwagen und Fördergefäße, mit denen nur die gebrochenen Kohlen, Erze usw. fortgeschafft werden, sind Transportgefäße, nicht aber Maße. Sie sind daher nicht eichpflichtig.

§ 8.[1])

Für den Verkauf weingeistiger[2]) Flüssigkeiten nach Stärkegraden dürfen nur geeichte Thermo-Alkoholometer,[3]) für die entgeltliche Abgabe von Gas nur geeichte Gasmesser[4]) angewendet und bereit gehalten werden.

[1]) Die Aräometer, zu denen auch die Thermoalkoholmeter gehören, werden in der wissenschaftlichen und technischen Literatur auch als Senkspindeln oder Senkwagen bezeichnet. Sie sind aber keine Wagen im eigentlichen Sinne des Wortes, da sie nicht unmittelbar zu Massenbestimmungen, sondern zu Dichte- oder Qualitätsbestimmungen dienen. Die Gasmesser sind Meßwerkzeuge, da sie aber weder zur Raummessung von Flüssigkeiten noch von trockenen Gegenständen dienen, sofern man nicht etwa die Gase zu den trockenen Gegenständen rechnen will, so unterliegen sie ebensowenig wie die Thermoalkoholometer nach den allgemeinen Bestimmungen des § 6 dem Eichzwange. Sollten sie daher in die Verpflichtung zur Eichung einbezogen werden, so bedurfte es hierzu einer besonderen Vorschrift. Bei den Gasmessern kommt noch hinzu, daß bei der Art ihrer Aufstellung und Benutzung nicht eigentlich von einem öffentlichen Verkehre gesprochen werden kann. Auch geschieht die Lieferung des Gases und seine Messung auf einem besonderen, zwischen der Gasanstalt oder einem sonstigen Lieferanten und dem Abnehmer abgeschlossenen Vertrage.

§ 8 ist hervorgegangen aus den Artikeln 11 und 13 der Maß- und Gewichtsordnung vom 17. August 1868. Er lehnt sich in der Fassung an § 6 an, mit dem er in dem Entwurfe vereinigt war, und setzt, wie dieser für die Maße, Gewichte und Wagen, so für Thermoalkoholometer und Gasmesser die Bedingungen fest, unter denen sie eichpflichtig sind.

Der Alkoholgehalt (die Stärke) weingeistiger Flüssigkeiten kann für den Verkauf in verschiedener Weise, z. B. durch chemische Analyse, durch Dichtebestimmung usw., ermittelt werden. Die hierbei benutzten Maße, Gewichte und Wagen sind nach den allgemeinen Bestimmungen des § 6 eichpflichtig, weil es sich um eine Qualitätsbestimmung handelt, die unmittelbar zur Preisfestsetzung dient, denn der Handelswert des Spiritus ist durch seinen Alkoholgehalt bedingt. Werden die Stärkegrade mit dem Thermoalkoholometer festgestellt, so muß es geeicht sein. Voraussetzung ist, daß die Feststellung zum Zwecke des Verkaufes stattfindet; die Verwendung eines Thermoalkoholometers im inneren Betriebe, z. B. in Brennereien zum Alkoholisieren der Abläufe, in Likörfabriken und Destillationen zu der Herstellung von Mischungen usw. bedingt keinen Eichzwang.

Der Verkehr mit Gas ist unbeschadet der Vorschriften des § 6 nur dann eichpflichtig, wenn bei der entgeltlichen Abgabe von Gas zur Bestimmung der Litermenge des Gases Gasmesser benutzt werden. Die Gasometer sind nicht eichpflichtig, ebensowenig die Stahlzylinder, in denen flüssige Gase verkauft werden.

[2]) Zu den weingeistigen Flüssigkeiten gehören zunächst die Alkohol-Wassermischungen (Spiritus — Branntwein) für gewerbliche (denaturierter Branntwein, Brennspiritus, Polierspiritus usw.) oder für wissenschaftliche und medizinische Zwecke, dann aber auch die Trinkbranntweine, die pharmazeutischen Präparate (Kampherspiritus, Seifenspiritus usw.) und Extrakte, die Parfümerien usw., ferner Wein, Obstwein, Bier und dergleichen.

[3]) Eichfähig sind nach § 115 der Eichordnung vom 7. November 1911 nur Thermoalkoholometer, die bei der Temperatur 15 Grad den Alkoholgehalt weingeistiger Flüssigkeiten, einschließlich des denaturierten Branntweins in Gewichtsprozenten angeben (Gewichtsalkoholometer). Die Volumenalkoholometer (Alkoholometer nach Tralles) sind nicht mehr eichfähig. Beglaubigte Instrumente dieser Art dürfen aber in den Schutzgebieten verwendet werden.

[4]) Nach Artikel 13 der M. u. G.O. vom 17. August 1868 waren nur solche Gasmesser eichpflichtig, nach welchen die Vergütung für den Verbrauch von Leuchtgas bestimmt wird. Nach dem damaligen Stande der Technik und nach dem Sprachgebrauch war unter Leuchtgas nur Steinkohlengas verstanden. Heute bildet Leuchtgas den Gegensatz zu Kochgas, Heizgas und Gas zu gewerblichen Zwecken. In der neuen Fassung ist nur allgemein von Gas die Rede. Da die Bezeichnung Gas auch andere Gasarten wie Fettgas, Wassergas, Azetylen umfaßt, gleichviel ob sie zur Beleuchtung oder zu anderen Zwecken dienen, so ist nach der Erläuterung zum Gesetzentwurf damit zum Ausdruck gebracht worden, daß auch die für diese Gasarten benutzten Gasmesser der Eichpflicht unterliegen. Auch Preßluft und Dampf wären den Gasen zuzurechnen.

§ 9[1]).

Wein,[6]) Obstwein und Bier dürfen bei faßweisem[1]) Verkaufe dem Käufer nur in solchen Fässern[2]) überliefert werden,[3]) welche auf ihren Raumgehalt geeicht sind.

Eine Ausnahme findet bezüglich desjenigen ausländischen Weines, Obstweins und Bieres statt, dessen Weiterverkauf in den Originalgebinden erfolgt.[4])

Ebenso findet eine Ausnahme bezüglich desjenigen ausländischen Weines statt, dessen Weiterverkauf in ausländischen, für den betreffenden Wein im Ursprungslande gebräuchlichen Gebinden und dessen Berechnung nicht nach Litern, sondern nach der Bezeichnung des Gebindes (Oxhoft, Pipe, Both usw.) erfolgt, auch wenn Umfüllungen des Weines stattgefunden haben.[5])

[1]) § 9 ist entstanden aus Artikel 12 der Maß- und Gewichtsordnung vom 17. August 1868. Er bringt eine Erweiterung und eine Fassungsänderung. Die Erweiterung besteht darin, daß auch Fässer für Obstwein und Bier in

Zukunft dem Eichzwange unterliegen sollen. Es bestand die Absicht, auch Fässer für andere Flüssigkeiten, besonders für Branntwein und sogenannte alkoholfreie Getränke in die Eichpflicht einzubeziehen. Indessen wurde ein Bedürfnis zu dieser Ausdehnung nicht anerkannt.

Was die Fassung anbetrifft, so hieß es in Artikel 12 „der in Fässern zum Verkauf kommende Wein darf dem Käufer nur in solchen Fässern, auf welchen die den Raumgehalt bildende Zahl der Liter durch Stempelung beglaubigt ist, überliefert werden". Dieser Ausdruck ist dahin verstanden worden, daß ein Verkauf von Wein in Fässern überall vorliegt, wo der Wein überhaupt dem Käufer in einem Fasse übergeben wird, unabhängig davon, ob das Faß ganz oder nur teilweise befüllt ist und ohne Rücksicht auf die Art der Preisberechnung, ob diese nach Liter, nach Kilogramm oder nach dem Gebinde erfolgt. Diese Auffassung ist irrtümlich, weil sie dem Sprachgebrauche zuwider ist. Olivenöl wird z. B. im allgemeinen in Flaschen verkauft, d. h. der Käufer verlangt eine Flasche Öl und erhält je nach dem Preise eine größere oder kleinere Flasche, die in der üblichen Weise bis nahe an den verschließenden Korken oder Stöpsel gefüllt ist. Man kann aber auch für 10 Pfennig Öl kaufen oder ein Viertelliter oder 100 Gramm und entsprechend den Preis für $^1/_4$ Liter oder 100 Gramm entrichten. Man kann sich die gekaufte Menge in eine Tasse, ein Glas, eine Büchse usw. einfüllen lassen und sie in diesen Gefäßen fortbringen. Natürlich kann man hierzu auch eine Flasche benutzen, aus diesem rein äußerlichen Umstand ist aber nicht zu folgern, daß ein Verkauf in Flaschen vorliegt, vielmehr handelt es sich im ersteren Falle um einen Verkauf nach Geldwert, in den weiter angeführten Beispielen um einen Verkauf nach Maß oder nach Gewicht. Die Flasche dient hier lediglich als Transport- oder Aufbewahrungsgefäß, ihr Raumgehalt ist für die Preisberechnung ohne Belang.

Bei den Fässern ist die Sachlage keine andere, um indessen für die Zukunft jeden weiteren Irrtum auszuschließen, ist in § 9 statt „in Fässern zum Verkauf kommend" gesagt: „bei faßweisem Verkauf". Wie bei flaschenweisem, bei liter- oder kilogrammweisem Verkaufe vorausgesetzt wird, daß die Einheitsmenge nach Flaschen, Litern, Kilogrammen ermittelt und der Preis nach Flaschen, Litern oder Kilogrammen berechnet wird, so verlangt der faßweise Verkauf eine Mengenbestimmung und Preisfestsetzung ausschließlich nach Fässern, also nach dem Inhalt des ganz gefüllten Fasses. Ein faßweiser Verkauf liegt demnach vor, wenn die Berechnung nach der Bezeichnung des Gebindes (vgl. auch § 9 Abs. 3) oder nach der auf dem Fasse angebrachten Literzahl erfolgt. Als Gebindebezeichnungen kommen in Deutschland beispielsweise vor: Stück (etwa 1180 bis 1220 Liter und darüber), Halbstück, Doppelstück, Fuder (etwa 980 bis 1020 Liter und darüber), Tonne (110 bis 130 Liter), Halbe, Viertel, Achtel, Hektoliterfaß (bis etwa 105 Liter) und andere. Die Gebinde haben gemeiniglich, wie dies schon aus den Beispielen hervorgeht, keinen einheitlichen, sondern nur einen um eine bestimmte

Litermenge mit einem mehr oder minder großen Spielraum schwankenden Inhalt, wie dies auch bei den Flaschen der Fall ist. Wenn die aufgebrachte Litermenge der Berechnung zugrunde gelegt wird, so gewinnt das Faß den Charakter eines Maßes.

Bei vollgefüllten Fässern wird man in der Regel annehmen können, daß ein faßweiser Verkauf vorliegt. Ein solcher findet nicht statt, wenn nachweislich die Flüssigkeit in das Faß mit Litermaßen eingemessen oder wenn sie vor der Überlieferung ausgewogen ist, und wenn die Preisberechnung nach der eingemessenen Literzahl (nicht nach der aufgebrachten, die wegen der Abrundung namentlich bei Bierfässern hiervon verschieden sein kann), oder nach dem Reingewicht der Flüssigkeit geschieht. In ersterem Falle sind die Måße, in letzterem die Wagen und Gewichte eichpflichtig. (Weitere Ausführungen über faßweisen Verkauf siehe Anm. 3.)

²) Nach der bei Abfassung des Artikels 12 der M. u. G.O. vom 17. August 1868 geltenden Anschauung waren die Fässer lediglich als Transportgefäße anzusehen, einmal, weil für sie keine bestimmter Raumgehalt vorgeschrieben ist, dann aber auch, weil sie nicht zum unmittelbaren Zumessen dienen, sondern mit ihrem Inhalt dem Käufer übergeben werden, während sonst die Maße bei der Übergabe der Flüssigkeit entleert werden. Die erstere Ansicht stützt sich vermutlich auf das Reskript des Kgl. Minist. des Handels und des Innern und der Polizei vom 9. Juni 1825 an die Kgl. Regierung zu Königsberg (v. Kamptz Annalen IX 465—2. 134), worin es heißt:

„Es würde eine gezwungene Auslegung sein, wenn man § 12 (der M. u. G.O. vom 16. Mai 1816) auf den Verkauf in (Böttcher-)Gefäßen anwenden wollte, denn dieser Paragraph spricht von gestempelten Maßen und Gewichten, Tonnen aber, wobei es auf keinen bestimmten Inhalt ankommt, die von beliebiger Größe gemacht werden können, sind keine Maße, d. h. keine bestimmte Raumgröße."

Die Begriffsbestimmung, die das Reskript dem Worte „Maße" gibt, ist viel zu eng und entspricht nicht dem Wortsinn (§ 6 Anm. 5). Sie ist unhaltbar geworden, nachdem das vorliegende Gesetz in § 14 für Förderwagen und Fördergefäße, über deren Maßcharakter nie ein Zweifel bestand, jeden beliebigen Raumgehalt, wie bei den Fässern, zugelassen hat.

Die zweite Auffassung vertrat auch die Kaiserliche Normal-Eichungskommission. In der 1874 veröffentlichten Druckschrift: „Die wesentlichsten Ergebnisse der Ermittelungen betreffend den gegenwärtigen Zustand und die künftige Gestaltung des Faß-Eichungswesens" wird ausgeführt:

„Zu dem Begriffe des Zumessens im öffentlichen Verkehr gehört es wesentlich, daß das Messungsmittel oder Maß, mit dessen Benutzung bestimmte Quantitäten verkauft werden, nicht zu gleicher Zeit mit dem überlieferten Gegenstande aus der Hand der einen Partei in die der anderen übergeht. Sämtliche Kautelen, die zur Sicherung des richtigen Zustandes der eigentlichen Maße ergriffen werden, haben hauptsächlich den Sinn, daß sie diejenige Partei, in deren Händen bei der Verkaufstransaktion das Messungsmittel sich nicht befindet, oder in deren Hände es nicht mit übergeht, von der unparteiischen Ausführung der Messungsoperation, also in erster Linie von dem objektiv richtigen Zustande des Maßes möglichst versichern sollen. Diejenigen, beliebige Quantitäten angebenden Geräte und Gefäße dagegen, welche zu gleicher Zeit mit dem verkauften Objekt aus den Händen einer Partei in die der anderen übergehen, bedürfen augenscheinlich jener Kautelen in wesentlich geringerem Grade.

...In obigem Sinne wäre die Überlieferung von Flüssigkeiten in Fässern, wenngleich in den letzteren nach dem Raumgehalt, also nach Maß, überliefert wird, nicht als ein Zumessen im öffentlichen Verkehr anzusehen."

Obwohl die Erläuterung von dem Begriffe des Zumessens ausgeht, so läßt sie doch keinen Zweifel darüber, daß sie die Fässer nicht als Maße angesehen wissen will, weil sie mit dem gekauften Gegenstande in die Hände des Käufers übergehen, also gleichzeitig als Transportgefäße dienen. Auf den gleichen Standpunkt hat sich auch das Oberlandesgericht Naumburg in einem Erkenntnis vom 1. 6. 1896 gestellt. Sonst hat sich die Rechtsprechung durchweg dahin entschieden, daß an dem Charakter eines Maßes dadurch nichts geändert wird, daß es nebenbei noch als Aufbewahrungs- oder Transportgefäß dient (§ 6 Anm. 5).

Das neue Gesetz spricht nicht mehr von „Zumessen", sondern nur noch von „Messen". Die lediglich auf den Begriff des Zumessens zugespitzte oben erwähnte Erläuterung wird schon dadurch hinfällig. Sie war aber auch durch die Entwickelung des Verkehrs längst überholt, denn der Großhandel ist vielfach dazu übergegangen, Flüssigkeiten unmittelbar an die Abnehmer in Gefäßen zu verschicken, mit denen ohne Benutzung weiterer Messungsmittel die Feststellung der Quantität geschieht. Daß derartige Transportgefäße als Maße anzusehen sind, unterliegt nach der Begriffsbestimmung des Maßes keinem Zweifel und ist von Regierungsseite bei den Verhandlungen über § 6 (§ 6 Anm. 5) ausdrücklich festgestellt worden. Wie andere Transportgefäße, erhalten also auch die Fässer Maßcharakter, sobald sie ohne Benutzung weiterer Meßgeräte zur Ermittelung des Raumgehaltes von Flüssigkeiten, also zum Messen dienen.

Die Maß- und Gewichtsordnung aber erkennt gleichwohl die Fässer nicht als Maße im engeren Sinne, also im Sinne des § 6 an, wie aus den §§ 9, 11 und 14 hervorgeht. Wollte sie die Fässer als Maße ansehen, so hätte es des § 9 nicht bedurft, eine besondere Regelung der Eichpflicht der Fässer war dann nicht erforderlich. Oder aber, da bei faßweisem Verkaufe der wirkliche Literinhalt des Fasses unter gewissen Umständen, nämlich beim Verkaufe nach der Bezeichnung des Gebindes nur eine untergeordnete Bedeutung hat, wäre § 9 etwa in folgender Weise zu fassen gewesen: „Wein, Obstwein und Bier dürfen auch dann dem Verkäufer nur in geeichten Fässern überliefert werden, wenn der Verkauf nicht nach Litern, sondern nach der Bezeichnung des Gebindes erfolgt." Ferner hätte in § 11 für die Fässer, die als Maße verwendet werden, eine besondere, von der Flüssigkeit, mit der sie gefüllt sind, unabhängige Nacheichungsfrist festgesetzt werden müssen. Endlich wäre in § 14 eine Bestimmung aufzunehmen gewesen, daß Fässer, wie die Förderwagen und Fördergefäße jeden beliebigen Raumgehalt haben dürfen. Sind die Fässer keine Maße im Sinne des § 6, so bedarf es einer derartigen Vorschrift nicht, weil sie dann den Bestimmungen des § 14 nicht unterliegen.

Die Fässer sind daher zwar Maße, aber keine gesetzlich zulässigen Körpermaße. Die Eichordnung reiht sie deshalb auch nicht den Flüssigkeitsmaßen ein, sondern behandelt sie besonders. Wenn also eine bestimmte Literzahl einer Flüssigkeit z. B. Branntwein verlangt wird, auch die Preisfestsetzung nach Litern geschieht, und es erfolgt die Messung mit einem Faß, so sind alle Bedingungen gegeben, die den Verkehr zu einem eichpflichtigen machen, nämlich Handels-, daher öffentlicher Verkehr, Messen zur Bestimmung des Umfangs von Leistungen und Verwendung eines Maßes. Dieser Verkehr ist aber strafbar, denn das benutzte Maß ist gesetzlich unzulässig, auch wenn es geeicht ist (§ 14). Wird dagegen ein Faß Branntwein gekauft, z. B. ein Stoof, wobei es dem Zufall überlassen bleibt, wieviel Liter Inhalt das Faß besitzt, so handelt es sich um einen faßweisen (Anm. 3), also nur unter den Voraussetzungen des § 9 eichpflichtigen Verkehr; das Faß bedarf keiner Eichung.

[3]) Die Eichpflicht der Fässer wird durch 3 Voraussetzungen bedingt. Sie unterliegen dem Eichzwange nur

a) wenn sie mit Wein, Obstwein oder Bier gefüllt sind;

Leere Fässer sind nicht eichpflichtig, auch wenn sie offensichtlich zum faßweisen Verkaufe der genannten Flüssigkeiten dienen und zum Gefülltwerden bereitgehalten werden. Ebensowenig sind Fässer eichpflichtig, die mit anderen Flüssigkeiten, wie Milch, Petroleum, Öl, alkoholfreien Getränken, Lauge usw. gefüllt sind.

b) wenn sie mit Wein, Obstwein oder Bier dem Verkäufer überliefert werden.

Mit Wein, Obstwein oder Bier gefüllte Fässer sind also nicht ohne weiteres eichpflichtig. Lagerfässer sind es überhaupt nicht. Aber auch gefüllte Verkaufsfässer können in Kellereien, Speichern, Güterböden eingelagert, sie können auf der Eisenbahn oder auf Gespannen usw. fortgebracht werden — die Eichpflicht beginnt erst in dem Augenblicke, wo die in ihnen befindliche Flüssigkeit dem Käufer überliefert wird. Wann die Überlieferung stattfindet, kann nur nach Sachlage des einzelnen Falles entschieden werden. Im allgemeinen wird man aber davon ausgehen können, daß die Überlieferung in dem Augenblick erfolgt, in dem der Käufer das Besitz- und Verfügungsrecht über den Inhalt erhält. Wenn z. B. ein Gastwirt 5 Hektoliter Bier bestellt, so hat er damit nicht den Inhalt bestimmter Fässer erworben, vielmehr geht das Bier erst dann in seinen Besitz über und steht zu seiner freien Verfügung, wenn es tatsächlich zu seinen oder seiner Angestellten Händen übergeben ist. Die Überlieferung geschieht unmittelbar von Hand zu Hand. Bei Weinversteigerungen dagegen erfolgt die Überlieferung rein formell durch den Zuschlag. Der Käufer braucht das Faß nicht einmal gesehen zu haben und kann es noch jahrelang beim Verkäufer lagern lassen, ehe er es tatsächlich übernimmt, aber das Besitz- und Verfügungsrecht über den Faßinhalt gewinnt er lediglich durch den Zuschlag.

c) wenn der Verkauf der Flüssigkeiten nach dem Faßinhalt (faßweise) geschieht, gleichviel ob dabei die genaue Literzahl berechnet wird, oder eine der Faßbezeichnung (Fuder, Stück, Tonne, Viertel usw.) nach den Handelsgepflogenheiten entsprechende Litermenge (Anm. 1).

Fässer, deren Raumgehalt für die Preisberechnung ihres Inhalts ohne Bedeutung ist, unterliegen nicht der Eichpflicht. Wenn Bier in einem Faß nur von den Lagerräumen einer Brauerei in die Schankräume übergeführt und dort glasweise oder literweise an die Kunden abgegeben — ausgelitert — wird, so findet kein faßweiser Verkauf statt, das Faß dient nur als Transport- oder Aufbewahrungsgefäß und ist daher nicht eichpflichtig. Derselbe Fall liegt vor, wenn ein Faß nur teilweise befüllt und sein Inhalt nach Litern verkauft wird, wie es z. B. bei obergärigen Bieren vielfach geschieht. Eichpflichtig ist hier nur das Maß, mit dem im erstgenannten Falle das Bier den Kunden zugemessen, in letzterem Falle in das Faß eingemessen wird.

Ein faßweiser Verkauf findet nicht nur statt, wenn das Faß gleichzeitig als Transportgefäß dient und dem Käufer mit dem Inhalt überliefert wird, sondern auch dann, wenn es ähnlich wie ein Maß benutzt wird. Wenn aus einem großen, auf dem Wagen verbleibenden Vorratsfasse, die Flüssigkeit — man findet diese Art des Verkaufes z. B. bei Braunbier, Werderschem Bier usw. — in ein kleines Faß — meist handelt es sich um $^1/_{16}$ Tonne oder Hektoliter — übergefüllt, mit diesem dem Käufer in die Wohnung gebracht und dort entleert wird, so ist das kleine Faß eichpflichtig, auch wenn der Preis nicht unmittelbar nach dem aufgebrannten Inhalt, sondern nach der Bezeichnung des Fasses als $^1/_{16}$ Tonne und dergl. berechnet wird, obwohl das Faß in den Händen des Verkäufers verbleibt, denn der Verkauf ist ein faßweiser und auch die Bedingungen unter a) und b) treffen zu. Eichpflichtig ist auch das sogenannte Führfaß, mit dem der Einkäufer des Mostes namentlich am Rhein sich die ihm von den Weingutsbesitzern gelieferten Mengen zumißt und abholt. Auch hier findet ein faßweiser Verkauf statt, und der Most wird in dem Fasse überliefert. Ohne Belang ist es, daß in letzterem Falle das Faß Eigentum des Käufers ist und in dessen Händen verbleibt, denn das Gesetz macht hinsichtlich der Eichpflicht bei den Fässern, wie auch in § 6 bei den Maßen, Gewichten und Wagen keinen Unterschied zwischen Käufer und Verkäufer. Wegen der Führfässer vgl. indessen auch Anm. 6.

[4]) Als Originalgebinde gelten solche Fässer, die in den Ursprungsländern befüllt sind. Werden ausländische Weine (französische Weine, Südweine usw.), Obstweine und Biere (englische, böhmische Biere usw.) in den näm-

lichen Gebinden, in denen sie die deutsche Grenze überschritten haben, ohne jede Umfüllung und Auffüllung weiter verkauft, so sind die Fässer nicht eichpflichtig. Sobald jedoch mit einem Fasse, das Obstwein oder Bier enthält, oder mit seinem Inhalt Veränderungen irgendwelcher Art vorgenommen sind, natürlich abgesehen von einem etwaigen Nachtreiben der Reifen, so unterliegt es dem Eichzwang. Wegen der Fässer mit ausländischem Wein siehe Anm. 5.

[5]) Absatz 3 des § 9 war in dem Entwurfe der Regierung nicht enthalten. Die Ausnahmebestimmung ist zugunsten desjenigen ausländischen Weines getroffen worden, der nach dem Eingange noch einer weiteren Behandlung, wie Auffüllen, Umfüllen usw. bedarf, gleichwohl aber nach den Handelsgewohnheiten in und nach den Gebindearten weiter verkauft werden muß, die für ihn im Ursprungslande gebräuchlich sind. Auch solche im Inlande mit ausländischem Wein gefüllte Fässer ausländischer Herkunft brauchen nicht geeicht zu sein, wenn die Berechnung nicht nach Litern, sondern nach der Bezeichnung des Gebindes erfolgt.

In der ursprünglichen Fassung des Antrages hieß es: „... für den betreffenden Wein im Ursprungslande gebräuchlichen Originalgebinden" und erst in der zweiten Lesung ist „Originalgebinde" durch „Gebinde" ersetzt worden. Mit Recht, denn wenn auch der Wein in dasselbe Faß zurückgegossen wird, in dem er eingegangen ist, so ist dies doch kein Originalgebinde mehr, weil die Befüllung nicht im Ursprungslande, sondern erst im Inlande stattgefunden hat. Der Wortlaut des Antrages läßt aber keinen Zweifel darüber, daß der Weiterverkauf des Weines auch nach der Umfüllung nur in solchen Gebinden geschehen darf, die im Ursprungslande hergestellt sind; im Inlande verfertigte Fässer dürfen nicht benutzt werden.

Geschieht der Verkauf nicht nach den im Ursprungslande gebräuchlichen Gebinden (Oxhoft, Pipe, Both usw.), sondern nach inländischen Gebinden (Fuder, Stück usw.) oder nach Litern, so sind die Fässer eichpflichtig, auch wenn sie aus dem Ursprungslande des Weines stammen oder mit dem Weine eingegangen sind. Ebenso unterliegen die ausländischen Gebinde dem Eichzwange, wenn sie zum Überliefern inländischen Weines, Obstweines oder Bieres benutzt werden.

[6]) Das Weingesetz vom 7. April 1909 (R.G.Bl. S. 393) unterscheidet, wie das Weingesetz von 1901 (R.G.Bl. S. 175) zwischen Wein, weinhaltigen und weinähnlichen Getränken. Nach § 1 des Gesetzes ist Wein das durch alkoholische Gärung aus dem Saft der frischen Weintraube hergestellte Getränk. Der Begriff der weinhaltigen Getränke ist in dem Gesetz nicht unmittelbar erläutert, doch ergibt sich aus den §§ 15, 16, daß darunter solche Getränke zu verstehen sind, die zu einem mehr oder minder großen Teile aus Wein bestehen. Zu den weinähnlichen Getränken rechnen nach § 10 des Weingesetzes die Getränke aus Fruchtsäften, Pflanzensäften oder Malzauszügen mit Weincharakter.

Anders als das Weingesetz spricht die M. u. G.O. in § 9 nur von Wein und Obstwein. Sie bezieht sich also neben dem Wein nur noch auf weinähnliche Getränke im Sinne des Weingesetzes. Sollte der Begriff des Weines ebenso eng aufgefaßt werden, wie im Weingesetz, so müßte die Absicht erkenntlich sein, die weinhaltigen Getränke von der Geltung des § 9 auszuschließen. Von einer solchen Absicht weiß aber die Begründung des § 9 nichts, sie kann daher auch dem Gesetzgeber nicht unterstellt werden. Vielmehr muß angenommen werden, daß unter Wein auch die weinhaltigen Getränke mit einbegriffen sein sollen.

Zu dem gleichen Schluß führt auch die Tatsache, daß § 9 aus Artikel 12 der M. u. G.O. vom 17. August 1868 hervorgegangen ist und diesen Artikel lediglich dahin erweitert, daß neben den Weinfässern auch die Fässer für Obstwein und Bier unter gewissen Bedingungen in den Eichzwang einbezogen werden. Es liegt kein Grund vor anzunehmen, daß der Begriff „Wein" in dem neuen Gesetz ein anderer sein soll, als in dem früheren Gesetz und daß er jetzt im Sinne der sehr viel späteren Weingesetze zu erläutern sei, zumal diese Gesetze nicht den Begriff des „Weines" schlechthin, sondern allein den Begriff des „lauteren Weines" feststellen wollen. Vielmehr wird der Begriff des Weines nach dem allgemeinen Sprachgebrauche zu beurteilen sein. Dieser macht aber keinen Unterschied zwischen lauterem Wein, aromatisierten (Gewürz) Weinen oder auch selbst gefälschten Weinen, Verschnittweinen usw.

Das Weingesetz unterscheidet weiterhin zwischen Traubenmaische, Traubenmost und Wein. Da die Maß- und Gewichtsordnung für „Wein" keine besondere Begriffsbestimmung bringt, so wird anzunehmen sein, daß der „Most" nach dem Vorgange des Weingesetzes nicht als Wein anzusehen ist. Allerdings erscheint es zweifelhaft, ob der Dauermost (pasteurisierter Most, Wormser Weinmost usw.), bei dem die alkoholische Gärung hintangehalten ist, im Sinne des Weingesetzes noch als Most zu betrachten ist, als Wein kann er aber jedenfalls nicht angesehen werden.

Für den Obstwein liegt eine entsprechende Begriffsbestimmung nicht vor. Nach der Unterscheidung zwischen Wein und Traubenmost wird man aber im allgemeinen den Fruchtmost, z. B. Apfelmost, Cyder, nicht als Obstwein ansehen können.

§ 10.

Die Eichung[1])[4]) besteht in der vorschriftsmäßigen Prüfung[3]) und Stempelung[3]) der Meßgeräte[2]) durch die zuständige Behörde; sie ist entweder Neueichung[5]) oder Nacheichung.[6])

[1]) Die M. u. G.O. vom 17. August 1868 unterscheidet durchweg zwischen Eichung und Stempelung. Inzwischen hat sich der Sprachgebrauch dahin gewandelt, daß die Eichung neben der Prüfung auch die Stempelung mit

einbegreift. Der Begriff der Eichung mußte daher im § 10 entsprechend erläutert werden. Durch die Einführung der periodischen Nacheichung (§ 11) hat er eine erneute, hier klargestellte Erweiterung erfahren. Auch die Nacheichung ist eine Eichung.

²) Unter Meßgeräten im Sinne des § 10 und der folgenden Bestimmungen sind sämtliche zum Messen und Wägen dienenden eichpflichtigen und eichfähigen Gegenstände zu verstehen.

³) § 10 knüpft die Eichung an drei Bedingungen, an die vorschriftsmäßige Prüfung, an die vorschriftsmäßige Stempelung und an deren Ausführung durch die zuständige Behörde.

Die Prüfung ist vorschriftsmäßig, wenn sie nach den Vorschriften der Instruktion vom 27. November 1911 (W. Möser, Berlin S 14) durchgeführt ist. Sie hat festzustellen, ob ein Eichgegenstand eichfähig (vorschriftsmäßig, zulässig) ist. Eichfähig aber ist nach § 1 der Eichordnung für das Deutsche Reich vom 8. November 1911 (R.G.Bl. Besondere Beilage zu Nr. 62, Anlage 9) ein Meßgerät, wenn es den Vorschriften der Eichordnung und den sie erläuternden oder ergänzenden Bestimmungen der Instruktionen entspricht.

Unter welchen Voraussetzungen andere Meßgeräte probeweise zur Eichung zuzulassen sind, bestimmt die Kaiserliche Normal-Eichungskommission (§ 19 Anm. 10).

Die Stempelung ist vorschriftsmäßig, wenn die vom Bundesrate vorgeschriebenen Stempel- und Jahreszeichen (§ 20, Bekanntmachung, betreffend die bei der Eichung anzuwendenden Stempel- und Jahreszeichen. Vom 14. November 1911 (R.G.Bl. S. 951, Anlage 2) verwendet sind, und wenn die Stempelung nach den Vorschriften der Eichordnung ausgeführt ist.

„Die Stempelung geschieht bei der Neueichung mit dem Stempelzeichen und dem Jahreszeichen. Ist eine Stempelung an mehreren Stellen vorgesehen, so wird das Jahreszeichen gleichwohl dem Stempelzeichen in der Regel nur an einer besonders vorgeschriebenen Stelle beigesetzt.

Bei der Nacheichung wird, außer bei den Fässern (§ 52), nur das Jahreszeichen angewandt; nur bei den kleinen Gewichten (§ 80) und den kleinen Präzisionswagen (§ 100) ist von jeder Stempelung abzusehen. Das Jahreszeichen wird, wenn die besonderen Vorschriften nicht anders bestimmen, möglichst nahe bei dem die letzte Eichung kennzeichnenden Jahreszeichen aufgebracht" (Eichordnung, Allgemeine Vorschriften § 10).

„Erweist sich ein Meßgerät bei der instruktionsmäßigen Prüfung als zulässig, so ist es nach den Bestimmungen der Eichordnung zu stempeln" (Allgemeine Instruktion Nr. 4b und Nr. 5d).

„Art und Anzahl der Stempel sind durch die Eichordnung vorgeschrieben, soweit nicht hinsichtlich der Stempelzeichen (Sicherungsstempel) dem Ermessen der Eichbeamten ein gewisser Spielraum gelassen ist. Die Anzahl der vorgeschriebenen Stempel darf weder verringert noch vermehrt werden" (Allgemeine Instruktion Nr. 9 d).

Als zuständige Behörden kommen allein in Betracht die Eichämter (Haupteichämter, Nebeneichämter, Nebenstellen, Abfertigungsstellen, § 15), die Eichungs-Aufsichtsbehörden, soweit sie ermächtigt werden, in geeigneten Fällen innerhalb ihrer Bezirke die Tätigkeit der Eichämter zu übernehmen (§ 17) und die Kaiserliche Normal-Eichungskommission (§ 19; hinsichtlich der Königlich bayerischen Normal-Eichungskommission siehe § 25 Anm. 2).

Ist auch nur eine der drei Bedingungen ganz oder teilweise nicht erfüllt, so ist die Eichung nicht vorschriftsmäßig ausgeführt; der so behandelte Gegenstand gilt also als ungeeicht. Ob ein Meßgerät vorschriftsmäßig geprüft ist, wird allerdings im allgemeinen nachträglich schwer festzustellen sein, wenn nicht ein grobes Versehen des Eichbeamten vorliegt. Namentlich wird dem Laien der Nachweis der unvorschriftsmäßigen Prüfung meist schon deshalb unmöglich sein, weil es ihm an den erforderlichen Prüfungsmitteln und der nötigen Kenntnis der Vorschriften mangelt. Die Benutzung unvorschriftsmäßig geprüfter und aus diesem Grunde als ungeeicht zu betrachtender Meßgeräte wird daher in der Regel nicht strafbar sein, weil ein Verschulden nicht anzunehmen ist (§ 6 Anm. 4, Obertribunal 7. 1. 1875). Nur von gewissen Eichvorschriften allgemeiner Bedeutung wird man voraussetzen können, daß sie jedermann weiß, wie z. B. die Vorschriften, daß jedes Meßgerät eine Bezeichnung haben muß, daß die Bezeichnungen nur metrische Einheiten betreffen dürfen und andere mehr (§ 6, Anm. 4).

Hinsichtlich der Stempelung gelten als ungeeicht

a) Meßgeräte ohne Stempelung, auch wenn sie nachweisbar vorschriftsmäßig von einer zuständigen Behörde geprüft sind.

b) Meßgeräte mit unvollständiger Stempelung. Es darf also keiner der vorgeschriebenen Stempel fehlen. Besonders ist zu beachten, daß das Stempelzeichen dem Jahreszeichen beigesetzt ist, sowie daß Jahreszeichen selbst vorhanden sind. Als fehlende Stempel sind auch ungültige Stempel anzusehen, nämlich Stempel- und Jahreszeichen, die mit dem Entwertungszeichen ✕ entwertet sind, ferner undeutlich gewordene Stempel- und Jahreszeichen (vgl. O.L. Posen 21. 3. 1905), endlich Jahreszeichen, die bei den Meßgeräten mit zweijähriger Nacheichungsfrist (§ 11) nicht die Jahreszahl des laufenden Jahres oder der beiden vorangegangenen Kalenderjahre, bei Meßgeräten mit dreijähriger Nacheichungsfrist nicht die Jahreszahl des laufenden Jahres oder der drei vorangegangenen Kalenderjahre aufweisen.

Wann Stempel- oder Jahreszeichen als undeutlich zu betrachten sind, darüber lassen sich keine allgemein gültigen Regeln aufstellen. Das Stempelzeichen wird so lange noch als ausreichend zu erachten sein, wie das Zeichen im Bande (D R oder K B) und Spuren des Bandes noch erkennbar sind, auch wenn die Zeichen über und unter dem Bande bis zur Unkenntlichkeit verschwunden sind. Beim Jahreszeichen werden mindestens die letzte Zahl und Spuren der Schildumrahmung deutlich nachweisbar sein müssen. Die Jahreszeichen brauchen keine fortlaufende Reihe zu bilden, es genügt, wenn das letzte Jahreszeichen ein gültiges ist.

c) Meßgeräte mit überflüssiger Stempelung. Nach der oben angeführten Bestimmung der allgemeinen Instruktion unter Nr. 9 d, darf die Anzahl der vorgeschriebenen Stempel auch auf Wunsch der Beteiligten ebensowenig vermehrt werden, wie sie verringert werden darf. Meßgeräte mit zu vielen Stempeln sind unvorschriftsmäßig gestempelt und gelten daher als nicht geeicht.

d) Meßgeräte mit Stempelung an unvorschriftsmäßigen Stellen, also Meßgeräte, die nicht an den vorgeschriebenen, sondern an anderen Stellen gestempelt sind, was namentlich bei Fässern vorgekommen ist.

e) Meßgeräte mit ungesetzlicher Stempelung. Ungesetzmäßig gestempelte Meßgeräte sind solche, die andere als die durch die Bekanntmachung betreffend die bei der Eichung anzuwendenden Stempel- und Jahreszeichen vom 14. November 1911 (R.G.Bl. S. 951) vorgeschriebenen Stempel- oder Jahreszeichen aufweisen (siehe auch § 15 Anm. 4 b und Anlage 14), oder die von anderen als den zuständigen Behörden (§§ 15, 17, 19) oder von Privatpersonen gestempelt sind. Als ungeeicht gelten daher z. B. alle ausländischen Meßgeräte, auch wenn sie den deutschen Eichvorschriften entsprechen und im Auslande vorschriftsmäßig geeicht sind. Die Benutzung derartiger Meßgeräte ist namentlich im Grenzverkehr zu beobachten. Eine Ausnahme bilden diejenigen Meßgeräte, die auf Grund der §§ 6 und 12 vom Bundesrat besonders zugelassen sind (§ 6 Anm. 12, § 12 Anm. 2).

Inwieweit bei der Benutzung unvorschriftsmäßig gestempelter Meßgeräte ein strafbares Verschulden vorliegt, kann nur nach Lage des Falles entschieden werden. Jedenfalls kann von einem Gewerbetreibenden verlangt werden, daß er das deutsche Stempel- und Jahreszeichen kennt, auch weiß, wann die Gültigkeitsdauer des Jahreszeichens abgelaufen ist. Daß ein Meßgerät mit entwertetem Stempelzeichen nicht mehr als geeicht gilt, erklärt der Eichbeamte regelmäßig, wenn er eine Entwertung ausführt. Eine genauere Kenntnis über Ort und Zahl der Stempel wird man dagegen nicht in allen Fällen voraussetzen können (§ 6, Anm. 4).

[4]) Die Eichung eines Meßgerätes kann nur seinen Zustand zur Zeit seiner Vorlegung betreffen. Sie kann lediglich bestätigen, daß das Gerät im Augenblicke der vorschriftsmäßigen Prüfung und Stempelung allen Anforderungen der Eichordnung und, soweit nötig, der Instruktionen entsprach und somit zum Messen und Wägen im öffentlichen Verkehr geeignet war. Werden daher mit dem Meßgerät nachträglich Veränderungen vorgenommen, die seine Wirksamkeit und Richtigkeit beeinflussen, so werden die Voraussetzungen der Eichung hinfällig; der Stempel wird ungültig, das Gerät ist im Sinne des § 10 als ungeeicht anzusehen und muß neu geeicht werden (Anm. 5 c), wenn es wieder zur Benutzung im öffentlichen Verkehr zulässig sein soll.

[5]) „Die Neueichung findet außer bei ungeeichten auch bei solchen geeichten Meßgeräten (Wiederholung der Eichung) statt, bei denen bei der Vorlegung

a) das letzte Jahreszeichen und das zugehörige Stempelzeichen entwertet oder entfernt sind (§ 12 der Eichordnung),
b) das zum Jahreszeichen gehörige Stempelzeichen nicht mehr erkennbar ist,
c) eine auf wesentliche Teile sich erstreckende Ausbesserung vorgenommen ist, auch wenn die Voraussetzungen unter a) und b) nicht vorliegen.
d) eine Neueichung vom Besitzer gewünscht wird, auch wenn die Voraussetzungen unter a) bis c) nicht vorliegen (Allgemeine Instruktion Nr. 2b).

[6]) Die Nacheichung wird nur an Meßgeräten vorgenommen, die dem Nacheichungszwange (§ 11 der M. u. G.O.) unterliegen" (Allgemeine Instruktion Nr. 2b).

Die Nacheichung unterscheidet sich von der Neueichung durch die Art der Prüfung, durch die einzuhaltenden Fehlergrenzen und durch die Stempelung. Die Prüfung gestaltet sich bei der Nacheichung wesentlich einfacher als bei der Neueichung. Bei manchen Gattungen von Meßgeräten, z. B. den Flüssigkeitsmaßen und den Hohlmaßen, besteht sie im wesentlichen nur in einer Nachschau.

Die bei der Nacheichung einzuhaltenden Fehlergrenzen stimmen im wesentlichen ihrem Betrage nach mit den vom Bundesrate festgesetzten Verkehrsfehlergrenzen (Bekanntmachung, betreffend die Verkehrsfehlergrenzen der Meßgeräte vom 18. Dezember 1911 — R.G.Bl. S. 1065, Anlage 5) überein. Nur bei den Präzisionsmaßstäben (§ 17 C der Eichordnung), den selbsttätigen Wagen für Post- und Eisenbahnzwecke (§ 110 Nr. 3) gelten für die Neueichung und die Nacheichung die gleichen Fehlergrenzen.

Wegen der Stempelung bei der Nacheichung vgl. § 10 Anm. 3.

§ 11.

Die dem eichpflichtigen Verkehre dienenden Meßgeräte sind innerhalb bestimmter Fristen zur Nacheichung[1])[2]) zu bringen. Die Fristen, innerhalb deren die Nacheichung vorzunehmen und zu wiederholen ist, betragen bei

a) den Längenmaßen,[3]) den Flüssigkeitsmaßen, den Meßwerkzeugen für Flüssigkeiten, den Hohlmaßen und Meßwerkzeugen für trockene Gegenstände, den Gewichten, den Wagen für eine größte zulässige Last von ausschließlich 3000 Kilogramm sowie den Fässern für Bier zwei Jahre,

b) den Wagen[4]) für eine größte zulässige Last von 3000 Kilogramm und darüber, den festfundamentierten Wagen und den Fässern[5]) für Wein und Obstwein 3 Jahre.

Die Frist[6]) beginnt mit dem Ablaufe desjenigen Kalenderjahrs, in welchem die letzte Eichung vorgenommen ist. Bei Fässern, in denen Wein gelagert ist, endet die Nacheichungsfrist nicht, bevor das Faß entleert worden ist.[7])

Gasmesser sind von der Nacheichung ausgenommen.

[1]) Der Verpflichtung zur Nacheichung unterliegen grundsätzlich alle dem eichpflichtigen Verkehr (§ 6 Anm. 2) dienenden Meßgeräte, gleichviel ob sie durch das Gesetz selbst (§§ 6 bis 9) oder durch eine auf Grund des § 12 erlassene Bundesratsverordnung für eichpflichtig erklärt sind. Ausnahmen sind festgestellt durch das Gesetz für Förderwagen und Fördergefäße, soweit sie im Bergwerksbetriebe zur Ermittelung des Arbeitslohnes dienen (§ 7) und für Gasmesser (§ 11), ferner durch die Bekanntmachung vom 18. Dezember 1911 (R.G.Bl. S. 1064, Anlage 4), für die ganz aus Glas hergestellten Meßgeräte. Die letztere Vorschrift betrifft bis auf weiteres die Thermoalkoholometer (§ 8), die gläsernen Flüssigkeitsmaße, die ganz aus Glas hergestellten Meßwerkzeuge für Flüssigkeiten und die Meßwerkzeuge für wissenschaftliche und technische Untersuchungen.

[2]) Die Nacheichungspflicht hat die Eichpflicht zur Voraussetzung und besteht nur solange wie diese. Sie beginnt also erst, wenn ein eichpflichtiges Meßgerät in den eichpflichtigen Verkehr gelangt, und ruht, sobald das Gerät dem eichpflichtigen Verkehre wieder entzogen wird. Die Nacheichungspflicht lebt wieder auf, wenn der Gegenstand in den eichpflichtigen Verkehr zurückkehrt. Hieraus folgt, daß die in den Lagern und Geschäftsräumen der Fabrikanten und Händler lediglich zum Verkauf bereit gehaltenen Meßgeräte, wie sie vom Eichzwange befreit sind (§ 6 Anm. 8), so auch dem Nacheichungszwange nicht unterliegen, auch wenn sie geeicht sind. Das Gleiche gilt für Meßgeräte von Geschäftsleuten, die lediglich auf Vorrat für zukünftigen Gebrauch aufbewahrt werden, falls sie sich nicht in den Geschäftsräumen befinden.

Die Nacheichungsfrist wird durch das Ruhen der Nacheichungspflicht nicht berührt, sondern läuft weiter. Ist also während des Ruhens die Frist abgelaufen, so muß ein Meßgerät sofort nachgeeicht werden, sobald es in den eichpflichtigen Verkehr übergeht oder zurückkehrt. Durch die Nacheichung wird den Vorschriften auch für den Fall genügt, daß die Nacheichungspflicht während eines Zeitraums ruhte, in dem die Nacheichungsfrist mehrmals ablaufen konnte. Wegen des Fehlens einer fortlaufenden Reihe von Jahreszeichen kann also in solchen Fällen der Gewerbetreibende aus § 22 des Gesetzes nicht zur Verantwortung gezogen werden.

[3]) Das Gesetz weist hier scheinbar eine Lücke auf. Die Eichordnung beginnt in den „Besonderen Vorschriften" unter I mit den Längenmaßen, Dickenmaßen und Flächenmaßen, während § 11 unter a) nur die Längenmaße erwähnt. Die Flächenmaße (Planimeter, §§ 25 bis 30 der E.O.)

sind indessen keine Maße im Sinne des § 6, sondern Meßwerkzeuge für Flächenbestimmungen und als solche nicht eichpflichtig (§ 6 Anm. 5). Die Dickenmaße (Kluppmaße §§ 19 bis 24 der E.O.) sind den Längenmaßen zuzurechnen. Die Trennung in der Eichordnung ist eine rein äußerliche und aus schematischen Rücksichten gebotene.

Die in § 13 der Eichordnung und weiterhin erwähnten Präzisionsmaße gehören im allgemeinen nicht dem eichpflichtigen Verkehre an. Sie werden in Fabriken, Werkstätten usw. als Normal-, auch als Zeichenmaßstäbe usw. benutzt. Bei Verwendung im eichpflichtigen Verkehr unterliegen sie aber der Verpflichtung zur Eichung und zur Nacheichung.

[4]) Die Nacheichungsfrist der Wagen ist, ohne Rücksicht auf ihren Verwendungszweck und ihre Verwendungsart, einmal von ihrer Tragfähigkeit (der größten zulässigen Last) und dann von der Art ihrer Aufstellung abhängig gemacht worden. Die Tragfähigkeit ist auf jeder Wage angegeben (§ 94 der E.O.). Als festfundamentierte Wagen sind solche anzusehen, „bei denen erst am Aufstellungsorte (d. h. an dem Orte, wo sie in Gebrauch genommen werden sollen), die Festlegung der Stützpunkte des Hebelsystems in ihrer gehörigen gegenseitigen Lage erfolgt (Instruktion VI Wagen Nr. 5 b). Ob eine Wage zu den festfundamentierten gehört, ist nicht immer leicht zu entscheiden. Festfundamentiert sind jedenfalls alle ortsfesten Wagen, namentlich solche, bei denen die Stützpunkte der Hebel auf Mauerwerk ruhen, also die Fuhrwerkswagen, besonders die Gleiswagen, die sogenannten Fleisch-Konsolwagen in den Schlachthäusern, die Seilbahnwagen. Aber auch Wagen, bei denen das Fundament selbst beweglich ist, können festfundamentiert nach obiger Begriffsbestimmung sein, wie z. B. Wagen, die in Laufkrahne oder in Eisenbahnfahrzeuge fest eingebaut und untrennbar mit ihnen verbunden sind.

[5]) Weinfässer und Bierfässer sind äußerlich nicht immer als solche kenntlich, obwohl in der Regel die Bierfässer kräftiger gebaut und stärker gewölbt sind. „Bierfässer sollen daher durch ein deutliches über der Bezeichnung aufgebrachtes B besonders als solche gekennzeichnet sein, falls ihre Zweckbestimmung nicht bereits in anderer Weise deutlich ersichtlich ist" (§ 50 Nr. 3 der E.O.). „Die Form und Ausführungsart allein kann ein Faß nicht von dem Zwange befreien, nach § 50 Nr. 3 der Eichordnung durch ein B als Bierfaß besonders gekennzeichnet zu werden. Dagegen soll von der Aufbringung des B bei Fässern abgesehen werden, die gepicht sind oder die den Namen einer Brauerei, eines Brauereiinhabers, einer bestimmten Biersorte und dergleichen tragen" (Instruktion III Fässer Nr. 10 b).

[6]) Die Frist beginnt mit dem Ablaufe des desjenigen Kalenderjahres, in welchem die letzte Eichung vorgenommen ist. Durch diese Bestimmung kann die Nacheichungsfrist unter Umständen um ein volles Jahr verlängert werden. Wenn ein Längenmaß im Januar 1912 geeicht ist, so beginnt die Nacheichungsfrist mit dem 1. Januar 1913 und endet mit dem 31. Dezem-

ber 1914; das Jahreszeichen 12 verliert am 31. Dezember 1914 seine Gültigkeit. Der Nacheichung bedarf es demnach erst im Dezember 1914, also nach nahezu 3 Jahren.

[7]) Manche Weine, besonders edlere Sorten müssen noch geraume Zeit in den Versandfässern lagern. Sie dürfen vor der Überlieferung an den den Käufer nicht nochmals umgefüllt werden, so daß das Versandfaß also vor der letzten Umfüllung geeicht werden muß. Die Nacheichungsfrist wird in solchen Fällen nach der allgemeinen Regel schon während der Lagerzeit ablaufen. Es soll daher bei den Weinfässern die Nacheichungsfrist jedenfalls nicht früher enden, bevor das Faß entleert ist. Die Entleerungen, die zum Zwecke des Umstechens während der Kellerbehandlung vorgenommen werden müssen, zählen hierbei nicht mit; gemeint ist ausschließlich die endgültige Entleerung nach der Überlieferung an den Käufer. Werden Fässer mit ungültigen Jahreszeichen aufs neue gefüllt, so bedürfen sie einer Nacheichung, bevor sie in den eichpflichtigen Verkehr übergehen.

§ 12.

Der Bundesrat ist ermächtigt,[1]) die Verpflichtung zur Neueichung oder Nacheichung auf andere als die in den §§ 6 bis 9 bezeichneten Gegenstände auszudehnen, sowie einzelne Arten von Gegenständen, die nach den Vorschriften des Gesetzes eichpflichtig sind, von der Verpflichtung zur Neueichung oder Nacheichung auszunehmen. Er ist ermächtigt, die Vorschriften über die Fristen für die Nacheichung in Ansehung einzelner Arten von Gegenständen abzuändern und zu ergänzen.[2])

Die auf Grund des Abs. 1 erlassenen Vorschriften sind dem Reichstage, wenn er versammelt ist, sofort, sonst bei seinem nächsten Zusammentritte vorzulegen. Sie sind außer Kraft zu setzen, soweit der Reichstag die Genehmigung versagt.

[1]) Die Befugnis des Bundesrates ist eine wesentlich verschiedene, je nachdem es sich um die Ausdehnung oder um die Einschränkung der Verpflichtung zur Neueichung oder Nacheichung handelt. Die Ausdehnung kann sich auf einzelne andere als die in den §§ 6 bis 9 bezeichneten Gegenstände beziehen. Es könnten also z. B. die Fässer für alkoholfreie Getränke, die Aräometer für Petroleum usw. für eichpflichtig und nacheichungspflichtig erklärt werden. Dagegen können die Ausnahmebestimmungen nur Arten von Gegenständen, nicht aber Gegenstände selbst betreffen. Ebenso können auch die Fristen für die Nacheichung nur in Ansehung ganzer Arten von Meßgeräten abgeändert und ergänzt werden.

[2]) Von der ersten Ermächtigung hat der Bundesrat noch keinen Gebrauch gemacht. Dagegen sind durch die Bekanntmachungen vom 18. Dezember 1911 (R.G.Bl. S. 1064, Anlage 4) ausgenommen

I. von der Verpflichtung zur Neueichung und Nacheichung.

a) Wassermesser;

b) die dem Gebrauche der Feldmesser und Markscheider dienenden Maße, über deren Richtigkeit von den Landesbehörden besondere Prüfungsvorschriften erlassen sind;

c) Lehren, soweit sie nicht die Beschaffenheit von Kluppmaßen im Sinne der eichtechnischen Vorschriften haben.

Zu a) Eine Ausnahmebestimmung zugunsten der Wassermesser war an sich überflüssig. Wenn es auch nicht ausgeschlossen ist, den Wassermessern die Form von Meßwerkzeugen für Flüssigkeiten, z. B. von sogenannten Meßwerkzeugen mit zwei Kammern (§ 41 Nr. 6 der E.O.), zu geben, so können doch die jetzt gebräuchlichen Ausführungsformen (Scheiben — Kolben — Flügelrad usw. Wassermesser mit selbsttätiger Aufrechnung) weder als Maße im Sinne des § 6 noch als Meßwerkzeuge für Flüssigkeiten angesehen werden. Sie entsprechen den Gasmessern (§ 8) und mußten daher, wenn sie in die Eichpflicht einbezogen werden sollten, wie diese besonders aufgeführt werden. Ihre Erwähnung in der Bundesratsverordnung vom 18. Dezember 1911 entspricht aber einem ausdrücklichen Wunsche des Reichstages, der anfangs sogar im Gesetze selbst ausgesprochen haben wollte, daß die Wassermesser nicht zu den eichpflichtigen Meßgeräten gehören.

Zu b) Die Bundesratsverordnung spricht nur von Feldmessern und Markscheidern, es kann aber keinem Zweifel unterliegen, daß zu den Feldmessern auch die Landmesser und Geometer, die Meliorationsbaubeamten und die Beamten der Ansiedelungskommission für Ost- und Westpreußen gehören. Ebenso sind die Bauinspektoren bei der Eisenbahn, wenn sie Trassierungen, Messungen von Profilen usw. vornehmen und andere Beamte gleicher Beschäftigungsart den Feldmessern beizurechnen, oder wenigstens sind die Geräte, deren sie sich bei ihren Messungen bedienen, im Sinne der Bundesratsverordnung vom 18. Dezember 1911 als „dem Gebrauche der Feldmesser und Markscheider dienende Maße" anzusehen.

Die „Feldmessergeräte" unterscheiden sich in bezug auf Material, Gestalt und Einrichtung zum Teil, wie z. B. die Maßstäbe, die Meßlatten und die Bandmaße nach keiner Richtung hin von den gleichen Geräten des allgemeinen Verkehrs. Sie sollen daher auch nicht grundsätzlich ausgenommen werden, sondern sollen der Eichung und Nacheichung unterliegen, wenn es sich um Maße im Sinne des § 6 handelt, unter der Voraussetzung, daß das Messen im öffentlichen Verkehr erfolgt und daß dadurch der Umfang von Leistungen bestimmt werden soll. Nur soweit die Geräte sich in den Händen von beamteten oder sonstwie der staatlichen Kontrolle unterstellten (vereidigten) Feldmessern und Markscheidern, also von Sachverständigen befinden, die selbst in der Lage sind, ihre Richtigkeit mit amtlich beglaubigten Normalen zu kontrollieren, sollen sie von der Verpflichtung zur Eichung befreit sein, aber auch dann nur unter der Voraussetzung, daß die Landesbehörden für ihre Prüfung besondere Vorschriften erlassen haben. Diese Maße bilden auch insofern eine besondere Art für sich, als sie in der Regel mit Rücksicht auf die in Betracht kommenden wirtschaftlichen Bedürfnisse wesentlich engere Fehlergrenzen einhalten müssen, als sie die Eichordnung für entsprechende Meßgeräte des allgemeinen Verkehrs vorschreibt.

Zu c) Die Lehren (Leeren) dienen verschiedenartigen Zwecken. Beispielsweise haben sie in Maschinenfabriken die Herstellung eines Werkstücks in bestimmter Form und Größe zu gewährleisten, oder sie werden als Stichmaße zum Messen des inneren Durchmessers von Dampfzylindern und Röhren benutzt. Sie dienen ferner als Draht- und Blechlehren zur Numerierung der Drähte und Bleche, oder sie finden Verwendung zur Ermittelung der Tiefe von Gefäßen, zur Messung der Wandstärke von Röhren, der Dicke oder des Profils von Platten, Stangen und anderen Erzeugnissen. Wenn dabei Messungen stattfinden behufs Festsetzung des Stücklohnes oder zu Qualitätsbestimmungen, die für die Preisfestsetzung Bedeutung haben, sind an sich die Voraussetzungen des eichpflichtigen Verkehrs gegeben, weil die Lehren überwiegend als Maße im Sinne des § 6 anzusehen sind. Indessen bedurfte es der Ausnahmebestimmung schon deshalb, weil auf diesem schwierigen Gebiete erst noch Erfahrungen gesammelt werden müssen und weil bei der Vielartigkeit der Formen und Anwendungsgebiete der Lehren eine Regelung ihrer Eichung nur schrittweise und allmählich vorgenommen werden kann. Nur für die einfachste Form, die zur Gattung der Dickenmaße gehörigen Kluppmaße, die technisch auch als Schub- oder Schiebelehren bezeichnet werden, lag kein Anlaß vor, die Eichpflicht auszuschließen. Eichfähig sind schon jetzt nach § 21 der Eichordnung „Kluppmaße, bei denen der eine Kluppstab (Schenkel, Schnabel) fest mit dem einen Ende des Maßstabs verbunden, der andere beweglich und abnehmbar ist, und bei denen die Gleitschiene aus einem Stück besteht". Die weiteren Vorschriften über die Kluppmaße sind in der Eichordnung unter §§ 19 bis 24 zu finden.

Die Kluppmaße werden hauptsächlich im Holzhandel zur Bestimmung des Durchmessers von Baumstämmen oder der Dicke von Kantholz, Brettern und Latten benutzt und sind, soweit sie sich in den Händen von Forstbeamten befinden, in einzelnen Bundesstaaten bereits auf dem Verordnungswege in den Eichzwang einbezogen. Sie werden ferner z. B. im Eisenhandel zur Ermittelung der Stärke von Stangen, Drähten, Blechen, Schienen usw. gebraucht und finden auch in andern Betrieben vielseitige Verwendung, besonders bei Qualitätsbestimmungen.

II. Von der Verpflichtung zur Nacheichung sind ausgenommen ganz aus Glas hergestellte Meßgeräte.

Die ausschließlich aus Glas bestehenden Meßgeräte, wie gläserne Flüssigkeitsmaße, ebensolche Meßwerkzeuge für Flüssigkeiten, Thermo-Alkoholometer und Meßwerkzeuge für chemische und physikalische Untersuchungen bedürfen keiner Nacheichung, weil sie sich bei ordnungsmäßigem Gebrauche nicht abnutzen, auch bei einer Beschädigung durch Bruch ihre Verwendbarkeit ohne weiteres einbüßen.

Ferner sind auf Grund der Bekanntmachung, betreffend Eichung von Meßgeräten in Molkereien. Vom 28. März 1912 (R.G.Bl. S. 218, Anlage 8) von der Verpflichtung zur Neueichung und Nacheichung bis zum 31. Dezember 1916 ausgenommen:

1. die zur Annahme der Vollmilch in Molkereien benutzten, nicht eichfähigen Neigungswagen (Zeigerwagen) mit Milchbehälter, soweit sie vor dem 1. April 1913 in den Betrieben aufgestellt worden sind,
2. die zur Rückgabe der Magermilch in Molkereien benutzten, nicht eichfähigen Wagen mit Milchbehälter, die mit selbsttätigem Zufluß versehen oder als Neigungswagen ausgebildet sind.

In den Molkereibetrieben werden schon jetzt zur Annahme der Vollmilch hauptsächlich geeichte oder eichfähige Wagen, Maße und Meßwerkzeuge benutzt, und auch bei der Rückgabe der Magermilch sind geeichte und eichfähige Meßgeräte, wenn auch in geringerer Anzahl, in Gebrauch. Daneben verwenden die Molkereien aber noch außerdem nicht eichfähige Meßgeräte, namentlich Neigungswagen mit Milchgefäßen, besonders die sogenannte Sinuswage und andere Wagen ähnlicher Konstruktion, sowie für die Rückgabe der Magermilch auch Wagen mit selbsttätigem Zufluß. Diese Wagen arbeiten zwar recht ungenau, lassen aber eine Schnelligkeit der Abfertigung zu, die zurzeit mit eichfähigen Wagen nicht zu erreichen ist. Es kann aber nicht zweifelhaft sein, daß die Technik durch Schaffung neuer Ausführungsformen die Schwierigkeiten bald überwinden wird. Aus diesen technischen und aus wirtschaftlichen Gründen ist zur Ausmerzung der nicht eichfähigen Wagen noch eine Übergangsfrist von 5 Jahren gewährt worden. Hierbei soll aber im Interesse der baldigen Durchführung der Maß- und Gewichtsordnung für den wichtigeren Betrieb, den der Annahme der Vollmilch, die Ausnahme derart auf den Besitzstand beschränkt werden, daß sie nur auf die vor dem 1. April 1913 in den Betrieben aufgestellten Vollmilchwagen Anwendung findet, während die Ausnahme die Magermilchwagen ohne Unterschied betrifft, ob sie schon vorhanden sind oder innerhalb der fünfjährigen Übergangsfrist neu beschafft werden.

Die in den Molkereien benützten Maße und Meßwerkzeuge werden durch die Ausnahmebestimmung nicht berührt.

§ 13.[1])

Im eichpflichtigen Verkehr ist die Anwendung und Bereithaltung[2]) von unrichtigen[4]) Maßen,[3]) Gewichten, Wagen, Thermo-Alkoholometern und Gasmessern sowie die Anwendung von unrichtigen Fässern untersagt. Das Gleiche gilt für solche Gegenstände, welche gemäß § 12 vom Bundesrate für eichpflichtig erklärt worden sind.

Als unrichtig gelten diejenigen Meßgeräte, welche über die vom Bundesrate festgesetzten Grenzen (Verkehrsfehlergrenzen) hinaus von der Richtigkeit abweichen.[5])

[1]) Die Bestimmung im § 13 gibt im wesentlichen den Inhalt des zweiten Absatzes vom Artikel 10 der M. u. G.O. vom 17. August 1868 (Anlage 11) wieder. Sie erscheint zunächst überflüssig, da die periodische Nacheichung nicht nur die Richtigkeit der Meßgeräte im Verkehre besser verbürgen soll als das bisherige polizeiliche Repressivsystem, sondern auch den Gewerbetreibenden die Sorge um die dauernde Überwachung ihrer Meßgeräte durch deren regelmäßig wiederkehrende Nachprüfung und erneute Stempelung abzunehmen bestimmt ist. Die Fristen, innerhalb deren die Nacheichung vorgenommen werden muß (§ 11), sind im allgemeinen so gewählt, daß sich die Geräte bei ordnungsmäßiger und nicht zu starker Benutzung innerhalb der Verkehrsfehlergrenzen richtig halten können. Gleichwohl kann die Einführung der periodischen Nacheichung nicht von der Notwendigkeit entbinden, dem Publikum unabhängig von der durch die Eichung und Nacheichung bewirkten Sicherstellung, namentlich gegen absichtlich oder fahrlässig verschuldete Unrichtigkeit der Meßgeräte Schutz zu gewähren. Die Eingangsworte: „im eichpflichtigen Verkehr" sollen zum Ausdrucke bringen, daß die Vorschrift des § 13 nur solche Fälle trifft, die im Bereiche der Vorschriften der §§ 6 bis 9 liegen. Über den Begriff des eichpflichtigen Verkehrs vergl. auch § 6 Anm. 2.

[2]) § 6 Anm. 8.

[3]) Einer besonderen Erwähnung der Meßwerkzeuge bedurfte es an dieser Stelle nicht mehr, da nach § 6 Abs. 3 die zur Raummessung bestimmten Meßwerkzeuge für Flüssigkeiten und für trockene Gegenstände den Maßen im Sinne dieses Gesetzes gleichstehen, während die übrigen Meßwerkzeuge nicht eichpflichtig sind.

[4]) Die Begriffe „richtig und unrichtig" haben im Maß- und Gewichtswesen eine doppelte Bedeutung, einmal im Sinne der Eichordnung, dann im Sinne des öffentlichen Verkehrs. Die Eichordnung vom 8. November 1911 erläutert den Begriff „richtig" in den allgemeinen Vorschriften unter § 7. „Als richtig im Sinne der Eichordnung gelten die Meßgeräte, die von den Eichnormalen oder von den mit Eichnormalen festzustellenden Sollgrößen im Mehr oder Minder höchstens um die in den besonderen Vorschriften festgesetzten Fehlergrenzen (Eichfehlergrenzen) abweichen.

Die in den besonderen Vorschriften angegebenen Fehlergrenzen gelten für die Neueichung. Für die Nacheichung gelten die Verkehrsfehlergrenzen (§ 13 der M. u. G.O.), soweit nicht Gegenteiliges bestimmt ist."

Die Richtigkeit oder Unrichtigkeit bezieht sich hiernach ausschließlich auf die Einhaltung der Fehlergrenzen. Wenn ein Meßgerät in bezug auf Material, Gestalt, Einrichtung und Bezeichnung oder auf Ausführungsform nicht den Vorschriften der Eichordnung entspricht, dann ist es unvorschriftsmäßig und unzulässig, es kann aber gleichwohl richtig sein. Umgekehrt kann ein Meßgerät zwar in allen übrigen Beziehungen eichfähig und trotzdem unrichtig sein, weil es die Fehlergrenzen nicht einhält.

Die Richtigkeit kann entweder durch unmittelbare Vergleichung mit einem Normale festgestellt werden, z. B. bei Längenmaßen, indem das Maß und das Normal an- oder aufeinandergelegt und so miteinander verglichen werden (Instruktion I Längenmaße Nr. 7), oder es können auch Untersuchungsmethoden angewandt werden, die den Sollwert ohne Vergleichung ergeben. So können z. B. die Fehler von Raummaßen durch Auswägung ihrer Wasserfüllung ermittelt werden (Instruktion II Flüssigkeitsmaße und Meßwerkzeuge für Flüssigkeiten Nr. 8). Auch hierbei dürfen aber nur Normale, in diesem Falle Normalgewichte benutzt werden.

Das von den Eichfehlern Gesagte gilt ohne jede Einschränkung auch von den Verkehrsfehlern. Wie bei der Prüfung auf Eichfähigkeit, so kann auch bei der Prüfung auf weitere Verkehrsfähigkeit die Ermittelung der Fehler ausschließlich mit Normalen geschehen. Der Begriff „unrichtig" und „Richtigkeit" hat daher im § 13 der M. u. G.O. nur Sinn in Beziehung auf die Normale. Als unrichtig gelten demnach im Sinne des § 13 diejenigen Meßgeräte, die von den vorgeschriebenen Normalen oder von den mit diesen Normalen festzusetzenden Sollgrößen über die vom Bundesrate festgesetzten Verkehrsfehlergrenzen abweichen. Es bedarf dieser ausdrücklichen Feststellung, weil in Artikel 10 der M. u. G.O. vom 17. August 1868 der Begriff „unrichtig" in Beziehung zu der „absoluten Richtigkeit" gesetzt ist. Diese zu bestimmen kennt weder Wissenschaft noch Technik ein Mittel; „Richtigkeit" und „Unrichtigkeit" kann immer nur ein relativer Begriff bleiben. Mit der Verfeinerung der Hilfsmittel und der Untersuchungsmethoden wird man der absoluten Richtigkeit immer näher kommen; erreichen wird man sie nie.

Die Rechtsprechung hat sich mit dieser Seite des Begriffes „unrichtig" nicht beschäftigt, sie begnügt sich damit, zu erläutern, daß „unrichtig" sich nur auf die Einhaltung der Fehlergrenzen beziehen kann. „Als unrichtig ist nur ein Maß zu verstehen, welches dasjenige, was es seiner Bezeichnung nach angeben soll, nicht richtig angibt. Diese dem Wortsinn allein entsprechende Auslegung des ersten Satzes Abs. 2 des Art. 10 der M. u. G.O. wird noch dadurch wesentlich unterstützt, daß der zweite Satz von den näheren Bestimmungen über die äußersten Grenzen der im öffentlichen Verkehr noch zu duldenden Abweichungen von der absoluten Richtigkeit handelt, mithin offenbar, wie auch die zu dem Ende erlassenen Bekanntmachungen des Bundesrats vom 6. 12. 1869 (B.G.Bl. S. 698) und des Reichskanzlers vom 16. 8. 1871 (B.G.Bl. S. 328) beweisen, die Richtigkeit in der eben angegebenen engeren Bedeutung vor Augen hat (Ober-Tribunal 7. 1. 1875, vergl. auch 7. 11. 1867). Den ersten Teil dieser Ausführungen hat sich auch das Kammergericht zu eigen gemacht (Kammergericht Strafsenat 14. 2. 1884). Es wird dann hieraus der Schluß gezogen, daß Meßgeräte, die lediglich in der Form den Vorschriften der Eichordnung nicht entsprechen, nicht als unrichtig im Sinne des Artikels 10 anzusehen seien.

Die Unrichtigkeit eines Meßgerätes betrifft den bei der Prüfung auf seine Verkehrsfähigkeit vorgefundenen Zustand, gleichviel ob dieser durch Abnutzung, Beschädigung oder nur durch Verschmutzung herbeigeführt ist. „Unrichtig ist eine Wage auch dann, wenn sie durch Schmutz und Fett falsch zeigt, auch wenn sie nach der Reinigung richtige Angaben macht (Darmstadt 27. 5. 1886, vergl. auch Ober-Tribunal 17. 7. 1874). Es ist also beispielsweise unzulässig, wie dies von einem Landgericht geschehen ist, zu schließen, daß ein mit einer starken Zementschicht überzogenes und weit über die Verkehrsfehlergrenze hinaus unrichtiges Gewicht gleichwohl nicht zu beanstanden sei, weil es nach erfolgter Reinigung wieder innerhalb der Fehlergrenzen richtig war.

[5]) Die Verkehrsfehlergrenzen der Meßgeräte sind geregelt durch die Bekanntmachung betreffend die Verkehrsfehlergrenzen der Meßgeräte vom 18. Dezember 1911 (R.G.Bl. S. 1065, Anlage 5). Die Bekanntmachung stützt sich auf die Bekanntmachung, betreffend die äußersten Grenzen der im öffentlichen Verkehre noch zu duldenden Abweichungen der Maße und Meßwerkzeuge, Gewichte und Wagen von der absoluten Richtigkeit, vom 27. Juli 1885 (R.G.Bl. S. 263).

Die Verkehrsfehlergrenzen sind größer als die Fehlergrenzen für die Neueichung. Einer solchen Festsetzung bedarf es, weil die Normale, mit denen die Prüfungen vorgenommen werden, selbst nicht fehlerfrei sind, auch die Untersuchungsmethoden keine unbedingt richtigen Ergebnisse liefern, so daß schon die von verschiedenen Eichbehörden und mit verschiedenen Normalen gefundenen Fehler der Meßgeräte nicht miteinander übereinstimmen. Dann verändern sich die Gegenstände auch im Verkehr, namentlich durch Abnutzung und durch Gestaltänderungen. Im allgemeinen ist die Höhe der Verkehrsfehlergrenzen, wie in der Bekanntmachung vom 27. Juli 1885 auf den doppelten Betrag der Fehlergrenzen für die Neueichung angesetzt worden. Nur für die selbsttätigen Wagen (§ 101 bis 106 der E.O.), die Wagen für Reisegepäck und Stückgüter im Verkehre der Eisenbahn sowie für die Wagen für Postpäckereien ohne angegebenen Wert (§ 107 bis 111 der E.O.) und die Getreideprober (§ 131 bis 136 der E.O.) machen die Verkehrsfehlergrenzen den anderthalbfachen Betrag der Eichfehlergrenzen aus, und bei den Thermo-Alkoholometern (§ 112 bis 123 der E.O.) sind jene diesen gleichgesetzt, weil die Alkoholometer fast unveränderlich sind, auch die Normale bei der Prüfung nur mit Fehlertafeln benutzt werden dürfen.

Die Bekanntmachung vom 18. Dezember 1911 betrifft nur die eichpflichtigen Gegenstände. Auf die lediglich eichfähigen Gegenstände, wie die

Präzisionsmaßstäbe, die Flächenmaße (§ 25 bis 30 der E.O.), die Aräometer außer den Thermoalkoholometern (§ 112 bis 123 der E.O.) und die Meßwerkzeuge für wissenschaftliche und technische Untersuchungen (§ 137 bis 150 der E.O.) bezieht sich die vom Bundesrat durch § 13 erteilte Ermächtigung so lange nicht, bis sie in den öffentlichen Verkehr übergehen, was bei einigen voraussichtlich eintreten wird.

Die Verkehrsfehlergrenzen haben seit der Einführung der periodischen Nacheichung nur noch geringe Bedeutung. Für die Nacheichung gelten die von der Kaiserlichen Normal-Eichungskommission festgesetzten besonderen Fehlergrenzen (§ 7 der E.O.), die nur teilweise mit den Verkehrsfehlergrenzen übereinstimmen. Prüfungen auf weitere Verkehrsfähigkeit (Befundprüfungen) werden aber nach der Ersetzung der polizeilich-technischen Revisionen durch die Nacheichung in Zukunft voraussichtlich nur noch in Streitfällen vorgenommen werden.

§ 14.[1] [6]

Zur Eichung sind nur zuzulassen:[2]

diejenigen Längenmaße, welche dem Meter oder seinen ganzen Vielfachen, oder seiner Hälfte, seinem fünftem oder seinem zehnten Teile entsprechen;

diejenigen Körpermaße, welche dem Kubikmeter, dem halben Kubikmeter, dem Hektoliter oder dem halben Hektoliter oder den ganzen Vielfachen dieser Maßgrößen, oder dem Liter, seinem Zwei-, Fünf-, Zehn- oder Zwanzigfachen, oder seiner Hälfte, seinem vierten, fünften, zehnten, zwanzigsten, fünfzigsten oder hundertsten Teile entsprechen;[3] [4]

diejenigen Gewichte, welche dem Kilogramm, dem Gramm oder dem Milligramm, oder dem Zwei-, Fünf-, Zehn-, Zwanzig- oder Fünfzigfachen dieser Größen, oder der Hälfte, dem vierten, dem fünften, dem achten oder dem zehnten Teile des Kilogramms sowie der Hälfte, dem fünften oder dem zehnten Teile des Gramms entsprechen.

Außerdem sind zur Eichung zuzulassen Förderwagen und Fördergefäße im Bergwerksbetriebe ohne Rücksicht auf den Raumgehalt.[5]

[1]) § 14 enthält eine reine Verwaltungsvorschrift, die trotz ihrer Wichtigkeit eigentlich nicht in die Maß- und Gewichtsordnung gehört und auch aus dieser entfernt werden sollte. Es ist reiner Zufall, daß sie stehen geblieben ist. Sache des Gesetzes ist die Festsetzung des Maß- und Gewichtssystems, der Grundeinheiten und der abgeleiteten Einheiten für Längen-, Flächen-, Körper- und Massenmaße. Dieser Aufgabe wird die Maß- und Gewichtsordnung in den §§ 1 bis 5 gerecht. Welche Maßgrößen im einzelnen innerhalb der durch die §§ 1, 3 und 5 gezogenen Grenzen entsprechend den Bedürfnissen des

Verkehrs zur Eichung zuzulassen sind, hätte besser die Kaiserliche Normal-Eichungskommission durch die Eichordnung vorzuschreiben. Eine größere Beweglichkeit in der Zulassung verschiedener Maßgrößen wäre praktisch von allergrößter Bedeutung.

Die Bestimmungen des § 14 sind dem Artikel 14 der M. u. G.O. vom 17. August 1868 entnommen. Neu hinzugekommen sind unter den Körpermaßen das Halb-Kubikmeter mit Rücksicht auf die Kumtmaße (§ 60 der E.O.), die in Größen von ganzen Vielfachen des halben Kubikmeters hergestellt werden; und unter den Gewichten die Stücke zu 250 Gramm und 125 Gramm. Der letztere Schritt kann nur bedauert werden, da diese Gewichtsstücke an die alte Pfundeinheit anknüpfen und sie zu verewigen geeignet sind. Für die Einführung war allein das Bedürfnis der Kleinhändler ins Feld geführt worden, die dann zur Abwägung des halben und viertel Pfundes nur eines Gewichtsstückes bedürfen, statt wie bisher zwei oder drei Stücke anwenden zu müssen.

Fortgelassen ist nur unter den Körpermaßen das $^1/_4$ Hektoliter, da es im Verkehre fast gar nicht mehr vorkommt. Nach § 3 der Kaiserlichen Verordnung, betreffend das Inkrafttreten der Maß- und Gewichtsordnung vom 30. Mai 1908. Vom 24. Mai 1911 (R.G.Bl. S. 244), sind Hohlmaße für trockene Gegenstände zu $^1/_4$ Hektoliter noch bis zum 31. Dezember 1922 im Verkehre zulässig (Anlage 1).

[2]) § 14 führt drei Gattungen von Meßgeräten an, die Längenmaße, die Körpermaße und die Gewichte. Wenn die Flächenmaße nicht erwähnt sind, so wird es keinem Zweifel unterliegen, daß über deren Zulassung zur Eichung irgendeine gesetzliche Vorschrift nicht hat getroffen werden sollen. Es soll also sicher der Kaiserlichen Normal-Eichungskommission überlassen bleiben, nicht nur Flächenmaße überhaupt zuzulassen, sondern auch die für die Eichung in Betracht kommenden Maßgrößen festzusetzen, ohne dabei an gesetzliche Schranken gebunden zu sein, soweit sich solche nicht aus dem Inhalte des § 3 ergeben.

Bisher hat die Normal-Eichungskommission von der Befugnis, Flächenmaße zuzulassen, noch nicht Gebrauch gemacht, weil sich hierzu keine Notwendigkeit ergeben hat. Flächenmessungen kommen in der Praxis, namentlich bei der Landvermessung häufig vor, indessen geschehen sie bei ebenen Flächen in der Regel durch Längenmessungen und einfache Rechnungen. Bei der Vermessung gewölbter Flächen, wie sie z. B. der Erdkörper darstellt, oder sonstwie unregelmäßig gestalteter Flächen, bedarf es noch der Winkel- und anderer Messungen. Flächenmaße wären hier überhaupt nicht zu verwenden.

Die Eichordnung kennt anscheinend zwei Formen von Flächenmaßen, nämlich die Planimeter (§ 25 bis 30) und die kleinen Meßrahmen (§ 67 bis 73). Indessen sind die ersteren als Meßmaschinen anzusprechen, die letzteren stellen sich als Längenmaße dar oder können auch als Raummaße angesehen werden.

[3]) Die Vorschriften über die zugelassenen Maßgrößen beziehen sich lediglich auf die Gesamtgrößen, also bei den Längenmaßen auf die Gesamtlänge, bei den Körpermaßen auf den Gesamtraumgehalt. Über die Einteilungen oder Unterabteilungen bringt die Maß- und Gewichtsordnung keine Bestimmungen. Es ist also in dieser Beziehung der Kaiserlichen Normal-Eichungskommission vollständig freie Hand gelassen. Betroffen werden hiervon die Längenmaße und die Meßwerkzeuge für Flüssigkeiten.

Für die Längenmaße hat die Normaleichungskommission in § 13 der Eichordnung vom 8. November 1911 die Bestimmung getroffen: „Einteilungen sind zulässig nach ganzen und halben Metern, sowie nach Zehnteln, Hundertsteln und Tausendsteln dieser beiden Maßlängen." Für die Gesamtlängen sind im gleichen Paragraphen nur Maßgrößen von 50 Metern bis herab zu 0,1 Meter zulässig, entsprechend § 14, der Längenmaße unter dem Zehntel des Meters nicht kennt. Die Einteilungen gehen bis zu einem halben Tausendstel des Meters (0,5 Millimeter) herab, sie verbleiben aber innerhalb der durch § 3 gezogenen Grenzen.

Ähnlich liegen die Verhältnisse bei den Meßwerkzeugen für Flüssigkeiten. Bei den schlechthin so benannten Meßgeräten sind allerdings durch § 38 der Eichordnung nur Teilabschnitte bis herab zu einem Hundertstelliter zulässig, also bis zu einer Größe, die in § 14 auch für den Gesamtraumgehalt vorgesehen ist. Dagegen werden bei den Meßwerkzeugen für wissenschaftliche und technische Untersuchungen noch Teilabschnitte bis herab zu einem Hundertstel des Kubikzentimeters (0,01 Milliliter), also bis zu einem Hunderttausendstel des Liters zugelassen.

[4]) Neben den Maßen und Meßwerkzeugen ohne Einteilung, die nur eine Maßgröße darstellen und nur eine der in § 14 ausdrücklich erwähnten Maßgrößen abzumessen gestatten, neben den Maßen und Meßwerkzeugen ferner mit Einteilung, bei denen, wie bei den Maßen ohne Einteilung, die Gesamtgröße den Bestimmungen des § 14 entspricht, die aber vermöge ihrer Einteilung innerhalb der durch ihre Gesamtgröße gezogenen Grenze auch beliebige, nach § 14 nicht zulässige Maßgrößen abzumessen gestattet, kennt die Eichordnung noch Maße, bei denen zwar die Unterabteilungen eichfähige Maßgrößen darstellen, die Gesamtgröße aber nicht in den Rahmen des § 14 hineinpaßt. Diese Maße gelten als zusammengesetzte, wenn sie auch in der Eichordnung nicht besonders als solche bezeichnet sind. Jede Unterabteilung stellt für sich eine eichfähige Maßgröße dar. Richtiger spricht man daher bei diesen Maßen nicht von Unterabteilungen, sondern bezeichnet sie als eichfähige Maße, von denen mehrere gleicher Größe zu einer Gesamtheit zusammengefaßt sind, die unter Umständen auch eine nach § 14 nicht zulässige Größe ausmachen kann. Dieser Begriffsbestimmung entspricht die Art der Benutzung. Bei den Meßgeräten mit Einteilung spielt im allgemeinen die Gesamtgröße die Hauptrolle. So wird z. B. mit einem in Zentimeter geteilten Langwaren-Maßstab von 0,5 Meter Länge, wie er überall in

Schnittwarengeschäften gebräuchlich ist, der Stoff nach halben Metern abgemessen und nur ein etwaiger Überschuß über ein Vielfaches von 0,5 Meter mit Hilfe der Einteilung bestimmt. Bei einem Milchmaß dagegen (§ 43 der E.O.) ist die Gesamtgröße ohne jede Bedeutung gegenüber den einzelnen Literabschnitten und ihren Vielfachen. So sind z. B. Milchmaße von 21 Litern Inhalt dazu bestimmt, alle Maße von 1 bis 21 Litern zu ersetzen, sie sollen zwischen je zwei beliebigen Teilmarken als besondere Maßgröße benutzt werden können. Ähnlich liegen die Verhältnisse bei den Kluppmaßen. Bei Maßen dieser Art, zusammengesetzten Maßen, brauchen also nur die Hauptteile eine zulässige Maßgröße darzustellen, während für die Gesamtgröße keine Beschränkungen gegeben sind. Ihre Verkehrsfähigkeit wird durch die Gesamtgröße nicht beeinflußt.

5) Absatz 2 betrifft die im § 7 erwähnten Hohlmaße. Die technischen Verhältnisse des Bergbaues, insbesondere die Abmessungen der Lagerstätten, bedingen eine völlige Freiheit in der Einrichtung der Größenverhältnisse der Fördergefäße. Solche Fördergefäße sollen daher, wenn die Voraussetzungen des § 7 zutreffen — die Förderwagen und Fördergefäße also im Bergwerksbetriebe zur Ermittelung des Arbeitslohnes dienen —, zur Eichung auch dann zugelassen werden, wenn sie den im § 14 Abs. 2 bezeichneten Maßgrößen für Körpermaße nicht entsprechen. Werden Förderwagen und Fördergefäße beim Verkauf von Kohlen, Erzen usw. benutzt, so gelten sie als Maße im Sinne des § 6 und fallen nicht unter die Ausnahmebestimmung des letzten Absatzes.

6) Die Bestimmungen des § 14 gelten ausschließlich für die eigentlichen Maße. Die Fässer bilden eine Gattung für sich, auch wenn sie wie Maße gebraucht werden. Die Fässer sind daher nicht an die im § 14 Abs 1 für Körpermaße vorgeschriebenen Maßgrößen gebunden und können, wie die in der Anm. 2 erwähnten Förderwagen und Fördergefäße im Bergwerksbetriebe, jeden beliebigen Raumgehalt haben.

§ 15.

Die Eichung[1]) wird durch Eichämter[2]) ausgeübt. Sie werden hierzu mit den erforderlichen Eichnormalen, Apparaten und Stempeln ausgerüstet.[4]) Die Eichämter[3]) können auf besondere Zweige des Eichwesens beschränkt werden.

1) Dem Rechte der Eichbehörden, die Eichung unter Ausschluß jeglichen Wettbewerbes allein ausführen zu dürfen, steht die Verpflichtung gegenüber, die Eichung auch ausführen zu müssen. „Die Eichbehörden sind verpflichtet, die ihnen vorgelegten Meßgeräte, zu deren Eichung sie befugt sind (Anm. 3), auf ihre Eichfähigkeit (§ 1 der E.O.) nach den geltenden Vorschriften zu untersuchen und weiter zu behandeln (§ 11 der E.O.), soweit nicht für die Nacheichung von den Landesregierungen eine örtliche Begrenzung der

Befugnis vorgesehen ist. Für die Aufsichtsbehörden beschränkt sich diese Verpflichtung auf die Fälle, in denen sie zur Übernahme der Tätigkeit der Eichämter ermächtigt sind (§ 17 der M. u. G.O.), für die Kaiserliche Normal-Eichungskommission auf Meßgeräte, deren Eichung sie sich ausschließlich vorbehalten hat (§ 19 der M. u. G.O.)." (Allgemeine Instruktion Nr. 2). „Einem eichfähigen Meßgerät darf die Eichung nicht versagt werden. Über die Eichfähigkeit entscheidet in Zweifelsfällen die Aufsichtsbehörde und an letzter Stelle die Kaiserliche Normal-Eichungskommission (§ 11 der E.O.).

Hiernach ist ein Fabrikant, Händler oder Besitzer eichfähiger Meßgeräte berechtigt, diese jedem beliebigen befugten Eichamt im Deutschen Reiche, nicht nur dem ihm zunächst liegenden, zur Eichung vorzulegen. Für die Nacheichung besteht die Absicht, die Zuständigkeit an die Landesgrenzen oder die Grenzen der Aufsichtsbezirke zu binden, weil die Gebühren für die Nacheichung nicht einheitlich für das ganze Reichsgebiet geordnet sind, sondern von Bundesstaat zu Bundesstaat in der Höhe wechseln können (§ 16).

[2]) Man kann die Eichämter unterscheiden nach dem Grade ihrer Beschäftigung und nach dem Umfang ihrer Befugnisse. Die schlechthin als „Eichämter" bezeichneten Eichbehörden sind in der Regel vollbeschäftigt; sie sind mit mehreren Beamten besetzt und stehen dem Publikum dauernd während der Dienststunden zur Verfügung. Die Eichämter haben meist ihren Sitz in größeren Städten oder an Fabrikationsorten. Nebenher gehen die „Abfertigungsstellen oder Nebenstellen, Nebeneichämter", die je nach Bedarf an mehreren, im voraus festgesetzten Tagen der Woche, des Monats oder des Jahres für das Publikum offen stehen. Die als Abfertigungsstellen usw. bezeichneten Eichbehörden haben der Regel nach keine eigenen Beamten, sondern werden von den Eichämtern mit verwaltet.

Nicht übereinstimmend mit dem Begriffe des Eichamtes ist der der Amtsstelle.

„Als Amtsstelle gilt jede Räumlichkeit, in der jedermann Meßgeräte zur Prüfung oder Eichung einliefern darf. Neben den ständigen Amtsstellen können für die periodische Nacheichung besondere Amtsstellen eingerichtet sein.

Die ständigen Amtsstellen der Eichämter sind äußerlich durch ein Schild kenntlich zu machen" (§ 1 der E.O.).

In Nr. 13 der allgemeinen Instruktion wird dann noch die weitere Bedingung gestellt, daß eine Räumlichkeit auch ganz bestimmten technischen Anforderungen entsprechen muß, wenn sie als Amtsstelle gelten soll. Der Wortsinn bedingt es ferner, daß die Amtsstelle einer Eichbehörde ausschließlich eichamtlichen Zwecken dient. Räume, in denen auch andere Arbeiten vorgenommen werden, sind keine Amtsstellen. Ob dort aus bestimmten Gründen und für besondere Prüfungen Eichnormale aufgestellt sind und zeitweilig oder dauernd aufbewahrt werden, ist ohne Bedeutung (§ 18 Anm. 3).

Ein Eichamt kann also beliebig viele Amtsstellen haben. Die ständigen Amtsstellen befinden sich an dem Sitze des Eichamtes und der Abfertigungsstellen. Sie sind grundsätzlich für Neueichungen, Nacheichungen und Befundprüfungen bestimmt (Allgemeine Instruktion Nr. 4 d, 5 d, 6 d). Für die Nacheichung werden besondere Räume zur Verfügung gestellt, die während der Dauer der Nacheichung an einem Orte, aber auch nur während dieser, als (nichtständige) Amtsstelle des die Nacheichung ausführenden Eichamtes gelten. Der Hauptsache nach werden in diesen Amtsstellen nur Nacheichungen vorgenommen; Neueichungen und Befundprüfungen können nicht verlangt werden.

Der Begriff der Amtsstelle ist von großer Wichtigkeit für die Erhebung der Gebühren, die verschiedene Höhe haben, je nachdem es sich um Eichungen in der Amtsstelle oder um Eichungen außerhalb der Amtsstelle handelt. Der Begriff der ständigen Amtstelle ist fernerhin von Bedeutung für die Nacheichung gewisser Meßgeräte, wie der Präzisionsmaßstäbe, der Kluppmaße von 0,5 Meter und geringerer Länge, der Hohlmaße unter gewissen Umständen usw., die nur an den ständigen Amtsstellen ausgeführt werden darf.

[3]) Diese Bestimmung ist aus Artikel 16 der M. u. GO. vom 17. August 1868 entnommen. Von ihr wird in erster Linie für solche Eichämter oder Abfertigungsstellen Gebrauch gemacht, denen ausschließlich die Befugnis zur Eichung von Fässern übertragen wird. Solcher Eichämter gibt es besonders in Weingegenden eine große Anzahl. Ferner besteht an den Fabrikationsstätten vielfach nur das Bedürfnis nach Errichtung eines Eichamtes, dem lediglich die Befugnis zur Eichung der am Orte hergestellten Meßgeräte übertragen wird. So gibt es im Harz und im Schwarzwald Eichämter, die nur hölzerne Hohlmaße eichen, in verschiedenen Gegenden des Reiches solche, bei denen nur Gewichte, oder Gewichte und Wagen oder nur Flüssigkeitsmaße usw. vorgelegt werden. Endlich sollen auch in dünn bevölkerten Gegenden die Befugnisse der Eichämter und dementsprechend ihre Ausrüstung den wirtschaftlichen Bedürfnissen entsprechend eingeschränkt werden.

[4]) Über die Ausrüstung der Eichbehörden hat die Kaiserliche Normal-Eichungskommission in der allgemeinen Instruktion unter Nr. 11 die nachfolgende Bestimmung erlassen.

a) „Die Aufsichtsbehörden und Eichbehörden müssen mit allen das Maß- und Gewichtswesen betreffenden amtlichen Vorschriften und Bestimmungen versehen sein, namentlich mit folgenden: Maß- und Gewichtsordnung vom 30. Mai 1908, Verordnungen des Bundesrats, Ausführungsbestimmungen der Kaiserlichen Normal-Eichungskommission, Eichordnung, Instruktionen mit Anlagen, Mitteilungen der Kaiserlichen Normal-Eichungskommission, bildliche Darstellungen nebst der zugehörigen Beschreibung und Erläuterung. Sie sind mit den zur Eichung der Meßgeräte erforderlichen Prüfungsmitteln vollständig auszurüsten, nämlich mit Normalmaßen, Normalgewichten, Wagen, Normalinstrumenten und Normalapparaten, ferner mit den zur Fehlerbestimmung erforderlichen Hilfsmitteln, mit den zugehörigen Hilfsapparaten und sonstigen technischen Gerätschaften, Hilfstafeln usw., außerdem mit den erforderlichen Eich- und Bezeichnungsstempeln und den Entwertungszeichen. Ausnahmen von dieser Bestimmung sind nur mit Genehmigung der Kaiserlichen Normal-Eichungskommission zulässig.

b) Anlage A (der Allgemeinen Instruktion vom 21. November 1911) gibt ein vollständiges Verzeichnis der erforderlichen technischen Ausrüstung. Sie bringt ferner auf besonderen Tafeln Stempelbilder der von den Eichbehörden zu benutzenden Eich- und Bezeichnungsstempel. Sämtliche Stempel sind in genauer Übereinstimmung mit den in den Stempeltafeln angegebenen mustergültigen Formen (will sagen Grundformen, Abweichungen in Einzelheiten sind zulässig, wenn sie die Grundform nicht berühren), die in der Anlage 14 abgebildeten Eichstempel auch in Übereinstimmung mit den Größenverhältnissen der in den Stempeltafeln aufgeführten einzelnen Gattungen und Größenstufen herzustellen. Für das Größenverhältnis der Zahlen und Buchstaben untereinander sind die Abbildungen gleichfalls maßgebend, doch ist es nicht unzulässig, für die Zahlen hinter dem Komma kleinere Typen zu verwenden."

Die Eichbehörden brauchen, entsprechend dem zweiten Satze des § 15, nicht alle Normale und Normalapparate zu besitzen; es genügt, wenn ihre Ausrüstung im Rahmen der ihnen übertragenen Befugnisse vollständig ist. Bei den Abfertigungsstellen wird die Bestimmung des § 15 bereits als erfüllt angesehen werden können, wenn nur an den Geschäftstagen die erforderliche Ausrüstung vorhanden ist, gleichviel ob sie dauernd in der Amtsstelle aufbewahrt oder nur an den Tagen, an denen Eichungen vorgenommen werden, vom Eichamte nach dorthin verbracht wird. Für die Ausführung der Nacheichung ist eine wesentlich einfachere Ausrüstung als für die Neueichung vorgesehen, die in der Regel von den Beamten mitgeführt wird.

§ 16.[1])

Der Bundesrat erläßt die Bestimmungen über die von den Eichbehörden zu erhebenden Gebühren.[2]) [5])

Die Festsetzung der Nacheichungsgebühren erfolgt innerhalb der vom Bundesrate zu bestimmenden Höchstbeträge durch die Landesregierungen.[4])

Bei der Festsetzung der Gebühren ist von dem Grundsatz auszugehen, daß die Gesamteinnahmen aus den Gebühren die Kosten des Eichwesens nicht überschreiten sollen.[3])

[1]) Der Erlaß einer Eichgebührenordnung war bisher durch Artikel 18 Abs. 3 der M. u. G.O. vom 17. August 1868 der Kaiserlichen Normal-Eichungskommission vorbehalten. Durch die Einführung der periodischen Nacheichung und die Verstaatlichung des Eichwesens erhält aber die Gebührenfrage für die Finanzen der Bundesstaaten eine so erhöhte Bedeu-

tung, daß es ratsam erschien, die Festsetzung der Höhe der Gebühren dem Bundesrat zu übertragen. Eine Ausnahme hiervon sollen die Nacheichungsgebühren bilden.

Bei der Bestimmung der Gebühren für die Neueichung ist von jeher von dem Grundsatze ausgegangen, daß die Höhe der Gebühren abhängig zu machen sei, einmal von der auf die Prüfung der Meßgeräte zu verwendenden Zeit und dann von dem Wert der Gegenstände. Von zwei gleich wertvollen Gegenständen hat also derjenige die höheren Gebühren zu tragen, dessen Untersuchung die längere Zeit beansprucht und die größere Mühe verursacht, während bei Gegenständen, deren Eichung die gleiche Arbeit beansprucht, demjenigen der höher im Preise steht, auch die höheren Gebühren auferlegt werden.

Die Voraussetzungen für die Höhe der Neueichungs-Gebühren sind bei allen Eichämtern dieselben. Diese Gebühren können daher nur einheitlich für das ganze Reichsgebiet festgesetzt werden. Anders ist die Sachlage bei den Gebühren für die Nacheichung. Wenn auch die Durchschnittsleistungen der Beamten und die Kosten der bei den Eichungen zu benutzenden Normale, Apparate usw. in den einzelnen Bundesstaaten, wie bei der Neueichung, im allgemeinen übereinstimmen werden, so sind doch die sonstigen Aufwendungen, besonders die für die Beförderung der Beamten und ihrer Ausrüstung je nach der Bevölkerungsdichtigkeit und der Ausdehnung der Industrie und der durch diese beiden Faktoren bedingten Zahl der Eichämter wesentlich verschieden. Je engmaschiger das Netz der Eichämter ist, um so geringer ist der Weg, den der Beamte zu den Orten zurückzulegen hat, an denen die Nacheichung stattfinden soll und umgekehrt. Es erschien daher erforderlich, den Bundesstaaten hinsichtlich der Höhe der Nacheichungsgebühren einen gewissen Spielraum zu lassen. Im allgemeinen ist davon auszugehen, daß die Nacheichungs-Gebühren auf einen Bruchteil der Gebühr für die Neueichung bemessen werden, weil diese nur einmal für jeden Gegenstand zu entrichten sind, während jene sich in regelmäßigen Zeitabständen, wie eine Steuer, wiederholen. Auch werden bei den Neueichungen höhere Anforderungen gestellt als bei der Nacheichung. Um nicht in den einzelnen Bundesstaaten zu weitgehende Verschiedenheiten in der Bemessung der Nacheichungs-Gebühren aufkommen zu lassen, ermächtigt Absatz 2 des § 16 den Bundesrat, Höchstbeträge festzusetzen.

[2]) Auf Grund des § 16 hat der Bundesrat durch die Bekanntmachung betreffend die Eichgebührenordnung vom 18. Dezember 1911 (R.G.Bl. S. 1074) die in der Anlage 6 abgedruckte Eichgebührenordnung erlassen. Im § 1 Nr. 1 (Erster Abschnitt, allgemeine Bestimmungen) wird bei der Neueichung zwischen der eigentlichen Eichung, nämlich Prüfung mit Stempelung und der Prüfung ohne Stempelung unterschieden. Wann die eine oder die andere Form der Erledigung zutrifft, ergibt sich aus Nr. 4 a und b der allgemeinen Instruktion:

a) „Erweist sich ein Meßgerät bei der instruktionsmäßigen Prüfung als unzulässig infolge von Mängeln, welche die Eichbehörde nicht beseitigen darf, so erfolgt Rückgabe ohne Stempelung, bei bereits geeichten Gegenständen nach vorheriger Entwertung oder Entfernung des letzten Jahreszeichens und des zugehörigen Stempelzeichens, gegebenenfalls auch des Adlers.

b) Erweist es sich als zulässig, so ist es nach den für die Neueichung geltenden Bestimmungen der Eichordnung zu stempeln. Bei bereits geeichten Meßgeräten ist zuvor das letzte Jahreszeichen sowie das zugehörige Stempelzeichen, gegebenenfalls auch der Adler zu entwerten oder zu entfernen, das Jahreszeichen indessen nur, wenn es nicht das laufende Jahr zeigt, das Stempelzeichen nur, wenn es von einer anderen Eichbehörde aufgebracht war."

Die Fälle, in denen nach § 1 Nr. 2 der Eichgebührenordnung von der Erhebung von Gebühren überhaupt abzusehen ist, ergeben sich aus Nr. 3 a der allgemeinen Instruktion:

„Der eigentlichen Prüfung geht eine äußerliche Besichtigung voraus. Ist ein zur Eichung vorgelegtes Meßgerät aus einem unvorschriftsmäßigen oder besonders schlechten Material hergestellt oder zeigt es offensichtliche Mängel in Gestalt, Einrichtung und Beschaffenheit (§ 2 der E.O.) oder hat es unzulässige Maßgrößen, Teilungen oder Nebeneinrichtungen (§ 4 der E.O.), so erfolgt Rückgabe ohne weitere Prüfung.

Ist die Bezeichnung undeutlich oder vorschriftswidrig angebracht (§ 6 der E.O.) oder falsch oder unzulässig (§§ 5 und 8 der E.O.) oder fehlt sie bei Meßgeräten, bei denen sie nicht durch die Eichbehörde aufgebracht werden darf, so ist gleichfalls von jeder weiteren Prüfung abzusehen."

Nr. 3 der Eichgebührenordnung regelt die Berichtigungsgebühren. Welche Berichtigungen an den zur Eichung eingereichten Meßgeräten die Eichbeamten ausführen müssen, schreiben die besonderen Instruktionen vor. Handelt es sich um Neueichungen, so sind diese Berichtigungen unentgeltlich vorzunehmen, während sie bei der Nacheichung nach näherer Bestimmung der Landesregierungen zu vergüten sind. Die Ermächtigung der Landesregierungen gründet sich auf § 16 Abs. 2, indem angenommen wird, daß unter „Nacheichungsgebühren" nicht nur die durch den zweiten Abschnitt der Eichgebührenordnung geregelten eigentlichen „Eichgebühren", sondern auch die sonstigen Gebühren, nämlich die Gebühren für Prüfung ohne Stempelung und die Berichtigungsgebühren zu verstehen seien. Wie die Gebühren für Berichtigungen bei der Nacheichung, so sollen auch die Gebühren für Berichtigungen, zu denen die Eichbeamten instruktionsmäßig nicht verpflichtet sind, deren Ausführung ihnen aber die Landesregierungen gestatten, von diesen festgesetzt werden.

Die in Nr. 4 erwähnte Aufbringung der Bezeichnung soll bei Fässern unentgeltlich ausgeführt werden, weil sie nur von den Eichbeamten, nicht aber von den Faßbesitzern vorgenommen werden darf. „Die Bezeichnung (der Fässer) geschieht durch die Eichbehörde" (§ 50 Nr. 1 der E.O.).

In Nr. 5, 6 und 7 werden die Gebühren für Eichungen und Prüfungen ohne Stempelung außerhalb der Amtsstelle festgesetzt. Über den Begriff der Amtsstelle siehe § 15 Anm. 2. Die Eichungen in der Amtsstelle sollen die Regel bilden. Unter welchen Umständen Eichungen und Befundprüfungen außerhalb der Amtsstelle vorgenommen werden dürfen, ist in der allgemeinen Instruktion bestimmt:

„Neueichungen außerhalb der Amtsstelle sind mit Genehmigung der Aufsichtsbehörde für Meßgeräte zulässig, die schwer fortzuschaffen oder beim Transport leicht verletzbar sind, wie große Wagen, Stationsgasmesser und dergleichen, ferner für Meßgeräte der unter c bezeichneten Art (mit anderen Gegenständen oder Einrichtungen verbundene Meßgeräte, die bei der Herstellung oder Lösung der Verbindung in wesentlichen Teilen auseinandergenommen werden müssen oder unrichtig werden können, wie größere selbsttätige Balkenwagen, Maßstäbe in Drehbänken und dergleichen und Meßgeräte, die erst bei ihrer Aufstellung endgültig zusammengesetzt werden wie festfundamentierte Wagen usw.) und für solche, die in größerer Anzahl gleichzeitig zur Eichung vorgelegt werden.

Dauernd dürfen Eichungen außerhalb der Amtsstelle, z. B. in Brauereien, Gasmesserfabriken usw., nur zugelassen werden, wenn die Antragsteller alle vorschriftsmäßigen Hilfsmittel zur Ausführung der Eichungen selbst beschaffen und für ihre Erhaltung im vorschriftsmäßigen Zustande Sorge tragen" (Allgemeine Instruktion Nr. 4 d).

Nacheichungen außerhalb der Amtsstelle sind für alle Meßgeräte zulässig, die außerhalb der Amtsstelle neu geeicht werden dürfen (Nr. 4 d) oder wegen der Art ihrer Verbindung mit anderen Gegenständen schwer entfernt werden können, wie Maßstäbe in Ladentischen und Meßmaschinen, Meßwerkzeuge an Behältern und dergleichen" (Allgemeine Instruktion Nr. 5 f).

„Befundprüfungen außerhalb der Amtsstelle sind für Meßgeräte zulässig, bei denen auch die Nacheichung außerhalb der Amtsstelle vorgenommen werden darf" (Allgemeine Instruktion Nr. 6 d).

Die alte Eichgebührenordnung sah bei den Eichungen außerhalb der Amtsstelle Tagegelder und Reisekostenentschädigung für die Beamten und Beförderungskosten für die Normale vor. Die letzteren Kosten, und zwar für die Hin- und Rückbeförderung der Normale und Prüfungsmittel sollen die Gebührenpflichtigen nach Nr. 7 auch in Zukunft tragen. Dagegen sollen die Tagegelder für die Beamten gänzlich fortfallen, ebenso die Beförderungskosten für die Beamten, soweit sie für Reisen mit der Eisenbahn, der Kleinbahn oder dem Dampfer entstehen. Wenn aber der Prüfungsort von der Amtsstelle oder der nächsten Eisenbahnstation, Kleinbahnhalte- oder Dampfer anlegestelle mindestens 2 Kilometer entfernt, also nur zu Fuß, mit einem Fuhrwerk oder einem Kahn zu erreichen ist, fallen die Kosten für diesen Teil des Weges dem Gebührenpflichtigen zur Last. An die Stelle der Tagegelder und sonstigen Reisekosten treten nach Nr. 5 Gebührenzuschläge von angemessener Höhe. Diese Art der Gebührenbemessung hat den Vorzug, daß die Höhe der Gebühren nicht mehr von der Entfernung des Prüfungsortes von der Amtsstelle abhängig ist. Der Mindestsatz von 5 Mk. entspricht dem früheren Mindestsatz von 3,50 Mk. (Tagegeld für einen halben Tag) unter Hinzunahme einer Entschädigung für Reisekosten.

Durch die Bestimmung in Nr. 6 soll Vorsorge getroffen werden, daß der Beamte nicht leichtfertig und unnötig in Anspruch genommen wird. Die angezogene Vorschrift der Eichordnung steht in § 9 der Eichordnung und lautet:

„Alle Meßgeräte sind für die Neueichung und für die Nacheichung gehörig hergerichtet und gereinigt vorzulegen. Bei Eichungen und Prüfungen ohne Stempelung außerhalb der Amtsstelle muß der Antragsteller dafür sorgen, daß Eichmittel und Arbeitshilfe rechtzeitig zur Verfügung des Eichbeamten stehen."

Bei der in Nr. 9 erfolgten Festsetzung der Höchstbeträge für die Nacheichungsgebühren ist darauf Rücksicht genommen, daß mindestens für diejenigen Meßgeräte, bei denen die Nacheichung in der gleichen Weise vor sich geht, wie die Neueichung, wie z. B. bei den Fässern und den großen Wagen, auch die gleichen Gebühren für Nacheichung und Neueichung sich rechtfertigen. Andrerseits sollen aber auch aus den oben erörterten Gründen die Nacheichungsgebühren nicht höher bemessen werden als die Gebühren für die Neueichung.

Für die probeweise zugelassenen Meßgeräte (§ 19 Anm. 10) lassen sich im voraus keine Gebühren festsetzen, weil sich nicht voraussehen läßt, nach welcher Richtung hin die Technik sich entwickeln wird. Hierbei mußte also der Kaiserlichen Normal-Eichungskommission bis zu einem gewissen Grade freie Hand gelassen werden.

³) Die Bestimmung in § 16 Abs. 3 war im ersten Entwurfe des Gesetzes nicht enthalten. Die Festlegung des Grundsatzes (daß die Gesamteinnahmen aus den Gebühren die Kosten des Eichwesens nicht übersteigen sollen) im Gesetz, „geht von der Erwägung aus, daß die Verwaltung des Maß- und Gewichtswesens einen Teil der allgemeinen Wohlfahrtspflege darstellt und die Erzielung von Überschüssen für andere Staatszwecke außerhalb dieses Rahmens liegen würde". Wie aber schon aus den Verhandlungen im Reichstage hervorgeht, bestehen über die Möglichkeiten hinsichtlich der Durchführung des Grundsatzes vielfach ganz irrige Anschauungen. Auch die Petitionen um Herabminderung der Neueichungsgebühren für einzelne Arten von Meßgeräten lassen deutlich erkennen, daß man der Meinung ist, jeder einzelne Gegenstand dürfe nicht mehr einbringen, als er Unkosten verursacht. Das ist unmöglich. Manche Meßgeräte haben einen so geringen Marktwert, daß nach dem oben (Anm. 2) erwähnten Grundsatze, die Gebühren bei weitem niedriger angesetzt werden mußten, als den Aufwendungen für Zeit und Arbeit des Beamten und für verwendete Materialien entspricht. Will der Staat also nicht Zuschüsse zum Eichwesen leisten, so muß er bei den wertvolleren Gegenständen in den Gebühren einen Ausgleich suchen. Es wird daher immer bei einzelnen Arten von Meßgeräten mit Verlusten, bei anderen mit Gewinnen für den Staat zu rechnen sein. Ebenso werden Eichämter, bei denen hauptsächlich Meßgeräte der letzteren Art geeicht werden, Überschüsse erzielen, während andere Zubußen

erfordern. Weiterhin machen manche Gegenstände bei dem einen Eichamt sich nicht bezahlt, weil sie nur vereinzelt vorkommen, während sie bei einem anderen Eichamt Überschüsse abwerfen, weil sie regelmäßig und in großer Zahl einlaufen, so daß durch Arbeitsteilung und durch entsprechende Arbeitsformen mehr herausgewirtschaftet werden kann. Derartigen Ungleichheiten können aber die Gebühren für die Neueichung nicht angepaßt werden. Diese Gebühren müssen für das ganze Reichsgebiet einheitlich festgesetzt werden, weil sonst, wenn bei einzelnen Eichämtern Nachlässe gewährt würden, ein ungesunder Wettbewerb zwischen den Eichämtern hervorgerufen würde. Die Neueichungsgebühren aber bilden das Rückgrat der gesamten Einnahmen aus dem Eichwesen. Es ist daher nicht möglich, solche Anordnungen zu treffen, daß bei einzelnen Gattungen von Meßgeräten und bei einzelnen Eichämtern die Einnahmen an Gebühren die Ausgaben niemals überschreiten oder daß dies innerhalb der einzelnen Bundesstaaten für deren sämtliche Eichämter oder innerhalb des Reichsgebiets für die sämtlichen Eichämter des Reichsgebietes zuträfe. Innerhalb gewisser Grenzen haben es aber die Landesregierungen in der Hand, das Gleichgewicht zwischen Einnahmen und Ausgaben in ihrem Staatsgebiet dadurch herzustellen, daß sie behufs möglichst geringer Belastung der Gebührenpflichtigen, die Sätze für die Nacheichung so niedrig ansetzen, als es zweckmäßig erscheint. Darüber hinaus kann dem im § 16 Abs. 3 ausgesprochenen Grundsatze nur so weit Rechnung getragen werden, als bei der Regelung der Gebührenordnung davon ausgegangen wird, daß ganz im allgemeinen aus den Gebühren Deckung für die gesamten Unkosten des Eichwesens gesucht wird. Dabei kann nicht das Ergebnis für ein einzelnes Jahr maßgebend sein, sondern nur das Durchschnittsergebnis einer Reihe von Jahren. An eine Herabminderung der Gebühren wird nur gedacht werden können, wenn dauernd Überschüsse erzielt werden.

[4]) Von der Befugnis zur Festsetzung der Nacheichungsgebühren hatten bei der Drucklegung dieses Werkes Gebrauch gemacht: Preußen, Bayern, Baden, Hessen, Hamburg und Elsaß-Lothringen. Außerdem lag noch von Württemberg ein Entwurf vor. Die Bestimmungen zeigen eine große Verschiedenartigkeit. So schreibt z. B. die preußische Anordnung in Artikel V vor, daß für berichtigte Gewichte Gebühren wie für die Neueichung erhoben werden. Ebenso verfährt Bayern und Hamburg. Baden und Elsaß-Lothringen dagegen verlangen auch für berichtigte Gewichte nur die Hälfte der Neueichgebühren. Hessen setzt zwar auch nur die Hälfte der Neueichgebühren an, verlangt aber daneben Berichtigungsgebühren im Betrage von 10 bis 20 Pfennig usw. Ähnlich liegen die Verhältnisse bei anderen Gebührensätzen. Gleich ist in allen Anordnungen nur die Vorschrift, daß für die Nacheichung der Präzisionsmeßgeräte, der Fässer, der selbsttätigen Wagen, der Wagen für Post- und Eisenbahnzwecke und der Wagen mit dreijähriger Nacheichungsfrist (§ 11) die gleichen Gebühren wie bei der

Neueichung erhoben werden; für alle anderen Geräte mit Ausnahme der zu berichtigenden Gewichte (für die die oben angeführten Sondervorschriften bestehen) die Hälfte der Neueichgebühren. Die sonst vorhandenen Ungleichheiten weisen zwingend auf eine einheitliche Ordnung durch Vereinbarung der Landesregierungen.

[5]) Neben den Eichungen und Prüfungen ohne Stempelung, also den eigentlichen Eicharbeiten, werden von den Eichbehörden auch noch andere Prüfungen und Beglaubigungen ausgeführt, die Meßgeräte betreffen, die entweder überhaupt nicht den Vorschriften der Eichordnung entsprechen, oder diesen zwar genügen, aber eine höhere Genauigkeit haben als die Meßgeräte des Handels. Besonders sind hier die Normale und Prüfungsmittel zu erwähnen. Die frühere Eichgebührentaxe enthielt in einem Anhang auch Bestimmungen über die Erhebung von Gebühren für eichamtliche Beglaubigungen und Prüfungen. In gleicher Weise die neue Eichgebührenordnung zur Regelung dieser Gebühren zu benutzen, war nicht zweckmäßig, nachdem die Regelung der Beglaubigung und Prüfung außerhalb des eichpflichtigen Verkehrs überhaupt aus den allgemeinen Vorschriften ausgeschieden und den Landesregierungen gänzlich überlassen war. Zudem läßt sich aus § 16 eine Befugnis des Bundesrats, auch für diese Geräte Gebühren festzusetzen, nicht herleiten, weil die Maß- und Gewichtsordnung nur den eichpflichtigen Verkehr zu regeln bestimmt ist.

Indessen hat der Bundesrat beschlossen, die Landesregierungen zu ersuchen, die Gebühren nach Maßgabe der in der Anlage 16 abgedruckten und in der Bekanntmachung vom 21. Juni 1912 (Zentralblatt für das Deutsche Reich S. 539) veröffentlichten Gebührenordnung für eichamtliche Prüfungen und Beglaubigungen außerhalb des eichpflichtigen Verkehrs zu erheben. Diese Gebührenordnung unterscheidet sich von der früheren nur in einigen Punkten, die einerseits eine Verallgemeinerung erstreben, andererseits der inzwischen auf dem Gebiete des Handels und Verkehrs eingetretenen Sachlage, sowie der neuen Eichordnung und Instruktion Rechnung tragen. Von besonderer Bedeutung ist, daß nunmehr für die Gebührenerhebung kein Unterschied gemacht wird, ob Prüfungen zu einer Beglaubigung geführt haben oder nicht, und daß Nachprüfungen wie erste Prüfungen behandelt werden. In der Tat ist in beiden Fällen das Maß der aufzuwendenden Arbeit und Zeit das gleiche, so daß das Beispiel der Eichgebührenordnung keine Anwendung finden kann. Ferner sind Gebührenzuschläge für Nebenarbeiten und für Ausstellung von Fehlerverzeichnissen vorgesehen. Endlich sind besondere Gebühren angesetzt für Gegenstände, die an sich auch geeicht werden können sowie für Wagen besonderer Feinheit. In einzelnen Fällen haben die Gebühren eine Erhöhung erfahren müssen; namentlich ist der frühere Stundensatz von 2,00 M. auf 3,00 M. erhöht worden.

§ 17.[1])

Die mit der Aufsicht über die Geschäftsführung der Eichämter zu betrauenden Behörden oder Beamten (Aufsichtsbehörden[3])) sind verpflichtet, für die Ordnungsmäßigkeit und die Richtighaltung der Eichmittel zu sorgen und die Eichnormale in angemessenen Fristen nachzuprüfen. Sie können ermächtigt werden, in geeigneten Fällen innerhalb ihrer Bezirke die Tätigkeit der Eichämter[2]) selbst zu übernehmen.

[1]) Die Bestimmungen des § 17 sind aus denen des Artikels 17 der M. u. G. vom 17. August 1868 hervorgegangen, unterscheiden sich aber von ihnen nicht unwesentlich. Nach Artikel 17 haben die Bundesregierungen die erforderlichen Anordnungen über die ordnungsmäßige Unterhaltung der Eichungsämter zu treffen. In gleicher Weise liegt ihnen die Fürsorge für eine periodisch wiederkehrende Vergleichung der im Gebrauche der Eichungsämter befindlichen Eichungsnormale mit den Normalmaßen und Gewichten ob. In ziemlicher Übereinstimmung haben die Bundesregierungen durch besondere Dienstinstruktionen die Sorge für die Richtigkeit der Gebrauchsnormale (§ 19 Anm. 6) den Eichämtern, die wiederkehrende Vergleichung der Kontrollnormale mit den Hauptnormalen den Aufsichtsbehörden übertragen. Die Eichämter (Eichmeister) waren auch für den vorschriftsmäßigen Zustand der Wagen und sonstigen technischen Hilfsapparate verantwortlich. Durch § 17 sind die technischen Verpflichtungen der Aufsichtsbehörden jetzt gesetzlich dahin geregelt, daß ihnen allein die Verpflichtung auferlegt ist, für die Ordnungsmäßigkeit und für die Richtigkeit der Eichmittel zu sorgen.

Der Begriff „Eichmittel" ist im Gesetz nicht erläutert, er besagt aber dasselbe wie der Ausdruck Prüfungsmittel in der allgemeinen Instruktion. Als Eichmittel haben demnach zu gelten: Normalmaße, Normalgewichte, Wagen, Normalinstrumente und Normalapparate, ferner die zur Fehlerbestimmung erforderlichen Hilfsmittel, die zugehörigen Hilfsapparate und sonstigen technischen Gerätschaften, Hilfstafeln usw., außerdem die erforderlichen Eich- und Bezeichnungsstempel und Entwertungszeichen (Allgemeine Instruktion Nr. 11 a). Wie die Prüfung der Eichmittel, besonders der Normale und Wagen auszuführen ist, darüber geben die besonderen Instruktionen I bis IX ausführliche Anweisung.

Neben der Sorge für die Ordnungsmäßigkeit und Richtighaltung der Eichmittel ist den Aufsichtsbehörden durch § 17 die Verpflichtung auferlegt, die Eichnormale in angemessenen Fristen nachzuprüfen. Als Eichnormale sind in erster Linie die bei den eichamtlichen Prüfungsarbeiten unmittelbar benutzten Normale zu betrachten, die nach Nr. 12 a der allgemeinen Instruktion als Gebrauchsnormale und Gebrauchsnormal-Apparate bezeichnet werden. Einer besonderen Anordnung der Landesregierungen (wie auch die Allgemeine Instruktion in Nr. 12 h noch annimmt) bedarf es also jetzt nicht mehr. Welche Fristen als „angemessene" zu gelten haben, wird sich nur von Fall zu Fall nach der Inanspruchnahme des Eichamtes, in dessen Besitz die Normale sich befinden, und nach der Veränderlichkeit der Normale, entscheiden lassen.

Die Kontrollnormale der Eichämter (§ 19 Anm. 6) sind nach dem Wortsinn nicht als Eichnormale anzusehen, nach dem Wortlaut sowohl der Artikel 15, 17 und 18 der M. u. G.O. vom 17. August 1868, als auch der §§ 17 und 19 des vorliegenden Gesetzes muß man sie gleichwohl den Eichnormalen zurechnen. In beiden Gesetzen wird lediglich unterschieden zwischen Eichnormalen und Normalen schlechthin. Unter Normalen sind die sogenannten Hauptnormale (§ 19 Anm. 6) zu verstehen, also muß der Begriff der Eichnormale sowohl die Gebrauchs- als die Kontrollnormale umfassen. Demgemäß haben nach den Vorschriften des § 17 in Zukunft die Aufsichtsbehörden aus sich selbst heraus, ohne erst, wie bisher eine Aufforderung der Landesregierungen abzuwarten, die periodischen Vergleichungen der Kontrollnormale mit den Hauptnormalen vorzunehmen. Welche Stelle über die Angemessenheit der Fristen zu entscheiden hat, schreibt § 16 nicht vor, es ist aber klar, daß schon mit Rücksicht auf die Gemeinsamkeit des Vorgehens und des Arbeitsplanes nur die Kaiserliche Normal-Eichungskommission, wie auch bisher, bestimmen wird, zu welchem Zeitpunkt und in welchen regelmäßigen Fristen die Nachprüfungen der Kontrollnormale auszuführen sind. Ihre Berechtigung ergibt sich aus § 19. Die näheren Vorschriften an die Aufsichtsbehörden über die Prüfung der Kontrollnormale, Kontrollnormal-Apparate usw. erläßt gleichfalls die Kaiserliche Normal-Eichungskommission (Allgemeine Instruktion Nr. 12 f). Die technischen Grundsätze, nach denen die Kontrollnormale nachzuprüfen sind, hat die Kaiserliche Normal-Eichungskommission in der Schrift niedergelegt: „Die Herstellung und die wiederkehrende Prüfung der Haupt- und Kontrollnormale nach den Festsetzungen der Kaiserlichen Normal-Eichungskommission, Berlin 1886."

[2]) Neu und in der alten Maß- und Gewichtsordnung nicht enthalten ist der Zusatz:

„Sie können ermächtigt werden, in geeigneten Fällen innerhalb ihrer Bezirke die Tätigkeit der Eichämter selbst zu übernehmen."

Er gibt nur einem schon bestehenden Zustand eine rechtliche Unterlage. Tatsächlich haben schon lange in verschiedenen Bundesstaaten die Aufsichtsbehörden sich die Eichung solcher Meßgeräte vorbehalten, deren Prüfung besondere technische Kenntnisse und Fertigkeiten voraussetzt. Namentlich kommen hierbei Präzisionsgegenstände, Gasmesser, selbsttätige Wagen, Thermo-Alkoholometer usw. in Betracht. Wenn nun auch bei der Neuordnung des Eichwesens an die staatlichen Eichbeamten wesentlich höhere Anforderungen gestellt werden als an die bisherigen Gemeindebeamten, so daß durchschnittlich jeder Eichmeister befähigt sein wird, alle Eichungen, auch die schwierigsten auszuführen, können doch gleichwohl Lagen eintreten, die es wünschenswert erscheinen lassen, auch den Aufsichtsbehörden in besonderen Fällen die Ausübung eichamtlicher Handlungen zu überlassen. Im Gegensatz zu den Eichämtern, bei denen zwar eine sachliche, nicht aber eine räumliche Beschränkung ihrer Befugnisse vorgesehen ist, soll die Ermächtigung der Aufsichtsbehörden nur für die Grenzen ihrer Aufsichtsbezirke Geltung haben.

3) Das ganze Reichsgebiet ausschließlich Bayerns umfaßt 23 Aufsichtsbezirke, von denen 11 auf Preußen entfallen, nämlich einer für Ost- und Westpreußen gemeinsam und je einer für jede andere Provinz, denen noch Anhalt, Coburg-Gotha, Lübeck, Meiningen, Schaumburg-Lippe, Schwarzburg-Sondershausen und Waldeck sich angeschlossen haben, sowie je einer für das Königreich Sachsen mit Sachsen-Altenburg, Hessen, die beiden Mecklenburg, Großherzogtum Sachsen mit den beiden Reuß, Oldenburg, Braunschweig, Lippe-Detmold, Bremen, Hamburg, Baden, Württemberg und Elsaß-Lothringen.

Entsprechend den 23 Aufsichtsbezirken gibt es 23 Aufsichtsbehörden, die die nachstehenden Bezeichnungen führen:

1. Kgl. Preußische Eichungsinspektion für die Provinzen Ost- und Westpreußen (zu Königsberg),
2. Kgl. Preußische Eichungsinspektion für die Provinz Brandenburg und den Stadtkreis Berlin (zu Berlin),
3. Kgl. Preußische Eichungsinspektion für die Provinz Pommern (zu Stettin),
4. Kgl. Kreußische Eichungsinspektion für die Provinz Posen (zu Posen),
5. Kgl. Preußische Eichungsinspektion für die Provinz Schlesien (zu Breslau),
6. Kgl. Preußische Eichungsinspektion für die Provinz Sachsen (zu Magdeburg),

zugleich für das Herzogtum Anhalt und das Fürstentum Schwarzburg-Sondershausen.

7. Kgl. Preußische Eichungsinspektion für die Provinz Schleswig-Holstein (zu Kiel),

zugleich für die freie und Hansestadt Lübeck und das Fürstentum Lübeck (Oldenburg),

8. Kgl. Preußische Eichungsinspektion für die Provinz Hannover (zu Hannover),

zugleich für das Fürstentum Schaumburg-Lippe,

9. Kgl. Preußische Eichungsinspektion für die Provinz Westfalen (zu Dortmund),
10. Kgl. Preußische Eichungsinspektion für die Provinz Hessen-Nassau (zu Kassel),

zugleich für die Herzogtümer Sachsen-Meiningen und Sachsen-Coburg-Gotha und für das Fürstentum Waldeck.

11. Kgl. Preußische Eichungsinspektion für die Rheinprovinz und die Hohenzollernschen Lande (zu Cöln),
12. Kgl. Sächsisches Ober-Eichungsamt (zu Dresden),

zugleich für das Herzogtum Sachsen-Altenburg.

13. Großherzogl. Hessische Eichungsinspektion (zu Darmstadt),
14. Großherzogl. Mecklenburgische Eichungsinspektion (zu Schwerin),

zugleich für das Großherzogtum Mecklenburg-Strelitz,

15. Großherzogl. Sächsisches Ober-Eichamt (zu Weimar),

zugleich für die Fürstentümer Reuß ältere Linie und Reuß jüngere Linie,

16. Großherzogl. Oldenburgische Eichungsinspektion (zu Oldenburg),
17. Herzogl. Braunschweigisches Obereichamt (zu Braunschweig),
18. Fürstlich Lippesche Eichungsinspektion (zu Detmold),
19. Eichungskommission des Senats Bremen,
20. Eichungsinspektion der freien und Hansestadt Hamburg,
21. Großherzogl. Badisches Ober-Eichungsamt (zu Karlsruhe),
22. Kgl. Württembergische Zentralstelle für Gewerbe und Handel (zu Stuttgart),
23. Kaiserl. Eichungsinspektion für Elsaß-Lothringen (zu Straßburg),

Hierzu kommt noch die Kgl. Bayerische Normal-Eichungskommission zu München, die für den Bezirk des Königreichs Bayern gleichzeitig die Geschäfte einer Aufsichtsbehörde wahrnimmt.

§ 18.

Die Eichämter und die Aufsichtsbehörden sind staatliche Behörden.[1]) **Ihre Errichtung, Ausrüstung**[3]) **und Unterhaltung, die Anstellung und Besoldung der Beamten erfolgt durch die Landesregierungen.**[2])

Die Errichtung gemeinschaftlicher Eichbehörden für mehrere Bundesstaaten bleibt der Vereinbarung zwischen den Landesregierungen vorbehalten.[4])

Die Landesregierungen sind befugt, Gemeinden, welche zur Zeit des Inkrafttretens des gegenwärtigen Gesetzes eigene Eichämter besitzen, die Beibehaltung der letzteren in widerruflicher Weise zu gestatten. Die Ausrüstung und Unterhaltung der Eichämter sowie die Besoldung der Beamten liegt alsdann den Gemeinden ob, welche die Gebühren vereinnahmen. Im übrigen gelten für die Gemeinde-Eichämter die gleichen Bestimmungen wie für die Staatseichämter.[5])

[1]) Der erste Absatz des § 18 enthält die wichtigste und einschneidenste, im Reichstage aber auch am heißesten umstrittene Neuerung gegenüber dem bisherigen Zustande. Die Errichtung der Eichämter und Aufsichts-

behörden stand auch nach Artikel 16 und 17 der M. u. G.O. vom 17. August 1868 den Landesregierungen zu, sie erfolgte aber ausschließlich nach den Landesgesetzen (Artikel 16). Es hatte sich daher keine einheitliche Ordnung herausgebildet. Die Eichämter waren ausschließlich Staatseichämter in Hessen, Reuß ältere und Reuß jüngere Linie, Bremen und Elsaß-Lothringen, sie waren ausschließlich Gemeindeanstalten in Württemberg, Baden, Oldenburg, Lippe-Detmold, Sachsen-Altenburg, sowie in denjenigen Bundesstaaten, die ihr Eichwesen dem preußischen angegliedert haben. In Preußen und Sachsen bestand ein gemischtes System, indem neben den Gemeindeeichämtern, in Preußen 11 Staatseichämter an den Sitzen der Aufsichtsbehörden, in Sachsen 5 Staatseichämter an den Sitzen der Kreishauptmannschaften eingerichtet waren. Die Einführung der periodischen Nacheichung (§ 11), wenn anders sie ordnungsgemäß durchgeführt werden soll, bedingt aber grundsätzlich eine Verstaatlichung des gesamten Eichwesens und die Anstellung staatlicher Beamten, die an den Einnahmen aus den Gebühren nicht beteiligt und hauptamtlich beschäftigt sind. Vom 1. April 1912 an sind daher alle Eichämter, abgesehen von den durch § 18 Abs. 3 zugelassenen Ausnahmen, staatliche Behörden.

[2]) Nach Artikel 4 Ziffer 3 der Verfassung des Deutschen Reiches vom 16. April 1871 (R.G.Bl. S. 63) unterliegt die Ordnung des Maß- und Gewichtssystems der Gesetzgebung und Beaufsichtigung seitens des Reiches. Für die technische Seite der sich hieraus ergebenden Verwaltungsaufgaben ist eine besondere Behörde, die Kaiserliche Normal-Eichungskommission (§ 19) errichtet worden, während die praktische Seite, die Organisation des Eichungsdienstes den Landesregierungen (§§ 15 und 17) übertragen ist. Die Landesregierungen errichten also die Eichämter, sie rüsten sie aus und unterhalten sie. Sie entscheiden allein nach den wirtschaftlichen Bedürfnissen, wie viele Eichämter und wo sie erforderlich sind und welche Befugnisse den einzelnen Ämtern zu übertragen sind.

Für die periodische Nacheichung stellen sie die Arbeitspläne auf und sorgen für deren sachgemäße Durchführung. Die Landesregierungen stellen die Beamten an und besolden sie nach eigenem Ermessen, auch setzen sie die Anstellungsbedingungen, namentlich auch hinsichtlich der zu verlangenden Vorbildung und der etwa zu fordernden Prüfungen usw. fest. Die Überwachung der Meßgeräte im öffentlichen Verkehr stellt eine Polizeimaßregel dar und ist als solche gleichfalls Sache der Landesregierungen.

[3]) Die technische Ausrüstung der Eichämter betrifft die Arbeitsräume und die Eichmittel. Die Beschaffenheit der Arbeitsräume ist durch Nr. 13 der allgemeinen Instruktion geregelt.

„Die Arbeitsräume der Eichbehörden sollen nach Lage und Größe so beschaffen sein, daß die Erhaltung der Normale und sonstigen technischen Einrichtungen, sowie der zur Eichung gebrachten Meßgeräte verbürgt werden kann, und die Einhaltung der vorgeschriebenen Genauigkeit der Prüfungen bei

Anwendung der vorschriftsmäßigen Prüfungsmittel hinreichend gesichert ist. Mindestens der letzten Anforderung müssen auch die zur Vornahme der Nacheichung dienenden Räume genügen. Die näheren Bestimmungen hierüber erlassen die Landesregierungen."

Über die Eichmittel siehe § 15 Anm. 2.

[4]) Von dieser Bestimmung ist hauptsächlich in Beziehung auf die Errichtung gemeinsamer Aufsichtsbehörden Gebrauch gemacht worden. So haben die Herzogtümer Sachsen-Meiningen, Sachsen-Coburg-Gotha und Anhalt-Dessau, die Fürstentümer Schwarzburg-Sondershausen und Waldeck sowie die freie und Hansestadt Lübeck und für das Fürstentum Lübeck das Großherzogtum Oldenburg sich mit Preußen zur Errichtung gemeinsamer Aufsichtsbehörden zusammengetan. Das Herzogtum Sachsen-Altenburg hat Anschluß an das Königreich Sachsen, die beiden Fürstentümer Reuß ältere Linie und Reuß jüngere Linie haben Anschluß an das Großherzogtum Sachsen-Weimar gesucht. Auch die beiden Großherzogtümer Mecklenburg-Strelitz und Mecklenburg-Schwerin haben in Schwerin eine gemeinsame Eichungsinspektion (vergl. das Verzeichnis der Aufsichtsbehörden § 17 Anm. 3).

[5]) Die den Landesregierungen durch § 18 Abs. 3 erteilte Befugnis ist scheinbar geeignet die Bestimmung des Abs. 1, daß die Eichämter staatliche Behörden sein müssen, vollständig wieder aufzuheben und es ganz in das Belieben der Landesregierungen zu stellen, ob sie das Eichwesen verstaatlichen wollen oder nicht. Hieran ändert die Einschränkung nichts Wesentliches, daß nur den Gemeinden die Beibehaltung eigener Eichämter gestattet werden darf, die solche beim Inkrafttreten des Gesetzes bereits besitzen und daß die Erlaubnis jederzeit widerrufen werden kann. Die Errichtung neuer Gemeindeeichämter schließt die Vorschrift allerdings aus, bei der Überfülle der bereits vorhandenen Eichämter käme eine solche aber auch nur ausnahmsweise in Frage. Indessen geht sowohl aus der Begründung des Entwurfes vom 28. November 1905 wie aus den Erklärungen der Regierungsvertreter in der Kommissionsberatung mit aller Deutlichkeit hervor, daß von der Befugnis zur Beibehaltung bestehender Gemeindeeichämter der Regel nach nur zugunsten der Faßeichämter, d. h. der Eichämter, denen ausschließlich die Befugnis zur Eichung von Fässern übertragen ist, Gebrauch gemacht werden sollte. So heißt es in der Begründung zu § 18 (§ 16 des Entwurfes): Mit der Einführung der periodischen Nacheichung soll eine Verstaatlichung des Eichwesens Hand in Hand gehen, die Eichbehörden sollen Staatsbehörden werden, ihr Personal aus Staatsbeamten bestehen. Ferner: Die Verstaatlichung des Eichwesens wird daher durch die Einführung der periodischen Nacheichung grundsätzlich geboten. Sie soll jedoch nicht ohne Einschränkung durchgeführt werden. Nach Absatz 3 sollen die Landesregierungen befugt sein, in Berücksichtigung besonderer Verhältnisse einzelnen Gemeinden die Beibehaltung ihres Eichamtes, unter Um-

ständen in entsprechender Beschränkung seiner Befugnisse und mit den erforderlichen Auflagen, in widerruflicher Weise zu gestatten. Namentlich kann dabei die Beschränkung auf die Faßeichung bei größerer Entfernung des nächsten staatlichen Eichamtes in Frage kommen. Hierzu bemerkte nach dem Kommissionsbericht ein Regierungsvertreter: Die Gemeinde-Faßeichämter der Weinbau treibenden Gegenden beabsichtige man überall aufrecht zu erhalten. Die Bierfaßeichung werde der Staat übernehmen.

Nach diesem Grundsatz ist auch bei der Verstaatlichung des Eichwesens vorgegangen worden. Nur Lippe-Detmold, die beiden Mecklenburg und Bremen haben an der bisherigen Organisation der Eichbehörden nichts geändert und alle bestehenden Gemeindeeichämter beibehalten.

§ 19.[2])

Die Kaiserliche Normal-Eichungskommission[1]) hat darüber zu wachen, daß das Eichwesen im gesamten Reichsgebiet[3]) nach übereinstimmenden Regeln[4]) und dem Interesse des Verkehrs entsprechend gehandhabt wird.[5]) Ihr liegt die Verabfolgung der Normale an die Aufsichtsbehörden und deren periodisch wiederkehrende Vergleichung mit dem Urmaß und dem Urgewicht ob.[6]) Sie ist befugt, zeitweilig, mit Genehmigung des Bundesrats dauernd, die Eichung bestimmter Gattungen von Meßgeräten sich ausschließlich vorzubehalten oder unter ihre unmittelbare Aufsicht zu stellen.[7])

Sie hat die Ausführungsbestimmungen[8]) zu diesem Gesetz über Material, Gestalt, sonstige Einrichtung und Bezeichnung aller eichfähigen[9]) Meßgeräte, sowie über die Bedingungen ihrer Eichfähigkeit zu erlassen und die von den Eichbehörden innezuhaltenden Fehlergrenzen (Eichfehlergrenzen) festzusetzen. Ihr ist es vorbehalten, zu bestimmen, ob und unter welchen Voraussetzungen Gegenstände zur Eichung zuzulassen sind, die den allgemeinen Ausführungsvorschriften nicht entsprechen.[10])

Der Kaiserlichen Normal-Eichungskommission liegt ob, das bei der Eichung[10a]) zu beobachtende Verfahren, sowie die Bedingungen festzustellen, unter denen Meßgeräte, die nicht oder nicht mehr den Vorschriften entsprechen, aus dem Verkehre zu ziehen sind,[11]) überhaupt alle die technische Seite des Eichwesens betreffenden Fragen zu regeln.

Meßgeräte, die von der Kaiserlichen Normal-Eichungskommission geprüft und gestempelt sind, gelten als geeicht im Sinne dieses Gesetzes.[12])

[1]) Die Normal-Eichungskommission ist durch Artikel 18 der M. u. G.O. vom 17. August 1868 bestellt, um die technische Seite der Verwaltungsaufgaben zu übernehmen, die dem Reiche aus dem ihm nach der Verfassung zustehenden Rechte der Ordnung und Beaufsichtigung des Maß- und Ge-

wichtswesens zu übernehmen. Sie wurde errichtet durch die Bekanntmachung des Bundeskanzlers vom 16. Februar 1869 (B.G.Bl. S. 46), die folgenden Wortlaut hat: „Auf Grund der Bestimmungen in den Artikeln 18 und 23 der M. u. G.O. für den Norddeutschen Bund vom 17. August 1868 ist eine Normal-Eichungskommission errichtet, welche in Berlin ihren Sitz hat und die durch die erwähnten Bestimmungen ihr übertragenen Funktionen unter der Bezeichnung „Normal-Eichungs-Kommission" ausüben wird." Gleichzeitig wurde die bis dahin bestehende preußische Normal-Eichungskommission aufgelöst; ihre Geschäfte wurden durch Erlaß des preußischen Handelsministers vom 20. März 1869 (Ministerialblatt S. 60) auf die Normal-Eichungskommission des Norddeutschen Bundes übertragen.

Auf Grund des Allerhöchsten Erlasses vom 3. August 1871 (R.G.Bl. S. 318) wird die Normal-Eichungskommission des Deutschen Reiches fortan als „Kaiserliche Normal-Eichungs-Kommission" bezeichnet.

Die Kaiserliche Normal-Eichungskommission hatte zunächst gemäß Artikel 18 der M. u. G.O. vom 17. August 1868 ihren Sitz in Berlin. Im Mai 1900 siedelte sie nach Charlottenburg über und zeichnet seitdem „Berlin-Charlottenburg". Das vorliegende Gesetz weist ihr keinen bestimmten Wohnsitz an.

Die Organisation der Normal-Eichungskommission wurde durch die Instruktion des Bundeskanzlers des Norddeutschen Bundes für die Normal-Eichungskommission des Norddeutschen Bundes vom 21. Juli 1869 (Ministerialblatt für die innere Verwaltung S. 171) geregelt. Diese Instruktion setzte aber so enge Verhältnisse voraus, daß sie in wesentlichen Bestimmungen nach kurzer Zeit durch die Entwickelung der Behörde überholt wurde. Ohne außer Kraft gesetzt zu sein, ist sie daher schon lange nur noch in Einzelheiten in Geltung gewesen. Da die Neuordnung des Maß- und Gewichtswesens, namentlich auch die Veränderungen in den Befugnissen der verschiedenen Instanzen eine völlig andere Sachlage bewirkten, so wurde vom Staatssekretär des Innern unterm 27. März 1912 eine neue „Geschäftsordnung für die Kaiserliche Normal-Eichungskommission mit folgendem Wortlaut erlassen:

§ 1.

Die Kaiserliche Normal-Eichungskommission besteht aus dem Direktor und*) den Mitgliedern. Die Mitglieder sind ständige oder beigeordnete Mitglieder. Die beigeordneten Mitglieder werden zur Beschlußfassung über die in § 2 bezeichneten Angelegenheiten einberufen (Vollversammlung).

Die Zahl der beigeordneten Mitglieder wird nach dem Bedürfnis bestimmt. Sie werden auf Vorschlag des Direktors vom Reichskanzler jedesmal auf fünf Jahre ernannt. Sie versehen ihr Amt als Ehrenamt, erhalten jedoch, soweit sie

*) Vom 1. April 1913 ab wird dem juristischen Direktor (Verwaltungsbeamten) ein aus der Zahl der ständigen Mitglieder zu ernennender ständiger Vertreter (technischer Beamter) zur Seite stehen.

nicht in Berlin wohnen, im Falle der Zusammenberufung der Vollversammlung Tagegelder und Reisekosten.

§ 2.

Der Beschlußfassung der Vollversammlung unterliegen diejenigen Angelegenheiten allgemeiner Natur, für die gemäß § 19 der Maß- und Gewichtsordnung die Normal-Eichungskommission zuständig ist, sowie solche Angelegenheiten des Maß- und Gewichtsverkehrs, welche ihr von dem Reichskanzler besonders überwiesen werden.

§ 3.

Die Vollversammlung wird durch den Direktor unter Mitteilung der Tagesordnung und der dazu gehörigen Vorlagen mindestens einmal im Jahre einberufen. Hiervon kann nur aus besonderen Gründen Abstand genommen werden, wenn die Mehrheit der beigeordneten Mitglieder sich damit einverstanden erklärt hat.

Der Direktor ernennt aus der Zahl der beigeordneten und ständigen Mitglieder die Berichterstatter und leitet die Verhandlungen. Ihm liegt die Ausführung der Beschlüsse ob.

Die Beschlüsse werden durch die Mehrheit der Abstimmenden gefaßt. Stimmberechtigt sind außer dem Direktor und den beigeordneten Mitgliedern in der einzelnen Sache die aus der Zahl der ständigen Mitglieder bestellten Berichterstatter. Bei Stimmengleichheit entscheidet die Stimme des Vorsitzenden. Der Direktor wird in Behinderungsfällen im Vorsitz durch das älteste anwesende beigeordnete Mitglied vertreten.

Bei Gegenständen von geringerer Bedeutung sowie in besonders dringlichen Fällen kann die Beschlußfassung auf schriftlichem Wege herbeigeführt werden; die Beschlußfassung ist jedoch bis zur nächsten Zusammenkunft auszusetzen, wenn es von drei beigeordneten Mitgliedern verlangt wird.

§ 4.

Die Einrichtung der Bureaus, der Laboratorien und der Werkstatt, der Verwaltung der Kasse, der Bibliothek und der Sammlungen wird durch den Direktor geordnet. Er erläßt die erforderlichen Geschäftsanweisungen und verfügt in allen Verwaltungsangelegenheiten. Ihm steht die Leitung und Beaufsichtigung des gesamten Geschäftsbetriebes zu.

Über die Vertretung des Direktors im Behinderungsfalle bestimmt der Reichskanzler. Der Direktor ist befugt, in Fällen kürzerer Behinderung sowie zur Erledigung einzelner Angelegenheiten technischer Natur eines oder mehrere der ständigen Mitglieder mit seiner Vertretung zu beauftragen.

§ 5.

Die Normal-Eichungskommission ist befugt, in Angelegenheiten, für die ihre Zuständigkeit begründet ist, sich mit den Eichungsaufsichtsbehörden unmittelbar in Verbindung zu setzen.

§ 6.

Die Normal-Eichungskommission ist befugt, für die Ausführung von Aufträgen, die Prüfungen oder Beglaubigungen betreffen, nach den von ihr aufzustellenden Grundsätzen Gebühren zu erheben.

Direktor. Zum ersten Direktor der Normal-Eichungskommission wurde der Direktor der Kgl. Sternwarte in Berlin ernannt, der das Direktorat bis zum 30. Juni 1885 innehatte. Seit dem 1. Juli 1885 wird sie von einem vortragenden Rat aus dem Reichsamt des Innern nebenamtlich verwaltet.

Ständige Mitglieder. Die ständigen Mitglieder gehen in der Regel aus den technischen Beamten (siehe unten) der Normal-Eichungskommission hervor. Ihre Zahl beträgt augenblicklich (1912) sieben. Sie haben den Rang der Räte 4. Kl. und den Titel eines Regierungs- oder Geh. Regierungsrates.

Beigeordnete Mitglieder. Bei der Auswahl der beigeordneten Mitglieder wird im allgemeinen nach dem Grundsatz verfahren, daß der Vollversammlung nach Möglichkeit die Leiter des Eichwesens der größeren Bundesstaaten oder die betreffenden Dezernenten in der Landesregierung angehören. Zur Zeit sind unter den beigeordneten Mitgliedern vertreten: Preußen, Sachsen, Württemberg, Baden, Hessen-Darmstadt, Elsaß-Lothringen. Preußen entsendet außer dem Vertreter des Ministeriums für Handel und Gewerbe noch 3 Eichungsinspektoren, je einen aus dem Osten, der Mitte und dem Westen des Reiches, jetzt die Eichungsinspektoren von der Provinz Posen, von der Provinz Brandenburg und dem Stadtkreis Berlin und von der Rheinprovinz. Endlich gehören noch zur Vollversammlung der erste Direktor der Normal-Eichungskommission und der Direktor der zweiten Abteilung der Physikalisch-Technischen Reichsanstalt zu Berlin. Seit dem Jahre 1898 wohnt auch der Direktor der Königlich Bayerischen Normal-Eichungskommission den Beratungen der Vollversammlung regelmäßig als Gast bei.

Personal. Nach § 5 der Dienstinstruktion vom 21. Juli 1869 wurden dem Direktor an ständigen Hilfsbeamten beigegeben: zwei im Eichungswesen erfahrene Techniker und nach Bedarf Assistenten für mathematische oder physikalische Untersuchungen. Ein expedierender Sekretär und Kalkulator, der zugleich die Führung der Kassengeschäfte zu besorgen hat, ein Bote und das nötige Kanzleipersonal sind etatsmäßig. Jetzt werden bei der Normal-Eichungskommission außer den schon erwähnten 7 ständigen Mitgliedern noch beschäftigt: 31 technische Beamte (Mathematiker, Physiker, Astronomen, Chemiker), 1 Bureauvorsteher, 4 expedierende und 4 Kanzleisekretäre, 6 Unterbeamte und 4 Hilfsdiener. Hierzu kommt noch eine mechanische Werkstatt mit 5 Gehilfen.

[2]) Die Bestimmungen des § 19 sind aus Artikel 18 der M. u. G.O. vom 17. August 1868 hervorgegangen. Sie weichen aber von ihm in wesentlichen Punkten ab, indem die Befugnisse der Kaiserlichen Normal-Eichungskommission teils eingeschränkt, teils erweitert sind. Durch den gewaltigen Aufschwung, den das Eichwesen seit der Begründung des Deutschen Reiches genommen hat und durch die Einführung der periodischen Nacheichung gewinnen die Einnahmen aus der Eichtätigkeit eine Bedeutung für die Etats der Bundesstaaten, daß es ratsam erscheint, diesen auch auf die Fest-

setzung der Gebühren einen Einfluß zu gewähren. Die früher der Kaiserlichen Normal-Eichungskommission zustehende Feststellung der Eichgebührenordnung ist daher dem Bundesrat übertragen worden (§ 16). Da die Kaiserliche Normal-Eichungskommission im allgemeinen für Bayern nicht zuständig ist (§ 25), so bedingte die im vorliegenden Gesetz eingeführte Freizügigkeit der geeichten Meßgeräte durch das ganze Reichsgebiet (§ 21), daß anstelle der Kaiserlichen Normal-Eichungskommission dem Bundesrat die Festsetzung der Stempel- und Jahreszeichen übertragen wurde (§ 20). Einzelne die Stempelung betreffende Bestimmungen sind ihr gleichwohl noch verblieben. Endlich bestimmt die Normal-Eichungskommission nicht mehr wie früher, welche Arten von Wagen im öffentlichen Verkehr oder nur zu besonderen gewerblichen Zwecken angewendet werden dürfen. Auf Grund dieser Ermächtigung hat z. B. die Kommission vorgeschrieben, daß in den Offizinen der Apotheken nur Präzisionswagen benutzt werden dürfen. Nachdem diese Verhältnisse geordnet sind, bedarf es der Ermächtigung nicht mehr. Von größerer Wichtigkeit ist es, zu verhindern, daß nicht an sich zweckmäßige Meßgeräte zu Messungen verwendet werden, für die sie sich nicht eignen. Hierzu ist die Normal-Eichungskommission nach wie vor in der Lage, indem sie die Eichfähigkeit auf die Benutzung für bestimmte Zwecke beschränkt. So dürfen gewisse Wagen nur für Getreide oder Kaffee usw., oder für die Zwecke der Post und Eisenbahn verwendet werden, einzelne Meßwerkzeuge nur für Milch oder Petroleum usw. Den Bedürfnissen einzelner Handels- und Industriezweige oder bestimmter Arten des Verkehrs kann so in weitgehendster Weise ohne Schädigung der Allgemeinheit entgegengekommen werden.

Neu verliehen ist der Normal-Eichungskommission die Befugnis, zeitweilig, mit Genehmigung des Bundesrates dauernd die Eichung bestimmter Gattungen von Meßgeräten sich ausschließlich vorzubehalten oder unter ihre unmittelbare Aufsicht zu stellen (Anm. 7). Tatsächlich hat sie diese Befugnis von ihrer Errichtung an ausgeübt, es soll aber hierfür eine unanfechtbare Rechtsgrundlage geschaffen werden.

Von Wichtigkeit ist die der Normal-Eichungskommission am Schlusse des Absatz 2 jetzt übertragene Befugnis, zu bestimmen, ob und unter welchen Voraussetzungen Gegenstände zur Eichung zuzulassen sind, die den allgemeinen Ausführungsvorschriften nicht entsprechen. Auch diese Vorschrift besiegelt lediglich bereits bestehende Gepflogenheiten, deren Zulässigkeit aber mehrfach bestritten wurde (Anm. 10).

Ferner wird der Normal-Eichungskommission im dritten Absatz übertragen, die Bedingungen festzustellen, unter denen Meßgeräte, die nicht oder nicht mehr den Vorschriften entsprechen, aus dem Verkehr zu ziehen sind. Bisher bedurfte es zum Erlaß entsprechender Vorschriften einer besonderen Ermächtigung durch den Bundesrat, eine solche wird in Zukunft nicht mehr erforderlich sein.

Endlich sei noch eine Veränderung in den Verpflichtungen der Behörde erwähnt, die aber hauptsächlich den inneren Dienst betrifft. Nach Artikel 18 liegt der Normal-Eichungskommission die Anfertigung und Verabfolgung der Normale, soweit nötig auch der Eichungsnormale an die Eichungsstellen des Bundes ob, und ist sie daher mit den für ihren Geschäftsbetrieb nötigen Instrumenten und Apparaten auszurüsten. Nach § 19 liegt ihr lediglich die Verabfolgung der Normale an die Aufsichtsbehörden (Anm. 6) und deren periodisch wiederkehrende Vergleichung mit dem Urmaß und dem Urgewicht ob, nicht mehr die Anfertigung irgendwelcher Normale und nicht mehr die Verabfolgung der Eichnormale an die Eichstellen. Wenn auch einzelne Eichungs-Aufsichtsbehörden schon jetzt die ihnen unterstellten Eichbehörden mit Normalen versorgten, so bedeutet die Änderung der Bestimmungen doch eine bedeutende Arbeitsentlastung für die Normal-Eichungskommission.

[3]) Die Zuständigkeit der Kaiserlichen Normal-Eichungskommission war bisher durch das Gesetz, betreffend die Einführung der Maß- und Gewichtsordnung für den Norddeutschen Bund vom 17. August 1868 in Bayern. Vom 26. November 1871 (R.G.Bl. S. 397) auf das Reichsgebiet außerhalb Bayerns beschränkt. Nach § 3 dieses Gesetzes leiden die Artikel 15 bis 20, also auch der die Normal-Eichungskommission des Bundes betreffende Artikel 18 der Maß- und Gewichtsordnung vom 17. August 1868 auf Bayern keine Anwendung. Nach § 19 macht die Zuständigkeit der Kaiserlichen Normal-Eichungskommission vor den Grenzen Bayerns nur noch insofern Halt, als gemäß § 25 Abs. 1 die Königlich Bayerische Normal-Eichungskommission für Bayern die gleichen Befugnisse hat wie die Kaiserliche Normal-Eichungskommission nach § 19 Abs. 2 und 3 im übrigen Reichsgebiet. Diese Beschränkung ist aber nur eine scheinbare, und die Rechtseinheit im ganzen Reichsgebiet wird dadurch hergestellt, daß die Königlich Bayerische Normal-Eichungskommission entsprechend § 25 Abs. 2 die Ausführungsbestimmungen zu diesem Gesetze, die Vorschriften über die Zulassung anderweitiger Meßgeräte zur Eichung, über das bei der Eichung zu beobachtende Verfahren und über die von den Eichbehörden innezuhaltenden Fehlergrenzen in Übereinstimmung mit den für das übrige Reichsgebiet ergehenden Vorschriften zu erlassen hat.

[4]) Der Geschäftsbereich der Kaiserlichen Normal-Eichungskommission ist begrenzt durch § 19. In Ermangelung einer anderen geeigneten Stelle ist sie indessen genötigt, auch andere Arbeiten zu übernehmen, die mit dem Maß- und Gewichtswesen nicht in unmittelbarem Zusammenhange stehen. Den größten Teil dieser Arbeiten hat sie an andere Behörden nach Abschluß der Beobachtungen und nach Ausarbeitung der Prüfungsvorschriften abgegeben. So gingen am 17. Oktober 1887 auf die zum Teil mit Rücksicht auf diese und ähnliche den Zwecken der Technik dienende Aufgaben begründete Physikalisch-Technische Reichsanstalt über: die Beglaubigung der Abel-

Penskyschen Petroleumprober, der Thermometer für ärztliche Zwecke (Fieberthermometer) und der Legierungsringe für die Schwarzkopfschen Dampfkessel-Sicherheitsapparate. Im April 1902 übergab sie an die gleichfalls zu diesem Zwecke besonders eingerichtete Kaiserliche Technische Prüfungsstelle, die zunächst dem Reichsschatzamt angegliedert war, die Prüfung, Beglaubigung und ständige Überwachung der Spiritusmeßapparate oder Meßuhren (Siemenssche Alkoholmesser und Siemenssche Probenehmer). Es blieben ihr vorbehalten die Prüfung und Beglaubigung der zur Schiffsvermessung bestimmten Geräte (Bekanntmachung betreffend die Schiffs-Vermessungs-Ordnung vom 5. Juli 1872, R.G.Bl. S. 270, Bekanntmachung betreffend die Eichordnung für die Binnenschiffahrt auf der Elbe vom 30. Juni 1899). Neu zugewiesen wurden ihr die Prüfung und Beglaubigung einer Reihe zu steueramtlichen Ermittelungen bestimmter Meßgeräte (§ 6 Anm. 10), wie Aräometer, Thermometer, Präzisionsweifen, Präzisionsneigungswagen, Schraublehren, Schublehren, Doppelscheren usw. Durch die Bekanntmachung vom 25. Februar 1905 (Mitteil. d. K. N.E.K. 2. Reihe S. 231) übernahm die K. N.E.K. die Prüfung und Beglaubigung von Schrifthöhennormalen. Nähere Auskunft über die gesamte Tätigkeit der Normal-Eichungskommission sowie über ihre Organisation, ihr Inventar usw. geben die beiden Veröffentlichungen: Denkschrift betreffend die Tätigkeit der Kaiserlichen Normal-Eichungskommission von ihrer Einsetzung im Jahre 1869 bis zum Frühjahr 1882. Mit 9 Anlagen, enthaltend statistische Nachweisungen bis einschließlich 1880 und sonstige technische Erläuterungen und Zusammenstellungen (Mai 1882), Denkschrift betreffend die Tätigkeit der K. N.E.K. vom Frühjahr 1882 bis zum Frühjahr 1900 (Mai 1900). Eine dritte Denkschrift ist in Vorbereitung. In Zukunft werden die Tätigkeitsberichte alljährlich erscheinen.

[5]) Die unmittelbare Überwachung des praktischen Eichungsdienstes liegt den Landesbehörden ob. Entstehen Zweifel über die Auslegung und Anwendung der Vorschriften, so entscheidet die Kaiserliche Normal-Eichungskommission entweder unmittelbar, oder nach Einholung der Ansicht der Aufsichtsbehörden. Nach der größeren oder geringeren Wichtigkeit des Falles werden die Entscheidungen nur den zunächst beteiligten oder allen Aufsichtsbehörden im Schriftwege mitgeteilt, oder sie werden in dem besonderen Organ der Normal-Eichungskommission, den Mitteilungen d. K. N.E.K., je nachdem sie sich auf die Eichordnung oder die Instruktion beziehen, als Erläuterungen zu ersterer oder als Zusätze zu letzterer veröffentlicht.

Ferner werden in den Diensträumen der Kaiserlichen Normal-Eichungskommission in solchen Eichzweigen, die wegen der Eigenart der in Betracht kommenden Meßgeräte besondere Schwierigkeiten bieten, neben den durch die Instruktionen gegebenen schriftlichen Anweisungen über das Prüfungsverfahren noch mündliche Unterrichtskurse abgehalten. Nebenher laufen Informationskurse, die den Aufsichtsbeamten der Bundesstaaten

Gelegenheit zur Handhabung der feineren, für die Prüfung der Normale bestimmten Instrumente und Hilfsmittel bieten und ihnen einen allgemeinen Überblick über die wissenschaftliche und technische Tätigkeit der Kommission gewähren.

Als ein besonders wertvolles Mittel zur einheitlichen Gestaltung des Eichwesens im ganzen Reichsgebiet haben sich die sogenannten Informationsreisen der ständigen Mitglieder erwiesen. Alljährlich werden im Einverständnis mit den Landesregierungen mehrere Aufsichtsbezirke besucht. Indem die Mitglieder, meist in Begleitung des zuständigen Aufsichtsbeamten, eine Reihe von Eichämtern besichtigen und an Prüfungen, Eichungen, Revisionen usw. sich beteiligen, kommen sie in unmittelbare Berührung mit der Eichpraxis und gewinnen einen Überblick über den Stand des Eichwesens. Den Eichbeamten aber bietet sich die Möglichkeit, sich über technische Einzelheiten oder besonders schwierige Fragen in einfacher und zuverlässiger Weise zu unterrichten. So wird eine beiderseitige Klärung der Auffassungen herbeigeführt. Da bei diesen Reisen auch die bedeutenderen Fabrikationsstätten aufgesucht werden, wird auch ein Einblick in die Interessen und die Wünsche des Verkehrs gewonnen.

[6]) Die Normale haben je nach ihrem Verwendungszweck verschiedene Benennungen und verschiedene Genauigkeit. Zur unmittelbaren Prüfung der Verkehrsgegenstände dienen die Gebrauchsnormale. Sie befinden sich in den Händen der Eichbehörden und dürfen von ihrer vorschriftsmäßig ermittelten Sollgröße höchstens um $^4/_{10}$ des Betrages abweichen, um den die Verkehrsgegenstände bei der Eichung fehlerhaft sein dürfen. Die Fehlergrenze der Gebrauchsnormale beträgt also $^4/_{10}$ der Eichfehlergrenze der Verkehrsgegenstände, zu deren Prüfung sie bestimmt sind. Sie gilt sowohl im Sinne des Mehr wie des Minder.

Zur Richtighaltung der Gebrauchsnormale, die namentlich bei starker Inanspruchnahme rascher Abnutzung unterliegen, dienen die Kontrollnormale, die die vierfache Genauigkeit der Gebrauchsnormale haben. Die Fehlergrenze der Kontrollnormale beträgt also nur 1 Zehntel der Eichfehlergrenze der Verkehrsgegenstände, zu deren Prüfung die entsprechenden Gebrauchsnormale dienen. Die Vergleichung der Gebrauchsnormale mit den Kontrollnormalen und die etwa erforderliche Berichtigung findet in der Regel jährlich einmal, bei stark benutzten Gebrauchsnormalen auch öfter durch die Eichämter oder die Aufsichtsbehörden statt. Gebrauchsnormale und Kontrollnormale gelten als Eichnormale im Sinne des § 15 und § 17.

Die Kontrollnormale werden innerhalb bestimmter Fristen, die von der Kaiserlichen Normal-Eichungskommission festgesetzt werden, mit den Hauptnormalen verglichen. Hauptnormale besitzen nur die Aufsichtsbehörden in je einem Stück zur Durchführung der ihnen nach § 17 auferlegten Verpflichtung für die Richtighaltung der Eichmittel zu sorgen und die Eichnormale in angemessenen Fristen nachzuprüfen. In § 19 werden unter dem Begriff der „Normale“ schlechthin die Hauptnormale verstanden, deren Verabfolgung an die Aufsichtsbehörden also der Normal-Eichungskommission obliegt.

Die Hauptnormale werden gleichfalls in bestimmten Fristen einer erneuten Untersuchung unterzogen, indem sie gemäß § 19 von der Kaiserlichen Normal-Eichungskommission unmittelbar mit den Kopien der Urmaße verglichen werden. Diese Kopieen werden ihrerseits vor und nach diesen Vergleichungen mit der größten erreichbaren Genauigkeit an die Urmaße — die beiden nationalen Prototype (§§ 2 und 4) angeschlossen. Die Hauptnormale haben keine bestimmten Fehlergrenzen wie die Eichnormale, vielmehr werden ihre Fehler bis auf etwa $^1/_{20}$ der Fehlergrenzen der Kontrollnormale bestimmt, während den Kopien der Urmaße und diesen selbst eine nur durch die unvermeidlichen Fehlerquellen bei der Beobachtung beschränkte Genauigkeit zukommt. So besteht, von den Urmaßen ausgehend, eine ununterbrochene Folge bis zu den Verkehrsgegenständen mit einer nach unten immer geringer werdenden Genauigkeit. Jeder einzelne Verkehrsgegenstand ist also mittelbar, über die Gebrauchsnormale, Kontrollnormale, Hauptnormale, Kopieen der Urmaße an die Urmaße angeschlossen, wodurch im ganzen Lande die Einheitlichkeit der Maße und Gewichte gewahrt wird.

Auch die nationalen Prototype bilden nicht die letzte Instanz. Sie werden in angemessenen Fristen — das erstemal geschah es nach 10 Jahren — mit den Kopieen des Prototyps verglichen, die vor und nach der Vergleichung mit den internationalen Prototypen, dem Meterprototyp und dem Kilogrammprototyp (§ 1), untersucht werden. So wird, soweit das metrische System Geltung hat, jeder Verkehrsgegenstand auf die internationalen Prototype zurückgeführt, eine Tatsache, deren Bedeutung für den Welthandel gar nicht hoch genug veranschlagt werden kann und auch in England immer mehr Würdigung findet, obwohl es sich der Einführung des metrischen Systems gegenüber noch immer ablehnend verhält.

[7]) Für einzelne Arten von Meßgeräten gestaltet sich die Prüfung ganz besonders schwierig, sie erfordert eingehendere Vorkenntnisse, als sie von den Eichbeamten im allgemeinen vorauszusetzen sind, oder sie macht die Anschaffung wertvollerer Prüfungsmittel nötig usw. Es kommt auch vor, daß bei der Zulassung von Meßgeräten die Prüfungsmethoden noch einer weiteren Durchbildung und längeren Erprobung bedürfen, oder daß die Geräte selbst noch zu vervollkommnen sind. In solchen Fällen behält sich die Normal-Eichungskommission zunächst selbst die Eichung vor oder stellt sie unter ihre unmittelbare Aufsicht, bis die erwähnten eichtechnischen Bedenken gegen die Abgabe der Eichung an die eigentlichen Eichbehörden behoben sind. Meist handelt es sich um Gegenstände, für deren Prüfung überhaupt nur wenige Eichämter in Betracht kommen, sei es im Mittelpunkte der Industrie, die

sie herstellt, sei es am Hauptsitze des Handels, der sich ihrer zum Messen und Wägen bedient. Ausschließlich von der Normal-Eichungskommission geeicht werden nur die Flächenmaße (Planimeter — §§ 25 bis 30 der Eichordnung) und einige Arten besonders fein geteilter und verhältnismäßig selten vorkommender Aräometer. Unter der Aufsicht der Normal-Eichungskommission steht zur Zeit die Eichung der Aräometer, ferner die der Meßwerkzeuge für wissenschaftliche und technische Untersuchungen und der Getreideprober zu 20 Liter. Die mit der Eichung dieser Geräte betrauten Beamten sind auf der Normal-Eichungskommission besonders ausgebildet, die Eichämter werden jährlich von dieser aus besichtigt.

[8]) Auf Grund des § 19 hat die Kaiserliche Normal-Eichungskommission die in der Anlage 9 abgedruckte Eichordnung für das Deutsche Reich vom 8. November 1911 (R.G.Bl. Besondere Beilage zu Nr. 62) erlassen, sowie die Instruktion vom 27. November 1911 (W. Möser, Berlin S 14). Ein Atlas bildlicher Darstellungen der eichfähigen Meßgeräte nebst Beschreibung und Erläuterung ist in Vorbereitung und wird noch im Jahre 1912 herauskommen. Zur Veröffentlichung von Nachträgen zu den Ausführungsbestimmungen dienen der Normal-Eichungskommission die „Mitteilungen".

Die Eichordnung enthält die Bedingungen, denen ein Meßgerät entsprechen muß, um als geeicht im Sinne der Maß- und Gewichtsordnung zu gelten. Diese Bedingungen betreffen einerseits die durch eine vorschriftsmäßige Prüfung zu ermittelnden Eigenschaften des Meßgerätes, nämlich die Maßgröße, wo eine solche in Frage kommt, die Ausführungsform, Material, Gestalt, Einrichtung, Bezeichnung, Herrichtung für die Prüfung und Richtigkeit (Vorschriften für den Fabrikanten oder sonstigen Antragsteller für die Vornahme der Eichung), andrerseits die Bestimmungen, wie das Meßgerät gestempelt werden muß (Vorschriften für die Eichbehörden). Ein Meßgerät, das den ersteren Bestimmungen genügt, ist eichfähig im weiteren Sinne des Wortes (Anm. 9). Ist es nach den letzteren Bestimmungen gestempelt, so ist es geeicht und damit verkehrsfähig (§§ 6 und 10).

Die Instruktion besteht aus drei Teilen. Sie enthält im ersten Teile Ausführungsbestimmungen und Erläuterungen zur Eichordnung, im zweiten die Vorschriften, nach denen die Prüfung auf die Eichfähigkeit ausgeführt werden muß, und im letzten Anweisungen über die Behandlung und Prüfung der Eichnormale (Gebrauchsnormale). Sie ist also keine reine Dienstanweisung, sondern enthält im ersten Teile auch Bestimmungen für die Fabrikanten, von deren Einhaltung die Eichfähigkeit der Meßgeräte abhängig gemacht wird, und Vorschläge über zweckmäßige Methoden zur Erfüllung der Vorschriften.

Nur die Eichordnung ist rechtsverbindlich veröffentlicht.

Nach § 1 der Eichordnung ist aber ein Meßgerät nur dann eichfähig, „wenn es den Vorschriften der Eichordnung und den sie ergänzenden und erläuternden Bestimmungen der Instruktionen entspricht". Hiernach haben auch die Instruktionen in beschränktem Maße rechtsverbindliche Wirkung. Ob es einer solchen Bestimmung bedurfte oder ob diese Bestimmung ausreicht, kann dahingestellt bleiben und ist insofern bedeutungslos, als die Eichbeamten die Eichung nur dann ausführen können und dürfen, wenn alle Vorbedingungen, also auch die durch die Instruktion gebotenen, erfüllt sind.

Der Atlas ist wie die Instruktionen, zu denen er einen Anhang bildet, sowohl für die Fabrikanten eichfähiger Meßgeräte, wie für die Eichbeamten bestimmt. Den Fabrikanten bietet er ein Hilfsmittel für die Herstellung, da alle Geräte in mustergültigen Formen dargestellt sind. Der Beamte soll für „die Beurteilung der Gestalt und der Ausführungsart die bildlichen Darstellungen nebst der zugehörigen Beschreibung und Erläuterung zum Anhalt nehmen. Dabei sind die einzelnen Zeichnungen im allgemeinen als Musterbeispiele für eine gute und zweckmäßige Ausführung anzusehen. Maßgebend für die Form und Ausführungsart sind sie nur in den Fällen, die in den Instruktionen besonders angeführt sind." Als solche Fälle seien erwähnt die Tafelwagen, die selbsttätigen Wagen, die Gasmesser usw. Ferner ist die Stempelung genau nach den bildlichen Darstellungen auszuführen.

Die Mitteilungen der Kaiserlichen Normal-Eichungskommission erscheinen in zwanglosen Heften nach Bedarf (im Verlage von Julius Springer-Berlin W 9, Linkstr. 23). Sie bringen alle auf das Maß- und Gewichtswesen bezüglichen Gesetze, Verordnungen und Erlasse, ferner Erläuterungen zur Eichordnung und Zusätze zur Instruktion. Unter Vermischtes werden außerdem allgemein interessierende Mitteilungen wissenschaftlicher und technischer Natur aus dem Geschäftsbereiche der Normal-Eichungskommission und aus dem Gebiete des Eichwesens überhaupt, statistische Notizen, Organisationsänderungen usw. veröffentlicht. Die erste Nummer der Mitteilungen erschien am 15. Juni 1886, ihr sind inzwischen 60 weitere Hefte gefolgt.

[9]) Der Begriff „eichfähig" wird in weiterem und engerem Sinne gebraucht. Die allgemeine Bedeutung des Begriffes erläutert § 1 der Eichordnung (Anm. 8). Wird ein eichfähiges Meßgerät in den durch die §§ 6 bis 9 gekennzeichneten Arten des Verkehrs benutzt, so ist es eichpflichtig. Die Maß- und Gewichtsordnung ist im Grunde nur dazu bestimmt, den eichpflichtigen Verkehr zu regeln; die Ausführungsbestimmungen sollten daher auch nur eichpflichtige Meßgeräte betreffen.

Wie sich indessen gezeigt hat, kann den Ansprüchen des Verkehrs mit den eichpflichtigen Meßgeräten allein nicht Genüge geleistet werden. In manchen Verkehrsgebieten werden Maße nicht benutzt; Treu und Glauben aber verlangen gleichwohl, daß die Meßmittel, nämlich Meßwerkzeuge im weiteren Sinne und Meßmaschinen (§ 6 Anm. 5) geeicht sind. Sodann wird im Auslande vielfach verlangt, daß aus Deutschland bezogene Meßgeräte auch den deutschen Eichstempel tragen. Um der Ausfuhrindustrie nicht zu schaden, muß diesem Verlangen Rechnung getragen werden. Die Normal-Eichungskommission mußte daher mehrfach Meßgeräte zulassen, die nicht unmittelbar dem eichpflichtigen Verkehre angehören, wie Planimeter (§§ 25 bis 30 der E.O.), die Aräometer (§§ 112 bis 123 der E.O.) und die Meßwerkzeuge für wissenschaftliche und technische Untersuchungen (§§ 137 bis 150 der E.O.). Auch die Präzisionsmaßstäbe gehören hierher. So entstanden neben den eichpflichtigen die eichfähigen (im engeren Sinne) Meßgeräte. Die neue M. u. G.O. will auch diese einbegreifen, wie aus der Begründung zu § 10 (§ 10 Anm. 2) hervorgeht. Übrigens ist die Grenze zwischen eichpflichtigen und nur eichfähigen Meßgeräten äußerst schwankend und teilweise abhängig von der Begriffsbestimmung der Worte „Maß, messen und öffentlicher Verkehr". Die Getreideprober (§§ 124 bis 136 der E.O.) galten bis zum Erlaß des vorliegenden Gesetzes nicht als eichpflichtig, während jetzt ihre Eichpflicht keinem Zweifel unterliegt. Dieselben Geräte können sogar je nach ihrer Verwendung eichpflichtig oder nur eichfähig sein. Büretten und Pipetten (§ 137 II, § 142 Nr. 6 der E.O.) werden der Regel nach in chemischen Laboratorien benutzt und sind dann nicht eichpflichtig, wohl aber eichfähig. Gewisse Industrien z. B. Serumfabriken, Apotheken usw. verwenden sie aber auch unmittelbar zum Messen im öffentlichen Verkehr, wo sie dann der Eichpflicht unterliegen. Ein Faß, das dem Verkäufer mit Wein gefüllt überliefert wird, ist bei faßweisem Verkaufe eichpflichtig, ist es mit Spiritus gefüllt, so ist es eichfähig, aber nicht eichpflichtig.

[10]) „Die Eichämter dürfen Meßgeräte, welche den von der Normal-Eichungskommission erlassenen Vorschriften nicht entsprechen, auch nicht ausnahmsweise zur Eichung zulassen. Bis zur Erlassung entsprechender neuer Vorschriften einzelne neue Meßgeräte probeweise zur Eichung zuzulassen, muß daher der Normal-Eichungskommission vorbehalten werden." (Aus der Begründung des Entwurfes.)

Das Verfahren bei der Zulassung neuer Meßgeräte ist im allgemeinen das folgende: Zunächst wird der Gegenstand in einem ausgeführten Modell oder bei größeren oder kostspieligen und schwierig herzustellenden Gegenständen, wie z. B. selbsttätigen Wagen in einer Zeichnung der zuständigen Eichungs-Aufsichtsbehörde mit dem Antrage auf Zulassung zur Eichung vorgelegt. Stellt sich bereits hier bei einer Prüfung heraus, daß die ganze Ausführungsform eine derart unzureichende ist, daß die an Verkehrsgegenstände zu stellenden Anforderungen an die Zuverlässigkeit und Richtigkeit der Messungsergebnisse nicht erfüllt werden können, so erfolgt ohne weiteres die Zurückweisung der Geräte. Gegen den Bescheid kann bei der Kaiserlichen Normal-Eichungskommission Beschwerde erhoben werden. Bestehen gegen die Zulassung keine grundsätzlichen Bedenken, so wird der Antrag von der Aufsichtsbehörde mit begründeter gutachtlicher Äußerung an die Kaiserliche Normal-Eichungskommission weitergegeben. Hier erfolgt eine erneute Prüfung. Je nach deren Ausfall kann in dreifacher Weise entschieden werden.

1. Die Zulassung wird abgelehnt, wovon dem Antragsteller unter Angabe der Gründe Mitteilung gemacht wird. Gegen diese Entscheidung ist Berufung an die Vollversammlung der Normal-Eichungskommission zulässig.

2. Der Gegenstand erscheint zulässig. Dann wird der Antrag mit eingehender Begründung der Vollversammlung der Normal-Eichungskommission zur Beschlußfassung vorgelegt. Von dem Beschlusse wird dem Antragsteller Kenntnis gegeben. Er ist endgültig. Mag er also ablehnend oder zustimmend ausfallen, eine Berufung ist nicht möglich. Erfolgt Zulassung, so wird sie in den „Mitteilungen" veröffentlicht, vielfach in der Form einer Erläuterung zur Eichordnung. Macht die Zulassung eine Abänderung oder Ergänzung der Vorschriften der Eichordnung erforderlich, so werden die neuen Vorschriften zunächst im Reichsgesetzblatt veröffentlicht und dann erst in den Mitteilungen abgedruckt. Änderungen der Prüfungsvorschriften erscheinen in den Mitteilungen als Zusätze zur Instruktion.

3. Die Prüfung läßt ein vorgelegtes Meßgerät zwar als zweckmäßig erkennen, sie gibt aber keinen Aufschluß darüber, ob es sich im praktischen Betriebe auch als dauernd zuverlässig bewähren wird. Dann wird das Meßgerät — in der Regel handelt es sich hierbei um Wagen oder Gasmesser — zunächst nicht endgültig, sondern nur probeweise zugelassen, d. h. die Eichung wird an bestimmte Bedingungen geknüpft. Als Hauptbedingungen sind zu nennen: Die Eichung darf nur an einer geringen, von der Normal-Eichungskommission festgesetzten Anzahl von Ausführungen vorgenommen werden. Die Meßgeräte sind in Betrieben aufzustellen, wo sie hinreichend praktisch erprobt werden können; der Aufstellungsort ist der Normal-Eichungskommission bekannt zu geben. An der ersten Eichung jedes Gegenstandes, und soweit erforderlich, an jeder Wiederholung der Eichung nimmt ein Vertreter der Normal-Eichungskommission teil. Die Gültigkeitsdauer des Stempels erstreckt sich, unabhängig von den in § 11 festgesetzten Nacheichungsfristen nur auf eine bestimmte, nach dem jeweiligen Stande der Untersuchung von der Normal-Eichungskommission festzusetzende Dauer. Die Kosten der Prüfungen trägt der Fabrikant oder, je nach den Abmachungen, der Besitzer des Gegenstandes. Da dem Besitzer aus der bedingten Eichung Schwierigkeiten und Kosten entstehen können, wird er regelmäßig benachrichtigt, daß das von ihm erworbene oder aufgestellte Meßgerät noch nicht endgültig zugelassen ist; auch wird er mit den Bedingungen bekannt gemacht, die sich an die Eichung knüpfen. Selbstverständlich befindet sich auch bei diesen Zulassungen die Normal-Eichungskommission in jedem einzelnen Falle in Übereinstimmung mit ihrer Vollversammlung. Je nach dem Ausfall der Erprobung oder Dauerprüfung wird das Meßgerät zurückgewiesen oder endgültig in der üblichen Weise zugelassen. Solange die endgültige

Zulassung nicht erfolgt ist, muß das Meßgerät auf einem an leichtersichtlicher Stelle angebrachtem Schilde die Bezeichnung tragen: „Probeweise geeicht."

Nach § 1 der Eichordnung bestimmt die Kaiserliche Normal-Eichungskommission, unter welchen Voraussetzungen andere (nämlich als die eichfähigen) Meßgeräte probeweise zur Eichung zuzulassen sind. Sie hat also vollständig freie Hand, welche Anforderungen sie an die probeweise zugelassenen Gegenstände, z. B. hinsichtlich der Ausführung und der Fehlergrenzen, auch hinsichtlich des Prüfungsverfahrens stellen will; sie kann verlangen, daß die Nachprüfung in halbjährlichen Fristen erfolgt, sie kann aber auch die Nacheichungsfristen über die in § 11 verlangte Dauer verlängern usw. Auch hinsichtlich der Erhebung von Gebühren ist der Normal-Eichungskommission durch Nr. 10 des ersten Abschnittes der Eichgebührenordnung vom 18. Dezember 1911 (R. G.Bl. S. 1074, Anlage 6) freie Hand gelassen.

Probeweise geeichte Meßgeräte gelten als geeicht im Sinne dieses Gesetzes.

10a) Diese Vorschrift ist wörtlich aus Artikel 18 der M. u. G.O. vom 17. August 1868 übernommen; in Verbindung mit § 10 bedeutet sie gleichwohl eine nicht unwesentliche Erweiterung der Befugnisse der Kaiserlichen Normal-Eichungskommission. Bisher endete die technische Aufsicht der Kommission über die Meßgeräte in dem Augenblicke, wo sie in den Verkehr übergingen. Die Überwachung des Verkehrs ist eine Sache der Verkehrspolizei und steht daher den Bundesregierungen zu. Die polizeilichen und die polizeilich-technischen Revisionen sind rein polizeiliche Maßnahmen, auf welche die Normal-Eichungskommission keinen Einfluß hat. Dagegen ist die Nacheichung keine polizeiliche Maßnahme, sondern eine rein technische Bestimmung, denn sie ist nach § 10 eine Eichung genau so wie die Neueichung. Die Organisation der Nacheichung ist, wie die der Neueichung nach § 23 Sache der Landesregierungen. Der Erlaß der technischen Vorschriften aber ist nach § 19 der Kaiserlichen Normal-Eichungskommission übertragen, ihr allein liegt auch die Fürsorge für die einheitliche Durchführung der Bestimmungen im gesamten Reichsgebiet ob. Für die Verwirklichung der Rechtseinheit auf dem Gebiete des Maß- und Gewichtswesens ist hiermit ein großer Schritt vorwärts getan, denn bisher wurden die technischen Revisionen in den einzelnen Bundesstaaten sehr verschieden gehandhabt, sowohl was die Frist anbelangt, innerhalb deren sie wiederholt wurden, als auch hinsichtlich der Anforderungen, die bei den Prüfungen an die Beschaffenheit der Maße, Gewichte usw. gestellt wurden. Die Eichordnung vom 8. November 1911 schreibt dagegen genau vor, wie die Prüfung im einzelnen vorzunehmen ist und welchen Bedingungen die Meßgeräte genügen müssen, um noch gestempelt werden zu können. Die Normal-Eichungskommission hat darüber zu wachen, daß die Vorschriften gleichmäßig und dem Interesse des Verkehrs entsprechend gehandhabt werden.

[11]) „Bestimmungen über die Herausziehung von solchen Meßgeräten aus dem Verkehre, welche den neuen Vorschriften nicht mehr entsprechen, sind von der Kommission schon in weitem Umfange getroffen worden; diese Befugnis wird ihr jetzt ausdrücklich beigelegt" (aus der Begründung des Entwurfes). Die Begründung wird der Tragweite der neuen Bestimmung nicht gerecht. Bisher war die Behandlung der im Verkehr befindlichen und nicht mehr zulässigen Gegenstände gesetzlich nicht geregelt. In solchen Fällen beschließt der Bundesrat über die zur Ausführung der Reichsgesetze erforderlichen Verwaltungsvorschriften und Einrichtungen (Verfassung des Deutschen Reiches vom 16. April 1871 Artikel 7 Nr. 2). Auf Grund des Artikels 7 der Reichsverfassung hat der Bundesrat in bezug auf die eichamtliche Behandlung vorschriftswidriger Maße usw. (Artikel 10 der Maß- und Gewichtsordnung vom 17. August 1868) unterm 22. März 1876 nachstehende Anordnung getroffen (Zentralblatt für das Deutsche Reich Nr. 12):

„Die Eichungsbehörden haben denjenigen, mit dem Eichungsstempel versehenen Maßen, Gewichten, Wagen oder sonstigen Meßwerkzeugen, welche bei einer eichamtlichen Prüfung vorschriftswidrig befunden werden, vor deren Rückgabe die Beglaubigung ihrer Zulässigkeit im öffentlichen Verkehr durch Vernichtung des Stempels zu entziehen, wenn die nach den bestehenden Bestimmungen zulässige Berichtigung entweder an sich oder wegen des Widerspruchs der Beteiligten nicht bewirkt werden kann."

Durch § 19 Abs. 3 erster Satz ist die Lücke in der Gesetzgebung ausgefüllt. Auf Grund dieser Bestimmung hat die Kaiserliche Normal-Eichungskommission nachstehende Vorschrift erlassen (§ 12 der Eichordnung vom 8. November 1911 Anlage 9).

„Wenn ein bereits geeichtes Meßgerät bei einer eichamtlichen Prüfung vorschriftswidrig befunden wird, und wenn eine Berichtigung instruktionsmäßig oder wegen Widerspruchs des Antragstellers nicht bewirkt werden kann, so ist ihm durch Beseitigung oder Entwertung des letzten Jahreszeichens und des zugehörigen Stempelzeichens die Verkehrsfähigkeit zu entziehen. Das gleiche gilt, wenn ein Meßgerät keinen Raum mehr für die Stempelung bietet.

Bei der Entwertung ist das nachfolgende Entwertungszeichen zu benutzen: 

Dieselbe Bestimmung des § 19 gibt der Normal-Eichungskommission auch das Recht zum Erlaß von Übergangsbestimmungen. Bisher stand diese Befugnis nach § 2 des Gesetzes vom 11. Juli 1884 (R.G.Bl. S. 115) betreffend die Abänderung der Maß- und Gewichtsordnung vom 17. August 1868 lediglich dem Bundesrat zu. Übergangsbestimmungen, die durch das Gesetz bedingt werden, sind nach § 23 durch Kaiserliche Verordnung mit Zustimmung des Bundesrates zu erlassen (Anlage 1). Dagegen setzt die Normal-Eichungskommission den Zeitpunkt fest, bis zu dem Gegenstände, die den Vorschriften der Ausführungsbestimmungen nicht oder nicht mehr entsprechen, im Verkehre nicht weiter benutzt werden dürfen. Gegenstände, die nicht den Vorschriften entsprechen, sind im allgemeinen solche, die nach den bestehenden Vorschriften nicht eichfähig sind, aber gleichwohl zu Unrecht geeicht wurden, sei es aus versehentlicher, sei es aus bewußt falscher Auslegung der Vorschriften. Gegenstände, die den Vorschriften nicht mehr entsprechen, sind solche, die nach früheren, nicht mehr geltenden Vorschriften geeicht wurden, jetzt aber nicht mehr eichfähig sind, weil die Vorschriften inzwischen eine Abänderung erfahren haben.

Für Meßgeräte dieser Art hat die Kaiserliche Normal-Eichungskommission die in der Anlage 7 abgedruckten und in der Bekanntmachung, betreffend Übergangsbestimmungen für die Neueichung von Meßgeräten. Vom 25. März 1912 (R.G.Bl. S. 217) veröffentlichten Vorschriften erlassen. Sie gibt hierzu die nachfolgende Erläuterung:

Durch die Eichordnung vom 8. November 1911 und die Instruktion vom 27. November 1911 werden einzelne Meßgeräte unzulässig, die nach den bisherigen Vorschriften (Eichordnung vom 27. Dezember 1884, Bekanntmachung, betreffend die Zulassungsfristen für ältere Maße, Meßwerkzeuge, Gewichte und Wagen vom 8. Januar 1897 — R.G.Bl., Beilage zu Nr. 1, Mitteilungen 2. Reihe, S. 52) eichfähig waren. Bei der Nacheichung werden Meßgeräte dieser Art in der Regel nicht zu beanstanden sein, wenn die Unvorschriftsmäßigkeit sich lediglich auf Material, Gestalt, Einrichtung und Bezeichnung bezieht, da im allgemeinen die Prüfung bei der Nacheichung sich nicht auf diese Eigenschaften erstreckt. Nur wenn ein Meßgerät unrichtig befunden wird und instruktionsmäßig nicht berichtigt werden kann, ist es durch Entwertung des Stempels verkehrsunfähig zu machen (§ 13 der Maß- und Gewichtsordnung, § 12 der Eichordnung). An diesen Verhältnissen etwas zu ändern, liegt keine Veranlassung vor. Für die Nacheichung sind daher keine Übergangsbestimmungen vorgesehen.

Anders liegt es bei der Neueichung. Hier ist zu unterscheiden zwischen neuen, ungeeichten Meßgeräten und solchen, die bereits geeicht sind, aber aus einem der in der Allgemeinen Instruktion unter Nr. 2 b, 1 bis 4, angeführten Gründe zur Neueichung (Wiederholung der Eichung) vorgelegt werden. Die erstgenannte Gattung bilden namentlich die Lagerbestände der Fabrikanten und Händler. Die ungeeichten Geräte sollen noch bis zum 31. Dezember 1913 zur Neueichung (ersten Eichung) vorgelegt werden dürfen. Geeichte Meßgeräte, gleichviel ob sie bereits vor dem 1. April 1912 oder in der Übergangszeit bis zum 31. Dezember 1913 geeicht wurden, also Meßgeräte der zweiten Gattung, dürfen noch bis zum 31. Dezember 1921 zur Neueichung (Wiederholung der Eichung) vorgelegt werden, wenn sie nur den bis zum 31. März 1912 in Kraft gewesenen Vorschriften über Material, Gestalt, Einrichtung oder Bezeichnung entsprechen.

Meßgeräte, welche die in der Eichordnung vom 8. November 1912 festgesetzten Fehlergrenzen nicht einhalten, oder in der Maßgröße den Bestimmungen der Eichordnung vom 8. November 1911 nicht entsprechen, sind sowohl von der ersten Neueichung wie von ihrer Wiederholung ausgeschlossen.

Eine besondere Vorschrift gilt für Förderwagen und Fördergefäße, soweit sie vom 1. Januar 1913 ab dem Eichzwange unterliegen. Solche Meßgeräte sollen in einer Anzahl von nahezu 1 Million in den Bergwerksbetrieben umlaufen. Schon aus wirtschaftlichen Rücksichten erscheint es ausgeschlossen, daß alle diese Geräte durch neue ersetzt oder aufgearbeitet werden. Sie sollen daher, wenn sie eine bereits erfolgte Verwendung im Betriebe erkennen lassen, bis zum 31. Dezember 1912 bei der Neueichung so behandelt werden, als ob sie zur Nacheichung vorgelegt würden. Etwaige Gestaltsänderungen (Verbeulungen usw.) sollen also keinen Grund zur Zurückweisung bieten, solange die Fehlergrenze von $^1/_{20}$ des Raumgehaltes eingehalten wird. Neue Förderwagen und Fördergefäße, sowie gebrauchte Förderwagen und Fördergefäße, die nach dem 31. Dezember 1912 zur Eichung gebracht werden, nehmen an dieser Erleichterung nicht teil.

[12]) „Wie sich aus vorstehendem ergibt, kommt die Kommission häufig in die Lage, Meßgeräte für den Verkehr zu prüfen und zu stempeln. Zur Beseitigung von Zweifeln erscheint es zweckmäßig, im Gesetze zum Ausdruck zu bringen, daß derartige, den Stempel der Kommission tragende Gegenstände als geeicht zu gelten haben" (Begründung zum Entwurf). Die Normal-Eichungskommission hat auch früher schon, bereits bei der Veröffentlichung der Eichordnung von 1863 sich einige Arten von Gegenständen zur ausschließlichen Eichung vorbehalten. Ihr Stempel mußte daher im öffentlichen Verkehre auf diesen Gegenständen auch anerkannt werden. Die jetzige Bestimmung geht weiter und enthält überhaupt keine Einschränkung. Die Normal-Eichungskommission ist daher berechtigt, jedes eichfähige Meßgerät zu eichen und nachzueichen, während bei den Eichämtern eine Beschränkung ihrer Befugnis hinsichtlich derjenigen Gegenstände besteht, deren Eichung die Normal-Eichungskommission sich vorbehalten hat. In der Praxis wird sich ihre Eichtätigkeit allerdings wohl dahin regeln, daß sie Nacheichungen in der Regel nur an solchen Gegenständen vornehmen wird, die sie auch neugeeicht hat, meist also nur an Meßgeräten, deren ausschließliche Eichung sie sich vorbehalten hat. Die nur probeweise geeichten Meßgeräte unterliegen besonderen Bestimmungen.

§ 20.

Sämtliche Eichbehörden haben sich bei der Eichung der vom Bundesrate[1]) festzusetzenden Stempel-[2]) und Jahreszeichen[3]) zu bedienen.[4])

Bei der Nacheichung ist das Jahreszeichen allein anzuwenden, soweit nicht von der Kaiserlichen Normal-Eichungskommission für einzelne Arten von Gegenständen abweichende Bestimmungen getroffen werden,[5]) oder der gänzliche Fortfall der Stempelung[6]) zugelassen wird.

[1]) Nach Artikel 19 der M. u. G.O. vom 17. August 1868 wurden die Stempelzeichen für das ganze Bundesgebiet — späterhin das außerbayerische Reichsgebiet — von der Kaiserlichen Normal-Eichungskommission vorgeschrieben. In Bayern erfolgte die Festsetzung der Stempelzeichen durch Königl. Verordnung. Im Reichsgebiet war als übereinstimmendes Stempelzeichen ein gewundenes Band, in Bayern das bayerische Rautenschild angenommen. Nachdem nun Bayern in den Vorverhandlungen zur Maß- und Gewichtsordnung sich bereit erklärt hatte, unter Aufgabe seines

Sonderzeichens mit gewissen Vorbehalten das Eichband anzunehmen, mußte die Festsetzung der Stempelzeichen für das ganze Reichsgebiet einschließlich Bayerns dem Bundesrate übertragen werden. Die von ihm beschlossenen Stempel- und Jahreszeichen sind veröffentlicht in der Bekanntmachung, betreffend die bei der Eichung anzuwendenden Stempel- und Jahreszeichen. Vom 14. November 1911 (R.G.Bl. S. 951, Anlage 2). Die Bekanntmachung betrifft lediglich die Form des Eichzeichens. Die technischen Ausführungsbestimmungen über die Größenabstufungen der Eichzeichen, über Form und Material der Stempel und über das bei der Stempelung anzuwendende Verfahren hat die Normal-Eichungskommission in der Instruktion erlassen (Anlage 14). Die Vorschriften über Ort und Zahl der auf den einzelnen Gattungen der Meßgeräte aufzubringenden Stempel sind in der Eichordnung veröffentlicht worden.

[2]) Das neue Stempelzeichen besteht aus einem gewundenen Bande, dem die Buchstaben D R (Deutsches Reich), in Bayern die Buchstaben K B (Königreich Bayern) eingeschrieben sind. Es unterscheidet sich von dem bisher gültigen Eichzeichen dadurch, daß das Band rechts und links eine Windung weniger zeigt und daß hinter den eingeschriebenen Buchstaben, wie bei allen Abkürzungen auf dem Gebiete des Münz-, Maß- und Gewichtswesens, die Punkte fortgefallen sind. Über und unter dem Bande befinden sich die Unterscheidungsmerkmale für die verschiedenen Behörden, nämlich für die Normal-Eichungskommission je ein achtstrahliger Stern über und unter dem Bande, für die Aufsichtsbehörden über dem Bande ihre Ordnungsnummer im Reiche, unter dem Bande ein Stern, für die Eichämter über dem Bande die Ordnungszahl der Aufsichtsbehörde, unter dem Bande die Ordnungszahl, die das Eichamt innerhalb des Aufsichtsbezirkes führt. In Bayern tritt an die Stelle der Nummer des Aufsichtsbezirkes die Nummer des Regierungsbezirkes, in dem das Eichamt seinen Sitz hat. Abfertigungsstellen können noch besonders durch einen neben die Nummer des Eichamtes gesetzten lateinischen Buchstaben als solche gekennzeichnet und unterschieden werden.

Ein zwischen die beiden eingeschriebenen Buchstaben gesetzter achtstrahliger Stern kennzeichnet den so gestempelten Gegenstand als einen solchen höherer Genauigkeit (Präzisions-Längenmaße-, Gewichte-, Wagen- und Goldmünzgewichte, ferner Getreideprober). Bei den Aräometern und den Meßwerkzeugen für wissenschaftliche und technische Untersuchungen wird das Stempelbild durch einen darüber oder daneben gesetzten Reichsadler ergänzt. Die Fabrikanten dieser Glasinstrumente, besonders die in Thüringen wohnenden, die hauptsächlich für die Ausfuhr tätig sind, haben schon lange den Wunsch nach einer entsprechenden Vervollständigung des Stempelbildes gehabt, weil der Adler als Hoheitszeichen im Auslande bekannter ist und höher eingeschätzt wird als das Eichzeichen.

[3]) Das Jahreszeichen besteht aus den beiden letzten Ziffern der Jahreszahl in einer Umrahmung, die dem Mittelschilde im Reichsadler gleicht. Nur

bei den Fässern fällt die Umrahmung mit Rücksicht auf die schon bestehenden und eingebürgerten Gewohnheiten fort.

[4]) Die Stempelung ist die Ausstellung einer öffentlichen Urkunde, durch welche die Richtigkeit (besser würde es heißen „Vorschriftsmäßigkeit") eines Maßes oder Gewichtes beglaubigt wird. Die unbefugte Nachahmung des Eichstempels ist daher nach § 267ff. R.St.G.B. als Urkundenfälschung zu bestrafen, wenn die übrigen Erfordernisse dieses Vergehens (rechtswidrige Absicht und Gebrauch zum Zweck einer Täuschung) vorhanden sind (Laband, Staatsrecht des Deutschen Reiches 2 Bd. § 75 III, 1).

Nach einer Entscheidung des Reichsgerichtes I Strafsenat vom 9. Januar 1893 (Entscheidungen 23 Bd. 1893 S. 378) trägt auch die Aufbringung eines von einem geeichten Gegenstande abgelösten Eichstempels auf einen ungeeichten Gegenstand das Merkmal der fälschlichen Anfertigung einer öffentlichen Urkunde.

„Der Stempel bildet das Mittel, durch welches eine öffentliche Behörde innerhalb ihrer Zuständigkeit bezeugte, daß die mit dem Stempel in eine, der willkürlichen Trennung entzogene, Verbindung gebrachte Wage den vom Gesetze aufgestellten Anforderungen entsprach. Damit aber war die in dieser Weise erfolgte Stempelung eine öffentliche Urkunde. Wurde nun, wie erstrichterlich festgestellt, ein solcher Stempel von der zu demselben gehörigen Wage abgelöst und dem Balken einer anderen nicht geeichten Wage von einem zur Stempelung nicht Befugten eingefügt, so wurde damit einem Gegenstande, der eine Tatsache als nachgewiesen darstellen sollte, der Schein beigelegt, als ob derselbe eine wahre von dem zuständigen Beamten ausgehende Tatsache bezeugte, es wurde also eine öffentliche Urkunde fälschlich angefertigt. Hierbei ist es auch gleichgültig, ob nur der zur Beglaubigung der Eichung einer anderen Wage ordnungsgemäß verwendete Stempel für sich allein oder ob der mit einem solchen Stempel versehene ganze Balken einer anderen Wage dazu verwendet wurde, einer neuen Wage den Anschein der erfolgten Beglaubigung zu verleihen, in beiden Fällen wurde der Stempel zur Herstellung einer gegenstandlichen amtlichen Beglaubigung einer Tatsache, nämlich der vorschriftsmäßigen Beschaffenheit der Wage benutzt, für die er nicht bestimmt war."

Dagegen hat das Landgericht zu Darmstadt in seiner Entscheidung vom 2. Juli 1908 wohl nicht ganz zutreffend in der Stempelung von Gewichten durch einen entlassenen Eichmeister nicht die fälschliche Anfertigung einer öffentlichen Urkunde, sondern nur die unbefugte Ausübung eines öffentlichen Amtes erblickt. Das Landgericht zu Köln findet aber schon in der nachträglichen Abänderung der Tragfähigkeit einer Wage die Merkmale einer Urkundenfälschung.

Die Beglaubigung bezieht sich und kann sich auch nur beziehen auf den Zustand des Meßgerätes im Augenblicke der Stempelung. Werden an ihm Änderungen vorgenommen, die seine Vorschriftsmäßigkeit beeinflussen können, wie z. B. die Einsetzung einer neuen Schneide in einen Wagebalken, die nachträgliche Anbringung einer engeren Teilung auf einem Maßstab, so erlischt damit die Gültigkeit des Stempels. Wird das Meßgerät gleichwohl ohne zuvorige Wiederholung der Eichung weiterbenutzt, so liegt der gleiche Tatbestand vor, wie in dem vom Reichsgericht behandelten Falle, denn es ist gleichgültig, ob der Stempel von einem Gegenstand auf den andern übertragen wird, oder ob der Gegenstand, an dem er sitzt, verändert wird. Beidemal soll er den Anschein der erfolgten Beglaubigung einem Meßgerät verleihen, für das er nicht bestimmt ist. Das Bewußtsein der Gesetzwidrigkeit wird allerdings in diesen Fällen dem Täter häufig fehlen.

[5]) Die Maß- und Gewichtsordnung vom 17. August 1868 kannte in Artikel 19 nur das Stempelzeichen zur Beglaubigung der Eichung. Die Gültigkeitsdauer dieses Zeichens war unbeschränkt. Es beurkundet die vorschriftsmäßige Beschaffenheit eines geprüften Meßgerätes, also einmal die vorschriftsmäßige Ausführung hinsichtlich der Konstruktion, des Materials, der Gestalt, Einrichtung und Bezeichnung und dann die Richtigkeit innerhalb der vorgeschriebenen Fehlergrenze, also der Eichfehlergrenze. Die Beurkundung betrifft den Zustand des Meßgerätes im Augenblicke seiner Stempelung. Wann diese stattgefunden hat, läßt der Stempel nicht ersehen.

Die Bedeutung des Stempelzeichens ist unverändert die gleiche geblieben. Durch die Einführung der periodischen Nacheichung ist seine Gültigkeitsdauer aber auf die Frist beschränkt, innerhalb deren die regelmäßige Wiedervorlegung zur Nacheichung zu erfolgen hat. Es bedurfte daher zur Kennzeichnung des Zeitpunktes der Eichung eines besonderen Zeichens, und da die Frist sich nach Jahren berechnet und erst mit dem Ablauf des Jahres beginnt, in dem die letzte Eichung geschah, so genügt die Angabe dieses Jahres. Demgemäß wird in § 20 neben dem Stempelzeichen noch ein Jahreszeichen eingeführt. Die Beglaubigung erfolgt also jetzt mit dem Stempelzeichen und dem Jahreszeichen zusammen, mit der Maßgabe, daß das Stempelzeichen die Vorschriftsmäßigkeit des geeichten Meßgerätes beurkundet, das Jahreszeichen das Jahr der Eichung und damit die durch § 11 bedingte Gültigkeitsdauer des Stempelzeichens. Diese erlischt, sobald die Nacheichungsfrist abgelaufen ist. Als ungeeicht und nicht verkehrsfähig gelten daher sowohl Meßgeräte, bei denen das Stempelzeichen fehlt oder undeutlich geworden ist, als auch solche, bei denen das Jahreszeichen fehlt oder undeutlich geworden ist oder endlich Meßgeräte, bei denen nach Ausweis des Jahreszeichens die Gültigkeitsdauer des Stempelzeichens abgelaufen ist. Hinsichtlich des fehlenden Jahreszeichens bilden die vor dem ersten April 1912 geeichten Meßgeräte bis zum 31. Dezember 1914 eine Ausnahme (§ 24).

Die Nacheichung ist eine Eichung. Grundsätzlich müßte daher auch bei ihr das Stempelzeichen erneuert werden. Eichtechnische Rücksichten haben es aber ratsam erscheinen lassen, bei der Nacheichung allein das Jahreszeichen anzuwenden. Die Stempelung besteht also nur in einer Verlängerung der Gültigkeitsdauer des Stempelzeichens. Eine solche genügt auch vollkommen.

Solange ein Meßgerät noch unversehrt oder nur mäßig beschädigt ist, kann angenommen werden, daß an der vorschriftsmäßigen Ausführung sich nichts geändert hat, so daß sie nicht von neuem geprüft und beurkundet zu werden braucht. Bei der Nacheichung beschränkt sich denn auch im allgemeinen die Untersuchung der vorschriftsmäßigen Ausführung auf die Feststellung der Unversehrtheit. Dagegen wird die Richtigkeit, allerdings nur die Einhaltung der Nacheichungsfehlergrenzen, bei der Nacheichung in der Regel durch ein besonderes Verfahren ermittelt. Die geschehene Prüfung wird durch das Jahreszeichen bestätigt.

Die verschiedene Bedeutung der Zeichen spiegelt sich auch in der verschiedenen Behandlung wieder, die die Meßgeräte bei fehlendem oder undeutlich gewordenem Stempel- oder Jahreszeichen erfahren. Für die Verkehrsfähigkeit ist allerdings stets das Vorhandensein des Stempelzeichens und eines gültigen Jahreszeichens erforderlich, fehlt auch nur eines von beiden, so ist die Verkehrsfähigkeit aufgehoben. Für die Eichfähigkeit aber wird ein Unterschied gemacht. Fehlt das Stempelzeichen, ist es entwertet oder nicht mehr erkennbar, so muß unter allen Umständen eine Neueichung mit entsprechender Stempelung vorgenommen werden. Fehlt das Jahreszeichen oder ist es wertlos geworden, weil die Nacheichungsfrist abgelaufen ist, so hat damit zwar auch das Stempelzeichen seine Gültigkeit verloren, aber eine bloße Nacheichung und die Aufbringung des sie bestätigenden Jahreszeichens reicht aus, um die Gültigkeit des Stempelzeichens und die Verkehrsfähigkeit des Meßgerätes wieder aufleben zu lassen.

Die Stempelung erfolgt bei Neueichung meist nur an einer Stelle, mit dem Stempelzeichen und dem Jahreszeichen. Ist eine Stempelung an mehreren Stellen vorgesehen, so wird das Jahreszeichen gleichwohl dem Stempelzeichen in der Regel nur an einer besonders vorgeschriebenen Stelle beigesetzt (§ 10 der E.O.). Der eine Stempel gilt dann als der Hauptstempel, die übrigen Stempel ohne Jahreszeichen haben lediglich den Zweck von Sicherungsstempeln. So heißt es z. B. bei den Meßwerkzeugen für Flüssigkeiten:

„Ferner sind alle Stempelungen auszuführen, die zur Sicherung der Verbindung aller den Maßraum bestimmenden Teile erforderlich sind" (§ 46 der E.O.).

Solche Stempelungen betreffen unter anderem die Verbindung eingelöteter Böden mit der Maßwand, die Verbindung eingesetzter Skalen mit ihrer Metallfassung, Flüssigkeitsstandrohre, Justiereinrichtungen usw. Das Fehlen von Sicherungsstempeln macht ein Meßgerät nicht verkehrsunfähig, es bedingt auch keine Neueichung; bei der Entziehung der Verkehrsfähigkeit bleiben die Sicherungsstempel unberührt, entwertet wird nur der zu dem Jahreszeichen zugehörige Stempel (§ 12 der E.O.). Nur dieser beurkundet die Vorschriftsmäßigkeit des Meßgerätes.

[5]) Nach der Begründung zum Entwurf war in Aussicht genommen, auf Plomben, z. B. bei Meßwerkzeugen für Flüssigkeiten, bei Präzisions-

wagen usw. bei der Nacheichung auch das Stempelzeichen nochmals anzubringen. Der Gegenstand hätte dann aber zwei Hauptzeichen gehabt. Es ist deshalb hiervon abgesehen worden. Lediglich bei den Fässern, bei denen vor der Einreichung zur Nacheichung alle früheren Angaben entfernt werden müssen (§ 50 Nr. 1 der E.O.) erfolgt die Stempelung bei der Nacheichung in gleicher Weise wie bei der Neueichung (§ 52 Nr. 2 der E.O.).

[6]) Von der Stempelung bei der Nacheichung ist abzusehen bei den Gewichten von 500 Milligramm abwärts (§ 80 der E.O.) und den Präzisionswagen mit einer größten zulässigen Last von 20 Gramm abwärts (§ 100 der E.O.). Bei diesen Meßgeräten ist die erfolgte Nacheichung zu bescheinigen (Allg. Instruktion Nr. 7).

§ 21.

Meßgeräte, die den Vorschriften dieses Gesetzes entsprechend[2]) geeicht sind, dürfen im ganzen Reichsgebiet angewendet werden.[1])

[1]) § 21 sichert die Freizügigkeit geeichter Meßgeräte durch das ganze Reichsgebiet. Der Reichsstempel wird in Bayern und der von diesem jetzt nur noch durch die Inschrift unterschiedene bayerische Stempel wird im außerbayerischen Reichsgebiet anerkannt. Die Sonderstellung Bayerns auf dem Gebiete des Eichwesens hört damit auf.

[2]) Der Zusatz hat lediglich erläuternde Bedeutung. Geeichte Geräte können nur den Vorschriften des Gesetzes entsprechend geeicht sein, da vorschriftswidrige Maße nicht eichfähig sind und nicht geeicht werden dürfen. In Frage könnte also nur kommen, ob die Ausführungsbestimmungen der Kaiserlichen Normal-Eichungskommission nicht mit dem Gesetz in Einklang stehen, oder ob der Beamte seine Pflichten wissentlich oder versehentlich verletzt hat.

§ 22.[1])[2])

Wer in Ausübung eines Gewerbes[3])[4]) den Vorschriften der §§ 6 bis 9, 11, 13 dieses Gesetzes,[5]) den auf Grund des § 12 dieses Gesetzes erlassenen Anordnungen des Bundesrats[6]) oder den sonstigen Vorschriften der Maß- und Gewichtspolizei[7]) zuwiderhandelt, wird mit Geldstrafe bis zu einhundertfünfzig Mark oder mit Haft bestraft. Der Ausübung eines Gewerbes im Sinne dieser Vorschrift steht der Geschäftsbetrieb von Vereinen auch insoweit gleich, als er sich auf die Mitglieder beschränkt.[8])

Neben der Strafe ist auf die Unbrauchbarmachung[9]) oder die Einziehung der vorschriftswidrigen Meßgeräte zu erkennen, auch kann deren Vernichtung ausgesprochen werden. Es macht keinen Unterschied, ob die Geräte dem Verurteilten gehören oder nicht. Ist die Verfolgung oder die Verurteilung einer bestimmten Person nicht ausführbar, so kann auf die Unbrauchbarmachung oder die Einziehung und auf die Vernichtung selbständig erkannt werden.

[1]) Bei der Wichtigkeit des § 22 soll die ganze Begründung des Entwurfes mitgeteilt werden. „Die Vorschriften, durch die das Maß- und Gewichtswesen unter strafrechtlichen Schutz gestellt wird, finden sich zur Zeit im Strafgesetzbuche (§ 369 Abs. 1 Nr. 2). Nunmehr soll das nach dieser Richtung Erforderliche in der Maß- und Gewichtsordnung selbst vorgesehen werden.

Der an die Stelle der bezeichneten Vorschriften des Strafgesetzbuches tretende § 22 bedroht im Abs. 1 Satz 1 mit Geldstrafe, deren Höchstbetrag statt 100 *M* künftig 150 *M* sein soll, oder mit Haft, deren Höchstbetrag gemäß § 18 des Strafgesetzbuchs sechs Wochen ist, denjenigen, welcher den Vorschriften der §§ 6 bis 9, 11, 13, den auf Grund des § 12 erlassenen Anordnungen des Bundesrats oder den sonstigen Vorschriften der Maß- und Gewichtspolizei — wohin auch die von der Normal-Eichungskommission erlassenen Ausführungsvorschriften gehören — zuwiderhandelt, sofern die Zuwiderhandlung in Ausübung eines Gewerbes begangen wird. Daß der Täter ein Gewerbe im Sinne der Gewerbeordnung betreibe, wird nicht erfordert; Voraussetzung für die Strafbarkeit soll vielmehr lediglich sein, daß die Zuwiderhandlung innerhalb einer auf fortgesetzten Erwerb gerichteten Tätigkeit erfolgt. Hieraus folgt, daß auch die in einem landwirtschaftlichen Betriebe stattfindenden Verkäufe selbstgewonnener Erzeugnisse, sofern es sich nicht lediglich um eine einzelne gelegentliche Veräußerung handelt, der Vorschrift des § 22 unterworfen sind. Der Satz 2 des Abs. 1 ermöglicht den Behörden, die Beobachtung der Vorschriften über das Maß- und Gewichtswesen in dem Geschäftsbetriebe von Vereinen mittels strafrechtlichen Einschreitens auch insoweit durchzusetzen, als sich der Betrieb auf die Mitglieder beschränkt.

In den Kreisen der Beteiligten ist angeregt worden, im Gesetz ausdrücklich vorzuschreiben, daß wegen Zuwiderhandlungen gegen § 22 eine Bestrafung nur dann eintritt, wenn derjenige, welcher die vorschriftswidrigen Meßgeräte angewendet oder bereitgehalten hat, deren Vorschriftswidrigkeit gekannt hat oder bei gehöriger Aufmerksamkeit hätte kennen müssen. Einer solchen Vorschrift bedurfte es indessen nicht, weil schon nach der Art des hier vorgesehenen Tatbestandes nicht zweifelhaft sein kann, daß für die Anwendung des § 22 das Vorliegen eines Verschuldens des Täters vorausgesetzt wird, die Strafe also nur verwirkt ist, wenn dem Täter Vorsatz oder Fahrlässigkeit zur Last fällt.

Im Abs. 2 ist wegen der Maßregel der Einziehung das den Zwecken der Maß- und Gewichtsordnung Entsprechende vorgesehen, insbesondere ist ausgesprochen, daß es hierfür keinen Unterschied begründet, ob die vorschriftswidrigen Geräte dem Täter gehören oder nicht, sowie daß auf die zulässigen Maßregeln selbständig erkannt werden kann, wenn die Verfolgung oder die Verurteilung einer bestimmten Person nicht ausführbar ist. Hierbei dürfte den auf Milderung der bisherigen Strafvorschrift gerichteten Wünschen der Beteiligten dadurch Rechnung getragen werden, daß an Stelle der Einziehung auf die Unbrauchbarmachung des vorschriftswidrigen Meßgeräts erkannt werden kann. Diese Maßregel wird namentlich dann Platz greifen, wenn schon durch die Entfernung oder Zerstörung eines einzelnen Teiles des im übrigen unversehrt zu erhaltenden Meßgeräts dessen weitere Benutzung im Verkehr verhindert werden kann. Auf diese Weise wird sichergestellt, daß große und wertvolle Geräte nicht wegen geringfügiger eichtechnischer Mängel der Einziehung verfallen.

[2]) Mit der neuen Fassung der Strafvorschriften wird zweierlei bezweckt, einmal sollen die Härten der alten Strafbestimmungen gemildert werden, dann soll der Kreis der von der Strafvorschrift Betroffenen schärfer umgrenzt werden.

Nach § 369 Abs. 1 Nr. 2 war jeder Gewerbetreibende, bei dem ungeeichte Meßgeräte vorgefunden werden, bereits strafbar. Nach § 22 wird nur das Benutzen oder Bereithalten unter Strafe gestellt, neben dem Besitz ist also noch eine Willensäußerung erforderlich. Neben der Bestrafung mußte bisher auf Einziehung der vorschriftswidrigen Meßgeräte erkannt werden; nach § 22 kann anstelle der Einziehung die bloße Unbrauchbarmachung treten. Vernichtung kann ausgesprochen werden.

Der Begriff „Gewerbetreibender" des § 369 St.G.B. hat in der Rechtsprechung verschiedene Deutung erfahren. § 22 läßt keinen Zweifel darüber, daß die strafrechtliche Verantwortlichkeit überall Platz greifen soll, wo Zuwiderhandlungen gegen die Vorschriften des Gesetzes in Ausübung eines Gewerbes begangen werden. Ferner ist klar festgestellt, daß der Verkehr von Vereinen, auch wenn er sich auf die Mitglieder beschränkt, als ein eichpflichtiger anzusehen ist. Dagegen sollen die Strafvorschriften auf Behörden sich nicht beziehen, weil etwa vorkommende Ordnungswidrigkeiten innerhalb des dienstlichen Wirkungskreises von Behörden und Beamten auf disziplinarem Wege ihre Sühne finden.

[3]) Die neue Fassung der Strafvorschriften soll ferner die Zweifel beseitigen, die hinsichtlich der Eichpflicht der Meßgeräte von Landwirten bestanden, die selbstgewonnene Erzeugnisse zu Markte oder sonst gewerbsmäßig zum Verkaufe bringen. Die bisherige Rechtsprechung ist zu keiner einheitlichen Entscheidung darüber gekommen, ob die Landwirte als Gewerbetreibende im Sinne der Maß- und Gewichtsordnung anzusehen seien oder nicht.

Die Oberlandesgerichte östlich der Elbe haben in fortlaufender Rechtsprechung den ersteren Standpunkt vertreten (Kammergericht 30. 6. 1905, O.L.G. Posen 1. 4. 1899, 17. 4. 1902, 4. 2. 1903, 18. 2. 1903, 4. 3. 1903, 13. 12. 1904, 25. 1. 1905, 7. 2. 1906, 19. 1. 1907, 24. 4. 1909, O.L. Stettin 23. 12. 1892, 23. 2. 1894, 16. 12. 1903, 14. 12. 1904, 25. 1. 1905, 7. 2. 1906, Ober-Verwaltungsgericht 5. 11. 1906, 1. 2. 1909). Ebenso urteilt aber auch O.L.G. Naumburg 10. 4. 1901, O.L.G. Hamm 7. 5. 1907. Der gegenteiligen Ansicht sind O.L.G. Celle 10. 12. 1906, O.L.G. Cöln 17. 6. 1905, O.L.G. Darmstadt 1906, O.L.G. Hamm 3. 4. 1905, O.L.G. München 30. 1. 1902, 11. 3. 1905.

In der Erkenntnis des Oberlandesgerichts zu Stettin vom 23. 12. 1892 wird ausgeführt:

„Es ist zwar zuzugeben, daß nach dem gewöhnlichen Sprachgebrauche und auch im Sinne der Gewerbeordnung vom 21. Juni 1869 weder die Landwirtschaft an sich, noch auch gewisse Nebenbetriebe, wenn sie sich auf die vom Landwirte erzeugten Rohstoffe beschränken, als Gewerbe anzusehen sind (vgl. Entsch. des Reichsgerichts in Zivilsachen Bd. 1 S. 265); daraus folgt aber nicht, daß auch der § 369² des Strafgesetzbuchs unter Gewerbetreibenden nur solche Personen verstehe, die ein Gewerbe im Sinne der Gewerbeordnung betreiben. Zweck und Veranlassung des Gesetzes, nämlich die Gewährung strafrechtlichen Schutzes für die Vorschriften in Art. 10 der M. u. G.O. vom 17. August 1868, worin ganz allgemein für den öffentlichen Verkehr die Anwendung gestempelter Wagen und Gewichte angeordnet ist, weisen vielmehr darauf hin, daß mit der Bezeichnung Gewerbetreibende nicht bloß Gewerbetreibende im Sinne der Gewerbeordnung, sondern überhaupt alle diejenigen gemeint sind, die fortgesetzt eine selbstgewählte, auf die Erzielung von Gewinn gerichtete Tätigkeit ausüben. Wessen Beruf oder Gewerbe es also mit sich bringt, daß er Vieh, Getreide, oder sonstige Produkte nach Gewicht zu verkaufen hat, muß sich dabei gestempelter Wagen und Gewichte bedienen, mag es sich um eigene oder fremde Erzeugnisse handeln, mag der Verkäufer Produzent oder Händler sein. Ein Grund, zwischen diesen verschiedenen Kategorien von Verkäufern hier einen Unterschied zu machen, ist nicht vorhanden. Das Interesse des Staates, das Publikum gegen Benachteiligungen durch den Gebrauch unrichtiger Wagen und Gewichte zu schützen, ist in jedem Falle dasselbe.

Wie aus der Begründung des Entwurfes hervorgeht, folgt der Gesetzgeber demselben Gedankengange, um jedoch ganz sicher auch die Landwirtschaft zu treffen, soweit sie eine gewerbliche Tätigkeit ausübt, ist in § 22 im Eingang eine Fassungsänderung vorgenommen worden. In der Reichstagskommission wurde eine noch schärfere Fassung verlangt, eine Fassung, die jeden Zweifel darüber ausschließt, daß der Landwirt geeichte Meßgeräte zu führen habe, wenn die begrifflichen Voraussetzungen eines Gewerbebetriebes im Sinne des allgemeinen Sprachgebrauchs, deren hauptsächlichste eine auf fortgesetzten Erwerb gerichtete Tätigkeit sei, vorlägen. Eine solche Fassung, die alles Gewollte trifft, aber auch keine unbillige Härte gegen die kleinen Landwirte enthält, zu finden ist nicht gelungen.

„Weil es nicht möglich sei, die Voraussetzungen, unter denen im einzelnen die bei Landwirten vorkommenden Verkäufe und Veräußerungen als in Ausübung eines Gewerbes erfolgt anzusehen seien, durch eine kurze Formel im Gesetz selbst zum Ausdruck zu bringen, sei diese Frage nur in den Motiven behandelt worden.“ (Aus dem Protokoll.)

Indessen wurde von Regierungsseite an einer Reihe von Beispielen ihre Absicht bei der Formulierung des § 22 klargestellt. Wenn ein kleiner Landwirt einmal in einem guten Jahre von seinen Kartoffeln einige verkaufe, so könne man nicht wohl schon deshalb von ihm die Anschaffung geeichter Meßgeräte fordern. (Diese Erklärung entspricht übrigens der Entscheidung der O.V.G. vom 5. 11. 1906.) Wenn dagegen ein Bauer seine Produkte, wie Milch, Eier, Kartoffeln, Korn usw. regelmäßig in die Stadt zum Verkauf liefere, so betreibe er ein Gewerbe. Wenn auf einem Gute das Vieh einem Händler, der herauskomme, zugewogen würde, dann müsse die Wage nebst den etwa dabei benutzten Gewichten geeicht sein. Ein Güterausschlächter handelt in Ausübung eines Gewerbes, auch wenn er die Ernte verkauft.

[4]) Für die Frage, ob Gewerbegehilfen und Stellvertreter allein oder mitverantwortlich sind, ist das oben angeführte Urteil des O.L.G. Stettin vom 23. 12. 92 von Wichtigkeit. Es heißt daselbst:

„Es ist nicht richtig, daß nur selbständige Gewerbetreibende, d. h. solche, die ein Gewerbe im eigenen Namen und für eigene Rechnung betreiben, der Strafbestimmung des § 369² unterliegen. Es kommt vielmehr nur darauf an, wer tatsächlich das Gewerbe betreibt, oder den Betrieb leitet. Das Gesetz trifft deshalb namentlich auch Stellvertreter des Gewerbetreibenden, und zwar gleichviel, ob die Stellvertretung auf Gesetz oder auf Vertrag beruht. Hat jemand die Vertretung eines Gewerbetreibenden übernommen, so ist er auch in erster Linie dafür verantwortlich, daß das Gewerbe dem Gesetz gemäß ausgeübt wird, und daß insbesondere die das Gewerbe betreffenden polizeilichen Vorschriften beachtet werden."

Für das Gebiet der Gewerbeordnung ist dies in § 151 Abs. 1 daselbst noch ausdrücklich festgesetzt. Dieser Paragraph lautet nämlich in der Fassung des Gesetzes vom 1. Juni 1891 wie folgt:

„Sind bei Ausübung des Gewerbes polizeiliche Vorschriften von Personen übertreten worden, welche der Gewerbetreibende zur Leitung des Betriebes oder eines Teiles desselben oder zur Beaufsichtigung bestellt hatte, so trifft die Strafe diese letzteren. Der Gewerbetreibende ist neben denselben strafbar, wenn die Übertretung mit seinem Vorwissen begangen ist, oder wenn er bei der nach den Verhältnissen möglichen eigenen Beaufsichtigung des Betriebes oder bei der Auswahl oder der Beaufsichtigung der Betriebsleiter oder Aufsichtspersonen es an der erforderlichen Sorgfalt hat fehlen lassen."

Danach sind also die Stellvertreter des Gewerbetreibenden in jedem Falle für die Beobachtung der Polizeigesetze verantwortlich, unter Umständen aber neben ihnen noch der Gewerbetreibende selbst. Diese Vorschrift kann auch, soweit sie die Stellvertreter betrifft, keineswegs als eine singuläre angesehen werden, sie entspricht vielmehr einem allgemeinen Prinzip, das unbedenklich auch im Bereiche des Reichsstrafgesetzbuchs zur Anwendung zu bringen ist. So ist beispielsweise unter dem „Wirte" in § 365 Abs. 2 St.G.B. nicht bloß der Wirt selbst, sondern auch sein Stellvertreter zu verstehen (vgl. Oppenhof Note 7 zu § 365), und ebenso unter dem „Inhaber" eines öffentlichen Versammlungsortes im Falle des § 285 St.G.B. jeder, der zur Zeit über ein solches Lokal und seine Benutzung tatsächlich die Aufsichts- und Verfügungsgewalt hat, insbesondere, wer den eigentlich Berechtigten bei dessen Abwesenheit vertritt (vgl. Oppenhof Note 1 zu § 285 und die daselbst angeführten Urteile des vormaligen Obertribunals). Vergl. auch O.L. Hamm 7. 5. 1907 (der Verwalter einer Molkerei ist ein Gewerbetreibender).

Die Anwendung auf § 22 ergibt sich von selbst.

[5]) Die §§ 6 bis 9 enthalten die Vorschriften über die Benutzung und Bereithaltung geeichter Meßgeräte im eichpflichtigen (§ 6 Anm. 2) Verkehr. Da die Nacheichung auch eine Eichung ist (§ 10), so hätte es in § 22 der Erwähnung des § 11 nicht bedurft. Die Fassung des § 11 und die besondere Anführung dieses Paragraphen in § 22 könnte den Anschein erwecken, als ob die Nacheichung einmal geeichter Meßgeräte unter allen Umständen erfolgen müßte. Es ist aber klar, daß der Nacheichungszwang nur für den eichpflichtigen Verkehr besteht. § 13 verbietet die Verwendung unrichtiger Meßgeräte im eichpflichtigen Verkehr.

[6]) Derartige, eine Ausdehnung des Eichzwanges oder eine Abänderung der Nacheichungsfristen betreffende Anordnungen des Bundesrates sind bisher noch nicht getroffen.

[7]) Hierzu gehören in erster Linie die Ausführungsvorschriften der Kaiserlichen Normal-Eichungskommission. Strafbar würde also z. B. sein die Benutzung von Meßgeräten, deren Anwendungsgebiet genau vorgeschrieben ist, für andere Zwecke, so der Flüssigkeitsmaße für die Abmessung von trockenen Gegenständen wie Kartoffeln, Kohlen usw. und umgekehrt, der für die Zwecke der Post- und Eisenbahnverwaltung bestimmten Wagen im Handelsverkehr u. a. m.

[8]) Soweit Vereine an Nichtmitglieder verkaufen, üben sie ohne Frage ein Gewerbe aus. § 22 stellt fest, daß im Sinne der Strafvorschrift der Geschäftsbetrieb von Vereinen der Ausübung eines Gewerbes auch insoweit gleichsteht, als er sich auf die Mitglieder beschränkt. Unter Anführung vieler Belegstellen aus Erkenntnissen höchster Gerichtshöfe und aus Kommentaren vertritt das O.L.G. Jena 19. 3. 1895 den entgegengesetzten Standpunkt, während das O.L.G. Dresden die Auffassung teilt, die jetzt gesetzlich festgelegt ist. Nach § 22 könnte nur noch Zweifel darüber bestehen, ob der Verkehr der Vereine mit ihren Mitgliedern sich auch als ein öffentlicher im Sinne des § 6 darstellt. Hierüber äußern sich mehrere letztinstanzliche Urteile in bejahendem Sinne. Vergl. betreffs der Konsumvereine O.V.G. 15. 10. 1890, desgl. der G. m. b. H. O.V.G. 11. 4. 1904, und der Molkereigenossenschaften O.L. Hamm 7. 5. 1907.

Hinsichtlich der in Vereinen zur Verantwortung zu ziehenden Personen wurde in der Kommissionsberatung von Regierungsseite erklärt:

„Es ist selbstverständlich, daß gegen einen Verein als solchen auf Grund des § 22 nicht strafrechtlich eingeschritten werden kann. Der Verein ist in dieser Beziehung nicht anders zu behandeln als eine Handelsgesellschaft, ein Aktienunternehmen usw., in deren Betrieb ein eichpflichtiger Verkehr stattfindet. Der Bestrafung wegen eines Verstoßes gegen die Ordnung des Maß- und Gewichtswesens unterliget nur derjenige, welcher den im § 22 in bezug genommenen Vorschriften ‚zuwiderhandelt'. Als Täter können daher nicht der Verein, sondern nur die zu seiner Vertretung berufenen physischen Personen in Betracht kommen" (aus dem Protokoll).

[9]) Die Begriffe „Vernichtung" und „Unbrauchbarmachung" bedeuten nicht dasselbe, wie schon aus ihrer Gegenüberstellung im Absatz 2 hervorgeht. Die Vernichtung ist eine Zerstörung des vorschriftswidrigen Meßgerätes, sie schließt eine Wiederherstellung aus. Auf Vernichtung wird hauptsächlich bei minder wertvollen Meßgeräten zu erkennen sein, die ohne Zerstörung weiter benutzt werden können. So kann z. B. bei unrichtig gewordenen Gewichten die Weiterbenutzung nur verhindert werden, indem man sie zerschlägt, also zerstört oder vernichtet. Die Unbrauchbarmachung besteht in der Veränderung einzelner Teile des vorschriftswidrigen Meßgerätes derart, daß es dem Zwecke, zu dem es bestimmt ist, nicht mehr dienen kann, aber durch eine, den Vorschriften des Gesetzes und seiner Ausführungsbestimmungen angepaßte Instandsetzung seinem ursprünglichen Gebrauchszwecke wieder zugeführt werden kann. Auf Unbrauchbarmachung zu erkennen, empfiehlt sich bei wertvollen Meßgeräten. So kann z. B. eine unrichtig gewordene große Wage durch bloßes Herausschlagen einer Schneide zum Wägen unbenutzbar gemacht werden. Das Einsetzen einer neuen und Nachschleifen der übrigen Schneiden wird in der Regel die Wage wieder eichfähig herstellen.

§ 23.

Durch Kaiserliche Verordnung mit Zustimmung des Bundesrats wird der Zeitpunkt bestimmt, mit welchem diese Maß- und Gewichtsordnung ganz oder teilweise in Kraft tritt; jedoch soll das Inkrafttreten der Vorschriften über die Organisation der Eichbehörden nicht vor dem 1. Januar 1912[1]) erfolgen. Auf demselben Wege können Übergangsbestimmungen erlassen werden.[2])

Den Landesregierungen liegt ob, soweit nicht durch dieses Gesetz die Zuständigkeit anderweit geregelt ist, diejenigen Anordnungen zu treffen, welche zur Sicherung der Einführung und Durchführung der in dem Gesetz enthaltenen Bestimmungen erforderlich sind.

Mit dem Inkrafttreten dieses Gesetzes treten außer Geltung:

die Maß- und Gewichtsordnung für den Norddeutschen Bund vom 17. August 1868 nebst den Gesetzen vom 11. Juli 1884 und vom 26. April 1893;

das Gesetz, betreffend die Einführung der Maß- und Gewichtsordnung für den Norddeutschen Bund vom 17. August 1868 in Bayern, vom 26. November 1871;

das Gesetz, betreffend die Einführung der Maß- und Gewichtsordnung für den Norddeutschen Bund vom 17. August 1868 in Elsaß-Lothringen, vom 19. Dezember 1874;

§ 369 Abs. 1 Nr. 2 und Abs. 2 des Strafgesetzbuchs.

[1]) Die Hinausschiebung des Zeitpunktes für das Inkrafttreten der Vorschriften über die Organisation der Eichbehörden um volle 4 Jahre nach der Veröffentlichung des Gesetzes beruht auf einem nach langwierigen Verhandlungen erzielten Kompromiß. Sie sollte den im Besitze eines Eichamtes befindlichen Gemeinden den Übergang auf die durch die Verstaatlichung des Eichwesens geschaffenen neuen Verhältnisse, die bei vielen einen bedeutenden Einnahmeausfall bedingen, nach Möglichkeit erleichtern. Durch Kaiserliche Verordnung, betreffend das Inkrafttreten der Maß- und Gewichtsordnung vom 30. Mai 1908. Vom 24. Mai 1911 (R.G.Bl. S. 244, Anlage 1), ist mit Rücksicht auf den Beginn des Rechnungsjahres in der Mehrzahl der Bundesstaaten der 1. April 1912 als Zeitpunkt des Inkrafttretens des Gesetzes vorgeschrieben worden.

Von der Ermächtigung in § 23 Abs. 1, einzelne Teile des Gesetzes zu einem anderen als dem allgemein vorgeschriebenen Zeitpunkte in Kraft zu setzen, ist in § 2 der Kaiserlichen Verordnung vom 24. Mai 1911 in bezug auf die Vorschrift im § 7 über Neueichung der im Bergwerksbetriebe zur Ermittelung des Arbeitslohns dienenden Förderwagen und Fördergefäße sowie die Vorschrift im § 9 über die Eichung der Bierfässer Gebrauch gemacht worden. Beide Vorschriften treten erst am 1. Januar 1913 in Kraft. Der Grund für diese Ausnahmebestimmung ist rein technischer Natur und beruht auf der Unmöglichkeit, die große Anzahl der in Betracht kommenden Meßgeräte in kürzerer als der angenommenen Frist zu eichen. Es handelt sich hierbei im ganzen Reichsgebiet um rund eine Million Förderwagen und Fördergefäße und um nahezu zwanzig Millionen Bierfässer.

[2]) Körpermaße, die dem viertel Hektoliter entsprechen, sind nach § 14 nicht mehr zulässig; in der Eichordnung vom 8. November 1911 sind daher auch Maße dieser Größe nicht mehr vorgesehen. Die nach § 21 der Eichordnung vom 27. Dezember 1884 zugelassenen Hohlmaße für trockene Gegenstände zu $^1/_4$ Hektoliter sollen nach § 3 der Kaiserlichen Verordnung vom 24. Mai 1911 noch bis zum 31. Dezember 1922, also noch ein Jahrzehnt im Verkehre zulässig sein. Die letzte Nacheichung dieser Maße erfolgt daher im Jahre 1920.

[3]) Die Ordnung des Maß- und Gewichtswesens ist durch die Maß- und Gewichtsordnung erfolgt. Die Ordnung des Eichdienstes, soweit sie nicht in technischer Beziehung zur Zuständigkeit der Kaiserlichen Normal-Eichungskommission gehört, sowie die Maß- und Gewichtspolizei ist Sache der Landesregierungen. Diese setzen also die Zahl der Eichämter fest und regeln deren Befugnisse, sie bestimmen die Zahl der erforderlichen Beamten und entscheiden über die Anstellungsbedingungen und Besoldungsverhältnisse

usw. Sie organisieren die Nacheichung, die Erhebung der Gebühren usw. Die polizeiliche Überwachung des eichpflichtigen Verkehrs, besonders die Fürsorge für die Richtigkeit der benutzten Meßgeräte steht ihnen zu usw. (§ 18 Anm. 2).

§ 24.[1])

Für diejenigen Meßgeräte, welche beim Inkrafttreten dieses Gesetzes bereits mit einem die Zeit ihrer Eichung oder letzten Nacheichung bezeichnenden Jahreszeichen versehen sind, beginnen die in § 11 festgesetzten Fristen für die Nacheichung oder deren Wiederholung mit dem Ablaufe des so bezeichneten Kalenderjahrs, für diejenigen Meßgeräte, die noch kein Jahreszeichen tragen, mit dem Ablaufe des Jahres, in welchem dieses Gesetz in Kraft tritt.

[1]) § 24 stellt sich als eine Übergangsbestimmung dar. Nach dem Inkrafttreten des Gesetzes muß jedes Meßgerät neben dem Stempelzeichen noch ein Jahreszeichen tragen, welches das Jahr der Eichung kennzeichnet (§ 20 der M. u. G.O., § 10 der E.O. vom 8. November 1911). Für diese Meßgeräte ist die Nacheichungsfrist und ihr Beginn durch § 11 geordnet.

Auch die vor dem Inkrafttreten des Gesetzes im Verkehre befindlichen, nach Maßgabe der bisherigen Gesetze geeichten Meßgeräte unterliegen den Vorschriften dieses Gesetzes, so daß es für sie einer besonderen Vorschrift über den Beginn und Lauf der Nacheichungsfristen beim Inkrafttreten des Gesetzes bedarf. Hier ist zu unterscheiden zwischen solchen Meßgeräten, die bereits mit einem die Zeit ihrer Neueichung oder letzten Nacheichung bezeichnenden Jahreszeichen versehen sind, und solchen, die überhaupt noch kein Jahreszeichen tragen. In denjenigen Bundesstaaten, die bereits die periodische Nacheichung vor Erlaß des neuen Gesetzes besaßen, wie Bayern, Sachsen, Elsaß-Lothringen gehören alle geeichten Meßgeräte zu der ersteren Klasse, im übrigen Reichsgebiet sind ihr nur zuzurechnen die Fässer (§ 20 der E.O. vom 27. Dezember 1884), die festfundamentierten Brückenwagen sowie alle Wagen mit einer größten zulässigen Last von mehr als 2000 Kilogramm (§ 67 Nr. 2 der E.O. vom 27. 12. 1884), die selbsttätigen Registrierwagen und die Wagen für Eisenbahnpassagiergepäck und Postpäckereien ohne angegebenen Wert (§ 67 Nr. 10 und 11 der E.O. vom 27. 12. 1884, vergl. auch Artikel 10 der Bekanntmachung betreffend Abänderung und Ergänzung der Eichordnung. Vom 1. Oktober 1905 RGBl. Beilage zu Nr. 43 und Artikel 10 der Bekanntmachung vom 3. August 1909 R.G.Bl.Beilage zu Nr. 52.) Für diese Meßgeräte beginnen die Nacheichungsfristen mit Ablauf des durch das letzte Jahreszeichen bezeichneten Kalenderjahres.

Meßgeräte, die nach den bisherigen gesetzlichen Bestimmungen noch kein Jahreszeichen zu tragen brauchten, gelten als im Jahre 1912 geeicht und sind daher bis zum 31. Dezember 1914 im eichpflichtigen Verkehre noch zulässig; besonderer Nachforschungen über den Zeitpunkt ihrer ersten

Eichung bedarf es nicht. Zur Nacheichung dürfen übrigens derartige Meßgeräte auch nach dem 31. Dezember 1914 noch beliebig lange vorgelegt werden, lediglich die Verkehrsfähigkeit erlischt mit diesem Termin.

§ 25.[1])

Die Vorschriften des § 19 dieses Gesetzes finden auf Bayern mit der Maßgabe Anwendung, daß die Königlich Bayrische Normal-Eichungskommission für Bayern die gleichen Befugnisse hat, wie die Kaiserliche Normal-Eichungskommission nach § 19 Abs. 2 und 3 im übrigen Reichsgebiete.[2])

Sie hat jedoch die Ausführungsbestimmungen zu diesem Gesetze, die Vorschriften über die Zulassung anderweitiger Meßgeräte zur Eichung, über das bei der Eichung zu beobachtende Verfahren und über die von den Eichbehörden innezuhaltenden Fehlergrenzen in Übereinstimmung mit den für das übrige Reichsgebiet ergehenden Vorschriften zu erlassen.

[1]) Nach § 3 des Gesetzes, betreffend die Einführung der Maß- und Gewichtsordnung für den Norddeutschen Bund vom 17. August 1868 in Bayern. Vom 26. November 1871 (R.G.Bl. S. 397) „leiden die Artikel 15 bis 20 der Maß- und Gewichtsordnung vom 17. August 1868 auf Bayern keine Anwendung". Es bleiben daselbst die Artikel 11 und 12 des bayerischen Gesetzes, die Maß- und Gewichtsordnung betreffend, vom 29. April 1869 in Kraft, welche folgendermaßen lauten:

Artikel 11. Die Eichung und Stempelung erfolgt ausschließlich durch obrigkeitlich bestellte Personen, welche mit den erforderlichen, nach den Normalmaßen und Gewichten hergestellten Eichungsnormalen versehen sind.

Die Anfertigung der Eichungsnormale und deren periodisch wiederkehrende Vergleichung mit den Normalmaßen und Gewichten fällt in den Geschäftskreis der Normal-Eichungskommission.

Artikel 12. Die Vorschriften über die innere Einrichtung und den Geschäfts-Betrieb der Normal-Eichungskommission, sowie über die Bestellung, Unterhaltung und den Wirkungskreis der zur Ausführung dieses Gesetzes noch weiter erforderlichen technischen Organe;

die Vorschriften über Material, Gestalt, Bezeichnung und sonstige Beschaffenheit der Maße und Gewichte und der übrigen Meßvorrichtungen, welche zu eichen und zu stempeln sind;

die Bestimmungen darüber, welche Arten von Wagen im öffentlichen Verkehre oder nur zu besonderen gewerblichen Zwecken angewendet werden dürfen, sowie die Festsetzung der Bedingungen ihrer Stempelfähigkeit;

die Vorschriften über das Verfahren bei der Eichung und Stempelung, über die hierbei innezuhaltenden Fehlergrenzen, dann über die Stempel und Eichzeichen, die Feststellung der Termine, in welchen die zum Messen und Wägen im öffentlichen Verkehre dienenden Maße, Gewichte, Wagen und Meßvorrichtungen der wiederholten Eichung und Stempelung zu unterziehen sind;

die Bestimmung der Maße, Gewichte, Wagen und Meßvorrichtungen, welche jeder Gewerbetreibende zum Betriebe seines Geschäftes haben muß;

die Vorschriften über die Visitationen der Maße, Gewichte, Wagen und Meßvorrichtungen;

die Festsetzung der Eich- und Verifikationsgebühren werden der Verordnung vorbehalten.

Es hat jedoch die bayerische Normal-Eichungskommission die von ihr anzuwendenden Normale von der Normal-Eichungskommission des Deutschen Reichs zu beziehen, die Vorschriften über Material, Gestalt, Bezeichnung und sonstige Beschaffenheit der Maße und Gewichte, über die Bedingungen der Stempelfähigkeit der Wagen, über die Einrichtung der sonstigen Meßwerkzeuge, sowie über die Zulassung anderweiter Gerätschaften zur Eichung und Stempelung gleichförmig mit denen der Normal-Eichungskommission des Reichs zu erlassen und das bei der Eichung und Stempelung zu beobachtende Verfahren, sowie die von seiten der Eichungsstellen innezuhaltenden Fehlergrenzen gleichmäßig zu bestimmen."

Bayern nahm also bisher eine Sonderstellung auf dem Gebiete des Maß- und Gewichtswesens ein. Hier ein einheitliches Recht geschaffen zu haben, ist eins der größten Verdienste der neuen Maß- und Gewichtsordnung. „Durch § 25 wird die künftige Stellung Bayerns im Eichwesen geregelt. Die organisatorischen Bestimmungen der §§ 15 bis 18, 20 und der die Freizügigkeit bezüglich der Maße und Gewichte gewährleistende § 21 sollen künftig auch für Bayern gelten. Dagegen erscheint es angängig, daß Bayern abweichend von den Bestimmungen im zweiten und dritten Absatze des § 19 — unbeschadet der materiellen Rechtseinheit — die technische Leitung für sein Staatsgebiet behält" (Begründung zu § 23 des Entwurfs).

[2]) Die Sonderstellung Bayerns im Reichsgebiet fand ihren hervorstechendsten Ausdruck in dem Verhältnis der Kaiserlichen zur Königlich Bayerischen Normal-Eichungskommission. Die Befugnisse der Kaiserlichen Normal-Eichungskommission hatten bisher in Bayern überhaupt keine Geltung. In Zukunft findet § 19 Absatz 1 und Absatz 4 auch auf Bayern volle Anwendung. Auch in Bayern hat daher die Kaiserliche Normal-Eichungskommission darüber zu wachen, daß das Eichwesen nach übereinstimmenden Regeln und dem Interesse des Verkehrs entsprechend gehandhabt wird. Die weitere Vorschrift hinsichtlich der Normale bringt nichts Neues, da die bayerische Normal-Eichungskommission bereits Normale besitzt und deren Vergleichung mit den Urnormalen auch bisher durch die Kaiserliche Normal-Eichungskommission geschah, die sich allein im Besitze der Urnormale befindet. Von Wichtigkeit ist der letzte Satz des ersten Absatzes von § 19. Hiernach ist allein die Kaiserliche Normal-Eichungskommission befugt, zeitweilig, mit Genehmigung des Bundesrats dauernd, die Eichung bestimmter Gattungen von Meßgeräten sich ausschließlich vorzubehalten oder unter ihre unmittelbare Aufsicht zu stellen. Diese Bestimmung trifft gemäß § 25 auch auf Bayern zu, während bisher die bayerische Normal-Eichungskommission das Recht ausübte, sich in Bayern die Eichung derjenigen Meßgeräte vorzubehalten, die im übrigen Reichsgebiet ausschließlich durch die Kaiserliche Normal-Eichungskommission geeicht werden durften.

Bayern könnte also nur im Bundesrat gegen die dauernde, in der Praxis allerdings von selbst ausgeschlossene Monopolisierung einzelner Eichzweige durch die Kaiserliche Normal-Eichungskommission Einspruch erheben.

Dagegen hat nach wie vor für das bayerische Landesgebiet lediglich die bayerische Normal-Eichungskommission das Recht, Ausführungsbestimmungen zur Maß- und Gewichtsordnung (Eichordnung und Instruktion) zu erlassen, wenn auch nur in der bereits durch das oben erwähnte Gesetz vom 26. November 1871 gebotenen und in § 25 wiederum festgesetzten Beschränkung, daß diese Bestimmungen in Übereinstimmung mit den für das übrige Reichsgebiet ergehenden Vorschriften erlassen werden müssen.

Durch diese Einschränkung erhalten die Befugnisse der bayerischen Normal-Eichungskommission einen rein formalen Charakter. Nach § 25 in Verbindung mit § 19 ist sie berechtigt, Meßgeräte zur Eichung zuzulassen und auch probeweise zu eichen. Da sie aber nicht die Möglichkeit besitzt, Vorschriften über die Eichung usw. selbständig zu erlassen, so ruht das Recht der Zulassung zur Eichung, gleichviel ob die in Betracht kommenden Meßgeräte endgültig oder probeweise zugelassen werden sollen, tatsächlich allein bei der Normal-Eichungskommission des Deutschen Reiches, wie übrigens auch aus § 19 Abs. 1 erster Satz hervorgeht. Die gleiche Wirkung hat die Einschränkung hinsichtlich der in § 19 Abs. 3 erwähnten Festsetzung der Bedingungen, unter denen Meßgeräte, die nicht oder nicht mehr den Vorschriften entsprechen, aus dem Verkehre zu ziehen sind.

Nach § 19 Abs. 4 gelten nur die von der Kaiserlichen, nicht auch die von der Königlich bayerischen Normal-Eichungskommission geprüften und gestempelten Meßgeräte als geeicht im Sinne dieses Gesetzes. Gleichwohl wird dem Stempel der Bayerischen Normal-Eichungskommission die Anerkennung im eichpflichtigen Verkehr im gesamten Reichsgebiet nicht versagt werden können. Die Bayerische Normal-Eichungskommission übt für Bayern gleichzeitig die Befugnisse einer Aufsichtsbehörde aus. Sie kann daher nach § 17 ermächtigt werden, in geeigneten Fällen innerhalb Bayerns die Tätigkeit der Eichämter selbst zu übernehmen, woraus die Gültigkeit ihres Stempels ohne weiteres folgt, wenn es sich um allgemein zur Eichung zugelassene Meßgeräte handelt. Probeweise zugelassene Meßgeräte, oder solche, deren Eichung die Kaiserliche Normal-Eichungskommission sich selbst vorbehalten hat, dürfen daher auch nur in deren Auftrag von der Bayerischen Normal-Eichungskommission geeicht werden, wenn der Stempel anerkannt werden soll.

Anlage 1.

Kaiserliche Verordnung, betreffend das Inkrafttreten der Maß- und Gewichtsordnung vom 30. Mai 1908.

Vom 24. Mai 1911.

(R.G.Bl. S. 244.)

Wir Wilhelm, von Gottes Gnaden Deutscher Kaiser, König von Preußen usw. verordnen auf Grund der Vorschrift im § 23 Abs. 1 der Maß- und Gewichtsordnung vom 30. Mai 1908 (Reichs-Gesetzbl. S. 349) im Namen des Reichs, mit Zustimmung des Bundesrats, was folgt:

§ 1.

Die Maß- und Gewichtsordnung vom 30. Mai 1908 tritt, vorbehaltlich der nachfolgenden Bestimmungen, am 1. April 1912 in Kraft.

§ 2.

Die Vorschrift im § 7 der Maß- und Gewichtsordnung über die Neueichung der im Bergwerksbetriebe zur Ermittelung des Arbeitslohns dienenden Förderwagen und Fördergefäße sowie die Vorschrift im § 9 über die Eichung der Bierfässer treten am 1. Januar 1913 in Kraft.

§ 3.

Hohlmaße für trockene Gegenstände zu $1/4$ Hektoliter sind bis zum 31. Dezember 1911 im Verkehre zulässig.

Urkundlich unter Unserer Höchsteigenhändigen Unterschrift und beigedrucktem Kaiserlichen Insiegel.

Gegeben Neues Palais, den 24. Mai 1911.

(L. S.) Wilhelm.

Delbrück.

Anlage 2.

Bekanntmachung, betreffend die bei der Eichung anzuwendenden Stempel- und Jahreszeichen.

Vom 14. November 1911.

(R.G.Bl. S. 951.)

Auf Grund des § 20 Abs. 1 der Maß- und Gewichtsordnung vom 30. Mai 1908 (R.G.Bl. S. 349) hat der Bundesrat die nachstehenden

Vorschriften über die bei der Eichung anzuwenden Stempel- und Jahreszeichen

beschlossen:

§ 1.

1. Als Stempelzeichen ist ein gewundenes Band, dem die Buchstaben D R (Deutsches Reich) eingeschrieben sind, in nachstehender Ausführung anzuwenden:

In Bayern werden dem Bande statt der Buchstaben D R die Buchstaben K B (Königreich Bayern) eingeschrieben:

2. Bei den nach den Vorschriften der Kaiserlichen Normal-Eichungskommission als Präzisionsgegenstände geltenden Maßen, Gewichten und Wagen sowie bei den Goldmünzgewichten ist dem gewundenen Bande zwischen den Buchstaben ein sechsstrahliger Stern einzufügen:

3. Bei Aräometern, bei Meßwerkzeugen für chemische und physikalische Untersuchungen (chemischen und physikalischen Meßgeräten) sowie bei Meßwerkzeugen für chemische und physikalische Gasbestimmungen ist mindestens an einer Stelle der Stempelung dem gewundenen Bande der Reichsadler, tunlichst in nachstehender Anordnung, beizufügen:

§ 2.

Als Jahreszeichen sind die beiden letzten Ziffern der Jahreszahl in Schildumrahmung anzuwenden:

Bei Fässern fällt die Schildumrahmung fort.

§ 3.

1. Zusätzlich erhält das Stempelzeichen
   a) in dem Eichstempel der Kaiserlichen Normal-Eichungskommission und in dem Eichstempel der Königlich Bayerischen Normal-Eichungskommission einen sechsstrahligen Stern je über und unter dem Bande:

   b) in dem Eichstempel der Aufsichtsbehörden die von der Behörde im Reichsgebiete geführte Ordnungszahl über dem Bande und einen sechsstrahligen Stern unter dem Bande:

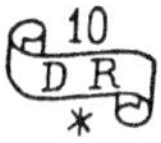

   c) in dem Eichstempel der Eichämter die Ordnungszahl der Aufsichtsbehörde über dem Bande und die von dem Eichamt im Aufsichtsbezirke geführte Ordnungszahl unter dem Bande:

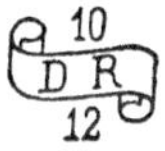

   In dem Eichstempel der Abfertigungsstellen kann der Ordnungszahl des Eichamts noch ein die Abfertigungsstelle kennzeichnender lateinischer Buchstabe beigesetzt werden:

   In Bayern tritt an die Stelle der Zahl der Aufsichtsbehörde die Nummer des Regierungsbezirkes.

2. Bei schriftlicher Ausfertigung der Ergebnisse eichtechnischer Prüfungen haben die Eichbehörden, einschließlich der Abfertigungsstellen, Stem-

pel und Siegel zu gebrauchen, die das Stempelzeichen mit den aus Nr. 1 sich ergebenden Zusätzen zeigen und eine die Behörde bezeichnende Umschrift tragen.

§ 4.

Die Kaiserliche Normal-Eichungskommission ist ermächtigt:

1. soweit ein Bedürfnis obwaltet, die Anwendung der Vorschrift des § 1 Nr. 3 auf andere als die dort bezeichneten Gegenstände auszudehnen;
2. aus technischen Gründen für die Neueichung von Gegenständen mit unzureichender Abmessung Abweichungen von den Vorschriften der §§ 1, 2 und des § 3 Nr. 1 zuzulassen.

§ 5.

Diese Vorschriften treten gleichzeitig mit der Maß- und Gewichtsordnung vom 30. Mai 1908 in Kraft.

Berlin, den 14. November 1911.

Der Stellvertreter des Reichskanzlers.
Delbrück.

Anlage 3.

Bekanntmachung, betreffend die Zulassung von nicht metrischen Meßgeräten im eichpflichtigen Verkehr.

Vom 18. Dezember 1911.

(R.G.Bl. S. 1063.)

Auf Grund des § 6 Abs. 5 der Maß- und Gewichtsordnung vom 30. Mai 1908 (R.G.Bl. S. 349) hat der Bundesrat die nachstehenden

Vorschriften, betreffend die Zulassung von nicht metrischen Meßgeräten im eichpflichtigen Verkehre

beschlossen:

§ 1.

Es wird zugelassen:

I. bis auf weiteres

1. für die Herstellung von Textilwaren sowie für den Verkehr solcher Waren nach und von dem Ausland die Anwendung und Bereithaltung der auf dem englischen System beruhenden Maße und Gewichte; dies gilt jedoch nicht für Gewichte, soweit es sich um die Ermittlung des Arbeitslohns handelt;

2. für die Herstellung leonischer Waren im Verkehre nach dem Ausland die Anwendung und Bereithaltung der auf einem anderen als dem metrischen System beruhenden ausländischen Gewichte;

3. für den Verkehr mit pharmazeutischen Waren nach dem Ausland die Anwendung und Bereithaltung der auf dem englischen System beruhenden Gewichte;

II. bis zum 31. Dezember 1922

4. für den Verkehr mit Holz nach und von dem Ausland die Anwendung und Bereithaltung der auf dem englischen System beruhenden sowie der dem altfranzösischen, dem rheinländischen oder dem altschwedischen Fuße angepaßten Maße.

§ 2.

Diese Vorschriften treten gleichzeitig mit der Maß- und Gewichtsordnung vom 30. Mai 1908 in Kraft.

Berlin, den 18. Dezember 1911.

Der Stellvertreter des Reichskanzlers.
Delbrück.

Anlage 4.

Bekanntmachung, betreffend die Befreiung einzelner Arten von Meßgeräten von der Verpflichtung zur Neueichung oder Nacheichung.

Vom 18. Dezember 1911. (R.G.Bl. S. 1064.)

Auf Grund des § 12 Abs. 1 der Maß- und Gewichtsordnung vom 30. Mai 1908 (Reichs-Gesetzbl. S. 349) hat der Bundesrat die nachstehenden

Vorschriften über die Befreiung einzelner Arten von Meßgeräten von der Verpflichtung zur Neueichung oder Nacheichung

beschlossen:

§ 1.

Es werden ausgenommen:

I. von der Verpflichtung zur Neueichung und Nacheichung:

1. Wassermesser;
2. die dem Gebrauche der Feldmesser und Markscheider dienenden Maße, über deren Richtigkeit von den Landesbehörden besondere Prüfungsvorschriften erlassen sind;
3. Lehren, soweit sie nicht die Beschaffenheit von Kluppmaßen im Sinne der eichtechnischen Vorschriften haben;

II. von der Verpflichtung zur Nacheichung:

ganz aus Glas hergestellte Meßgeräte.

§ 2.

Diese Vorschriften treten gleichzeitig mit der Maß- und Gewichtsordnung vom 30. Mai 1908 in Kraft.

Berlin, den 18. Dezember 1911.

Der Stellvertreter des Reichskanzlers.
Delbrück.

Anlage 5.

Bekanntmachung, betreffend die Verkehrsfehlergrenzen der Meßgeräte.

Vom 18. Dezember 1911.
(R.G.Bl. S. 1065.)

Auf Grund des § 13 Abs. 2 der Maß- und Gewichtsordnung vom 30. Mai 1908 (Reichs-Gesetzbl. S. 349) hat der Bundesrat die nachstehenden

Vorschriften über die Verkehrsfehlergrenzen der Meßgeräte

beschlossen:

§ 1.

Die Verkehrsfehlergrenzen der Meßgeräte werden wie folgt festgesetzt, wobei die im einzelnen angegebenen Sätze sowohl im Mehr als im Minder gelten.

I. Längenmaße und Dickenmaße.

A. Maßstäbe und Bandmaße.

Die Fehlergrenzen betragen:

1. für die Gesamtlänge

bei Maßstäben aus Metall von

10 bis einschließlich 7 Meter	......	6 Millimeter,
6 " " 4 "	......	4 "
3 und 2 "	......	2 "
1 "	......	1 "
0,5; 0,2; 0,1 "	......	0,5 "

bei Maßstäben aus anderem Material von

10 bis einschließlich 7 Meter	.....	12 Millimeter,
6 " " 4 "	.....	8 "
3 und 2 "	.....	4 "
1 "	.....	2 "
0,5 "	.....	1,5 "

jedoch bei Maßstäben aus Buchsbaumholz, Elfenbein, Knochen und dergleichen von

0,5; 02; 0,1 Meter . . . . 0,5 Millimeter,

bei Bandmaßen von

50 und 40 Meter	. . . . .	16 "
30 bis einschließlich 20 "	. . . . .	12 "
15 "	. . . . .	8 "
10 " " 7 "	. . . . .	6 "
6 " " 4 "	. . . . .	4 "
3 und 2 "	. . . . .	2 "
1 "	. . . . .	1,5 "
0,5 "	. . . . .	1 "

2. für die Einteilung

bei Maßen von mehr als 3 Meter

für den Abstand irgendeiner Einteilungsmarke von dem ihr nächsten Ende der Maßlänge die Hälfte der Fehlergrenze für die Gesamtlänge,

bei Maßen von 3 Meter und weniger

für den Abstand irgendeiner Einteilungsmarke von dem einen wie von dem anderen Ende der Maßlänge so viel wie die Fehlergrenze für die Gesamtlänge,

bei Maßen jeder Größe

für den Unterschied der Längen benachbarter Zentimeter und halber Zentimeter . . 1 Millimeter,

für den Unterschied der Längen benachbarter Millimeter und halber Millimeter . . 0,2 "

B. Dickenmaße (Kluppmaße).

Die Fehlergrenzen betragen:

1. für die Gesamtlänge

bei Kluppmaßen aus Metall von

2 bis einschließlich 1,6 Meter	. . . . .	2 Millimeter,
1,5 " " 0,6 "	. . . . .	1 "
0,5 Meter und weniger	. . . .	0,5 "

bei Kluppmaßen aus anderem Material von

2 bis einschließlich 1,6 Meter	. . . . .	4 Millimeter,
1,5 " " 0,9 "	. . . .	2 "
0,8 " " 0,5 "	. . . . .	1,5 "

jedoch bei Kluppmaßen aus Buchsbaumholz, Elfenbein, Knochen und dergleichen von

0,5 Meter und weniger . . . . 0,5 Millimeter;

2. für den Abstand der freien Enden der Kluppstäbe, wie er sich durch Vergleich mit dem an dem Maßstab abgelesenen Abstand dieser Stäbe ergibt,
   bei Kluppmaßen aus Holz außer Buchsbaumholz das Dreifache der Fehlergrenze für die Gesamtlänge,
   bei den übrigen Kluppmaßen das Doppelte der Fehlergrenzen für die Gesamtlänge;
3. für die Einteilung
   für den Abstand irgendeiner Einteilungsmarke von dem Anfang (Nullende) der Maßlänge so viel wie die vorstehend angegebenen Fehlergrenzen für die Gesamtlänge,
   für den Unterschied der Längen benachbarter Zentimeter und halber Zentimeter . . . 1 Millimeter,
   für den Unterschied der Längen benachbarter Millimeter und halber Millimeter . . . 0,2 "

II. Flüssigkeitsmaße und Meßwerkzeuge für Flüssigkeiten.

A. Flüssigkeitsmaße.

Die Fehlergrenzen betragen:

bei Maßen von

50 Liter	200 Kubikzentimeter
20 "	100 "
10 "	50 "
5 "	25 "
2 "	10 "
1 und 0,5 Liter	5 "
0,2 " 0,1 "	2 "
0,05 Liter	1 "
0,02 "	0,8 "
0,01 "	0,4 "
1/4 "	2,5 "

B. Meßwerkzeuge für Flüssigkeiten.

Die Fehlergrenzen betragen:

bei Meßwerkzeugen ohne Einteilung und bei Meßwerkzeugen mit ungleichartiger Einteilung

für jede Maßgröße so viel wie die unter A angegebenen Fehlergrenzen für die Flüssigkeitsmaße gleicher Größe,

bei Meßwerkzeugen mit gleichartiger Einteilung

für jede an beliebiger Stelle der Einteilung aus 4 oder 5 kleinsten Teilabschnitten zusammengesetzte Maßgröße von

50 Liter	400 Kubikzentimeter,
20 "	200 "
10 "	100 "
5 "	50 "
2 "	20 "
1 und 0,5 Liter	10 "
0,2 " 0,1 "	4 "
0,05 Liter	2 "
1/4 "	5 "

bei Milchmaßen
für jede Maßgröße . . . . 1/100 des größten Raumgehalts.

III. Fässer.

Die Fehlergrenzen betragen:

bei Fässern für Bier

bis zu 10 Liter	0,2 Liter,
über 10 "	1/50 des Raumgehalts,

bei den übrigen Fässern

bis zu 30 Liter	0,2 Liter,
über 30 "	1/150 des Raumgehalts.

IV. Hohlmaße und Meßwerkzeuge für trockene Gegenstände.

A. Zylindrische Maße.

Die Fehlergrenzen betragen:

bei Maßen von

100 Liter	800 Kubikzentimeter,
50 "	400 "
20 "	200 "
10 "	100 "
5 "	50 "
2 "	20 "
1 und 0,5 Liter	10 "
0,2 " 0,1 "	4 "
0,05 Liter	2 "
1/4 "	5 "
1/4 Hektoliter	250 "

B. Kastenmaße, Lösch- und Ladegefäße, Förderwagen und Fördergefäße, Rahmen- oder Aufsetzmaße, Kumtmaße.

Die Fehlergrenzen betragen:

bei Kastenmaßen, Lösch- und Ladegefäßen sowie Rahmen- oder Aufsetzmaßen und Kumtmaßen . . 1/50 des Raumgehalts,

bei Förderwagen und Fördergefäßen 1/20 " "

C. Meßrahmen für Brennholz.

Die Fehlergrenzen betragen:

1. für die Gesamtlänge der einzelnen Rahmenstücke
   bei großen Meßrahmen
   für Längen bis 1 Meter abwärts . . . 20 Millimeter,
   " " von 0,5 " . . . . . . 10 "
   bei kleinen Meßrahmen
   für Längen bis 20 Zentimeter abwärts . . 1/50 der Länge,
   " " von 10 " . . . . . . 4 Millimeter;
2. für die Einteilung auf Rahmenstücken
   so viel wie die unter I A 2 bei Längenmaßen vorgeschriebenen Fehlergrenzen.

V. Gewichte.

A. Handels- und Präzisionsgewichte.

Die Fehlergrenzen betragen:

für Gewichtsgrößen von	bei Handelsgewichten	bei Präzisionsgewichten
50 Kilogramm	10 Gramm	5 Gramm
20 "	8 "	4 "
10 "	5 "	2,5 "
5 "	2,5 "	1,25 "
2 "	1,2 "	0,600 "
1 "	0,8 "	0,400 "
500 Gramm	500 Milligramm	250 Milligramm
250 "	250 "	130 "
200 "	200 "	100 "
125 "	140 "	70 "
100 "	120 "	60 "
50 "	100 "	50 "
20 "	60 "	30 "
10 "	40 "	20 "
5 "	32 "	12 "
2 "	24 "	6 "
1 "	20 "	4 "
500 Milligramm		2 "
200 "		2 "
100 "		2 "
50 "		1 "
20 "		1 "
10 "		1 "
5 "		0,5 "
2 "		0,4 "
1 "		0,2 "

B. Goldmünzgewichte.

Die Fehlergrenzen betragen:

für Gewichtsgrößen von

10 Mark	4 Milligramm,
20 "	6 "
50 "	30 "
100 "	40 "
200 "	50 "
500 "	100 "
1000 "	180 "
2000 "	320 "

VI. Wagen.

A. Handelswagen.

Die Fehlergrenzen betragen:

für die größte zulässige Last

bei gleicharmigen Wagen mit einer größten zulässigen Last von

100 Gramm und weniger . . . . 4 Milligramm,

für jedes Gramm der größten zulässigen Last,

mindestens 200 Gramm, aber nicht mehr als 5 Kilogramm . . . . 2 "

für jedes Gramm der größten zulässigen Last,

10 Kilogramm und mehr . . . . 1 "

für jedes Gramm oder 1 Gramm für jedes Kilogramm der größten zulässigen Last,

mindestens 100 Gramm, aber nicht mehr als 200 Gramm . . . . 400 "

mindestens 5 Kilogramm, aber nicht mehr als 10 Kilogramm . . . . 10 Gramm;

bei ungleicharmigen Wagen 1,2 Gramm für jedes Kilogramm der größten zulässigen Last,

bei einfachen Balkenwagen mit Laufgewicht und Skale 2 Gramm für jedes Kilogramm der größten zulässigen Last,

bei zusammengesetzten Balkenwagen mit Laufgewicht und Skale und

bei Brückenwagen mit Laufgewicht und Skale 1,2 Gramm für jedes Kilogramm der größten zulässigen Last.

B. Wagen für besondere Zwecke.

I. Präzisionswagen.

Die Fehlergrenzen betragen:

für die größte zulässige Last

bei Wagen mit einer größten zulässigen Last von

10 Gramm und weniger . . . . die Hälfte der unter A für gleicharmige Wagen vorgeschriebenen Fehlergrenze,

mindestens 20 Gramm und weniger als 5 Kilogramm . . . . ein Viertel der unter A für gleicharmige Wagen vorgeschriebenen Fehlergrenze,

5 Kilogramm und mehr . . . . ein Fünftel der unter A für gleicharmige Wagen vorgeschriebenen Fehlergrenze,

mindestens 10 Gramm und nicht mehr als 20 Gramm . . . . 20 Milligramm.

II. Selbsttätige Wagen.

Die Fehlergrenzen betragen:

1. für die Wage nach Ausschaltung der selbsttätigen Einrichtung bei allen Wagengattungen so viel wie die unter A angegebenen Fehlergrenzen für die Handelswagen gleicher Art;
2. für die Wage mit der selbsttätigen Einrichtung

bei den selbsttätigen Balkenwagen für kleinstückige Materialien mit Reguliereinrichtung und bei den Wagen für Thomasmehl, Zement und ähnliche staubende Materialien

für jedes Füllungsgewicht . . 2,25 Gramm für jedes Kilogramm der durch 10 Wägungen abgewogenen Last,

bei den übrigen selbsttätigen Balkenwagen mit einem Füllungsgewichte

bis 5 Kilogramm abwärts . 1,5 Gramm für jedes Kilogramm der durch 10 Wägungen abgewogenen Last,

von 4 Kilogramm . . . . . 2 Gramm für jedes Kilogramm der durch 10 Wägungen abgewogenen Last,

von 3 Kilogramm . . . . . 2,5 Gramm für jedes Kilogramm der durch 10 Wägungen abgewogenen Last;

von 2 Kilogramm abwärts . 3 Gramm für jedes Kilogramm der durch 10 Wägungen abgewogenen Last;

bei den selbsttätigen Laufgewichtswagen, wenn der durch die Laufgewichtseinrichtung abwägbare Teil in Bruchteilen der größten zulässigen Last ausmacht

höchstens 1/5 . . . . 7,5 Gramm für jedes Kilogramm der durch 10 Wägungen abgewogenen Last,
mehr als 1/5 und höchstens 1/4 6 Gramm für jedes Kilogramm der durch 10 Wägungen abgewogenen Last,
mehr als 1/4 und höchstens 1/3 4,5 Gramm für jedes Kilogramm der durch 10 Wägungen abgewogenen Last,
mehr als 1/3 und höchstens 1/2 3 Gramm für jedes Kilogramm der durch 10 Wägungen abgewogenen Last,
mehr als 1/2 . . . . 1,5 Gramm für jedes Kilogramm der durch 10 Wägungen abgewogenen Last;

bei den Wagen mit selbsttätigem Taralaufgewichte . . . . . . 7,5 Gramm für jedes Kilogramm der durch 10 Wägungen abgewogenen Last;

3. für die Einzelabweichungen vom Durchschnittsergebnis aus 10 Ermittelungen (Nr. 2)

bei Wagen für pulver- und sandförmige sowie für körnige, freirollende, nicht klebende Materialien und Erzeugnisse bei einem Füllungsgewichte

bis 75 Kilogramm abwärts 1,5 Gramm für jedes Kilogramm,
unter 75 bis 25 Kilogramm 2,25 " " " "
auf volle 5 Gramm nach oben abgerundet,
von 20 und 15 Kilogramm 3 Gramm für jedes Kilogramm
" 10 bis 4 " 4,5 " " " "
" 3 und 2 " 6 " " " "
" 1 Kilogr. abwärts 7,5 " " " "

bei Wagen für kleinstückige Materialien mit Reguliereinrichtung und bei Wagen für Thomasmehl, Zement und ähnliche staubende Materialien bei einem Füllungsgewichte

von 50 bis 250 Kilogramm 6 Gramm für jedes Kilogramm,
" mehr als 250 " je 75 Gramm mehr für jede weiteren 50 Kilogramm;

bei den Wagen mit Restverwägung gelten diese Fehlergrenzen für die Abweichung jeder einzelnen Füllung von ihrem wirklichen Gewichte;

bei selbsttätigen Laufgewichtswagen

für jedes Füllungsgewicht das Dreifache der für das Durchschnittsergebnis nach Nr. 2 zu berechnenden Fehlergrenze.

III. Wagen für Reisegepäck und für Stückgüter im Verkehre der Eisenbahn sowie für Postpäckereien ohne angegebenen Wert.

Die Fehlergrenzen betragen:

bei den Wagen für Reisegepäck und Stückgüter

1,5 Gramm für jedes Kilogramm der größten zulässigen Last,

bei den Wagen für Postpäckereien
3 Gramm für jedes Kilogramm der größten zulässigen Last, jedoch nicht weniger als 150 Gramm.

VII. Thermo-Alkoholometer.

Die Fehlergrenzen betragen:

1. an der Aräometerskale bei Einteilung in
   - ganze Prozente . . . . 0,4 Prozent
   - halbe " . . . . 0,25 "
   - fünftel " . . . . 0,15 "
   - zehntel " . . . . 0,1 "
2. an der Thermometerskale bei Einteilung in
   - ganze Grade . . . . 0,4 Grad,
   - halbe oder fünftel Grade . . . . 0,2 "
   - zehntel Grade . . . . 0,1 "

VIII. Gasmesser.

Die Fehlergrenzen betragen:

$^4/_{100}$ der Anzeige bei einer dem angegebenen größten stündlichen Verbrauch entsprechenden Durchflußgeschwindigkeit.

Die trockenen Gasmesser müssen diese Fehlergrenze auch bei der Hälfte dieser Durchflußgeschwindigkeit einhalten.

IX. Getreideprober.

Die Fehlergrenzen betragen:

1. a) für die Durchschnittsangabe aus 10 Vergleichungen mit dem Normal
      - bei dem Viertelliterprober . . . . 0,75 Gramm
      - " " Literprober . . . . 1,50 "
   b) für die Durchschnittsangabe aus 6 Vergleichungen mit dem Normal bei dem Zwanzigliterprober
      - für Weizen und Roggen . . . . 30 Gramm,
      - " Hafer und Gerste . . . . 60 "
2. für die zu den Probern gehörigen Wagen so viel wie die unter VI B für Präzisionswagen vorgeschriebenen Fehlergrenzen;
3. für die zu den Probern gehörigen Gewichte
   - bei dem Viertelliterprober und dem Literprober so viel wie die unter V A für die Präzisionsgewichte vorgeschriebenen Fehlergrenzen,
   - bei dem Zwanzigliterprober so viel wie die unter V A für Handelsgewichte vorgeschriebenen Fehlergrenzen.

§ 2.

Vorstehende Bestimmungen treten gleichzeitig mit der Maß- und Gewichtsordnung vom 30. Mai 1908 in Kraft.

Berlin, den 18. Dezember 1911.

Der Stellvertreter des Reichskanzlers.
Delbrück.

Anlage 6.

Bekanntmachung, betreffend die Eichgebührenordnung.

Vom 18. Dezember 1911.
(R.G.Bl. S. 1074.)

Auf Grund des § 16 der Maß- und Gewichtsordnung vom 30. Mai 1908 (Reichs-Gesetzbl. S. 349) hat der Bundesrat die nachstehende

Eichgebührenordnung

beschlossen:

§ 1.

Erster Abschnitt.

Allgemeine Bestimmungen.

1. Die in dem zweiten Abschnitt festgesetzten Eichgebühren werden für die Neueichung (Prüfung und Stempelung) in voller Höhe, für die Prüfung ohne Stempelung zur Hälfte erhoben.

2. Erweist sich ein Meßgerät schon bei der äußerlichen Besichtigung als unzulässig, so werden bei der Vorlegung an der Amtsstelle Gebühren nicht erhoben, auch wenn ein vorhandener Stempel zu entwerten ist.

3. Für Berichtigungsarbeiten, deren Ausführung von der Normal-Eichungskommission vorgeschrieben ist, werden Gebühren nicht berechnet. Für weitere Berichtigungsarbeiten, die von der Normal-Eichungskommission gestattet sind, sowie für Berichtigungsarbeiten bei der Nacheichung darf eine Vergütung nach näherer Bestimmung der Landesregierungen erhoben werden.

4. Für das Aufbringen einer vorgeschriebenen Bezeichnung wird eine Gebühr von 10 Pfennig erhoben. Werden auf ein Meßgerät mehrere Bezeichnungen aufgebracht, so sind für jede einzelne Bezeichnung 10 Pfennig zu berechnen. Die Aufbringung der Inhalts- oder Gewichtsangabe auf Fässern erfolgt gebührenfrei.

5. Werden Neueichungen oder Prüfungen ohne Stempelung außerhalb der Amtsstelle vorgenommen, so sind Zuschläge zu den Gebühren zu entrichten, und zwar bei Gasmessern in Höhe von 5 Prozent der für die Neueichung nasser Gasmesser festgesetzten Gebühren, bei anderen Meßgeräten

in Höhe von 20 Prozent der für ihre Neueichung geltenden Gebühren. Als Zuschlag ist mindestens der Betrag von 5 Mark für jeden beanspruchten Beamten, für jeden angefangenen Tag und, wenn ein Beamter von mehreren Antragstellern beansprucht wird, auch von jedem einzelnen Antragsteller zu entrichten.

6. Kann außerhalb der Amtsstelle eine Neueichung oder Prüfung ohne Stempelung von den in Anspruch genommenen Eichbeamten nicht ausgeführt werden, weil der vorgelegte Gegenstand sich schon bei der äußerlichen Besichtigung als unzulässig erweist, oder die in der Eichordnung vorgeschriebenen Vorbereitungen (Herrichtung und Reinigung des Meßgerätes, Bereitstellung von Eichmitteln und Arbeitshilfe) verabsäumt sind, oder den Beteiligten sonst ein Verschulden zur Last fällt, so sind die Gebühren für Prüfung ohne Stempelung sowie Zuschläge nach Maßgabe der Nr. 5 in Ansatz zu bringen. Handelt es sich um mehrere Gegenstände, so sind Gebühren und Zuschläge nur für denjenigen Gegenstand zu berechnen, für welchen die höchsten Gebühren festgesetzt sind. Mindestens sind 5 Mark zu berechnen.

7. Bei allen außerhalb der Amtsstelle stattfindenden Eichungen oder Prüfungen ohne Stempelung sowie in den Fällen der Nr. 6 tragen die Gebührenpflichtigen die aus der Hin- und Rückbeförderung der Normale und Prüfungsmittel entstehenden Kosten.

Auch tragen sie die Fuhrkosten für die Hin- und Rückreise der Eichbeamten auf dem Land- und Wasserwege, wenn der Prüfungsort von der Amtsstelle oder von der für die Reise in Betracht kommenden nächsten Eisenbahnhalte- oder Schiffsanlegestelle mindestens 2 Kilometer entfernt ist.

8. Die Summe der berechneten Gebühren und Zuschläge ist nach oben auf volle 5 Pfennig abzurunden.

9. Bei der den Landesregierungen zustehenden Festsetzung der Nacheichungsgebühren dürfen die vorstehend bestimmten Sätze nicht überschritten werden.

10. Werden neue Meßgeräte, auf welche die Bestimmungen des zweiten Abschnitts nicht anwendbar sind, von der Normal-Eichungskommission probeweise zur Eichung zugelassen, so ist diese Behörde ermächtigt, einstweilen die zu erhebenden Gebühren festzusetzen. Dabei sollen tunlichst die für ähnliche Meßgeräte geltenden Bestimmungen berücksichtigt werden.

Zweiter Abschnitt.

Eichgebühren.

I. Längenmaße, Dickenmaße, Flächenmaße.

A. Maßstäbe und Bandmaße.

1. Maßstäbe aus Metall, Buchsbaumholz, Elfenbein, Knochen usw.
   von 1 Meter und weniger . . . . 0,50 Mark,
   längere . . . . 0,70 „

2. Maßstäbe aus Holz, außer Buchsbaumholz

von 1 Meter und weniger	0,20 Mark,
von 2 Meter	0,30 „
längere	0,60 „

3. Bandmaße

von 10 Meter und weniger	0,40 „
längere	0,70 „

4. Präzisionsmaßstäbe . . . . 1,00 „

B. Dickenmaße (Kluppmaße).

1. Kluppmaße aus Metall, Buchsbaumholz, Elfenbein, Knochen usw.

von 1 Meter und weniger	0,60 Mark,
längere	0,80 „

2. Kluppmaße aus Holz, außer Buchsbaumholz

von 1 Meter und weniger	0,30 Mark,
längere	0,40 „

Die obigen Gebühren gelten für Maßstäbe, Bandmaße und Kluppmaße mit nur einer Gesamtlänge und Einteilung. Bei mehreren Gesamtlängen und Einteilungen, auch wenn sie sich auf verschiedenen Seiten der Maße befinden, sind die anderthalbfachen Gebühren zu erheben.

C. Flächenmaße (Planimeter).

Für jedes Flächenmaß . . . . 10,00 Mark.

II. Flüssigkeitsmaße und Meßwerkzeuge für Flüssigkeiten.

A. Flüssigkeitsmaße

von 1/4 Liter und weniger	0,10 Mark,
„ 0,5 „	0,20 „
„ 1, 2 und 5 Liter	0,30 „
„ 10 und 20 Liter	0,80 „
größere	1,60 „

B. Meßwerkzeuge für Flüssigkeiten.

a) Meßwerkzeuge ohne Einteilung und Meßwerkzeuge mit ungleichartiger Einteilung

von 0,5 Liter und weniger	0,50 Mark,
„ 1, 2 und 5 Liter	0,60 „
„ 10 und 20 Liter	1,10 „
größere	1,90 „

b) Meßwerkzeuge mit ungleichartiger Einteilung

bei Einteilung in Abschnitte

von 1/4 Liter und weniger	0,60 Mark,
„ 0,5 und 1 Liter	1,10 „
„ 2 und 5 Liter	2,00 „
„ 10 Liter	4,00 „

c) Milchmaße

von 20 Liter und weniger	1,00 Mark,
„ mehr als 20 bis einschließlich 50 Liter	1,50 „
größere	2,00 „

III. Fässer.

a) Raumgehalts-Ermittelung.

Fässer von 110 Liter und weniger	0,20 Mark,
„ „ mehr als 110 bis einschließlich 210 Liter . .	0,30 „
„ „ „ „ 210 „ „ 310 „ . .	0,40 „
„ „ „ „ 310 „ „ 410 „ . .	0,50 „
„ „ „ „ 410 „ „ 600 „ . .	0,60 „
„ „ „ „ 600 Liter für jede volle oder angefangene Stufe von 100 Liter	0,10 „

b) Tara-Ermittelung

für jedes Faß	0,30 Mark

c) Erfolgt die Eichung oder Prüfung ohne Stempelung an der Amtsstelle, so wird für Arbeitshilfe und verwendetes Material eine weitere Gebühr in Höhe der Hälfte der nach a oder b sich ergebenden Gebühren erhoben.

d) Erweisen sich Fässer als undicht, so sind sie unter Erhebung der Gebühren für Prüfung ohne Stempelung zurückzugeben.

IV. Hohlmaße und Meßwerkzeuge für trockene Gegenstände.

A. Zylindrische Maße

von 0,5 Liter und weniger.	0,10 Mark,
„ 1 Liter	0,20 „
„ 2 „	0,30 „
„ 5 „	0,40 „
„ 10 und 20 Liter	0,60 „
„ 50 Liter	1,00 „
größere	1,50 „

B. Kastenmaße, Lösch- und Ladegefäße, Förderwagen und Fördergefäße, Rahmen- oder Aufsetzmaße, Kumtmaße.

a) Kastenmaße	0,50	Mark,
b) Lösch- und Ladegefäße von		
2 Hektoliter und weniger	0,80	"
größere	1,00	"
c) Förderwagen und Fördergefäße von		
2 Hektoliter und weniger	0,80	"
größere	1,00	"
d) Rahmen- oder Aufsetzmaße	0,80	"
e) Kumtmaße von 2 Kubikmeter und weniger	0,80	"
größere	1,00	"

C. Meßrahmen für Brennholz

für jeden Meßrahmen . . . . 0,40 Mark.

V. Gewichte.

A. Handelsgewichte

von 50 Gramm und weniger	0,10	Mark,
" 100 " bis 2 Kilogramm	0,20	"
" 5 und 10 Kilogramm	0,30	"
" 20 " 50 "	0,80	"

B. Präzisionsgewichte

von 50 Gramm und weniger	0,10	Mark.
" 100 und 200 Gramm	0,20	"
" 500 Gramm bis 2 Kilogramm	0,30	"
" 5 und 10 Kilogramm	0,60	"
" 20 " 50 "	1,20	"

C. Goldmünzgewichte

für jedes Goldmünzgewicht . . . . 0,20 Mark.

VI. Wagen.

A. Handelswagen.

Wagen für eine größte zulässige Last

von 500 Gramm und weniger	0,30	Mark,
" mehr als 500 Gramm bis 5 Kilogramm	0,50	"
" " " 5 bis 20 "	0,70	"
" " " 20 " 50 "	1,00	"
" " " 50 " 200 "	1,50	"
" " " 200 " 500 "	2,00	"

von mehr als	500	bis	750	Kilogramm . . .	2,50 Mark,		
„ „ „	750	„	1 000	„	3,00 „		
„ „ „	1 000	„	1 500	„	3,50 „		
„ „ „	1 500	„	2 000	„	4,00 „		
„ „ „	2 000	„	2 500	„	4,50 „		
„ „ „	2 500	„	3 000	„	5,00 „		

					ohne Benutzung einer Gewichtsgerätschaft Mark	mit Benutzung einer Gewichtsgerätschaft Mark
„ „ „	3 000	„	5 000	„ . .	7 . . .	3
„ „ „	5 000	„	7 000	„ . .	9 . . .	5
„ „ „	7 000	„	9 000	„ . .	11 . . .	7
„ „ „	9 000	„	11 000	„ . .	13 . . .	8
„ „ „	11 000	„	16 000	„ . .	18 . . .	11
„ „ „	16 000	„	21 000	„ . .	22 . . .	15
„ „ „	21 000	„	26 000	„ . .	28 . . .	19
„ „ „	26 000	„	31 000	„ . .	33 . . .	23
„ „ „	31 000	„	36 000	„ . .	38 . . .	27
„ „ „	36 000	„	41 000	„ . .	44 . . .	30
„ „ „	41 000	„	46 000	„ . .	49 . . .	34
„ „ „	46 000	„	51 000	„ . .	55 . . .	38
„ „ „	51 000	„	61 000	„ . .	64 . . .	45
„ „ „	61 000	„	71 000	„ . .	74 . . .	52
„ „ „	71 000	„	81 000	„ . .	84 . . .	60
„ „ „	81 000	„	91 000	„ . .	96 . . .	68
„ „ „	91 000	„	101 000	„ . .	108 . . .	76
„ „ „	101 000	„	111 000	„ . .	120 . . .	84
„ „ „	111 000 für jede volle oder angefangene Stufe von 10 000 Kilogramm . . . mehr . .				12 . . .	8

Die ermäßigten Gebühren werden erhoben, wenn ein Gewichtswagen, ein Hebelapparat oder dergleichen im Mindestbetrage von drei Viertel der Tragkraft der Wage gestellt wird und mindestens ein Zehntel der Tragkraft der Wage in Normallast zur Verfügung steht.

B. Wagen für besondere Zwecke.

I. Präzisionswagen.

Wagen für eine größte zulässige Last

von 500 Gramm und weniger	0,50 Mark,
„ mehr als 500 Gramm bis 5 Kilogramm	1,00 „
„ „ „ 5 bis 20 Kilogramm	1,50 „
größere	2,00 „

II. Selbsttätige Wagen.

1. Selbsttätige Balkenwagen.

Wagen mit einem Füllgewichte von

weniger als 5 Kilogramm	. . . .	6,00	Mark,
5 bis 15 Kilogramm	. . . .	8,50	„
mehr „ 15 „ 30 „	. . . .	11,00	„
„ „ 30 „ 100 „	. . . .	13,50	„
„ „ 100 „ 150 „	. . . .	16,00	„
„ „ 150 „ 200 „	. . . .	18,50	„
„ „ 200 „ 250 „	. . . .	21,00	„
„ „ 250 „ 300 „	. . . .	23,50	„
„ „ 300 „ 350 „	. . . .	26,00	„
„ „ 350 „ 400 „	. . . .	28,50	„
„ „ 400 „ 450 „	. . . .	31,00	„
„ „ 450 „ 500 „	. . . .	33,50	„
größere für jede volle oder angefangene Stufe von 100 Kilogramm	. . . . mehr . . .	2,50	„

2. Selbsttätige Laufgewichtswagen.

Für die Prüfung der Wage nach Ausschaltung der selbsttätigen Laufgewichtseinrichtung sind die unter VI. A. für Handelswagen gleicher Tragfähigkeit vorgeschriebenen Gebühren zu berechnen.

Für die Prüfung der selbsttätigen Laufgewichtseinrichtung sind in Ansatz zu bringen bei

Wagen für eine größte zulässige Last

von 3000 Kilogramm und weniger	. . . .	6,00	Mark,
„ mehr als 3 000 bis 11 000 Kilogramm	. . .	10,00	„
„ „ „ 11 000 „ 31 000 „	. . . .	15,00	„
„ „ „ 31 000 Kilogramm	. . . .	20,00	„

III. Wagen für Reisegepäck und für Stückgüter im Verkehre der Eisenbahn sowie Wagen für Postpäckereien ohne angegebenen Wert.

Wagen für eine größte zulässige Last

von 250 Kilogramm und weniger	. . . .	1,50	Mark,
„ mehr als 250 bis 750 Kilogramm	. . . . . .	3,00	„
„ „ „ 750 Kilogramm	. . . .	4,00	„

VII. Aräometer.

Aräometer, die vorschriftsmäßig an mindestens 5 Punkten der Aräometerskale geprüft werden:

Thermoaräometer	. . . .	2,00	Mark,
Aräometer ohne Thermometer	. . . .	1,20	„

Aräometer, die vorschriftsmäßig an nicht mehr als 3 Punkten der Aräometerskale geprüft werden:

Thermoaräometer	1,20 Mark,
Aräometer ohne Thermometer	0,70 „

VIII. Gasmesser.

1. Nasse Gasmesser.

Bei einem Betrage des größten Gasvolumens, welches der Gasmesser in der Stunde durchzulassen bestimmt ist,

von 0,3 Kubikmeter und weniger	1,00 Mark,
„ mehr als 0,3 bis zu 0,5 Kubikmeter	1,50 „
„ „ „ 0,5 „ „ 1 „	2,00 „
„ „ „ 1 „ „ 2 „	3,00 „
„ „ „ 2 „ „ 4 „	4,00 „
„ „ „ 4 „ „ 6 „	5,00 „
„ „ „ 6 „ „ 8 „	6,00 „
„ „ „ 8 „ „ 10 „	7,00 „
„ „ „ 10 „ „ 15 „	8,00 „
„ „ „ 15 für jede volle oder angefangene Stufe von 5 Kubikmeter . . . . mehr . . .	0,50 „

2. Trockene Gasmesser.

Die Gebühren für Prüfung und Stempelung belaufen sich auf den anderthalbfachen Betrag der Gebühren zu Nr. 1.

3. Bei Gasmessern mit Wechselzählwerk erhöhen sich die Gebühren für Prüfung und Stempelung bei nassen Gasmessern auf den anderthalbfachen, bei trockenen Gasmessern auf den doppelten Betrag der Sätze zu Nr. 1.

4. Erweist sich ein Gasmesser schon bei der Vorprüfung als undicht, so erfolgt die Rückgabe unter Ansetzung des vierten Teiles der vorstehenden Gebühren unter 1, 2 und 3, wobei die berechneten Beträge auf volle fünf Pfennig nach oben abzurunden sind.

5. Gelangt das abnehmbare Zählwerk eines Stationsgasmessers ohne diesen zur Prüfung, so ist eine Gebühr von 1,00 Mark, falls eine Stempelung hinzutritt, eine Gebühr von 1,50 Mark zu erheben.

IX. Getreideprober.

1. Für den Viertelliterprober	2,50 Mark,
„ „ Literprober	5,00 „
„ „ Zwanzigliterprober	50,00 „

Diese Gebühren werden lediglich erhoben für die allgemeine Prüfung einschließlich der Nachmessungen und der Kontrolle des Einspielens der leeren Wage sowie für die Prüfung der Genauigkeit der Angaben und für die Prüfung des Maßes.

Zu vorstehenden Sätzen treten noch die Gebühren für die Eichung der Gewichte (V. A. und V. B.) und für die Eichung der Wage (VI. B. 1.).

2. Für die Prüfung einer Wageschale nebst Messingplatte als Ersatzteile . . . . 0,25 Mark.

X. Meßwerkzeuge für wissenschaftliche und technische Untersuchungen.

A. Meßwerkzeuge für chemische und physikalische Untersuchungen.

I. Meßwerkzeuge ohne Einteilung.

a) Vollpipetten jeder Art bis
250 Kubikzentimeter . . . . 0,40 Mark,
größere . . . . 0,60 „

b) andere Meßwerkzeuge mit einer Marke
bis 2000 Kubikzentimeter . . . . 0,40 Mark,
größere . . . . 0,60 „

c) Meßwerkzeuge mit zwei Marken
bis 2000 Kubikzentimeter . . . . 0,60 Mark,
größere . . . . 0,80 „

d) Pyknometer
mit Thermometer . . . . 1,30 Mark,
ohne Thermometer . . . . 0,80 „

e) jede Hilfsteilung besonders . . . . 0,20 „

II. Meßwerkzeuge mit Einteilung.

In jeder Größe außer Butyrometer . . . . 1,00 Mark,
Butyrometer . . . . 0,60 „

B. Meßwerkzeuge für chemische und physikalische Gasbestimmungen.

Für Geräte, die Meßwerkzeugen für chemische und physikalische Untersuchungen entsprechen, sind die Gebühren für diese zu entrichten.
für alle übrigen Geräte . . . . 1,00 Mark,
Außerdem werden für jedes Meßwerkzeug als Abfertigungsgebühr erhoben . . . . 0,10 „

§ 2.

Diese Eichgebührenordnung tritt gleichzeitig mit der Maß- und Gewichtsordnung vom 30. Mai 1908 in Kraft.

Berlin, den 18. Dezember 1911.

Der Stellvertreter des Reichskanzlers.
Delbrück.

Anlage 7.

Bekanntmachung betreffend Übergangsbestimmungen für die Neueichung von Meßgeräten.

Vom 25. März 1912.

(R.G.Bl. S. 217.)

Auf Grund des § 19 der Maß- und Gewichtsordnung vom 30. Mai 1908 (R.G.Bl. S. 349) erläßt die Kaiserliche Normal-Eichungskommission die nachstehenden Übergangsbestimmungen.

1. Noch nicht geeichte Meßgeräte, die den Vorschriften der am 1. April 1912 in kraft tretenden Eichordnung vom 8. November 1911 oder der dazu erlassenen Instruktion vom 27. November 1911 in bezug auf Material, Gestalt, Einrichtung oder Bezeichnung nicht entsprechen, wohl aber in den bezeichneten Punkten nach den vor dem 1. April 1912 geltenden Vorschriften zulässig sind, werden noch bis zum 31. Dezember 1913 zur ersten Neueichung zugelassen.
2. Bereits geeichte Meßgeräte der in Nr. 1 bezeichneten Art werden noch bis zum 31. Dezember 1921 zur Wiederholung der Neueichung zugelassen.
3. Bei Förderwagen und Fördergefäßen, die bereits im Betriebe verwendet sind, beträgt die Fehlergrenze für die Neueichung bis zum 31. Dezember 1912 $^1/_{20}$ des Raumgehalts.
4. Vorstehende Vorschriften treten zugleich mit der Maß- und Gewichtsordnung vom 30. Mai 1908 in Kraft.

Berlin-Charlottenburg, den 25. März 1912.

Kaiserliche Normal-Eichungskommission.
Robolski.

Anlage 8.

Bekanntmachung, betreffend Eichung von Meßgeräten in Molkereien.

Vom 28. März 1912.

(R.G.Bl. S. 218.)

Auf Grund des § 12 Abs. 1 der Maß- und Gewichtsordnung vom 30. Mai 1908 (R.G.Bl. S. 349) hat der Bundesrat beschlossen:

§ 1.

Von der Verpflichtung zur Neueichung und Nacheichung werden bis zum 31. Dezember 1916 ausgenommen:

1. die zur Annahme der Vollmilch in Molkereien benutzten, nicht eichfähigen Neigungswagen (Zeigerwagen) mit Milchbehälter, soweit sie vor dem 1. April 1913 in den Betrieben aufgestellt worden sind,
2. die zur Rückgabe der Magermilch in Molkereien benutzten, nicht eichfähigen Wagen mit Milchbehälter, die mit selbsttätigem Zufluß versehen oder als Neigungswagen ausgeführt sind.

§ 2.

Diese Vorschriften treten gleichzeitig mit der Maß- und Gewichtsordnung vom 30. Mai 1908 in Kraft.

Berlin, den 28. März 1912.

Der Stellvertreter des Reichskanzlers.
Delbrück.

Anlage 9.

Eichordnung für das Deutsche Reich

vom 8. November 1911.
(R.R.Bl. Besondere Beilage zu Nr. 62.)

Auf Grund des § 19 der Maß- und Gewichtsordnung vom 30. Mai 1908 (R.-G.Bl. S. 349) erläßt die Kaiserliche Normal-Eichungskommission die nachstehende

Eichordnung.

Allgemeine Vorschriften.

§ 1.

Eichfähig ist ein Meßgerät, wenn es den Vorschriften der Eichordnung und den sie ergänzenden oder erläuternden Bestimmungen der Instruktionen entspricht.

Unter welchen Voraussetzungen andere Meßgeräte probeweise zur Eichung zuzulassen sind, bestimmt die Kaiserliche Normal-Eichungskommission.

§ 2.

Alle Meßgeräte müssen aus solchem Material hergestellt und so bearbeitet sein, daß sie beim ordnungsmäßigen Gebrauch gegen Abnutzung und Gestaltänderung hinreichend gesichert und gegen atmosphärische Einflüsse genügend unempfindlich sind, auch Verletzungen leicht erkennen lassen. Besonders sind Präzisions-Längenmaße, -Gewichte und -Wagen sowie Goldmünzgewichte aus gutem Material herzustellen und sorgfältig auszuführen.

§ 3.

Alle Begrenzungen von Maßgrößen müssen unzweideutig sein und dürfen sich nicht leicht verändern lassen. Aus der Art ihrer Ausführung dürfen sich keine im Verhältnis zur Fehlergrenze merklichen Unsicherheiten für die Messung ergeben.

Strichmarken müssen deutlich und dauerhaft aufgebracht sein. Sie dürfen mit einer färbenden Masse eingerieben, aber keineswegs nur aufgemalt sein.

§ 4.

Es ist verboten, an eichfähigen Meßgeräten unzulässige Maße oder Teilungen anzubringen oder Nebeneinrichtungen vorzusehen, die die ordnungsmäßige Anwendung und Wirksamkeit beeinträchtigen können.

§ 5.

Jedes Meßgerät muß die vorgeschriebene Bezeichnung tragen. Wo nicht anders bestimmt ist, müssen Bezeichnungen nach Maß- oder Gewichtsgrößen den ausgeschriebenen oder abgekürzten Namen der Einheiten und ihre Anzahl enthalten. Bei den Unterabteilungen, soweit sie überhaupt bezeichnet werden, genügt die Zahlenangabe (Bezifferung) mit oder ohne Hinzufügung der abgekürzten Bezeichnung der Unterabteilung der Einheit.

Bei Angaben in Bruchteilen einer Einheit dürfen nur Dezimalbrüche verwendet werden. Ausgenommen ist die Bezeichnung $^1/_4$ Liter.

§ 6.

Die Bezeichnungen müssen deutlich und dauerhaft auf den Meßgeräten selbst oder auf Schildern angebracht sein, deren Zugehörigkeit zu den Meßgeräten gesichert ist oder durch Stempelung gesichert werden kann.

§ 7.

Als richtig im Sinne der Eichordnung gelten die Meßgeräte, die von den Eichnormalen oder von den mit Eichnormalen festzustellenden Sollgrößen im Mehr oder Minder höchstens um die in den besonderen Vorschriften festgesetzten Fehlergrenzen (Eichfehlergrenzen) abweichen.

Die in den besonderen Vorschriften angegebenen Fehlergrenzen gelten für die Neueichung. Für die Nacheichung gelten die Verkehrsfehlergrenzen (§ 13 der Maß- und Gewichtsordnung), soweit nicht Gegenteiliges bestimmt ist.

§ 8.

Meßgeräte, deren Sollgröße durch die Temperatur bestimmt wird, müssen bei der Temperatur des schmelzenden Eises (Normaltemperatur) richtig sein, oder sie müssen, wenn die besonderen Vorschriften Ausnahmen zulassen, an ersichtlicher Stelle die deutliche Angabe der Temperatur tragen, bei der sie richtig sein sollen.

§ 9.

Alle Meßgeräte sind für die Neueichung und für die Nacheichung gehörig hergerichtet und gereinigt vorzulegen. Bei Eichungen und Prüfungen ohne Stempelung außerhalb der Amtsstelle muß der Antragsteller dafür sorgen, daß Eichmittel und Arbeitshilfe rechtzeitig zur Verfügung des Eichbeamten stehen.

Bei Meßgeräten aus hartem Metall sowie solchen mit splitternden Metallüberzügen müssen, abgesehen von Gewichten mit Justierhöhlung (§ 77 Nr. 5), besondere Stempelstellen hergerichtet sein, und zwar aus Bleilegierung (Pfropfe oder Plättchen) oder Kupfer und ähnlichen Metallen (Plättchen oder Niete), wenn sie in das Meßgerät eingelassen, aus Zinn oder Zinnlegierung (Tropfen), wenn sie auf das Meßgerät aufgesetzt sind.

Die Plättchen oder Tropfen, die zur Aufnahme des Jahreszeichens (§ 10) bestimmt sind, müssen mindestens 20 Millimeter lang sein, wenn sie auch die Jahreszeichen für die Nacheichung aufnehmen sollen. Bietet eine Stempelstelle für die Stempelung keinen Raum mehr, so ist sie wieder herzurichten oder zu erneuern.

Die Stempelstellen müssen mit dem Meßgeräte derart verbunden sein, daß sie nicht ohne Verletzung des Stempels entfernt werden können.

§ 10.

Die Stempelung erfolgt auf Glas durch Aufätzen; auf Holz, Elfenbein und ähnlichem Material durch Einbrennen, Eindrücken oder Aufschlagen; auf Metall durch Eindrücken oder Aufschlagen, bei den Präzisionsmaßstäben und den Präzisionswagen auch durch Aufätzen.

Sie geschieht bei der Neueichung mit dem Stempelzeichen und dem Jahreszeichen. Ist eine Stempelung an mehreren Stellen vorgesehen, so wird das Jahreszeichen gleichwohl dem Stempelzeichen in der Regel nur an einer besonders vorgeschriebenen Stelle beigesetzt.

Bei der Nacheichung wird, außer bei den Fässern (§ 52), nur das Jahreszeichen angewandt; nur bei den kleinen Gewichten (§ 80) und den kleinen Präzisionswagen (§ 100) ist von jeder Stempelung abzusehen. Das Jahreszeichen wird, wenn die besonderen Vorschriften nicht anders bestimmen, möglichst nahe bei dem die letzte Eichung kennzeichnenden Jahreszeichen aufgebracht.

§ 11.

Einem eichfähigen Meßgerät darf die Eichung nicht versagt werden. Über die Eichfähigkeit entscheidet in Zweifelsfällen die Aufsichtsbehörde und an letzter Stelle die Kaiserliche Normal-Eichungskommission.

§ 12.

Wenn ein bereits geeichtes Meßgerät bei einer eichamtlichen Prüfung vorschriftswidrig befunden wird, und wenn eine Berichtigung instruktionsmäßig oder wegen Widerspruchs des Antragstellers nicht bewirkt werden kann, so ist ihm durch Beseitigung oder Entwertung des letzten Jahreszeichens und des zugehörigen Stempelzeichens die Verkehrsfähigkeit zu entziehen. Das Gleiche gilt, wenn ein Meßgerät keinen Raum mehr für die Stempelung bietet.

Bei der Entwertung ist das nachfolgende Entwertungszeichen zu benutzen:

Besondere Vorschriften.

I. Längenmaße, Dickenmaße und Flächenmaße.

A. Maßstäbe und Bandmaße.

§ 13.

Zulässige Maßgrößen.

Zulässig sind Maße von

50, 40, 30, 25, 20, 15, 10 Meter
9, 8, 7, 6, 5, 4, 3, 2, 1 "
0,5, 0,2, 0,1 "

Präzisionsmaße sind nur von 5 Meter abwärts zulässig.

Einteilungen sind zulässig nach ganzen und halben Meter sowie nach Zehnteln, Hundertsteln und Tausendsteln dieser beiden Maßlängen.

§ 14.

Material.

Zulässig sind:

Metall für Maße jeder Länge; Elfenbein, Knochen und anderes Material von ähnlicher Festigkeit und Beständigkeit für Maße von 10 Meter abwärts; Holz für Maße von 10 bis einschließlich 0,5 Meter, Buchsbaumholz auch für kleinere Maße. Für Präzisionsmaße ist nur Metall zulässig.

§ 15.

Gestalt und Einrichtung.

1. Zulässig sind Endmaße und Strichmaße sowie Maße, die an einem Ende wie Endmaße, am anderen wie Strichmaße begrenzt sind, und zwar

aus einem Stück bestehende Maße: von 10 bis einschließlich 0,1 Meter,
aus mehreren gelenkartig verbundenen Stücken bestehende (zusammenlegbare) Maße: von 10 bis einschließlich 0,5 Meter,
Bandmaße von 50 bis einschließlich 0,5 Meter.

Präzisionsmaße dürfen nur aus einem Stück bestehen.

2. Endmaße bis einschließlich 0,5 Meter abwärts, die nicht ohnehin aus Metall bestehen, müssen an den Enden durch metallene Beschläge geschützt sein.

3. Strichmaße dürfen durch Striche, Punkte, Stifte, Löcher und dergleichen begrenzt sein.

Einteilungsmarken dürfen wie die Endmarken der Strichmaße ausgeführt sein.

4. Bandmaße mit Endringen, deren Mittelpunkte oder Begrenzungsflächen in unzweideutig bezeichneter Weise die Enden des Maßes bilden, sind zulässig.

5. Zusammenlegbare Maße dürfen keinen Handgriff haben. Der Zusammenhang der einzelnen Teile sowie ihre ordnungmäßige Lage müssen durch geeignete Vorrichtungen gesichert sein.

6. Endmaße und Strichmaße dürfen Teile von Meßwerkzeugen und Gerätschaften bilden, wenn ihre richtige Anwendung durch die Verbindung nicht behindert oder beeinträchtigt wird.

7. Aus einem Stück bestehende Maßstäbe bis einschließlich 0,5 Meter abwärts dürfen mit einem Zählwerk versehen sein, das nach ganzen Vielfachen der Gesamtlänge fortschreitet und derart angebracht ist, daß es die Messungen nicht behindert oder beeinträchtigt.

§ 16.

Bezeichnung.

1. Die Gesamtlänge ist nach Meter, Dezimeter, Zentimeter oder Millimeter zu bezeichnen, und zwar mit dem ausgeschriebenen Worte oder den Abkürzungen m, dm, cm, mm. Die Bezeichnung erfolgt bei Maßen ohne Einteilung mindestens auf einer Fläche, bei Maßen mit Einteilung auf jeder eingeteilten Fläche.

2. Die Bezifferung der Unterabteilungen darf nach Meter, Dezimeter, Zentimeter oder Millimeter ausgeführt sein. Den Ziffern darf die abgekürzte Bezeichnung beigefügt sein.

3. Zählwerke an Maßstäben müssen die Bezeichnung tragen „Zählwerk nicht geeicht".

4. Bei Maßen aus Nickelstahl muß der Nickelgehalt angegeben und außerdem vermerkt sein, daß das Material getempert ist.

§ 17.

Fehlergrenzen.

Die Fehlergrenzen betragen:

a. Für die Gesamtlänge

1. bei Maßstäben aus Metall von

10 bis einschließlich 7 Meter	3	Millimeter
6 " " 4 "	2	"
3 und 2 Meter	1	"
1 Meter	0,5	"
0,5, 0,2, 0,1 Meter	0,25	"

2. bei Maßstäben aus anderem Material von

10 bis einschließlich 7 Meter	6 Millimeter
6 „ „ 4 „	4 „
3 und 2 Meter	2 „
1 Meter	1 „
0,5 Meter	0,75 „

jedoch bei Maßstäben aus Buchsbaumholz, Elfenbein, Knochen und dergleichen von

0,5, 0,2, 0,1 Meter	0,25 „

3. bei Bandmaßen von

50 und 40 Meter	8 „
30 bis einschließlich 20 Meter	6 „
15 Meter	4 „
10 bis einschließlich 7 Meter	3 „
6 „ „ 4 „	2 „
3 und 2 Meter	1 „
1 Meter	0,75 „
0,5 Meter	0,5 „

4. bei Präzisionsmaßstäben von

5 und 4 Meter	0,4 „
3 und 2 „	0,2 „
1 Meter	0,1 „
0,5, 0,2 0,1 Meter	0,05 „

5. Die Fehlergrenzen gelten bei Auflagerung der Maße auf wagerechter Unterlage.

b. Für die Einteilung

1. bei Maßstäben von mehr als 3 Meter Länge
   für den Abstand irgendeiner Einteilungsmarke von dem ihr nächsten Ende der Maßlänge die Hälfte des zulässigen Fehlers der Gesamtlänge;
2. bei Maßen von 3 Meter und weniger
   für den Abstand irgendeiner Einteilungsmarke von dem einen wie von dem anderen Ende der Maßlänge den vollen Betrag des zulässigen Fehlers der Gesamtlänge;
3. bei Maßen jeder Größe
   für den Unterschied der Längen benachbarter Zentimeter und halber Zentimeter . . . . 0,5 Millimeter,
   jedoch bei Präzisionsmaßen . . . . 0,2 „
   für den Unterschied der Längen benachbarter Millimeter und halber Millimeter . . . . 0,1 Millimeter.

c. Für die Nacheichung der Präzisionsmaße.

Die Präzisionsmaße haben bei der Nacheichung die gleichen Fehlergrenzen einzuhalten wie bei der Neueichung.

§ 18.

Stempelung.

1. Die Stempelung der Gesamtlänge erfolgt

bei Endmaßen ohne Metallbeschlag dicht an den beiden Enden des Maßes,

bei solchen mit Metallbeschlag dicht an diesem auf einer der mit Bezeichnung versehenen Flächen,

bei Strichmaßen dicht an dem ersten und letzten Striche jeder einzelnen auf dem Maßstab aufgebrachten Gesamtlänge.

2. Bei Endmaßen oder Strichmaßen mit einer oder mehreren Einteilungen ist außerdem noch jede Einteilung in ihrer Mitte möglichst nahe den Einteilungsmarken zu stempeln.

Haben einzelne Teilabschnitte der Hauptteilung des Maßes eine engere Einleilung, so erhält jede einzelne einen Stempel in ihrer Mitte und noch einen weiteren Stempel an einem ihrer Endstriche, wenn sie sich nicht bis zu einem Ende der Maßlänge erstreckt.

3. Bilden bei Bandmaßen bewegliche Ringe einen Teil der Maßlänge, so sind sie an den die Begrenzung bildenden Stellen zu stempeln. Auch ist ihre Verbindung mit dem Maße durch Stempelung zu sichern.

4. Das Jahreszeichen wird einem der zur Beglaubigung der Gesamtlänge bestimmten Stempelzeichen beigefügt.

Sind mehrere Gesamtlängen und Bezeichnungen vorhanden, so genügt gleichwohl ein Jahreszeichen.

5. Bei Bandmaßen darf die Stempelung bei der Nacheichung auch auf einer am Ringe anzubringenden Plombe ausgeführt werden, falls die Herrichtung einer längeren Stempelstelle (§ 9) nicht ratsam erscheint.

B. Dickenmaße (Kluppmaße).

§ 19.

Zulässige Maßgrößen.

Zulässig sind Kluppmaße von 2 bis einschließlich 0,1 Meter in Abstufungen von 0,1 Meter.

Einteilungen sind zulässig nach ganzen und halben Zentimeter sowie nach ganzen und halben Millimeter.

§ 20.

Material.

Zulässig sind:

Metall, Elfenbein, Knochen und anderes Material von ähnlicher Festigkeit und Beständigkeit für Kluppmaße jeder Länge, Holz für Kluppmaße von 2 bis einschließlich 0,5 Meter, Buchsbaumholz auch für kleinere Kluppmaße.

§ 21.

Gestalt und Einrichtung.

1. Zulässig sind nur Kluppmaße, bei denen der eine Kluppstab (Schenkel, Schnabel) fest mit dem einen Ende des Maßstabs verbunden, der andere beweglich und abnehmbar ist, und bei denen die Gleitschiene aus einem Stücke besteht.

2. Die Ablesungsmarke darf entweder durch die innere Kante des beweglichen Kluppstabs oder durch eine besondere Marke gebildet werden.

3. Die Länge der Kluppstäbe muß mindestens gleich der halben Länge des Maßstabs sein. Die Führung des beweglichen Kluppstabs muß bei Kluppmaßen aus Holz mindestens ein Fünftel, bei Kluppmaßen aus anderem Material mindestens ein Zehntel der Länge der Kluppstäbe betragen.

4. Bei hölzernen Kluppmaßen können die Kluppstäbe an den Innenflächen durch metallene Beschläge geschützt, auch ganz oder teilweise aus Metall hergestellt sein. Auch an den Seitenflächen der Gleitschiene sind metallene Beschläge zulässig. Tragen die Beschläge Einteilungen, so müssen sie mit der Schiene fest verbunden sein. Kluppstäbe dieser Art sind als metallene anzusehen.

5. Nebenteilungen sind nicht zulässig, dagegen ist die Aufbringung von Kubierungs- und ähnlichen Tabellen gestattet.

6. Etwaige Anziehschrauben und ähnliche Vorrichtungen zum Feststellen des beweglichen Kluppstabs sind so anzubringen, daß sie die Einteilung des Maßstabs nicht beschädigen können.

§ 22.

Bezeichnung.

Die Gesamtlänge des Maßstabs ist nach Meter, Dezimeter, Zentimeter oder Millimeter zu bezeichnen, und zwar mit dem ausgeschriebenen Wort oder den Abkürzungen m, dm, cm, mm. Die Bezeichnung erfolgt auf jeder eingeteilten Fläche.

Die Bezifferung der Unterabteilungen darf nach Meter, Dezimeter, Zentimeter oder Millimeter ausgeführt sein. Den Ziffern darf die abgekürzte Bezeichnung beigefügt sein.

§ 23.

Fehlergrenzen.

Die Fehlergrenzen betragen:

a. Für die Gesamtlänge

1. bei Kluppmaßen aus Metall von

2 bis einschließlich 1,6 Meter	1 Millimeter
1,5 „ „ 0,6 „	0,5 „
0,5 Meter und weniger	0,25 „

2. bei Kluppmaßen aus anderem Material von

2 bis einschließlich 1,6 Meter	2	Millimeter
1,5 " " 0,9 "	1	
0,8 " " 0,5 "	0,75	"
jedoch bei Kluppmaßen aus Buchsbaumholz, Elfenbein, Knochen und dergleichen von 0,5 Meter und weniger	0,25	"

b. Für den Abstand der freien Enden der Kluppstäbe, wie er sich durch Vergleich mit dem an dem Maßstab abgelesenen Abstande dieser Stäbe ergibt,

1. bei den Kluppmaßen aus Holz außer Buchsbaumholz das Dreifache des zulässigen Fehlers der Gesamtlänge,
2. bei den übrigen Kluppmaßen das Doppelte des zulässigen Fehlers der Gesamtlänge des Maßstabs.

c. Für die Einteilung

1. für den Abstand irgend einer Einteilungsmarke von dem Anfang (Nullende) der Maßlänge den vollen Betrag des Fehlers der Gesamtlänge,
2. für den Unterschied der Längen
   benachbarter Zentimeter und halber Zentimeter . 0,5 Millimeter,
   benachbarter Millimeter und halber Millimeter . . 0,1 "

§ 24.

Stempelung.

1. Die Stempelung erfolgt dicht an dem freien Ende jeder Teilung. Außerdem erhalten die beiden Kluppstäbe auf der Führung eine Nummer, und zwar die gleiche.

2. Das Jahreszeichen wird dem Stempelzeichen am freien Ende einer Teilung beigefügt.

C. Flächenmaße (Planimeter).

§ 25.

Zulässige Meßgeräte.

Zulässig sind nur solche Einrichtungen, bei denen die zu messende Fläche mit einem am Ende eines Fahrstabs befindlichen Stifte unter Abrollung einer den Flächeninhalt anzeigenden oder diese Anzeige vermittelnden Meßrolle umfahren wird.

§ 26.

Material.

Zulässig ist nur Metall.

§ 27.

Gestalt und Einrichtung.

1. Die Ausführung muß Gewähr leisten für längere Brauchbarkeit der Achsenlager und für die Unveränderlichkeit der wesentlichen Teile, insbesondere des Durchmessers der Meßrolle sowie der Länge des Fahrstabs.

2. Die Teilung darf nur nach metrischem Maße ausgeführt sein, sie soll nach ganzen, halben, fünftel oder zehntel Quadratdezimeter fortschreiten.

§ 28.

Bezeichnung.

Die Teilung ist nach Quadratmeter oder Quadratdezimeter zu bezeichnen und zwar mit dem ausgeschriebenen Wort oder den Abkürzungen qm, qdm.

Außerdem muß auf dem Instrument deutlich angegeben sein, für welche Flächengrößen es bestimmt ist.

§ 29.

Fehlergrenzen.

Die Fehlergrenzen betragen für alle Angaben von 10 Quadratdezimeter aufwärts ein Fünfzigstel der Angaben.

§ 30.

Stempelung.

1. Die Stempelung erfolgt auf dem Fahrstabe. Außerdem erhält der Fahrstab eine laufende Nummer.

2. Ferner sind alle Stempelungen auszuführen, die zur Sicherung der dauernd richtigen Wirkungsweise des Meßgeräts erforderlich erscheinen.

3. Das Jahreszeichen wird dem Stempelzeichen auf dem Fahrstab beigefügt.

II. Flüssigkeitsmaße und Meßwerkzeuge für Flüssigkeiten.

A. Flüssigkeitsmaße.

§ 31.

Zulässige Maßgrößen.

Zulässig sind Maße von

50,	20,	10	Liter
5,	2,	1	„
0,5,	0,2,	0,1	„
0,05,	0,02,	0,01	„

$^1/_4$ Liter.

§ 32.

Material.

Zulässig sind:

Metall und Glas. Das Metall muß so beschaffen und bearbeitet sein, daß es schädliche Folgen für die Gesundheit bei dem ordnungsmäßigen Gebrauch der Maße nicht befürchten läßt und den reichsgesetzlichen Bestimmungen über den Verkehr mit blei- und zinkhaltigen Gegenständen genügt.

§ 33.

Gestalt.

1. Die metallenen Flüssigkeitsmaße dürfen bis 5 Liter abwärts in Kannenform oder Zylinderform, die kleineren nur in Zylinderform — die gläsernen Maße dürfen in Zylinderform oder Flaschenform (Meßflaschen) hergestellt sein. Alle Maße sollen möglichst kreisförmigen Querschnitt haben. Die kannenförmigen Maße dürfen Maßkörper in Zylinderform, Kegelform oder in ausgebauchten Formen haben; sie müssen mit einem engeren Halse versehen sein, der mindestens an seinem engsten Teile zylindrisch verlaufen muß.

2. Bei den Maßen in Zylinderform sind Abweichungen von dieser Gestalt zulässig, solange die Durchmesser an keiner Stelle die folgenden Grenzwerte überschreiten:

Raumgehalt des Maßes		Zulässige Grenzwerte des Durchmessers größter		kleinster	
50	Liter	350	Millimeter	315	Millimeter
20	"	250	"	225	"
10	"	200	"	180	"
5	"	150	"	135	"
2	"	114	"	103	"
1	"	90	"	82	"
0,5	"	72	"	65	"
0,2	"	67	"	60	"
0,1	"	53	"	48	"
0,05	"	42	"	38	"
0,02	"	31	"	28	"
0,01	"	25	"	22	"
1/4	"	58	"	52	"

3. Bei den kannenförmigen und flaschenförmigen Maßen darf der Durchmesser an der Stelle der Maßbegrenzung den größten Wert der für zylinderförmige Maße vorgeschriebenen Durchmesser nicht überschreiten.

§ 34.

Einrichtung.

1. Die obere Begrenzung des Maßraums wird durch die Ebene des Maßrandes (Randmaße) oder durch eine unter dem Rande liegende an der Maßwand markierte Ebene dargestellt. Bei richtiger Füllung muß daher der Flüssigkeitsspiegel in der einen oder in der anderen dieser Ebenen liegen. Bei emaillierten Maßen darf er nur in der Randebene, bei den Maßen in

Flaschenform nur in dem Halse, bei den kannenförmigen Maßen nur in dem zylindrischen Teile des Halses liegen.

2. Bei den Maßen, bei denen der Flüssigkeitsspiegel unter dem Rande liegt, darf der Raumgehalt begrenzt sein:

a) bei metallenen Maßen durch zwei einander gegenüberliegende oder drei auf dem Umfang gleichmäßig verteilte Marken in Form von Überlauföffnungen in der Maßwand, von eingenieteten oder eingelöteten Stiften oder auch von aus der Maßwand getriebenen Erhöhungen in Stift-, Strich-, Grat-, Kegel- oder ähnlicher Form. Zulässig ist auch die gemischte Anwendung von Überlauföffnungen, Stiften und Erhöhungen bei einem Maße;

b) bei gläsernen Maßen durch eine auf der Außenseite der Glaswand über der Bezeichnung angebrachte Strichmarke, die sich über mindestens die Hälfte des Umfanges erstreckt. Die Glaswand muß daher bei diesen Maßen durchsichtig sein.

Alle Arten von Marken müssen so beschaffen sein, daß sich bei der Einstellung des Flüssigkeitsspiegels keine im Verhältnis zur Fehlergrenze in Betracht kommenden Unsicherheiten ergeben. Auch müssen sie durch Stempelung gesichert werden können.

3. Zulässig sind bei allen Maßen Ausgüsse (Schnauzen), die bei Randmaßen innerhalb des Maßraums liegen müssen.

4. Bei Randmaßen muß der Rand hinreichend eben sein, um die annähernd wasserdichte Auflegung einer ebenen Glasplatte zu ermöglichen. Bei metallenen Randmaßen muß der Rand, bei solchen mit Ausguß auch der Rand des Ausgusses außen zweckmäßig verstärkt sein, wenn nicht schon durch die Stärke der Maßwand die Erhaltung des Maßraums und des Randes gewährleistet ist.

5. Bei blechernen Maßen muß die Maßwand hinreichend kräftig sein; sie muß bei den Maßen aus Weißblech und anderem Eisenblech (mit oder ohne Überzug) von 2 bis einschließlich 0,5 Liter eine Stärke von mindestens 0,4 Millimeter haben. Bei den Maßen von 50 Liter muß sie außen durch umgelegte eiserne Bänder verstärkt sein, wenn nicht in anderer Weise für hinreichende Verstärkung gesorgt ist.

6. Bei mit Weichlot gelöteten Blechmaßen muß der Rand des Bodens umgebogen sein. Er soll, wenn er nach oben gekehrt ist, sich außen, und wenn er nach unten gekehrt ist, sich innen an die Wandfläche des Maßes anschließen und mit dieser verlötet sein.

7. Alle Flüssigkeitsmaße müssen auf wagerechter, ebener Unterlage fest und senkrecht stehen.

8. Bei metallenen Maßen soll die Bodenfläche eben sein und mit der oberen Begrenzungsebene gleichgerichtet verlaufen; jedoch sind bei den Maßen bis einschließlich 5 Liter abwärts auch getriebene Böden mit schwacher

Wölbung nach außen zulässig. Der Boden soll bei allen Maßen hinreichend kräftig sein und nicht durchfedern. Bei den Maßen bis einschließlich 5 Liter abwärts muß er durch mindestens zwei außen aufgelötete Stege verstärkt sein.

§ 35.

Bezeichnung.

1. Der Raumgehalt ist bei den Maßen von 50 Liter nach Hektoliter oder Liter, bei den kleineren Maßen nach Liter zu bezeichnen und zwar mit dem ausgeschriebenen Wort oder den Abkürzungen hl, l.

2. Andere Bezeichnungen sind bei den zylindrischen Maßen nicht zulässig, jedoch muß auf den Zinnmaßen Name und Wohnort des Verfertigers außen auf dem Boden angebracht sein.

§ 36.

Fehlergrenzen.

Die Fehlergrenzen betragen:

bei Maßen von	
50 Liter	100 Kubikzentimeter
20 "	50 "
10 "	25 "
5 "	12,5 "
2 "	5 "
1 und 0,5 Liter	2,5 "
0,2 und 0,1 "	1 "
0,05 Liter	0,5 "
0,02 "	0,4 "
0,01 "	0,2 "
1/4 "	1,25 "

§ 37.

Stempelung.

1. Die Stempelung erfolgt
   bei den Randmaßen über der Bezeichnung möglichst dicht unter dem Rande,
   bei den metallenen Maßen mit Begrenzungsmarken auf den zugehörigen Zinntropfen,
   bei den gläsernen Maßen mit Strichbegrenzung dicht unter dem Striche über der Bezeichnung.

2. Bei den mit Weichlot gelöteten Maßen ist außerdem die Verbindung der einzelnen Teile des Maßraums durch Stempelung eines Zinntropfens auf jeder Lötnaht zu sichern.

3. Das Jahreszeichen wird dem Stempelzeichen über der Bezeichnung oder dem der Bezeichnung nächsten Stempelzeichen beigefügt.

B. Meßwerkzeuge für Flüssigkeiten.

§ 38.

Zulässige Maßgrößen.

Zulässig sind:

1. Meßwerkzeuge ohne Einteilung. Sie haben nur eine Maßgröße, deren Raumgehalt dem der Flüssigkeitsmaße (§ 31) entspricht.
2. Meßwerkzeuge mit ungleichartiger Einteilung. Sie haben eine beliebige Anzahl von Maßgrößen aus der ersten oder der zweiten der beiden folgenden Reihen:

2,			1,		0,5		$^1/_4$	Liter,
2,	1,	0,5,	0,2,	0,1,	0,05,	0,02,	0,01	„

doch darf zwischen der ersten und letzten Einteilungsmarke keine Zwischenstufe aus der Reihe fehlen.
3. Meßwerkzeuge mit gleichartiger Einteilung. Sie haben mindestens zehn gleich große Teilabschnitte, die dem Liter, seinem Zwei-, Fünf- oder Zehnfachen, seiner Hälfte, seinem Viertel, Fünftel, Zehntel, Zwanzigstel, Fünfzigstel oder Hundertstel entsprechen.
4. Milchmaße bis einschließlich 10 Liter abwärts mit gleichartiger Einteilung. Sie haben Teilabschnitte nach Liter, doch dürfen Maße von 20 Liter abwärts auch Unterabteilungen nach halben Liter haben.

§ 39.

Material.

Zulässig sind:

Durchsichtiges Glas und Metall; jedoch dürfen Milchmaße nur aus Metall, Meßwerkzeuge mit Einteilung von weniger als 10 Liter nur aus Glas hergestellt werden.

Bei Meßwerkzeugen für genießbare Flüssigkeiten müssen alle Metallteile, die mit der Flüssigkeit in Berührung kommen, den Vorschriften des § 32 entsprechen.

§ 40.

Allgemeines über Gestalt und Einrichtung.

1. Die Meßwerkzeuge sollen möglichst kreisförmigen Querschnitt haben. Ihr Maßkörper muß so gestaltet und beschaffen sein, daß eine vollständige Füllung und Entleerung des Maßraums gewährleistet ist. Die Meßwerkzeuge nach § 38 unter Nr. 1 bis 3 müssen, die Milchmaße dürfen unten mit einem Hahn zum Ablassen der Flüssigkeit versehen sein.

2. Strichmarken müssen in ununterbrochenem Zuge verlaufen und ihrer ganzen Länge nach sichtbar sein. Sie müssen in Ebenen liegen, die mit der Achse des Meßwerkzeugs einen rechten Winkel bilden.

Bei gläsernen Meßwerkzeugen dürfen sie nur auf zylindrischen Abschnitten angebracht sein und müssen mindestens ein Viertel der Glaswand umfassen.

3. Als Grenze für den Gesamtraumgehalt dienende Marken müssen mindestens 1 Zentimeter, bei den Milchmaßen mindestens 5 Zentimeter unterhalb des oberen Randes liegen.

4. Hähne, die zur Begrenzung des Maßraums dienen, und Abflußrohre müssen derart ausgeführt und angebracht sein, daß die Messungen zuverlässig und unzweideutig sind und auch bei geringer Schiefstellung des Meßwerkzeugs keine im Verhältnis zur Fehlergrenze in Betracht kommenden Verschiedenheiten aufweisen.

Die Hahnfassungen der gläsernen Meßwerkzeuge dürfen Teile des Maßraums nicht derart verdecken, daß unvollständige Füllungen und Entleerungen unbemerkt bleiben können.

5. Zulässig sind Hilfseinrichtungen zur Erleichterung der Benutzung oder Berichtigung der Meßwerkzeuge, auch solche, die in den Maßraum hineinreichen, wenn sie nur die Messung nicht beeinträchtigen.

6. Gläserne Meßwerkzeuge dürfen ungefähr bis zur Hälfte ihres Umfangs mit einem Schutzmantel aus Blech oder dergleichen umgeben sein.

§ 41.

Gestalt und Einrichtung der Meßwerkzeuge ohne Einteilung und der Meßwerkzeuge mit ungleichartiger Einteilung.

1. Die untere Begrenzung des Maßraums erfolgt durch den Abflußhahn, der deshalb fest mit dem Maßkörper verbunden sein muß. Die obere Begrenzung geschieht bei den Meßwerkzeugen ohne Einteilung von 2 Liter abwärts durch eine Strichmarke, bei den Meßwerkzeugen gleicher Größe mit ungleichartiger Einteilung ebenfalls durch eine Strichmarke oder durch die Randebene des Gefäßes. Sie kann bei Meßwerkzeugen jeder Größe auch durch einen Hahn bewirkt werden. Unzulässig ist die Begrenzung durch Ventile.

2. Bei Meßwerkzeugen, deren Maßraum ausschließlich durch Hähne begrenzt wird, müssen Zufluß- und Ablaufeinrichtung so gestaltet sein, daß sie durch einen Handgriff gleichzeitig in die zur Füllung oder Entleerung des Maßes dienende Stellung gebracht werden.

3. Metallene Meßwerkzeuge ohne Einteilung dürfen beliebige Querschnitte haben; sie müssen mit Schaugläsern versehen sein, sofern sich nicht ohne weiteres ersehen läßt, wann die Füllung vollständig ist.

4. Der äußere Durchmesser an den Strichmarken und in der Randebene darf bei den gläsernen Meßwerkzeugen von

2, 1 und 0,5 Liter	90	Millimeter
1/4, 0,2 und 0,1 Liter	65	"
0,05 Liter	45	"
0,02 und 0,01 Liter	35	"

nicht überschreiten.

5. Gläserne Meßwerkzeuge mit Strichmarken, deren Durchmesser in der Ebene einer Marke 30 Millimeter übersteigt, müssen ein Lot haben. Hiervon

kann abgesehen werden, wenn die Strichmarken sich mindestens über die Hälfte des Maßkörpers erstrecken.

6. Zulässig ist es, zwei metallene Meßwerkzeuge gleicher Größe ohne Einteilung mit oberer und unterer Hahnbegrenzung miteinander zu verbinden, falls Zufluß- und Abflußhahn für beide Maßkörper (Kammern) gemeinsam sind und gleichzeitig die eine Kammer sich entleert, während die andere sich füllt. Die Füllung muß schneller vor sich gehen als die Entleerung.

7. Meßwerkzeuge ohne Einteilung dürfen mit einem Zählwerk versehen sein, das nach ganzen Vielfachen des Raumgehalts fortschreitet oder die Anzahl der Füllungen anzeigt. Das Zählwerk muß derart angebracht sein, daß es die Messungen nicht behindert oder beeinträchtigt.

§ 42.

Gestalt und Einrichtung der Meßwerkzeuge mit gleichartiger Einteilung.

1. Die obere und untere Begrenzung des Maßraums erfolgt durch eine Strichmarke. Die Teilung beginnt mit der untersten oder der obersten Marke (Nullmarke). Für den Abfluß sind auch Hähne, die durch einen Gummischlauch mit dem Maßkörper verbunden sind, sowie Quetschhähne zulässig.

2. Der Maßkörper muß, soweit die Einteilung reicht, zylindrisch sein. Der Abstand benachbarter Strichmarken muß mindestens zwei Zentimeter betragen.

Jede bezifferte Strichmarke muß länger als die übrigen sein.

3. Bei metallenen Meßwerkzeugen darf die zylindrische Wand des Maßkörpers nur aus einem Stück bestehen. Sie soll mit einem eingesetzten durchsichtigen Glasstreifen von mindestens vier Zentimeter Breite versehen sein oder mit einem gläsernen Flüssigkeitsstandrohr, das auch oben mit dem Maßkörper in Verbindung steht und mit seinem Verbindungsstutzen dessen Lötnaht überdeckt.

Meßwerkzeuge mit Flüssigkeitsstandrohr dürfen nur zum Zumessen von Mineralölen dienen.

4. Die Einteilung muß sich bei den metallenen Meßwerkzeugen auf dem Glasstreifen, auf dem Standrohr oder auf einem Metallstreifen hinter dem Standrohr befinden. Die Striche auf dem Glasstreifen müssen mindestens zwei Zentimeter lang sein. Die Striche auf dem Standrohr müssen sich über mindestens ein Viertel des Umfangs erstrecken, die Striche auf dem Metallstreifen hinter dem Glasrohr müssen zu beiden Seiten des Rohres von vorn deutlich sichtbar sein.

§ 43.

Gestalt und Einrichtung der Milchmaße.

1. Zulässig sind:

a) Maße mit Innenskalen. Der Raumgehalt der Füllung wird an zwei streifenförmigen Skalen aus Blech abgelesen, die auf der Innenwand einander gegenüber angebracht und vernietet sind. Der Raumgehalt muß mindestens 20 Liter betragen. Die Marken sollen durch die wagerechten Kanten eingeschnittener Zähne geeigneter Form und Stärke, durch eingenietete oder eingelötete Stifte, durch strich- oder stiftartig aus den Skalen getriebene Erhöhungen oder in ähnlicher Weise dargestellt werden.

b) Maße mit durchsichtiger Skale. Der Raumgehalt der Füllung wird an einem in die Wand des Maßkörpers eingesetzten Glasstreifen von mindestens 4 Zentimeter Breite mit Strichmarken von mindestens 2 Zentimeter Länge abgelesen.

c) Maße mit Schwimmer. Der Raumgehalt der Füllung wird an einer mit einem Schwimmer fest verbundenen Metallstange mit vertieften Strichmarken von mindestens 1 Zentimeter Länge abgelesen.

2. Die untere Begrenzung des Maßraums erfolgt durch den Boden des Gefäßes oder durch einen Abflußhahn.

3. Der Maßkörper muß, soweit die Einteilung reicht, zylindrisch sein. Die Wand muß aus einem Stück bestehen und bei den Maßen von mehr als 20 Liter außen nötigenfalls durch Reifen verstärkt sein. Ausgüsse dürfen nicht in den Maßraum hineinreichen.

Böden, die den Maßraum begrenzen, sollen den gleichen Anforderungen genügen, wie sie für Flüssigkeitsmaße (§ 34 Nr. 8) vorgeschrieben sind.

4. Bei den Maßen von mehr als 20 Liter muß die Skale mit 5 Liter, bei den kleineren Maßen mit 1 Liter beginnen.

5. Der Abstand zweier einen Raumgehalt von 1 Liter begrenzender Einteilungsmarken muß betragen bei allen Maßen von mehr als 20 Liter mindestens 1 Zentimeter, bei den Maßen von 20 Liter und weniger mit Innenskalen und mit Schwimmer 1,5 Zentimeter, bei solchen Maßen mit durchsichtiger Skale 2 Zentimeter.

6. Die Striche und Zähne für die Fünffachen des Liter sollen länger als die für die ganzen Liter und diese länger als die für die halben Liter sein.

Bei den Stiften und stiftartigen Marken sollen die für die halben Liter kleiner sein als die übrigen. Die Abschnitte für die ganzen und halben Liter müssen durch eine, die für die Fünffachen des Liter durch zwei nebeneinander gesetzte Marken gekennzeichnet sein.

7. Die Maße mit Glasskale müssen mit einem Lote versehen sein.

8. Bei den Maßen mit Schwimmer muß die Skale durch einen quer über dem Maße befestigten Bügel geführt sein, an dessen oberem Rande die Ablesung erfolgt, falls nicht hierfür am Bügel ein besonderer fester Zeiger angebracht ist. Jedenfalls muß die Ablesung eindeutig sein.

Der Schwimmer muß aus starkem, nötigenfalls noch besonders verstärktem Bleche wasserdicht angefertigt sein. Er muß aus zwei flachgewölbten Schalen bestehen, die mit ihren umgebogenen und verlöteten Rändern ein zylindrisches Zwischenstück bilden und so geformt sind, daß sich weder oben

Flüssigkeit noch unten Luft ansammeln kann. Der Schwimmer muß im Maße frei beweglich sein, jedoch darf die Breite des freien Ringes zwischen Maßwand und Schwimmerrand höchstens 2 Zentimeter betragen.

Schwimmer und Skale dürfen frei schwimmend nicht kippen und müssen so weit einsinken, daß der Flüssigkeitsspiegel den Schwimmer an seinem größten Querschnitt schneidet.

Die Lage des Schwimmers im leeren Gefäße muß durch eine über die ganze Breite der Skale gezogene Marke (Nullmarke) kenntlich gemacht sein.

§ 44.

Bezeichnung.

1. Der Raumgehalt der Meßwerkzeuge ist nach Liter zu bezeichnen, und zwar mit dem ausgeschriebenen Wort oder der Abkürzung l. Die Bezeichnung erfolgt bei den Meßwerkzeugen ohne Strichmarken auf dem Maßkörper an ersichtlicher Stelle, bei den Meßwerkzeugen mit ungleichartiger Einteilung an jeder Strichmarke, bei den übrigen Meßwerkzeugen an jeder bezifferten Marke.

2. Bei den Milchmaßen muß außerdem auf einem Schilde, das bei den Maßen mit Schwimmer auf dem Bügel befestigt sein muß, der größte Raumgehalt und die Bezeichnung „Nur für Milch“ angegeben sein. Bei den Maßen mit Schwimmer soll außerdem Name und Wohnort des Verfertigers sowie die Fabriknummer auf dem Schilde und auf dem oberen Ende der Stange angebracht sein.

3. Die Bezifferung erfolgt bei gleichartiger Einteilung, wenn sie fortschreitet nach

10, 1, 0,1 oder 0,01 Liter, ...	an	jeder	fünften
2, 0,2 oder 0,02 Liter, ...	"	"	fünften
1/4 Liter, ...	"	"	vierten
5, 0,5 oder 0,05 Liter, ...	"	"	zweiten

Marke, und zwar immer von Null ab gerechnet, auch wo eine Nullmarke nicht vorhanden ist.

4. Meßwerkzeuge mit Flüssigkeitsstandrohr (§ 42 Nr. 3) müssen die Bezeichnung tragen: „Nur für Mineralöle“.

5. Bei den Meßwerkzeugen mit Zählwerk (§ 47 Nr. 7) muß auf diesem angegeben sein: „Zählwerk nicht geeicht“.

§ 45.

Fehlergrenzen.

Die Fehlergrenzen betragen:

1. bei Meßwerkzeugen ohne Einteilung und bei Meßwerkzeugen mit ungleichartiger Einteilung

   für jede Maßgröße soviel wie die in § 36 angegebenen Fehlergrenzen für die Flüssigkeitsmaße gleicher Größe;

2. bei Meßwerkzeugen mit gleichartiger Einteilung
für jede an beliebiger Stelle der Einteilung aus 4 oder 5 kleinsten Teilabschnitten zusammengesetzte Maßgröße von

50 Liter	200	Kubikzentimeter
20 "	100	"
10 "	50	"
5 "	25	"
2 "	10	"
1 und 0,5 Liter	5	"
0,2 und 0,1 Liter	2	"
0,05 Liter	1	"
1/4 Liter	2,5	"

3. bei den Milchmaßen für jede Maßgröße ein Zweihundertstel des größten Raumgehalts.

§ 46.

Stempelung.

1. Die Stempelung erfolgt bei jeder Bezeichnung, und zwar an dieser selbst, oder wenn sie sich bei einer Marke befindet, möglichst nahe unter oder auf der Marke. Außerdem erhalten gleichartige Einteilungen einen Stempel an der Nullmarke.

2. Ferner sind alle Stempelungen auszuführen, die zur Sicherung der Verbindung aller den Maßraum bestimmenden Teile erforderlich sind.

3. Das Jahreszeichen wird dem Stempelzeichen an der Bezeichnung für den größten Raumgehalt beigefügt.

4. Bei der Nacheichung kann die Stempelung auf einer an geeigneter Stelle anzubringenden Plombe erfolgen.

III. Fässer.

§ 47.

Zulässige Maßgrößen und Gewichte.

Zulässig sind Fässer von beliebigem Raumgehalt und Gewicht.

§ 48.

Material.

Zulässig sind:

Holz, Metall und anderes Material von ähnlicher Festigkeit und Beständigkeit. Bei Fässern für genießbare Flüssigkeiten müssen alle metallenen Teile, die mit der Flüssigkeit in Berührung kommen, den Anforderungen des § 32 entsprechen.

§ 49.

Gestalt und Einrichtung.

1. Zulässig sind Fässer in Tonnen-, Zylinder- und ähnlicher Form.

2. Die Begrenzung des Maßraums geschieht durch den unteren Rand des Spundlochs oder der Füllöffnung. Beide müssen derartig angebracht

und eingerichtet sein, daß die Befüllung des Fasses vollständig ist, sobald die Flüssigkeit ihren unteren Rand berührt.

§ 50.

Bezeichnung.

1. Der Raumgehalt der Fässer ist nach Liter zu bezeichnen, und zwar mit dem ausgeschriebenen Wort oder der Abkürzung l, ihr Gewicht nach Kilogramm mit der Abkürzung kg, unter Voransetzung der Bezeichnung NT (Nasse Tara), wenn es nach vorangegangener innerer Nässung des Fasses bestimmt wurde, oder TT (Trockene Tara), wenn der Gewichtsbestimmung keine Nässung voranging. Die Bezeichnung geschieht durch die Eichbehörde. Die Anbringung weiterer Inhalts- oder Gewichtsangaben, die mit den amtlichen übereinstimmen, ist jedoch nicht unzulässig. Frühere Inhalts- oder Gewichtsangaben sollen vor der Einlieferung zur Eichung entfernt sein.

2. Die Bezeichnung ist in der Regel auf einem der Böden anzubringen, und zwar auf diesem selbst oder auf einem an ihm befestigten Schilde oder in einem gleichfalls befestigten Rahmen mit auswechselbaren Ziffern. Zulässig ist es auch, bei allen metallenen sowie bei kleineren hölzernen Fässern die Bezeichnung in gleicher Weise auf dem Umfang an einer Stelle anzubringen, an der sie vor Beschädigungen bei der Beförderung usw. gesichert ist.

3. Bierfässer sollen durch ein deutliches über der Bezeichnung aufgebrachtes B besonders als solche gekennzeichnet sein, falls ihre Zweckbestimmung nicht bereits in anderer Weise deutlich ersichtlich ist.

4. Die Angabe des Raumgehalts ist bei Fässern unter 150 Liter auf Zehntel des Liter, bei größeren Fässern auf ganze Liter abzurunden.

Bei Bierfässern kann die Abrundung unter Fortlassung der überschießenden Zehntelliter bei den Fässern unter 30 Liter auf halbe Liter, bei den größeren Fässern auf ganze oder halbe Liter erfolgen.

Die Angabe des Gewichts geschieht bei allen Fässern auf Zehntel des Kilogramm.

§ 51.

Fehlergrenzen.

Bei Fässern kommen Eichfehlergrenzen mit Rücksicht auf die Bestimmungen des § 50 Nr. 4 nicht in Betracht.

§ 52.

Stempelung.

1. Die Stempelung erfolgt in der Nähe der Angabe des Raumgehalts oder des Gewichts. Das Jahreszeichen wird der Angabe beigefügt; die Jahresbezeichnung muß als solche deutlich erkennbar sein. Sie darf nicht auf einem besonderen Pfropfe angebracht sein.

2. Bei der Nacheichung erfolgt die Stempelung in gleicher Weise wie bei der Neueichung.

IV. Hohlmaße und Meßwerkzeuge für trockene Gegenstände.

A. Zylindrische Maße.

§ 53.

Zulässige Maßgrößen.

Zulässig sind Maße von
100 Liter
50, 20, 10 Liter
5, 2, 1 „
0,5, 0,2, 0,1 „
0,05 Liter
1/4 Liter.

§ 54.

Material.

Zulässig sind:
Holz, Metall und anderes Material von ähnlicher Festigkeit und Beständigkeit.

§ 55.

Gestalt.

Die Hohlmaße sollen die Form eines Zylinders haben, doch sind Abweichungen von dieser Gestalt zulässig, solange die Durchmesser an keiner Stelle die folgenden Grenzwerte überschreiten:

Raumgehalt des Maßes	Zulässige Grenzwerte des Durchmessers. größter	kleinster
100 Liter	593 Millimeter	559 Millimeter
50 „	471 „	443 „
20 „	347 „	327 „
10 „	275 „	259 „
5 „	219 „	206 „
2 „	161 „	152 „
1 „	128 „	120 „
0,5 „	103 „	94 „
0,2 „	67 „	60 „
0,1 „	53 „	48 „
0,05 „	42 „	38 „
1/4 „	82 „	74 „

§ 56.

Einrichtung.

1. Die obere Begrenzung des Maßraums wird durch die Ebene des Randes dargestellt.

2. Der Rand muß möglichst eben und zur Erhaltung seines ebenen Verlaufs sowie der Gestalt des Maßes hinreichend stark oder hinreichend verstärkt sein.

3. Die Maße bis einschließlich 50 Liter abwärts müssen, die kleineren können mit Handhaben versehen sein.

4. Die Maße dürfen auch auf der Innenseite mit einem dünnen nicht abblätternden Anstrich überzogen sein.

5. Bei metallenen Maßen soll der Boden genügend stark sein und nicht durchfedern. Er muß bei den Maßen von 2 Liter abwärts mit der Wandfläche in gleicher Weise wie bei den Flüssigkeitsmaßen (§ 34 Nr. 6) verbunden sein. Bei den größeren Maßen, bei denen auch andere dauerhafte Verbindungen zulässig sind, muß der Boden außerdem durch außen aufgelötete oder aufgenietete Stege verstärkt sein.

6. Hölzerne Maße müssen aus gut getrocknetem Holze hergestellt sein. Sie sind als Spanmaße für alle Maßgrößen, als Dauben- (Stab-) maße bis einschließlich 0,5 Liter abwärts, als gedrehte Maße aus einem Stücke von 1 Liter abwärts zulässig.

7. Der Boden hölzerner Hohlmaße darf aus mehreren Stücken bestehen, wenn diese dauerhaft miteinander verbunden (zusammengeleimt und dergleichen) sind.

Er muß eine Stärke haben

bei Spanmaßen von

20 Liter und darüber	von mindestens	18	Millimeter
10 „	„ „	15	„
5 „ abwärts	„ „	10	„

und etwa mit einem Drittel seiner Stärke so über den Rand des Spanes bis zur äußeren Wandfläche hervortreten, daß sich die Spanwand auf den Boden aufsetzt.

8. Die Wand der Spanmaße darf nur aus einem Span bestehen.

9. Spanmaße bis einschließlich 10 Liter abwärts müssen zur Verstärkung der Verbindung der beiden Spanenden untereinander und des Bodens mit der Wandfläche mit einem Beschlag aus Bandeisen versehen sein. Bei Spanmaßen bis einschließlich 50 Liter abwärts muß der Beschlag aus mindestens drei, bei den Maßen von 20 und 10 Liter aus mindestens zwei Bandeisen bestehen, die unter dem Boden sich kreuzen, an der Wandung aufsteigen und sich an ein den oberen Rand umgebendes Bandeisen anschließen. Eins der Bandeisen muß die Verbindungsstelle des Spanes decken.

10. Bei den Spanmaßen bis einschließlich 50 Liter abwärts, deren Festigkeit nicht anderweitig hinreichend gesichert ist, muß in dem Durchmesser, der durch die Verbindungsstelle des Spanes geht, ein eiserner hochkant gestellter Steg angebracht sein, dessen obere Fläche in der Ebene des Randes liegt und dessen Mitte durch eine eiserne Stütze mit dem Boden verbunden ist.

Auch die kleineren Maße bis einschließlich 10 Liter abwärts können mit einem Stege versehen sein.

11. Die Handhaben bei Spanmaßen müssen so befestigt sein, daß ihre flachen Enden nach entgegengesetzten Seiten liegen und nicht den nämlichen Faserlauf treffen. Die Verbindungsstelle des Spanes muß durch eine der Handhaben überdeckt oder etwa in der halben Höhe des Maßes noch durch einen besonderen Niet gesichert sein.

12. Bei den Daubenmaßen müssen die Dauben einzeln mit den umgelegten eisernen Bändern durch Niete oder Nägel verbunden sein. Daubenmaße von 5 Liter abwärts dürfen mit hölzernen Reifen an Stelle der eisernen Bänder umlegt und gebunden sein.

§ 57.

Bezeichnung.

Der Raumgehalt der Hohlmaße von 100 und 50 Liter ist nach Hektoliter, der der kleineren Maße nach Liter zu bezeichnen, und zwar mit dem ausgeschriebenen Worte oder den Abkürzungen hl, l.

§ 58.

Fehlergrenzen.

Die Fehlergrenzen betragen:

bei Maßen von

100 Liter	400	Kubikzentimeter
50 "	200	"
20 "	100	"
10 "	50	"
5 "	25	"
2 "	10	"
1 und 0,5 Liter	5	"
0,2 und 0,1 "	2	"
0,05 Liter	1	"
1/4 "	2,5	"

§ 59.

Stempelung.

1. Die Stempelung erfolgt über der Bezeichnung dicht unter dem Rande, bei Spanmaßen mit Beschlag dicht unter dem Beschlage des Randes.

2. Die hölzernen Maße erhalten einen zweiten Stempel auf der inneren Bodenfläche und die Spanmaße ohne unteren Beschlag noch einen weiteren Stempel unter der Bezeichnung, der womöglich zugleich Boden und Wand trifft. Bei den mit Weichlot gelöteten metallenen Maßen ist wie bei den Flüssigkeitsmaßen (§ 37) die Verbindung der einzelnen Teile des Maßraums durch Stempelung eines Zinntropfens auf jeder Lötnaht zu sichern.

3. Das Jahreszeichen wird dem Stempelzeichen über der Bezeichnung beigefügt.

B. Kastenmaße, Lösch- und Ladegefäße, Förderwagen und Fördergefäße, Rahmen- oder Aufsetzmaße, Kumtmaße.

§ 60.

Zulässige Maßgrößen.

Zulässig ist als Raumgehalt:

a) bei Kastenmaßen: 0,5 Hektoliter oder ein ganzes Vielfache von einem halben Hektoliter,
b) bei Lösch- und Ladegefäßen: 0,5 Hektoliter oder ein ganzes Vielfache von einem halben Hektoliter,
c) bei Förderwagen und Fördergefäßen: ein beliebiger Raumgehalt,
d) bei Rahmenmaßen (Aufsetzmaßen): ein Hektoliter oder ein ganzes Vielfache von einem Hektoliter,
e) bei Kumtmaßen: ein ganzes Vielfache von einem halben Kubikmeter.

§ 61.

Material.

Zulässig sind Holz und Metall.

§ 62.

Gestalt.

1. Kastenmaße müssen eine rechteckige Bodenfläche haben, ihre Wände sollen rechtwinklig gegen den Boden stehen, doch sind Unterschiede zwischen den Längen und Breiten der Bodenfläche und denen der Randfläche bis zu einem Zehntel der Maßtiefe zulässig.

Bei den Maßen von mehr als 2 Hektoliter darf die Länge der Bodenfläche höchstens doppelt so groß sein wie die Breite. Im übrigen können die Abmessungen beliebig sein.

Die Kastenmaße von 2 Hektoliter abwärts müssen im Lichten folgende in Zentimeter ausgedrückte Abmessungen haben:

Raumgehalt	Länge	Breite	Tiefe
2 Hektoliter	62,5	62,5	51,2
1,5 "	62,5	50,0	48,0
1 "	62,5	50,0	32,0
0,5 "	50,0	40,0	25,0

Von den vorstehenden Sollwerten dürfen die Mittelwerte der an der Randfläche und an der Bodenfläche gemessenen Längen und Breiten sowie der Tiefen höchstens um ein Fünfzigstel abweichen.

2. Lösch- und Ladegefäße sowie Förderwagen und Fördergefäße können beliebige Formen haben, doch soll die Prüfung des Raumgehalts sich möglichst durch einfache Messungen und Rechnungen genügend sicher ausführen lassen. Bei den zylinder- und tonnenförmigen Gefäßen muß die Höhe

mindestens gleich dem Durchmesser oder dem Mittelwerte aus den Durchmessern sein.

3. Rahmen- oder Aufsetzmaße sollen rechteckig begrenzte Randflächen haben und im übrigen den Vorschriften für Kastenmaße entsprechen, doch sind Unterschiede zwischen den Längen und Breiten der oberen und unteren Randfläche bis zu einem Fünftel der Maßtiefe zulässig.

4. Kumtmaße müssen rechteckige Boden- und Randflächen besitzen. Im übrigen dürfen sie beliebige Formen haben, doch soll die Prüfung des Raumgehalts sich möglichst durch einfache Messungen und Rechnungen ausführen lassen.

§ 63.

Einrichtung.

1. Der Maßraum wird bei allen Maßen durch die Fläche des Randes, bei Rahmenmaßen durch die Flächen der Ränder begrenzt. Bei Kumtmaßen darf er indessen auch unterhalb der Randfläche durch geeignete Einrichtungen, wie Leisten, Löcher und dergleichen begrenzt sein.

2. Die hölzernen Maße, außer den Kumtmaßen, müssen einen Beschlag von Bandeisen haben, der die Ränder und die Verbindungen der Seitenwände untereinander und mit dem Boden sichert. Verbindungsstangen zwischen den Wänden, Fingerschutzeinrichtungen, Bügel und dergleichen dürfen nur bei den Förderwagen und Fördergefäßen in den Maßraum hineinreichen.

Hölzerne Maße dürfen im Innern mit Eisenblech ausgeschlagen sein. Der Beschlag muß mit dem äußeren Bandeisenbeschlag durch Nietbolzen oder auch durch Schrauben verbunden sein.

Bei eisernen Maßen muß der Boden außen durch Rippen oder in anderer Weise verstärkt sein. Hiervon kann bei eisernen Förderwagen und Fördergefäßen Abstand genommen werden, wenn der Boden infolge ausreichender Blechstärke oder infolge Unterstützung durch das Untergestell gegen Formveränderung genügend geschützt ist.

3. Bei Förderwagen und Fördergefäßen sowie bei Kumtmaßen dürfen die Wände die Form von Klappen oder Türen haben, bei Kumtmaßen dürfen außerdem Vorder- und Rückwand sowie die etwa vorhandenen Scheidewände einzelner Abschnitte des Maßes auch nach Art von Schützen in Nuten zwischen den Seitenwänden beweglich hergestellt sein.

4. Bei Kumtmaßen soll die Erhaltung des Maßraums durch eiserne Beschläge, Stangen, Überwurfketten und dergleichen möglichst gesichert sein. Überwurfketten dürfen nur an den Rungen oder an solchen Stellen der Wände angebracht sein, die durch Querleisten gehörig verstärkt sind.

Zulässig sind Aufsatzbretter zur Erhöhung der Seiten-, End- und Scheidewände, doch darf die durch sie bewirkte Vergrößerung des Maßraums nur ein ganzes Vielfache von einem halben Kubikmeter betragen.

Weitere Bestimmungen über Abmessungen und Einrichtungen von Kumtmaßen können die Aufsichtsbehörden erlassen.

§ 64.

Bezeichnung.

Der Raumgehalt ist bei allen Maßen nach Hektoliter oder Kubikmeter zu bezeichnen und zwar mit dem ausgeschriebenen Wort oder den Abkürzungen hl, cbm. Sind Aufsätze bei Kumtmaßen vorhanden, so muß jeder von ihnen eingeschlossene Raumabschnitt für sich bezeichnet werden.

Bei den Förderwagen und Fördergefäßen, deren Raumgehalt nicht einem ganzen Vielfachen von 0,5 Hektoliter entspricht, ist die Raumgehaltsangabe auf Zwanzigstel des Hektoliter abzurunden.

§ 65.

Fehlergrenzen.

Die Fehlergrenzen betragen:

bei Kastenmaßen, Lösch- und Ladegefäßen sowie Rahmen- oder Aufsetzmaßen . . . . ein Hundertstel

bei Förderwagen und Fördergefäßen . . . . . . ein Vierzigstel des Raumgehalts.

Bei Kumtmaßen dürfen Länge, Breite und Tiefe von den vorgeschriebenen Sollwerten höchstens um ein Hundertstel abweichen, jedoch nicht alle in gleichem Sinne.

§ 66.

Stempelung.

1. Die im § 60 unter a, b und d genannten Maße erhalten einen Stempel über der Bezeichnung dicht unter dem Rande oder dicht unter dem Beschlage, einen zweiten Stempel auf der gegenüberliegenden Seite des Maßes möglichst dicht am unteren Rande.

2. Förderwagen und Fördergefäße erhalten einen Stempel am oberen Rande. Der Stempel kann auch in beliebiger Entfernung vom Rande an besonders geschützter Stelle angebracht sein, wenn sein Abstand von der oberen Kante in Zentimeter neben der Bezeichnung angegeben ist.

3. Kumtmaße erhalten je einen Stempel an jeder begrenzenden Kante, Leiste oder Lochreihe des Kastens sowie an den begrenzenden Kanten der Aufsatzbretter, ferner dicht an den Leisten, welche die Nuten für die Schützen bilden. Außerdem erhalten die Aufsatzbretter und die Kumtmaße eine Nummer, und zwar die gleiche.

4. Das Jahreszeichen wird bei den Maßen, die ein Stempelzeichen über der Bezeichnung haben, diesem beigefügt. Sind mehrere Seiten der Maße bezeichnet, so genügt gleichwohl ein Jahreszeichen. Bei den Kumtmaßen wird dem Stempelzeichen an der linken Oberkante des Kastens und jedes Aufsatzbretts das Jahreszeichen beigefügt.

C. Meßrahmen für Brennholz.

§ 67.

Zulässige Maßgrößen.

Zulässig sind Meßrahmen mit einer lichten Rahmenfläche
von 0,5, 1 Quadratmeter oder einem ganzen Vielfachen von einem Quadratmeter (große Meßrahmen),
ferner
von 0,2, 0,1, 0,05 und 0,02 Quadratmeter (kleine Meßrahmen).

§ 68.

Material.

Zulässig sind Holz und Metall.

§ 69.

Gestalt.

1. Die Meßrahmen bestehen aus einem wagerechten unteren Rahmenstück und zwei senkrechten seitlichen Rahmenstücken. Die großen Meßrahmen dürfen außerdem zur Messung der Länge des Holzes mit einem vierten Rahmenstücke versehen sein, das am unteren Rahmenstücke rechtwinklig zur Maßfläche angefügt ist.

2. Bei den großen Meßrahmen muß das untere Rahmenstück mindestens ebenso lang wie die seitlichen Rahmenstücke sein. Die Länge der Rahmenstücke darf, zwischen Endflächen oder Endmarken oder im Lichten der Rahmen gemessen, nur ein halbes oder mehrere halbe Meter betragen.

3. Bei den kleinen Meßrahmen müssen die einzelnen Rahmenstücke die folgenden Längen haben:

	unteres Rahmenstück	seitliche Rahmenstücke
bei 0,2 Quadratmeter	50 Zentimeter	40 Zentimeter
„ 0,1 „	40 „	25 „
„ 0,05 „	25 „	20 „
„ 0,02 „	20 „	10 „

Die Breite des unteren Rahmenstücks muß mindestens 20 Zentimeter betragen.

§ 70.

Einrichtung.

1. Die Meßrahmen können aus Stäben oder Brettern zusammengesetzt sein, und zwar die großen Meßrahmen aus festen oder versetzbaren, die kleinen Meßrahmen nur aus fest miteinander verbundenen Rahmenstücken.

2. Bei den großen Meßrahmen dürfen die fest miteinander verbundenen Rahmenstücke nur in halbe Meter, die versetzbaren Rahmenstücke auch in

Zentimeter geteilt sein. Das vierte Rahmenstück darf eine beliebige der für Längenmaße zulässigen Einteilungen (§ 13) haben.

3. Alle Meßrahmen müssen senkrecht, die kleinen Meßrahmen außerdem fest aufstellbar sein.

4. Die Verbindung mehrerer, nebeneinander angeordneter Rahmenflächen zu einem zusammenhängenden Gestell ist zulässig.

§ 71.

Bezeichnung.

Bei den großen Meßrahmen ist auf jedem einzelnen Rahmenstück seine Länge nach Meter zu bezeichnen, und zwar mit dem ausgeschriebenen Wort oder der Abkürzung m. Bei Einteilung in halbe Meter muß jede einzelne, bei Einteilung in Zentimeter jede zehnte Einteilungsmarke beziffert sein.

Bei den kleinen Meßrahmen ist der Flächeninhalt nur auf dem unteren wagerechten Rahmenstück nach Quadratmeter zu bezeichnen, und zwar mit dem ausgeschriebenen Worte oder der Abkürzung qm.

§ 72.

Fehlergrenzen.

Die Fehlergrenzen betragen:

1. für die Gesamtlänge der einzelnen Rahmenstücke
   bei großen Meßrahmen
   für Längen bis 1 Meter abwärts . . 10 Millimeter
   " " von 0,5 Meter . . . . . 5 "
   bei kleinen Meßrahmen
   für Längen bis 20 Zentimeter abwärts ein Hundertstel der Länge,
   " " von 10 " . . . . . 2 Millimeter
2. für die Einteilung auf Rahmenstücken
   soviel wie die im § 17 für Längenmaße vorgeschriebenen Fehlergrenzen.

§ 73.

Stempelung.

1. Die Stempelung erfolgt:
   bei den großen Meßrahmen dicht an den Verbindungsstellen der einzelnen Rahmenstücke und an jedem Endpunkt der Längen der einzelnen Rahmenstücke sowie an allen Teilmarken, die eine zulässige Maßgröße abgrenzen,
   bei den kleinen Meßrahmen neben der Bezeichnung und an den oberen Enden der seitlichen Rahmenstücke.

2. Das Jahreszeichen wird bei den großen Meßrahmen dem Stempelzeichen beigefügt, das sich auf dem unteren Rahmenstück links befindet, bei den kleinen Meßrahmen dem Stempelzeichen neben der Bezeichnung.

V. Gewichte.

A. Handels- und Präzisionsgewichte.

§ 74.

Zulässige Gewichtsgrößen.

Zulässig sind Handels- und Präzisionsgewichte von

50,	20,	10	Kilogramm
5,	2,	1	"
500, 250,	200, 125,	100	Gramm
50,	20,	10	"
5,	2,	1	"

außerdem Präzisionsgewichte von

500,	200,	100	Milligramm
50,	20,	10	"
5,	2,	1	"

§ 75.

Material.

Zulässig sind:

Neusilber für Gewichte bis einschließlich 10 Milligramm abwärts, Messing und Rotguß für Gewichte bis einschließlich 1 Gramm abwärts, Eisen für Handelsgewichte bis einschließlich 500 Gramm abwärts und für die Handelsgewichte von 200 und 100 Gramm sowie für Präzisionsgewichte bis einschließlich 5 Kilogramm abwärts; ferner Aluminium für die Gewichte von 500 Milligramm abwärts und Platin für die Gewichte von 500 bis einschließlich 10 Milligramm.

An Stelle der genannten dürfen auch andere Metalle von annähernd gleichen Eigenschaften verwendet werden.

§ 76.

Gestalt.

1. Die Körper der Gewichte von 50 Kilogramm bis 1 Gramm sollen die Form eines geraden Zylinders von folgenden Abmessungen haben:

Gewichtsgröße	Zulässige Grenzwerte der Höhe größte	kleinste
50 Kilogramm	250 Millimeter	220 Millimeter
20 "	175 "	150 "
10 "	135 "	114 "
5 "	109 "	92 "
2 "	78 "	65 "
1 "	60 "	51 "
500 Gramm	47 "	39 "
250 "	36 "	30 "
125 "	27 "	22 "

	Zulässige Grenzwerte des Durchmessers größter	kleinster
200 Gramm	42 Millimeter	39 Millimeter
100 "	34 "	32 "
50 "	28 "	26 "
20 "	23 "	22 "
10 "	20 "	19 "
5 "	17 "	16 "
2 "	14 "	13 "
1 "	10 "	9 "

Jedoch sind bei allen Gewichten Unterschiede zwischen dem oberen und unteren Durchmesser bis zu einem Zwanzigstel des letzteren zulässig.

2. Bei den Gewichten von 50 Kilogramm bis 250 Gramm sowie bei den Gewichten von 125 Gramm muß die Höhe größer sein als der Durchmesser.

Die Gewichte von 50 und 20 Kilogramm müssen mit Handhabe, die Gewichte von 10 Kilogramm mit Handhabe oder Knopf, die Gewichte von 5 Kilogramm bis einschließlich 1 Gramm mit Knopf versehen sein, nur die eisernen Gewichte von 200 und 100 Gramm müssen ohne Knopf hergestellt sein. Knopf und Handhabe müssen so eingerichtet sein, daß sie ein leichtes Anfassen des Gewichtes mit der Hand ermöglichen.

3. Die Gewichte von 500 Milligramm abwärts müssen als Blechplättchen mit einer aufgebogenen Seite ausgeführt sein, und zwar:

die Stücke von 500, 50 und 5 Milligramm in der Gestalt eines regelmäßigen Sechsecks,

die Stücke von 200, 20 und 2 Milligramm in der Gestalt eines regelmäßigen Vierecks,

die Stücke von 100, 10 und 1 Milligramm in der Gestalt eines regelmäßigen Dreiecks.

§ 77.

Einrichtung.

1. Die Gewichte müssen aus einem Stück und aus einem einheitlichen Metall hergestellt sein. Nur bei gußeisernen Gewichten müssen die Handhaben aus Schmiedeeisen bestehen. Sie müssen ohne jedes fremde verbindende Material in den Gewichtskörper eingegossen sein.

Außerdem dürfen zu leichte Gewichte ohne Justierhöhlung am Boden oder am Mantel durch eingesetzte Pfropfe berichtigt werden. Zulässig ist es auch, kleine Einbohrungen in den Gewichtskörper mit schwererem Material auszufüllen, wenn die Löcher mit einem Pfropf aus dem Metalle des Gewichtsstücks dauerhaft verschlossen werden.

2. Die Bodenfläche muß eben sein, die Oberfläche muß glatt verlaufen und darf keine gröberen Poren, Löcher, Unregelmäßigkeiten, Vorsprünge

oder Verzierungen aufweisen. Bei den eisernen Gewichten zu 50 und 20 Kilogramm sollen die Kanten schwach abgerundet sein.

Abgedrehte Gewichte dürfen einen metallischen Überzug erhalten. Abgedrehte eiserne Gewichte, die einen solchen Überzug nicht haben, sowie nicht abgedrehte eiserne Gewichte müssen bei der Neueichung mit einem dünnen Überzuge von Lack oder dergleichen versehen sein. Der Überzug muß hart und luftbeständig sein, er darf nicht splittern, abblättern, auch nicht beim Gebrauche sich leicht abnutzen oder abstoßen.

3. Eiserne Gewichte müssen eine Justierhöhlung haben. Von den Gewichten aus anderem Material können die Handelsgewichte bis einschließlich 500 Gramm abwärts, die Präzisionsgewichte bis einschließlich 5 Kilogramm abwärts mit einer solchen versehen sein. Die Justierhöhlung muß nach dem Innern des Gewichts zu sich ausbauchen und nach der oberen Fläche zu in einen engeren Kanal von kreisförmigem Querschnitt (das Justierloch) ausmünden.

4. Das Justierloch muß sich von oben nach unten kegelförmig verjüngen, und zwar auf je 10 Millimeter Tiefe um etwa 3 Millimeter im Durchmesser. Es soll die folgenden Abmessungen einhalten:

Gewichtsgrößen	oberer Durchmesser	Tiefe mindestens
50, 20 und 10 Kilogramm	13 bis 16	10 Millimeter
5 Kilogramm bis einschließlich 500 Gramm	8 „ 11	10 „
200 und 100 Gramm	7 „ 9	6 „

Das Justierloch soll weder zu nahe dem Rande, noch so nahe an Knopf oder Handhabe angebracht sein, daß die Stempelung erschwert wird.

5. Neue Gewichte mit Justierhöhlung sind zur Eichung mit leerer Justierhöhlung und ohne den zum Verschlusse des Justierlochs dienenden Eichpfropf vorzulegen. Hierbei müssen die Mindergewichte betragen:

bei dem 50 Kilogramm-Stück	mindestens	60 Gramm	höchstens	400 Gramm
„ „ 20 „ „	„		„	300 „
„ „ 10 „ „	„		„	240 „
„ „ 5 „ „	„	25 „	„	180 „
„ „ 2 „ „	„		„	130 „
„ „ 1 „ „	„		„	100 „
„ „ 500 Gramm „	„		„	60 „
„ „ 200 „ „	„	5 „	„	40 „
„ „ 100 „ „	„		„	20 „

Der Raum der Justierhöhlung muß hinreichen, um außer der für die Berichtigung erforderlichen Zulage noch mindestens den vierzigfachen Betrag der vorgeschriebenen Fehlergrenze in feinem Bleischrot von höchstens 3 Millimeter Durchmesser aufzunehmen.

§ 78.

Bezeichnung.

Die Masse ist bei den Gewichten nach Kilogramm, Hektogramm, Gramm oder Milligramm zu bezeichnen, und zwar ausschließlich mit den Abkürzungen kg, hg, g, mg. Die Bezeichnung erfolgt bei den Gewichten bis 1 Kilogramm abwärts nach Kilogramm, bei den Gewichten von 500 Gramm nach Kilogramm, Hektogramm oder Gramm, bei den Gewichten von 200 und 100 Gramm nach Hektogramm oder nach Gramm, bei den Gewichten von 250 und 125 Gramm sowie von 50 bis 1 Gramm nach Gramm, bei den Gewichten von 500 bis 1 Milligramm nach Milligramm.

Bei den Gewichten von 50 Milligramm abwärts kann die Bezeichnung mg fortbleiben.

Die Bezeichnung darf auf dem Mantel, auf der oberen Fläche oder auf dem Knopfe angebracht, sie darf aufgeschlagen, ein- oder aufgegossen oder eingeschnitten sein. Sie muß bei allen Gewichten so angebracht sein, daß für die Stempelung hinreichender Raum freibleibt. Andere Kennzeichnungen irgendwelcher Art sind nicht zulässig.

§ 79.

Fehlergrenzen.

Die Fehlergrenzen betragen:

1. bei Handelsgewichten von

50 Kilogramm	5 Gramm
20 "	4 "
10 "	2,5 "
5 "	1,25 "
2 "	0,60 "
1 "	0,40 "
500 Gramm	250 Milligramm
250 "	125 "
200 "	100 "
125 "	70 "
100 "	60 "
50 "	50 "
20 "	30 "
10 "	20 "
5 "	16 "
2 "	12 "
1 "	10 "

2. bei Präzisionsgewichten von

50 Kilogramm	2,5 Gramm
20 "	2,0 "
10 "	1,25 "
5 "	0,625 "
2 "	0,300 "
1 "	0,200 "
500 Gramm	125 Milligramm
250 "	65 "
200 "	50 "
125 "	35 "
100 "	30 "
50 "	25 "
20 "	15 "
10 "	10 "
5 "	6 "
2 "	3 "
1 "	2 "
500, 200 und 100 Milligramm	1 "
50, 20 und 10 "	0,5 "
5 Milligramm	0,25 "
2 "	0,2 "
1 "	0,1 "

§ 80.

Stempelung.

1. Die Stempelung der Gewichte mit Justierhöhlung erfolgt auf dem Eichpfropfe, die der Gewichte ohne Justierhöhlung auf der oberen Fläche.

Die Gewichte in Plättchenform empfangen einen Stempel auf der die Bezeichnung tragenden Fläche.

2. Bei der Nacheichung erfolgt die Stempelung bei den Gewichten ohne Justierhöhlung auf der oberen Fläche, und wenn dort kein Platz mehr vorhanden ist, auf dem Boden. Bei den Gewichten von 500 Milligramm abwärts ist bei der Nacheichung von der Stempelung abzusehen.

B. Goldmünzgewichte.

§ 81.

Zulässige Gewichtsgrößen.

Zulässig sind Gewichte für den Gebrauch bei Abwägung der Reichsgoldmünzen, und zwar:

1. in den Beträgen der Sollgewichte für die einzelnen Goldmünzen

für das Zwanzigmarkstück mit dem Gewicht von 7,9650 Gramm

" " Zehnmarkstück " " " " 3,9825 "

2. in den Beträgen der Passiergewichte für die einzelnen Goldmünzen

für das Zwanzigmarkstück	mit dem Gewicht von	7,9251 Gramm
" " Zehnmarkstück	" " " "	3,9626 "

3. als Münzzählgewichte in den Beträgen gewisser Vielfachen der Sollgewichte der Goldmünzen, und zwar:

für	50 ℳ	mit dem Gewicht von	19,912 Gramm
"	100 "	" " " "	39,825 "
"	200 "	" " " "	79,650 "
"	500 "	" " " "	199,124 "
"	1 000 "	" " " "	398,248 "
"	2 000 "	" " " "	796,495 "

§ 82.

Material.

Zulässig ist als Material für Goldmünzgewichte nur eine Legierung aus Kupfer und Zinn.

§ 83.

Gestalt und Einrichtung.

Die Sollgewichte müssen die Gestalt einer kreisrunden Scheibe, die Passiergewichte die Gestalt eines flachen sechsseitigen Prismas, die Zählgewichte die Gestalt eines Zylinders haben, dessen Durchmesser größer ist als die Höhe. Alle drei Arten müssen aus einem Stück bestehen und mit einem Knopf versehen sein.

Die Oberfläche muß glatt verlaufen und auch von kleineren Poren und Gußfehlern frei sein. Ein metallischer Überzug ist zulässig.

§ 84.

Bezeichnung.

Die Goldmünzgewichte sind mit der Markzahl und dem Markzeichen (ℳ), die Sollgewichte und Zählgewichte außerdem mit N, die Passiergewichte mit P zu bezeichnen.

§ 85.

Fehlergrenzen.

Die Fehlergrenzen betragen:

für Gewichtsgrößen von

10 Mark	2 Milligramm
20 "	3 "
50 "	15 "
100 "	20 "
200 "	25 "
500 "	50 "
1 000 "	90 "
2 000 "	160 "

§ 86.

Stempelung.

Die Stempelung erfolgt bei der Neueichung auf der oberen Fläche, bei der Nacheichung auf dieser, und wenn dort kein Platz mehr vorhanden ist, auf dem Boden.

VI. Wagen.

A. Handelswagen.

§ 87.

Zulässige Gattungen.

Zulässig sind nur Hebelwagen mit Gewichtswirkung, und zwar:

I. Wagen, bei denen die Last durch Gegengewichte an unveränderlichem Hebelarm aufgewogen wird.

A. Gleicharmige Wagen. Die Last wird durch ein gleich schweres Gegengewicht aufgewogen.

B. Ungleicharmige Wagen (Dezimal- und Zentesimalwagen). Die Last wird durch den zehnten oder den hundertsten Teil ihres Gewichtes aufgewogen.

II. Laufgewichtswagen. Die Last wird durch Gegengewichte an veränderlichen Hebelarmen (Laufgewichte und Skalen) aufgewogen.

Die Wagen können aus einem Hebel — einfache Wagen — oder aus mehreren Hebeln — zusammengesetzte Wagen — bestehen.

Man bezeichnet sie als Balkenwagen ohne oder mit Laufgewicht, wenn die Lasten hängend unterhalb der tragenden Achsen und die Gegengewichte gleichfalls hängend unterhalb der tragenden Achsen sich befinden oder als Laufgewichte ausgebildet sind.

Man bezeichnet sie als Brückenwagen ohne oder mit Laufgewicht, wenn die Lasten oberhalb tragender Achsen und die Gegengewichte hängend unterhalb der tragenden Achsen oder oberhalb tragender Achsen sich befinden oder als Laufgewichte ausgebildet sind.

Hiernach sind die folgenden Gattungen von Handelswagen zulässig:

1. Gleicharmige Balkenwagen (einfache gleicharmige Balkenwagen),
2. oberschalige oder Tafelwagen (gleicharmige Brückenwagen),
3. einfache ungleicharmige Balkenwagen,
4. zusammengesetzte ungleicharmige Balkenwagen,
5. Brückenwagen (ungleicharmige Brückenwagen),
6. einfache Balkenwagen mit Laufgewicht und Skale (Schnellwagen, römische Wagen),
7. zusammengesetzte Balkenwagen mit Laufgewicht und Skale,
8. Brückenwagen mit Laufgewicht und Skale.

§ 88.

Allgemeine Einrichtungen.

1. Die Wagen müssen so eingerichtet sein, daß das Gewicht der Last nur in einer durch Zeiger, Zunge oder in ähnlicher Weise deutlich erkennbar gemachten Stellung des Hebelsystems (der Einspielungsstellung) ermittelt wird.

2. Bei der Einspielungsstellung sollen die durch die Endschneiden der einzelnen Hebel gehenden Ebenen nahezu wagerecht liegen.

3. Zungen und Zeiger müssen so eingerichtet und angebracht sein, daß sie in bezug auf den Balken und die Einspielungsstellung eine unveränderliche Lage einnehmen. Skalen, Gegenpunkte und dergleichen müssen an ihren Trägern unverrückbar befestigt sein.

4. Wagen, bei denen die Unveränderlichkeit der Einspielungsstellung gegen die Lotrichtung nicht durch die Aufhängung oder die feste Aufstellung gesichert oder nicht schon aus den Formen und Abmessungen des Gestells und der Zeigereinrichtung mit bloßem Auge erkennbar ist, müssen mit einem Lot (Pendelzeiger), einer Wasserwage oder dergleichen versehen sein. Bei transportablen ungleicharmigen Brückenwagen muß das Lot eine Länge von mindestens einem Drittel der Höhe des Pfostens haben, auf dem der Gegengewichtshebel ruht. Lot, Wasserwage und dergleichen müssen bei wagerechter Aufstellung der Wage einspielen.

5. Befindet sich die Belastung hängend unterhalb tragender Achsen, so darf sie nicht unmittelbar, sondern nur mittels eines Zwischengehänges mit Ringen und Haken oder dergleichen an der Pfanne aufgehängt sein. Befindet sie sich oberhalb tragender Achsen, so müssen die Lastträger parallel geführt sein.

6. Alle Begrenzungen von Hebellängen dürfen nur durch Schneiden, alle Druckübertragungen auf die Schneiden nur durch Pfannen bewerkstelligt werden.

7. Schneiden und Pfannen müssen an den sich berührenden Teilen aus hartem Stahl von genügender Festigkeit hergestellt und so eingerichtet und an den Hebeln und Hebelverbindungen so angebracht sein, daß die Drehungen ohne Hemmungen vor sich gehen. Sie müssen so gestaltet und angeordnet sein, daß auch eine Berührung der mit ihnen fest verbundenen Teile nur in der Drehungsachse und ohne Beeinträchtigung des freien Spiels der Wage erfolgen kann.

8. Schneiden und Pfannen müssen massiv von solcher Form und Stärke hergestellt sein, daß irgend in Betracht kommende Biegungen oder sonstige Gestaltänderungen infolge ihrer Beanspruchung oder der Art ihrer Befestigung nicht eintreten können. Krummlinige Schneiden dürfen nur bei gleicharmigen Balkenwagen mit einer größten zulässigen Last von 20 Kilogramm abwärts angewendet werden.

9. Schneiden müssen in ihren Trägern, feste Pfannen in ihren Lagern dauerhaft und unverrückbar eingesetzt sein. Etwaige Bindemittel müssen aus einem Material bestehen, das Metall nicht angreift und eine dauernde Sicherheit für ausreichende Härte und Beständigkeit bietet. Spielende Pfannen dürfen nur bei ungleicharmigen Wagen sowie an den Endachsen solcher gleicharmiger Balkenwagen angewendet werden, deren größte zulässige Last mindestens 50 Kilogramm beträgt.

10. Der Schneidenwinkel soll etwa 90 Grad betragen, wenn die Schneide einen großen Druck auszuhalten hat; bei kleinerem Drucke darf er entsprechend kleiner sein, indessen soll er bei einem Drucke von 50 Kilogramm noch etwa 60 Grad betragen.

11. Die an einem Hebel befestigten Schneiden müssen gleichgerichtet und so zueinander gestellt sein, daß die von einer Gleichgewichtslage aus in Schwingungen versetzte Wage bei allen zulässigen Belastungen in diese Lage wieder zurückkehrt.

12. Vorrichtungen, die es ermöglichen, die Längen der Hebelarme oder die Lage des Schwerpunkts des Hebelsystems unachtsam oder absichtlich leicht zu verändern, sind unzulässig.

13. Durch die Gestalt der Pfanne und der benachbarten Teile oder nötigenfalls durch besondere Vorkehrungen soll dafür gesorgt sein, daß die Pfanne nicht leicht durch Zufälligkeiten von der Schneide herabgleiten kann.

14. Ungleicharmige Brückenwagen (ohne oder mit Laufgewicht) müssen mit einer Feststellvorrichtung am Gegengewichtshebel versehen sein. Festfundamentierte Brückenwagen sowie Brückenwagen für eine größte zulässige Last von 10 000 Kilogramm und darüber müssen außerdem eine gesonderte Entlastungsvorrichtung haben, die ihr Hebelsystem vor den beim Aufbringen der Lasten stattfindenden Stößen bewahrt. Zulässig ist die Betätigung beider Vorrichtungen durch einen Hebel oder eine Kurbel. Bei Brückenwagen, die ihrer Einrichtung oder Aufstellung nach Gewähr für die stoßfreie Zuführung der Last bieten, darf von der Entlastungsvorrichtung abgesehen werden.

15. Bei zusammengesetzten Wagen darf die Hebelverbindung durch gleicharmige oder ungleicharmige Hebel hergestellt sein.

16. Bei festfundamentierten Wagen sollen die Gruben, wenn die Wagen in solche eingebaut sind, leicht zugänglich, entwässert und hinreichend hoch sein, um die Besichtigung der eingedeckten Teile auch während der Belastung ohne besondere Beschwerlichkeit zu gestatten.

§ 89.

Gleicharmige Wagen (§ 87, 1 und 2).

1. Die Arme einer gleicharmigen Wage dürfen keine ersichtlichen Verschiedenheiten der Gestalt zeigen, doch ist eine einseitige Gabelung nicht unzulässig. Kleinere durch die besondere Ausführungsform bedingte Ab-

weichungen sind nur zulässig, wenn sie von der Kaiserlichen Normal-Eichungskommission veröffentlicht sind. Bei der Neueichung muß der Wagebalken bei den gleicharmigen Balkenwagen mindestens für sich allein, bei Wagen dieser Art mit verzweigten Hebelenden für sich allein und mit den Schalen, bei den oberschaligen Wagen mindestens mit den Schalen in der Einspielungsstellung im Gleichgewicht sein. Bei der Nacheichung muß er jedenfalls auch mit den Schalen im Gleichgewicht sein.

2. Bei Balkenwagen mit verzweigten Hebelenden darf die Länge der Mittelschneide des Balkens, wenn dieser beiderseitig gegabelt ist, nicht weniger als sechs Zehntel, ist er nur einseitig gegabelt, nicht weniger als drei Zehntel des Abstandes zwischen den von den Zweigen getragenen, zueinander gehörigen Teilen jeder Endachse betragen. Außerdem muß an der Aufhängung der Schalen eine Schutzeinrichtung angebracht sein, die eine Anlehnung der Last an die Zweige des Balkens verhindert.

3. Gleicharmige Wagen dürfen nur an den Schalen Tariervorrichtungen haben, durch die sich das Gewicht der Schalen und Gehänge so ausgleichen läßt, daß die Wage im unbelasteten Zustand einspielt. Diese Einrichtungen müssen ihren Zweck offenkundig hervortreten lassen und leicht und schnell zu bewirkende und wieder zu beseitigende Änderungen ausschließen.

§ 90.

Ungleicharmige Wagen (§ 87, 3, 4 und 5). (Dezimal- und Zentesimalwagen).

1. Zulässig sind nur Dezimalwagen, die für eine größte zulässige Last von 20 Kilogramm und darüber und nur Zentesimalwagen, die für eine größte zulässige Last von 50 Kilogramm und darüber bestimmt sind.

2. Zentesimalwagen müssen als solche mit dem Worte „Zentesimalwage" an augenfälliger Stelle gekennzeichnet sein.

3. Die ungleicharmigen Wagen dürfen nicht nur an den Schalen mit Tariervorrichtungen, sondern auch an den Hebelarmen mit Reguliervorrichtungen (feststellbares Laufgewicht ohne Skale) versehen sein, durch welche das Gewicht sämtlicher Teile sich so ausgleichen läßt, daß die Wage im unbelasteten Zustand einspielt.

Ungleicharmige Brückenwagen müssen eine Reguliervorrichtung haben.

Alle diese Einrichtungen müssen ihren Zweck offenkundig hervortreten lassen und bei den Tariereinrichtungen leicht und schnell zu bewirkende und wieder zu beseitigende Änderungen ausschließen.

4. Zulässig sind als Hilfseinrichtung Laufgewichte mit Skalen, wenn durch sie nicht mehr als der fünfte Teil der größten zulässigen Last aufgewogen werden kann.

§ 91.

Laufgewichtswagen (§ 87, 6, 7 und 8).

1. Die Einteilung der Skalen muß gleichmäßig sein. Sie kann nach beliebigen Vielfachen oder Dezimalteilen des Kilogramm fortschreiten. Die

Bezifferung muß nach Kilogramm oder nach Gramm ausgeführt sein und muß den Gewichtswert der einzelnen Teilabschnitte unzweideutig erkennen lassen.

Die Einteilung muß mit einer Nullmarke beginnen, jedoch braucht bei den einfachen Balkenwagen mit abnehmbarem Laufgewichte (§ 92) eine Nullmarke nicht vorhanden zu sein, wenn die unbelastete Wage ohne Laufgewicht für sich im Gleichgewicht ist. Hat eine Wage dieser Art zwei Schneiden zum Aufhängen, so braucht Gleichgewicht nur stattzufinden, wenn sie an der zur Benutzung für die geringeren Belastungen bestimmten Schneide aufgehängt ist.

2. Die Skalen dürfen keine ersichtlichen Einteilungsfehler zeigen; der kleinste Abstand zweier benachbarter Einteilungsmarken muß mindestens 2 Millimeter betragen.

3. Die Verschiebbarkeit der Laufgewichtseinrichtung muß eine stetige sein. Sind indessen mehrere Laufgewichte mit gesonderten Skalen vorhanden, so dürfen die Skalen mit Ausnahme der die kleinsten Gewichtsunterschiede angebenden Nebenskale zur Erleichterung und Sicherung der Einstellung der Laufgewichte auf die entsprechenden Hebellängen mit Einschnitten von geeigneter Form (Kerben und dergleichen), die Laufgewichte mit zugehörigen Einfallvorrichtungen (Zähnen und dergleichen) versehen sein. Reichen diese Einschnitte bis zur Kante der Teilfläche, so dürfen sie nur in der Verlängerung der Skalenstriche liegen. Zu jedem Einschnitt muß ein entsprechender Skalenstrich vorhanden sein, auch muß die Anzahl der Einschnitte und Skalenstriche gleich sein.

4. Verschiedene Skalen für dasselbe Laufgewicht dürfen nicht auf der gleichen Seitenfläche des Gegengewichtshebels angebracht sein.

5. Die zur Ablesung der Skale vorhandene Einrichtung (Ablesungsmarke) muß so beschaffen sein, daß die Ablesung der Gewichtsangabe nicht durch Nebenumstände, auch nicht durch verschiedene Stellung des Auges beeinflußt werden kann.

6. Die Laufgewichte sollen aus den gleichen Metallen bestehen, die für Gewichte vorgeschrieben sind. Sie dürfen keine ohne Anwendung von Werkzeugen zugänglichen Vorrichtungen zur Tarierung und Gewichtsberichtigung enthalten.

7. Die Laufgewichtseinrichtung muß derart sein, daß sie die Unveränderlichkeit der Massenverteilung gewährleistet. Ihr Schwerpunkt soll, soweit das Laufgewicht nicht mittels Gehänges auf einer Stahlschneide ruht (§ 92 Nr. 1), in möglichst geringem Abstande von der durch die beiden Schneiden des Gegengewichtshebels gehenden Ebene liegen und nur gleichgerichtet zu dieser Ebene sich bewegen. Die Laufgewichtseinrichtung soll daher den Gegengewichtshebel umschließen, doch sind auch Anordnungen zulässig, bei denen sie in dem dann hülsenartig geformten Gegengewichtshebel liegt und in ihm verschiebbar ist, oder bei denen die Skale selbst als Laufgewicht dient und in dem hülsenartigen Lasthebel beweglich angebracht ist.

8. Größere Laufgewichte dürfen selbst Träger eines oder mehrerer Nebenlaufgewichte mit Skale oder bloß beweglicher, eingeteilter Schieber und dergleichen sein. Jedoch dürfen Schieber, die in dem Hauptlaufgewichte selbst ihre Führung haben, keine Veränderung in dessen Lage verursachen, wenn man sie in ihre äußersten Stellungen bringt.

9. Hilfsteile sind an den Laufgewichten nur zulässig, soweit sie die Sicherung der richtigen Stellung der Laufgewichte, die Ausführung der Wägung und die Feststellung des Wägungsergebnisses bezwecken und auf letzteres ohne Einfluß sind.

10. Die Laufgewichte müssen so geführt sein, daß sie nicht schlottern. Vorhandene Klemmschrauben sollen nicht abnehmbar sein. Befestigungsschrauben sowie alle sonstigen an Laufgewichten befestigten Teile dürfen nicht abnehmbar sein, oder sie müssen durch Stempelung gegen Abnahme gesichert werden können.

§ 92.

Einfache Balkenwagen mit Laufgewicht und Skale (§ 87, 6).

Außer den Bestimmungen des § 91 gelten noch die folgenden:

1. Wagen dieser Art, bei denen das Laufgewicht mittels eine Gehänges auf einer Stahlschneide ruht, dürfen nur ein Laufgewicht haben. Die Schneide soll auf beiden Seiten einer entlang der Skale zu verschiebenden Hülse vorstehen, von der das Laufgewicht nicht abnehmbar sein darf. Sie kann in zwei getrennten Teilen an den Seitenflächen der Hülse oder in einem Stücke auf dieser angebracht sein und muß in der durch die Mittelschneide der Wage und die Endschneide des Lastarms gehenden Ebene liegen.

2. Ist die Hülse abnehmbar, so muß ihr Gewicht mit Einschluß des Gehänges und des Laufgewichts nach Kilogramm unter Beifügung von kg auf der Hülse oder auf dem Laufgewicht deutlich und untrennbar angegeben sein. Das wahre Gewicht darf von dem angegebenen Gewicht um nicht mehr als ein Tausendstel seines Betrages abweichen.

3. Die Hülse darf für jede Skale nur eine Ablesungsmarke, und wenn sie abnehmbar ist, überhaupt nur eine Marke enthalten.

4. Ist eine abnehmbare Wageschale oder eine andere abnehmbare Anhängevorrichtung für die Last vorhanden, so muß ihr Gewicht mit Einschluß der Ketten und Ösen sowie des Gehänges, wenn auch dieses abnehmbar ist, nach Kilogramm unter Beifügung von kg an geeigneter Stelle der Vorrichtung deutlich und untrennbar angegeben sein. Vorrichtungen dieser Art dürfen nur aus Metall hergestellt sein, ihr wahres Gewicht darf von dem angegebenen Gewicht um nicht mehr als ein Tausendstel seines Betrags abweichen.

5. Eine Reguliereinrichtung ist bei einfachen Balkenwagen mit Laufgewicht und Skale nur zulässig, wenn die Skale selbst als Laufgewicht dient.

6. Bei einfachen Balkenwagen mit einem Laufgewichte (§ 92 Nr. 1) darf die Skale keine Einschnitte haben, bei Wagen mit mehreren Laufgewichten muß die Hauptskale mit Einschnitten (§ 91 Nr. 3) und das Hauptlaufgewicht mit einer Einfallvorrichtung versehen sein.

§ 93.

Zusammengesetzte Balkenwagen mit Laufgewicht und Skale sowie Brückenwagen mit Laufgewicht und Skale (§ 87, 7 und 8).

Außer den Bestimmungen im § 91 gelten noch die folgenden:

1. Zulässig sind Wagen dieser Art nur für eine größte zulässige Last von 50 Kilogramm und darüber.

2. An Hebellängen, die ein zentesimales Verhältnis der Last zum Gewicht bedingen, darf eine Hilfsgewichtsschale angebracht sein, wenn mit ihr nicht mehr als der fünfte Teil der größten Last aufgewogen werden soll.

§ 94.

Bezeichnung.

Die größte zulässige Last (Tragfähigkeit) ist bei jeder Wage auf dem Hauptbalken nach Kilogramm oder Gramm zu bezeichnen, und zwar mit dem ausgeschriebenen Wort oder den Abkürzungen kg, g.

Außerdem soll bei Laufgewichtswagen der letzten Zahlenangabe der Hauptskale die Bezeichnung kg beigefügt sein.

§ 95.

Fehlergrenzen.

1. Die Empfindlichkeit der Wagen muß hinreichend sein, daß nach Aufbringung der größten zulässigen Last die folgenden Gewichtszulagen noch einen deutlichen bleibenden Ausschlag bewirken, und zwar:

bei gleicharmigen Wagen (§ 87, 1 und 2)
mit einer größten zulässigen Last von

100 Gramm und weniger	2 Milligramm
für jedes Gramm der größten zulässigen Last, mindestens 200 Gramm aber nicht mehr als 5 Kilogramm	1 "
für jedes Gramm der größten zulässigen Last, 10 Kilogramm und mehr	0,5 "
für jedes Gramm oder 0,5 Gramm für jedes volle oder angefangene Kilogramm der größten zulässigen Last,	
mindestens 100 aber nicht mehr als 200 Gramm	200 "
mindestens 5 aber nicht mehr als 10 Kilogramm	5 Gramm;

bei ungleicharmigen Wagen (§ 87, Nr. 3, 4 und 5)
0,6 Gramm für jedes Kilogramm der größten zulässigen Last;

bei Laufgewichtswagen (§ 87, 6, 7 und 8), und zwar: einfachen Balkenwagen mit Laufgewicht und Skale (6)

1 Gramm für jedes Kilogramm der größten zulässigen Last;

zusammengesetzten Balkenwagen mit Laufgewicht und Skale und Brückenwagen mit Laufgewicht und Skale (7 und 8)

0,6 Gramm für jedes Kilogramm der größten zulässigen Last.

2. Nach Aufbringung des zehnten Teiles der größten zulässigen Last muß der fünfte Teil der unter Nr. 1 für sie berechneten Zulage noch einen deutlichen bleibenden Ausschlag bewirken.

3. Die Abweichung des Hebelverhältnisses der Wage von dem ihrer Gattung zukommenden Werte, nämlich:

bei den gleicharmigen Wagen von der Gleichheit, dem Verhältnis 1 : 1,
bei den Dezimalwagen von dem Verhältnis 1 : 10,
bei den Zentesimalwagen von dem Verhältnis 1 : 100,
bei den Laufgewichtswagen von der Angabe der Skale,

muß sowohl nach Aufbringung der größten Last wie ihres zehnten Teiles durch einen Gewichtsbetrag ausgeglichen werden können, der nicht größer ist als die unter Nr. 1 und 2 genannten das Empfindlichkeitsmaß bestimmenden Zulagen.

4. Bei den Brückenwagen und den gleicharmigen Balkenwagen mit Verzweigung der Hebelenden müssen die vorstehenden Bedingungen auch in den verschiedenen bei der Anwendung der Wage vorkommenden Stellungen der Belastung auf den Brücken oder Schalen eingehalten werden.

5. Bei den Wagen für eine größte zulässige Last von 3000 Kilogramm und darüber sowie den festfundamentierten Wagen müssen bei der Nacheichung die gleichen Fehlergrenzen eingehalten werden wie bei der Neueichung.

§ 96.

Stempelung.

1. Die Stempelung erfolgt auf einem der beiden Arme des Balkens oder bei Wagen mit mehreren verbundenen Hebeln auf einem Arme des die Gewichte tragenden Hebels, außerdem bei ungleicharmigen Brückenwagen (ohne oder mit Laufgewicht) auf einem der Traghebel.

2. Bei den Laufgewichtswagen wird ein Stempel dicht hinter oder auf dem letzten Teilstrich jeder Skale und je einer dicht neben der Ablesungsmarke für jede Skale angebracht. Außerdem erhalten bei einfachen Balkenwagen mit Laufgewicht und Skale ohne Nullmarke der Balken und alle abnehmbaren Teile eine Nummer, und zwar die gleiche.

3. Das Jahreszeichen wird dem Stempelzeichen auf dem Hauptbalken beigefügt. Bei der Nacheichung darf die Stempelung auf einem besonderen, an geeigneter Stelle angebrachten Zinntropfen oder auf einer Plombe erfolgen.

B. Wagen für besondere Zwecke.

I. Präzisionswagen.

§ 97.

Zulässige Gattungen.

Zulässig sind nur gleicharmige Balkenwagen.

§ 98.

Einrichtung.

1. Für Präzisionswagen gelten die gleichen Vorschriften wie für die entsprechenden Handelswagen mit der Maßgabe, daß die Drehungseinrichtungen möglichst vollkommen ausgeführt und die Schwingungen der Wage vor allen Reibungen und Klemmungen besonders sorgfältig gesichert sein müssen. Auch dürfen die Balkenenden nicht verzweigt sein.

2. Der Wagebalken soll sowohl für sich allein als auch mit den Schalen im Gleichgewicht sein. Für die Herstellung der Schneiden und Pfannen darf außer Stahl auch anderes geeignetes Material z. B. Achat benutzt werden.

3. Zur Veränderung der Empfindlichkeit dürfen auf der Zunge oder auf einem in der Halbierungsebene des Balkens über der Mittelschneide senkrecht angebrachten Arme besondere Einrichtungen in Gestalt von Schraubenmuttern, Stellringen und dergleichen vorgesehen sein. Derartige Einrichtungen dürfen nicht leicht abnehmbar sein.

§ 99.

Fehlergrenzen.

1. Die Empfindlichkeit der Wagen muß hinreichend sein, daß nach Aufbringung der größten zulässigen Last Gewichtszulagen in den folgenden Bruchteilen der für gleicharmige Wagen (§ 95) festgesetzten Zulagen noch einen deutlichen bleibenden Ausschlag ergeben, und zwar bei Wagen mit einer größten zulässigen Last von

10 Gramm und weniger	die Hälfte,
mindestens 20 Gramm und weniger als 5 Kilogramm	ein Viertel,
5 Kilogramm und mehr	ein Fünftel,
ferner bei den Wagen von mindestens 10 aber nicht mehr als 20 Gramm	10 Milligramm.

2. Hinsichtlich der Anforderungen an die Empfindlichkeit nach Aufbringung des zehnten Teiles der größten zulässigen Last sowie an die Richtigkeit der Hebelverhältnisse finden die Bestimmungen für Handelswagen (§ 95 Nr. 2) Anwendung unter Berücksichtigung der unter Nr. 1 vorgeschriebenen Zulagen.

§ 100.

Stempelung.

Die Stempelung erfolgt bei der Neueichung auf dem Balken, bei der Nacheichung auf einem an geeigneter Stelle angebrachten Zinntropfen oder auf einer Plombe. Nur bei den Wagen mit einer größten zulässigen Last von 20 Gramm und weniger unterbleibt bei der Nacheichung jede Stempelung.

II. Selbsttätige Wagen.

§ 101.

Zulässige Gattungen.

1. Selbsttätige Balkenwagen mit oder ohne Registrierung. Die Last wird ganz oder zum größten Teil durch geeichte Gewichtsstücke auf der Gewichtsschale aufgewogen. Die Füllung der zur Aufnahme der Last dienenden Einrichtung mit bestimmten, dem Gesamtbetrage der geeichten Gewichtsstücke auf der Gewichtsschale mindestens entsprechenden Gewichtsmengen eines von oben zugeführten Materials erfolgt völlig selbsttätig.

A. Selbsttätige Balkenwagen mit selbsttätiger Entleerung. Sie müssen eine Lastschale haben, die sich durch Kippen, Drehen, Öffnen einer Klappe usw. entleert. Die Entleerung erfolgt entweder völlig selbsttätig, oder sie geschieht durch selbsttätig oder von Hand bewirkte Auslösung und Hemmung einer besonderen Einrichtung.

B. Selbsttätige Balkenwagen ohne selbsttätige Entleerung. Sie haben in der Regel keine besondere Lastschale, sondern die Einrichtung zur Aufnahme der Last (Sack, Korb usw.) wird vor jedesmaliger Wägung leer an den Lastträger gehängt und nach beendeter Füllung und Wägung mit der Last wieder abgenommen.

Selbsttätige Balkenwagen sind zulässig:

a) für pulver- und sandförmige sowie körnige, freirollende, nichtklebende, auch für schwerfließende Materialien und sonstige Erzeugnisse für eine größte zulässige Last von

0,5, 1, 2, 3, 4, 5 Kilogramm,
10, 15, 20, 25, 30, 40, 50, 60 Kilogramm,
75, 100, 125, 150, 200, 250 Kilogramm usw. in Abstufungen von je 50 Kilogramm;

b) für stückige Materialien, und zwar

für kleinstückige Materialien für eine größte zulässige Last von 50 Kilogramm und mehr,

für großstückige Materialien für eine größte zulässige Last von 250 Kilogramm und mehr,

in Abstufungen von je 50 Kilogramm.

2. Selbsttätige Laufgewichtswagen mit oder ohne Registrierung. Die Last wird teilweise oder ganz durch eine selbsttätig in Bewegung gesetzte Laufgewichtseinrichtung aufgewogen.

C. Balken- und Brückenwagen (ohne Laufgewicht oder mit Laufgewicht und Skale) mit besonderem selbsttätigen Laufgewicht. Der Teil der größten zulässigen Last, der den Gesamtbetrag der Gewichtsmenge oder die Angabe des Laufgewichts auf der Gewichtsseite überschreitet, wird durch eine selbsttätig in Bewegung gesetzte besondere Laufgewichtseinrichtung (Hilfslaufgewicht) aufgewogen. Dieser Teil darf die Hälfte der größten zulässigen Last nicht überschreiten.

Zulässig sind auch Wagen, bei denen nicht ein Teil der Nutzlast, sondern ein veränderlicher Teil der Tara durch ein selbsttätiges Laufgewicht ausgeglichen wird. Dieser Teil darf ein Fünftel der größten zulässigen Last der Wage nicht überschreiten (Wagen mit selbsttätigem Taralaufgewicht).

D. Selbsttätige Balken- und Brückenwagen mit Laufgewicht und Skale. Der gesamte Betrag der größten zulässigen Last wird durch eine selbsttätig in Bewegung gesetzte Laufgewichtseinrichtung aufgewogen.

Selbsttätige Laufgewichtswagen sind nur zulässig für Kohle, Erze und ähnliche Materialien für eine größte zulässige Last von 200 Kilogramm und darüber.

§ 102.

Gestalt und Einrichtung der selbsttätigen Balkenwagen (§ 101 Nr. 1).

1. Zulässig sind als selbsttätige Balkenwagen bei einer größten zulässigen Last bis zu 500 Kilogramm nur gleicharmige Balkenwagen, bei einer größten zulässigen Last von 500 Kilogramm und darüber gleicharmige oder ungleicharmige Balkenwagen.

2. Die Wage muß den für Balkenwagen (Handelswagen) gleicher Art vorgeschriebenen Anforderungen genügen, jedoch kann das Zwischengehänge (§ 88 Nr. 5) fortfallen, auch dürfen spielende Pfannen bei Wagen jeder Tragfähigkeit angewendet werden.

Zur Beseitigung aller seitlichen Schwankungen der Lastträger darf eine Lenkerstange von der Länge und Richtung des Lastarms des Balkens angebracht sein, durch welche die Lastträger mit dem Gestelle beweglich verbunden werden. Die Lenkerstange (Gegenlenker) muß so weit vom Balken entfernt sein, als sie selbst lang ist, und muß so eingerichtet sein, daß sie die wagerechten Seitendrucke aufnimmt. Ihre Drehungseinrichtungen müssen aus hartem Stahl von genügender Festigkeit bestehen. Auf der Rückseite der Wage darf eine zweite Lenkerstange angebracht sein.

3. Die eigentliche Wage muß durch einfache Umschaltung aus der Verbindung mit den übrigen Einrichtungen gelöst werden können. Die Umschaltungseinrichtung darf in ihren verschiedenen Lagen die Wirksamkeit der Wage gar nicht oder immer nur in der gleichen Weise beeinflussen.

4. Jede selbsttätige Balkenwage muß mit einem Pendelzeiger versehen sein.

5. Die selbsttätigen Balkenwagen mit selbsttätiger Entleerung (§ 101 Nr. 1 A) bis zu 5 Kilogramm ausschließlich abwärts müssen, die kleineren Wagen dieser Art sowie die selbsttätigen Balkenwagen ohne selbsttätige Entleerung (§ 101 Nr. 1 B) dürfen eine Registriereinrichtung (Zählwerk) haben.

Die Zählwerke müssen springende sein, sie sollen das Gewicht der Füllung in Kilogramm oder auch die Anzahl der Füllungen fortlaufend anzeigen.

6. Bei den Wagen mit Gewichtsregistrierung muß das Gewicht der einzelnen Füllung der angegebenen größten zulässigen Last entsprechen. Die Wagen mit Füllungsregistrierung oder ohne Registrierung dürfen auch mit Füllungsgewichten arbeiten, die kleiner als die größte zulässige Last, aber mindestens gleich ihrer Hälfte sind.

Bei den Wagen ohne selbsttätige Entleerung darf die Gewichtsschale zum Ausgleich der zur Aufnahme der Last dienenden Einrichtung über die angegebene Tragfähigkeit hinaus noch mit einem besonderen Gewicht belastet werden, das jedoch ein Zwanzigstel der größten zulässigen Last nicht überschreiten darf.

7. Bei den Wagen für pulver- und sandförmige sowie für körnige, freirollende, nichtklebende, auch schwerfließende Materialien und sonstige Erzeugnisse (§ 101 Nr. 1, a) muß eine Reguliereinrichtung vorhanden sein, welche die letzten Zuflüsse jeder Füllung regelt und zur Ausgleichung der Gewichtsunterschiede dient, die sich aus der Verschiedenheit des Materials, bei den Wagen mit Füllungsregistrierung und ohne Registrierung auch, soweit sie sich aus der Verschiedenheit der Füllungsgewichte ergeben. Diese Einrichtung muß als solche leicht erkennbar, sie darf nicht abnehmbar und nicht am Hauptbalken angebracht sein. Der Hebel, auf dem das Reguliergewicht sitzt, muß zur leichteren Ablesung der Verschiebung des Gewichts mit einer Teilung in ganze oder halbe Millimeter versehen sein, die von 5 zu 5 Millimeter beziffert ist.

Die Wagen für großstückige Materialien dürfen keine Reguliereinrichtung haben. An ihrer Stelle müssen Vorrichtungen vorhanden sein, durch welche das nach Eintritt des Gleichgewichts noch in die Wage gelangende, die Lastschale über das Gegengewicht hinaus beschwerende Material mitverwogen und sein Gewicht fortlaufend auf einem zweiten Zählwerk registriert wird, so daß das Gesamtgewicht des über die Wage gegangenen Materials von beiden Zählwerken zusammen angegeben wird.

Die Wagen für kleinstückige Materialien können entweder wie die Wagen für körnige, freirollende usw. Materialien (Abs. 1) oder wie die Wagen für großstückige Materialien (Abs. 2) eingerichtet sein.

8. Neben den Zählwerken sind Gangwerke zulässig, die mit Abstellvorrichtungen derartig in Verbindung gebracht sind, daß durch das Zu-

sammenwirken beider die Wage nach einer gewünschten, vorher eingestellten Anzahl von Ausschüttungen selbsttätig außer Betrieb gesetzt wird.

9. Die Ergebnisse der Wägungen müssen von den auch bei regelrechtem Betrieb unvermeidlichen Unregelmäßigkeiten, Stauungen und Druckschwankungen bei der Zuführung des Materials unabhängig sein.

10. Alle Kipp- und Drehbewegungen, von denen die Richtigkeit des Wägungsergebnisses abhängt, müssen an Schneiden und Pfannen aus hartem Stahl von genügender Festigkeit erfolgen. Doch ist eine Drehung der Lastschale in Trieben, Zapfen, Kugellagern und dergleichen nicht unzulässig. Eine Schmierung mit Öl oder Fett dürfen nur solche Mechanismen erfordern, die lediglich zur Zuführung des Materials dienen.

11. Die selbsttätigen Balkenwagen für pulver- und sandförmige Materialien müssen, falls das Material nicht ganz leichtflüssig ist, mit einer besonderen mechanischen Zuführungseinrichtung (Transportschnecke oder dergleichen) verbunden sein, die das Material in einen über der Wage angebrachten Einlauftrichter gleichmäßig und stetig einschüttet.

12. Zur Abwägung des Restes, der von dem verwogenen Material am Schlusse der Abwägungen in der Lastschale der Wage noch zurückbleibt, darf bei den Wagen von 50 Kilogramm Füllungsgewicht und darüber auf demselben Gestell eine Hilfswage von der gleichen größten zulässigen Last wie die Hauptwage angebracht sein.

Die Hilfswage kann eine einfache oder eine zusammengesetzte Balkenwage mit Laufgewicht und Skale sein. Ihre Lastschneide kann unter einer der beiden Endschneiden der Hauptwage angebracht sein, so daß sie nach der Einschaltung entweder den Druck der Gewichtsschale oder den der Lastschale der Hauptwage aufnimmt. Die Lastschneide kann aber auch in eine unter der Gewichtsschale der Hauptwage angebrachte Pfanne eingreifen. Die abgestellte Hilfswage darf mit der Hauptwage nicht in Verbindung stehen. Nach der Einschaltung müssen die Einspielungsstellungen beider Wagen im unbelasteten Zustande gleichzeitig stattfinden.

Die Hilfswagen müssen den gleichen Anforderungen genügen wie die entsprechenden Handelswagen.

§ 103.

Gestalt und Einrichtung der selbsttätigen Laufgewichtswagen (§ 101 Nr. 2).

1. Die selbsttätigen Laufgewichtswagen müssen allen an Handelswagen gleicher Art zu stellenden Anforderungen genügen.

2. Nur darf das Zwischengehänge (§ 88 Nr. 5) fehlen, wenn durch Gegenlenker oder in anderer Weise (z. B. feste Anordnung der Gewichte) eine Veränderung der Pfannenlage ausgeschlossen ist. Die Skale für das selbsttätige Laufgewicht darf auch dann Kerben haben, wenn sie die einzige Skale ist (§ 91 Nr. 3). Bei Hängebahn- und Seilbahnwagen kann ferner von der Feststellvorrichtung (§ 88 Nr. 14) abgesehen werden.

3. Die Wagen mit selbsttätigem Hilfslaufgewicht müssen eine Einrichtung besitzen, die dieses einschließlich eines etwa verstellbaren Voreilers auszuschalten gestattet. Auch muß eine besondere Vorrichtung vorhanden sein, um selbsttätig die Laufgewichtseinrichtung nach erfolgter Wägung wieder in die Anfangsstellung zurückzuführen.

Alle für die Betätigung der Wage vor, während und nach der Wägung erforderlichen Einrichtungen dürfen die Wirksamkeit der Wage nicht beeinflussen.

4. Die Laufgewichtseinrichtung soll einen stetigen Gang haben und die sichere Ablesung der Endstellung gestatten.

Zulässig sind Vorrichtungen, um den Gang der Laufgewichtseinrichtung kurz vor Erreichung der Schlußstellung zu verlangsamen.

5. Die selbsttätigen Balken- und Brückenwagen mit Laufgewicht und Skale können, die Wagen mit selbsttätigem Hilfslaufgewicht müssen ein Zählwerk haben. Es soll ein springendes sein und nach Kilogramm fortschreiten, jedoch darf das letzte Rad auch schleichend fortschreiten. Bei den Wagen mit Hilfslaufgewicht ist die Anbringung eines zweiten Zählwerkes zulässig, auch eines solchen, das Füllungen registriert. Auch sind Kontrollzählwerke nicht unzulässig.

6. Bei den Wagen mit selbsttätigem Hilfslaufgewichte muß der Teil der Nettolast, der nicht durch das Hilfslaufgewicht aufgewogen wird, durch geeichte Gewichte oder das Hauptlaufgewicht ausgeglichen werden; der Lastbehälter und dergleichen darf auch ganz oder teilweise durch Tarastücke, Gegengewichte ausgeglichen sein.

7. Die Wagen mit selbsttätigem Hilfslaufgewicht müssen eine besondere Einrichtung haben, die das Zustandekommen einer Wägung überhaupt verhindert, wenn die abzuwägende Last kleiner ist als das Mindestnettogewicht oder größer als dieses zuzüglich des Bereichs der selbsttätigen Einrichtung. Auch muß in geeigneter Weise, z. B. durch eine selbsttätige Riegelsperre, das Abfahren unverwogener Last verhindert oder mindestens die Zahl der nicht zustande gekommenen Wägungen durch einen Kontrollzähler angezeigt werden.

8. Die selbsttätigen Balken- und Brückenwagen mit Laufgewicht und Skale dürfen mit mehreren Gegengewichtshebeln ausgerüstet sein, die nacheinander in Wirksamkeit treten. Die Teilungen dieser Hebel müssen sich daher gegenseitig ergänzen.

9. Verschiedene Ablese- oder Abdruckstellen (Skalen, Zählwerk, Zifferblatt, Druckapparat) bei selbsttätigen Laufgewichtswagen sollen auch untereinander möglichst übereinstimmen.

10. Auf die Wagen mit selbsttätigem Taralaufgewicht finden von den Bestimmungen des § 103 nur die unter Nr. 1, Nr. 3 Abs. 2 und Nr. 4 Abs. 1 Anwendung.

§ 104.

Bezeichnung.

1. Auf dem Hauptbalken muß die größte zulässige Last angegeben sein.

2. Auf den Zählwerken mit Gewichtsregistrierung ist die Bezeichnung Kilogramm oder kg aufzubringen; auf denen mit Füllungsregistrierung ist die Angabe zu machen „Füllungen, deren Einzelgewicht dem Gegengewicht entspricht".

3. Alle selbsttätigen Wagen müssen auf einem Schilde mit dem Namen und Wohnort des Verfertigers und einer laufenden Fabriknummer bezeichnet sein. Bei den Wagen mit Registriereinrichtung muß das Schild sich auf der gleichen Seite wie diese befinden. Bei den selbsttätigen Balkenwagen muß es außerdem die Angabe des Materials oder der Materialien enthalten, für welche die Wage bestimmt ist. Die Angabe darf mehrere Materialien nur dann umfassen, wenn die Reguliereinrichtung für alle angegebenen Materialien zugleich ausreicht. Wagen ohne selbsttätige Entleerung müssen auf dem Schilde deutlich als solche, z. B. als Bruttoabsackwagen, gekennzeichnet sein.

Bei den Wagen mit selbsttätigem Hilfslaufgewicht muß auf dem Schilde außerdem die besondere Art der Wage (z. B. Zentesimalwage mit selbsttätigem Laufgewichte), die größte zulässige Last, der Bereich des selbsttätigen Laufgewichts, sowie das Mindest-Nettogewicht und der Betrag der in besonderer Weise ausgeglichenen oder auszugleichenden Höchsttara (§ 103 Nr. 6) angegeben sein.

4. Bei den Wagen für pulver- und sandförmige sowie körnige, freirollende nicht klebende, auch für schwerfließende Materialien und sonstige Erzeugnisse, ferner bei den Wagen für kleinstückige Materialien mit Reguliereinrichtung ist auf dem Schilde die Angabe hinzuzufügen: „Eine Reguliereinrichtung dient zur Richtigstellung der Füllungen vor der Verwägung jedes besonderen Materials vorstehender Art oder vor der Verwägung verschieden großer Füllungen." Bei den Wagen für kleinstückige Materialien mit Reguliereinrichtung ist außerdem anzugeben, für welche Stückgrößen sie bestimmt sein sollen.

§ 105.

Fehlergrenzen.

1. Für die Wage nach Ausschaltung der selbsttätigen Einrichtung:

Alle Wagengattungen müssen den für Handelswagen (§ 95) vorgeschriebenen Anforderungen an Empfindlichkeit und Richtigkeit genügen, die selbsttätigen Balkenwagen jedoch nur bei ihrer größten zulässigen Last.

Die selbsttätigen Balkenwagen für Füllungsregistrierung und ohne Registrierung müssen außerdem nach Aufbringung der Hälfte der größten zulässigen Last alle Anforderungen an Empfindlichkeit und Richtigkeit einhalten, die für Handelswagen mit einer größten zulässigen Last angeordnet sind, die dieser Hälfte entspricht.

2. Für die Wage mit der selbsttätigen Einrichtung:

a. Selbsttätige Balkenwagen.

Der Fehler von 10 regelrecht zustande gekommenen Füllungen, bei den Wagen mit Registriereinrichtung der Fehler der Angabe der Zählwerke nach erfolgter Registrierung dieser 10 Füllungen, und zwar bei den Wagen mit Füllungsregistrierung und ohne Registrierung bei dem vollen Betrage und der Hälfte der größten zulässigen Last, darf höchstens betragen

bei den Wagen für kleinstückige Materialien mit Reguliereinrichtung sowie den Wagen für Thomasmehl, Zement und ähnliche staubende Materialien .... 1,5 Gramm für jedes Kilogramm der durch 10 Wägungen abgewogenen Last;

bei den übrigen selbsttätigen Wagen mit einem Füllungsgewicht

bis 5 Kilogramm abwärts	1	Gramm für jedes Kilogramm
von 4 "	1,25	" " " "
" 3 "	1,5	" " " "
" 2 "	2	" " " "

der durch 10 Wägungen abgewogenen Last.

Bei den Wagen von 4 Kilogramm abwärts ist die Fehlergrenze für die Hälfte der größten zulässigen Last die gleiche wie für deren vollen Betrag.

b. Selbsttätige Laufgewichtswagen.

Der Fehler der Summe der an den Skalen oder an dem Zählwerk abgelesenen Angaben der Laufgewichtseinrichtung darf bei 10 regelrecht zustande gekommenen Wägungen,

wenn der durch die Laufgewichtseinrichtung abwägbare Teil ausmacht	höchstens betragen
höchstens $1/5$	5 Gramm für jedes Kilogramm
mehr als $1/5$ und höchstens $1/4$	4 " " " "
" " $1/4$ " " $1/3$	3 " " " "
" " $1/3$ " " $1/2$	2 " " " "
" " $1/2$	1 " " " "
der größten zulässigen Last der Wage,	der bei 10 Wägungen durch die selbsttätige Laufgewichtseinrichtung abgewogenen Last zuzüglich eines etwa durch ein gleichbleibendes Gegengewicht ausgeglichenen Teils der Nettolast (Nutzlast).

Bei den Wagen mit selbsttätigem Taralaufgewicht darf der Fehler der Summe von 10 Wägungen höchstens betragen 5 Gramm für jedes Kilogramm der größten zulässigen Last.

Bei Belastung mit dem zehnten Teile der größten zulässigen Last darf er bei den selbsttätigen Balken- und Brückenwagen mit Laufgewicht und Skale (§ 101 D) den doppelten Betrag des vorstehend angegebenen Wertes erreichen.

3. Außerdem darf bei Wagen für pulver- und sandförmige sowie für körnige, frei rollende, nicht klebende, auch für schwerfließende Materialien und Erzeugnisse bei den in der richtigen Stellung und bei den in den äußersten Stellungen des Reguliergewichts zustande gekommenen Füllungen die Abweichung von dem Durchschnittsergebnisse der 10 bei derselben Stellung der Reguliereinrichtung gemachten Ermittelungen höchstens betragen, bei einem Füllungsgewicht

bis 75 Kilogramm abwärts . . . . 1 Gramm für jedes Kilogramm
unter 75 bis 25 Kilogramm . . . 1,5 " " " "

auf volle 5 Gramm nach oben abgerundet

von 20 und 15 Kilogramm . . . . 2 Gramm für jedes Kilogramm
" 10 bis 4 " . . . . 3 " " " "
" 3 und 2 " . . . . . 4 " " " "
" 1 Kilogramm abwärts . . . 5 " " " "

Bei Wagen für kleinstückige Materialien mit Reguliereinrichtung und den Wagen für Thomasmehl, Zement und ähnliche staubende Materialien darf die Abweichung von dem Durchschnittsergebnis der 10 Einzelangaben der Zählwerke, bei den Wagen mit Restverwägung (Wagen für großstückige Materialien usw.) die Abweichung von dem wirklichen Gewicht der einzelnen Füllungen höchstens betragen bei einem Füllungsgewicht

bis 250 Kilogramm aufwärts . . . 4 Gramm für jedes Kilogramm,
von 300 Kilogramm und darüber je ein Gramm mehr für jedes weitere Kilogramm.

Bei selbsttätigen Laufgewichtswagen und den Wagen mit selbsttätigem Hilfslaufgewicht oder selbsttätigem Taralaufgewicht darf die Abweichung von dem Durchschnittsergebnis von 10 Einzelwägungen höchstens das Dreifache des für dieses Ergebnis zugelassenen Fehlers betragen.

4. Bei der Nacheichung sind die gleichen Fehlergrenzen einzuhalten wie bei der Neueichung.

§ 106.

Stempelung.

1. Die Stempelung erfolgt bei den selbsttätigen Balkenwagen auf der Hauptwage und der Hilfswage, wo eine solche vorhanden ist, bei den selbsttätigen Laufgewichtswagen an allen Stellen, wo nach den entsprechenden Vorschriften für Handelswagen (§ 96) ein Stempelzeichen aufzubringen ist. Außerdem ist die Verbindung des Zählwerkes oder der Zählwerke mit der

Wage durch Stempelung zu sichern. Bei den Wagen für pulver- und sandförmige Materialien erhält ferner die Zuführungseinrichtung und die Wage eine Nummer, und zwar die gleiche.

Ist am Reguliergewichtshebel eine Berichtigungshöhlung angebracht, so ist sie durch einen Stempel gegen Öffnung zu sichern.

2. Das Jahreszeichen wird dem Stempelzeichen auf dem Balken der Hauptwage beigefügt.

3. Bei den selbsttätigen Laufgewichtswagen sind ferner alle Einrichtungen durch Stempelung zu sichern, deren Verstellung die Anfangs- oder Schlußstellung selbsttätig bewegter Teile beeinflussen kann.

4. Bei der Nacheichung darf die Stempelung auf einem an geeigneter Stelle angebrachten Zinntropfen oder auf einer Plombe erfolgen.

III. Wagen für Reisegepäck und für Stückgüter im Verkehre der Eisenbahn sowie Wagen für Postpäckereien ohne angegebenen Wert.

§ 107.

Zulässige Gattungen.

1. Zulässig sind Wagen, bei denen das Gewicht der Last ganz oder zum Teil durch die unmittelbare oder mittelbare Beobachtung des jedesmaligen Neigungswinkels eines Hebelsystems ermittelt wird. Die Ausgleichung der Last darf erfolgen:

a) durch eine Neigungsgewichtseinrichtung (Neigungswagen),
b) durch eine Federeinrichtung (Federwagen),
c) durch Neigungsgewichts- und Federeinrichtung (Neigungs-Federwagen),
d) durch Gewichts- oder Laufgewichts- und Neigungsgewichtseinrichtung (Gewichts-Neigungswagen),
e) durch Gewichts- oder Laufgewichts- und Federeinrichtung (Gewichts-Federwagen).

2. Zulässig sind als Wagen für Reisegepäck und für Stückgüter im Verkehre der Eisenbahn nur Wagen der oben geschilderten Art, deren größte zulässige Last 2000 Kilogramm, und als Wagen für Postpäckereien nur Wagen, deren größte zulässige Last 100 Kilogramm nicht überschreitet.

§ 108.

Einrichtung.

1. Die Wagen müssen den allgemeinen Vorschriften über die Einrichtung der Handelswagen (§ 88) unter sinngemäßer Anwendung entsprechen.

2. An jeder Wage soll ein Pendelzeiger angebracht sein.

3. Die Wagen müssen geeignete Regulier- und Tariervorrichtungen besitzen. Die Wagen für Reisegepäck und für Stückgüter müssen mit einer Entlastungsvorrichtung, die für Postpäckereien mit einer Feststellvorrichtung versehen sein.

4. Die Veränderungen des Neigungswinkels müssen auf Kreisbogeneinteilungen oder auf Zifferblättern ablesbar sein.

5. Der einem Belastungsunterschied von 1 Kilogramm entsprechende Teilabschnitt darf nicht kleiner als 5 Millimeter sein.

6. Bei den Federwagen müssen mindestens die Federeinrichtungen, die zur Ausgleichung einer Last von 500 Kilogramm und darüber bestimmt sind, Gewähr dafür bieten, daß die Angaben der Wage von den Wärmeschwankungen unabhängig sind.

§ 109.

Bezeichnung.

1. Jede Wage ist mit der Angabe der größten zulässigen Last, für die sie bestimmt ist, zu versehen.

2. Die Gewichtsangaben der Ablesungseinrichtung dürfen nur in Kilogramm ausgedrückt sein.

3. Einer der Zahlenangaben auf der Ablesungseinrichtung muß die Bezeichnung kg beigesetzt sein.

4. Die Wage soll an ersichtlicher Stelle ein Schild tragen, auf dem die Bezeichnung „Wage für Reisegepäck und Stückgüter" oder entsprechend „Wage für Postpäckereien ohne angegebenen Wert" enthalten ist.

5. Auf dem Schilde ist ferner anzugeben, aus welchem Material die Federn hergestellt sind, und bei Nickelstahlfedern auch das Ursprungsland des Fabrikates.

§ 110.

Fehlergrenzen.

1. Die Empfindlichkeit der Wagen muß hinreichend sein, daß nach Aufbringung der größten zulässigen Last die folgenden Zulagen auf der Lastseite noch einen deutlichen Ausschlag ergeben, und zwar:

bei den Wagen für Reisegepäck und für Stückgüter

1 Gramm für jedes Kilogramm der größten zulässigen Last,

bei Wagen für Postpäckereien

2 Gramm für jedes Kilogramm der größten zulässigen Last, jedoch nicht weniger als 100 Gramm.

2. Die Fehler der Angaben der Wagen müssen bei allen Belastungen zwischen der größten zulässigen Last und ihrem zehnten Teil durch die unter Nr. 1 angegebenen Zulagen mindestens ausgeglichen werden können.

3. Bei der Nacheichung sind die gleichen Fehlergrenzen einzuhalten wie bei der Neueichung.

§ 111.

Stempelung.

Die Stempelung erfolgt auf dem Schilde und bei der Nacheichung auf einem an geeigneter Stelle angebrachten Zinntropfen oder einer Plombe.

VII. Aräometer.

§ 112.

Zulässige Aräometer.

Zulässig sind Aräometer, die angeben:

a) die Dichte einer Flüssigkeit, bezogen auf Wasser größter Dichte als Einheit;

b) den Prozentgehalt einer Flüssigkeit;

c) die Grädigkeit einer Flüssigkeit in Graden willkürlicher Skalen, soweit solche in den §§ 115 bis 120 vorgesehen sind.

§ 113.

Material.

Zulässig ist nur durchsichtiges Glas.

§ 114.

Allgemeines über Gestalt und Einrichtung.

1. Zulässig sind Aräometer mit und ohne Thermometer, soweit nicht die besonderen Vorschriften einschränkende Bestimmungen enthalten.

2. Die Glasflächen sollen einen gleichmäßigen, zur Achse symmetrischen Verlauf haben. Die Thermo-Alkoholometer und die Aräometer für Mineralöle dürfen nur Stengel von kreisförmigem, die übrigen Aräometer auch solche von flachem Querschnitt haben. Beim Eintauchen soll sich das Aräometer senkrecht einstellen.

3. Die Stengelkuppe soll gleichmäßig gerundet sein und darf keine der Stempelung hinderlichen Erhöhungen oder Vertiefungen zeigen.

4. Die Skalen müssen dauerhaft befestigt sein. Die Teilstriche müssen in Ebenen liegen, die zur Achse des Aräometers senkrecht stehen.

5. Die Länge des kleinsten Teilabschnittes soll höchstens 6 und mindestens 1 Millimeter betragen, wenn nicht die besonderen Vorschriften andere Bestimmungen enthalten. Sie darf unter besonderen Umständen bei der aräometrischen Skale auch unter den Mindestbetrag, nicht aber unter 0,5 Millimeter hinabgehen. Für eine hinreichende Übersichtlichkeit der Einteilung soll durch geeignete Abstufung der Strichlängen Fürsorge getroffen sein.

6. Die Teilstriche der aräometrischen Skale müssen sich über mindestens ein Viertel des Stengelumfangs erstrecken. Auf der thermometrischen Skale

sollen die Striche zu beiden Seiten der Kapillare mindestens je 1 Millimeter hervortreten.

7. Der obere Rand der Aräometerskale soll mindestens 10 Millimeter, der oberste Teilstrich mindestens 15 Millimeter von der Stengelkuppe entfernt sein. Der unterste Teilstrich soll mindestens 3 Millimeter über der Stelle liegen, an welcher der Stengel in den Glaskörper überzugehen beginnt.

8. Der obere Rand der Thermometerskale muß mindestens 15 Millimeter unter der Stelle liegen, an welcher die Verjüngung des Glaskörpers nach oben zu beginnt. Teilstriche darf die Skale nach unten nur bis 3 Millimeter vor Beginn der Biegung der Kapillare tragen.

9. Die Aräometerskale darf bei

a) Dichte-Aräometern nur in 0,001, 0,0005, 0,0002 und 0,0001 Einheiten der Dichte,

b) Prozent- und Grad-Aräometern nur in ganze, halbe, fünftel oder zehntel Prozente oder Grade

eingeteilt sein.

Für die Thermometerskale sind nur Einteilungen nach ganzen, halben, fünftel oder zehntel Graden der hundertteiligen Skale (C.) zulässig.

10. Mehrfache Einteilungen ebenso wie Nebenteilungen irgendwelcher Art sind weder auf der aräometrischen noch auf der thermometrischen Skale zulässig. Dagegen ist die Anbringung thermometrischer Reduktionsskalen gestattet.

11. Die Bezifferung der Skalen muß eindeutig, übersichtlich und klar sein.

12. Bei Thermo-Aräometern muß die für die Einstellung erforderliche Beschwerung im allgemeinen durch das Gefäß des Thermometers bewirkt sein. Die letzte Ausgleichung darf durch besondere Beschwerungsmittel erfolgen, die dauerhaft auf der Innenseite der Skalen anzubringen sind.

Zulässig ist es, zum Zwecke der Beschwerung und ihrer letzten Ausgleichung unter dem Thermometergefäß noch ein zweites, allseitig geschlossenes Gefäß mit Beschwerungsmaterial anzubringen. Die beiden Gefäße müssen so miteinander verbunden sein, daß zwischen ihnen keine Einschnürung entsteht, die einer Reinigung der Spindeln hinderlich sein könnte.

Bei Aräometern ohne Thermometer muß sich das Beschwerungsmaterial in einem allseitig geschlossenen Gefäße befinden. Wird zur Belastung Schrot verwendet, so soll es das Gefäß möglichst ausfüllen.

§ 115.

Alkoholometer.

1. Zulässig sind nur Thermo-Alkoholometer, die bei der Temperatur 15 Grad den Alkoholgehalt weingeistiger Flüssigkeiten, einschließlich des denaturierten Branntweins in Gewichtsprozenten angeben.

2. Die Länge eines ganzen Prozents auf der Alkoholometerskale muß bei Teilung in halbe Prozente mindestens 2 Millimeter, bei Einteilung in ganze oder fünftel Prozente mindestens 4 Millimeter und bei einer Teilung in zehntel Prozente mindestens 6 Millimeter betragen.

§ 116.

Saccharimeter.

1. Zulässig sind Saccharimeter, Würzeprober und dergleichen, die bei zuckerhaltigen Lösungen den Gehalt an reinem Zucker in Gewichtsprozenten angeben.

2. Die Länge eines ganzen Prozents auf der Saccharimeterskale muß bei Einteilung in ganze, halbe oder fünftel Prozente mindestens 4 Millimeter, bei Einteilung in zehntel Prozente mindestens 6 Millimeter betragen.

§ 117.

Aräometer für Schwefelsäure.

Zulässig sind Aräometer, die in Mischungen von Schwefelsäure und Wasser den Gehalt an reiner Schwefelsäure in Gewichtsprozenten, und zwar innerhalb des Bereichs von 0 bis 97 Prozent, angeben.

§ 118.

Aräometer nach Dichte für Mineralöle.

1. Zulässig sind Aräometer für Mineralöle, die bei der Temperatur 15 Grad deren Dichte angeben.

2. Die Aräometerskale darf keine Dichteangaben unter 0,61 und keine über 0,99 enthalten.

§ 119.

Andere Aräometer nach Dichte.

Zulässig sind Aräometer nach Dichte für

a) Schwefelsäure	innerhalb	des	Dichtenbereichs	von	1,00	bis	1,85
b) Salpetersäure .	"	"	"	"	1,00	"	1,55
c) Salzsäure . . .	"	"	"	"	1,00	"	1,25
d) Natronlauge .	"	"	"	"	1,00	"	1,55
e) Glyzerin	"	"	"	"	1,00	"	1,30
f) Kochsalzlösung .	"	"	"	"	1,00	"	1,23
g) Ammoniak . . .	"	"	"	"	0,85	"	1,00
h) Seewasser . . .	"	"	"	"	1,00	"	1,04
i) Milch (nur für obere Ablesung)	"	"	"	"	1,015	"	1,04
k) Rosmarinöl . .	"	"	"	"	0,89	"	0,93
l) Branntwein . .	"	"	"	"	0,79	"	1,00
m) Äther	"	"	"	"	0,70	"	0,76

§ 120.

Aräometer nach Baumé-Graden.

1. Zulässig sind Aräometer, die bei der Temperatur 15 Grad die Dichte in Baumé-Graden angeben für

a) Schwefelsäure .	innerhalb	des	Bereichs	von	0	bis	70	Grad	Baumé
b) Salpetersäure .	"	"	"	"	0	"	50	"	"
c) Salzsäure . . .	"	"	"	"	0	"	30	"	"
d) Farb- und Gerbstoffauszügen (nur für obere Ablesung)	"	"	"	"	0	"	30	"	"
e) Kochsalzlösung .	"	"	"	"	0	"	30	"	"

2. Die Grade Baumé sollen mit der zugehörigen Dichte bei der Temperatur 15 Grad, bezogen auf Wasser von 15 Grad, durch die Formel verbunden sein:

$$n = 144{,}3 - \frac{144{,}3}{s_{15/15}},$$

wo n die Grade Baumé, $s_{15/15}$ die zugehörige Dichte bezeichnet.

§ 121.

Bezeichnung.

1. Die Aufschriften sollen in der Regel auf den Skalen angebracht sein; jedoch ist es bei Aräometern ohne Thermometer auch zulässig, die Aufschrift auf einem besonderen Papierstreifen anzubringen, der sich im Innern des Glaskörpers befindet.

2. Die Aufschrift der Aräometerskale muß die Art des Instruments und seiner Anwendung unzweideutig kennzeichnen, insbesondere muß sie, falls der Name des Aräometers dies nicht schon kenntlich macht, angeben, für welche Flüssigkeit das Aräometer bestimmt ist. Die Temperatur, bei der dieses richtig anzeigen soll, muß auf der aräometrischen Skale stets angegeben sein. Bei den Angaben sind unzweideutige Abkürzungen zulässig. Ist das Aräometer für undurchsichtige Flüssigkeiten bestimmt, so daß die Ablesung nur an der oberen Begrenzung des Flüssigkeitswulstes erfolgen kann, so muß die Aufschrift einen entsprechenden Hinweis enthalten, z. B. „Ablesung am oberen Wulstrande", „Ablesung oben", „obere Ablesung" oder dergleichen.

3. Die Thermometerskale muß die Bezeichnung tragen: „Grade des hundertteiligen Thermometers", „Grade C." oder dergleichen.

4. Jedes Aräometer soll mit einer Geschäftsnummer versehen sein; es darf auch Name und Sitz eines Geschäfts sowie Jahr und Tag der Anfertigung tragen.

Reduktionsskalen müssen an einer leicht in die Augen fallenden Stelle die Bezeichnung tragen: „nicht geeicht".

§ 122.

Fehlergrenzen.

Die Fehlergrenzen betragen:

1. an der Aräometerskale

a) bei den Prozent- und Grad-Aräometern bei Einteilung in

ganze	Prozente Grade	. . . .	0,4	Prozent Grad
halbe	Prozente Grade	. . . .	0,25	Prozent Grad
fünftel	Prozente Grade	. . . .	0,15	Prozent Grad
zehntel	Prozente Grade	. . . .	0,1	Prozent Grad

b) bei den Dichte-Aräometern
in dem Dichtenbereich von 0,61 bis 0,829
bei Einteilung in 0,001 . . . . eine halbe Einheit
bei Einteilung in 0,0005, 0,0002, 0,0001 eine ganze Einheit des kleinsten Teilabschnitts;
in dem Dichtenbereich über 0,829
eine ganze Einheit des kleinsten Teilabschnitts;

2. an der Thermometerskale
bei Einteilung in

ganze Grade	0,4 Grad
halbe oder fünftel Grade	0,2 "
zehntel Grade	0,1 "

3. Die Einteilung beider Skalen darf keine augenfälligen Teilungsfehler aufweisen.

§ 123.

Stempelung.

1. Die Stempelung erfolgt mit dem Stempelzeichen unter Hinzufügung des Reichsadlers bei den Thermo-Aräometern auf dem Körper oberhalb der Thermometerskale, bei den Aräometern ohne Thermometer auf der Mitte des Körpers oder oberhalb des die Aufschrift tragenden Streifens. Außerdem erhält jedes Instrument ein Stempelzeichen auf der Kuppe des Stempels.

2. Ferner wird auf dem Glaskörper eine Nummer und das auf 5 Milligramm abgerundete Gewicht des Instruments angegeben und auf dem Stengel unmittelbar über dem obersten und unter dem untersten Teilstrich der Aräometerskale je ein Strich aufgeätzt, der sich mindestens über die Hälfte des Stengelumfangs erstreckt und mit seiner dem betreffenden Teilstrich zugekehrten Grenzlinie in dessen Ebene fällt.

3. Das Jahreszeichen wird dem Stempelzeichen auf dem Körper beigefügt. Zulässig ist es, auf dem Körper des Aräometers die Bezeichnungen (J. C) (Internationaler Congreß, International Congreß) oder (C. J.) (Congrès International, Congresso Internazionale) hinzuzufügen.

VIII. Gasmesser.

§ 124.

Zulässige Gattungen.

Zulässig sind nur Gasmesser, welche die hindurchgehende Gasmenge nach metrischem Maße angeben, und zwar:

A. nasse Gasmesser, bei denen die Messung des Gases durch eine um eine wagerechte Achse sich drehende, zum Teil in eine Flüssigkeit eintauchende Vorrichtung (Meßtrommel) erfolgt,

B. trockene Gasmesser, bei denen die Messung des Gases durch ein System von Kammern ohne Begrenzung durch Flüssigkeitsstände erfolgt.

§ 125.

Allgemeine Einrichtung.

1. Das Gehäuse muß aus Metall von hinreichender Stärke bestehen. Es muß gasdicht derartig zusammengesetzt sein, daß weder die eigentlichen Meßvorrichtungen noch die übrigen für die Gasmessung wesentlichen Konstruktionsteile ohne Öffnung des Gehäuses willkürlich verändert werden können.

2. Gasmesser, bei denen der Inhalt des messenden Raumes (J) mehr als 1,5 Prozent des größten stündlichen Gasverbrauchs (V) beträgt, sind unzulässig.

3. Das Zählwerk muß zur Sicherung gegen Eingriffe von dem Gehäuse des Gasmessers umschlossen oder mit einem besonderen Umschlußgehäuse versehen sein, das mit dem Gasmessergehäuse fest verbunden ist.

Nur bei fest aufgestellten und schwer fortzuschaffenden Gasmessern mit gußeisernem Gehäuse (Stationsgasmessern) darf das Zählwerk abnehmbar sein, falls das Räderwerk gegen Eingriffe gesichert ist oder durch Stempelung gesichert werden kann.

4. Besteht das Zählwerk eines Gasmessers aus zwei ihrer Anordnung und Größe nach übereinstimmenden Räder- und Zeigerwerken, die abwechselnd mit der die Bewegung der Meßkammern auf das Zählwerk übertragenden Welle gekuppelt werden können (Wechselzählwerk), so muß die Umschaltung für die Wechselkuppelung so beschaffen sein, daß im Betriebe die Bewegung der Meßkammern ohne Kuppelung eines der Zählwerke ausgeschlossen ist. Welches der beiden Räderwerke mit der Übertragungswelle gekuppelt ist, muß von außen erkennbar sein.

5. Zulässig ist die Anbringung von Sperrvorrichtungen, die durch mechanische Hemmungen eine Rückwärtsbewegung des Zählwerkes verhindern.

6. Zulässig ist als Hilfseinrichtung auch ein zweites Zählwerk, das mit dem ersten Zählwerk fest gekuppelt ist und den Gasverbrauch in Geldwert angibt. Dieses Kontrollzählwerk muß mit dem ersten Zählwerk in dem gleichen Gehäuse eingeschlossen sein.

7. Gasmesser dürfen mit einer Vorrichtung (Automatenwerk) verbunden sein, die den Durchgang des Gases selbsttätig absperrt, sobald eine im voraus bezahlte Gasmenge verbraucht ist (Münzgasmesser). Das Automatenwerk muß als solches erkennbar und so eingerichtet und am Gasmesser angebracht sein, daß es weder den Gang des Gasmessers stören noch die Ablesung des Zählwerks beeinträchtigen kann.

§ 126.

Nasse Gasmesser.

1. Jede zum Zuführen oder Abführen von Flüssigkeit bestimmte Öffnung ist mit einer Vorrichtung zu versehen, durch die nach ordnungsmäßigem Auffüllen des Gasmessers ein gasdichter hydraulischer Abschluß auch dann noch hergestellt wird, wenn im Innern des Gasmessers ein Überdruck von 40 Millimeter und mehr stattfindet.

2. Jeder Gasmesser muß eine Vorrichtung zur Kontrolle des Flüssigkeitsstandes haben. Hiervon kann nur abgesehen werden, wenn durch seine ganze Einrichtung eine Veränderung des Flüssigkeitsspiegels ausgeschlossen erscheint. Die Vorrichtung kann in einer Absperrvorrichtung (Abschlußventil) bestehen, durch die der freie Gasdurchfluß gehemmt wird, sobald der Flüssigkeitsstand gegen den normalen Stand so weit gesunken ist, daß die Angaben des Gasmessers erheblich verfälscht werden würden.

Ist eine Absperrvorrichtung nicht vorhanden, so ist ein äußeres Flüssigkeitsstandrohr anzubringen, das mit den messenden Räumen in sicherer Verbindung steht. Dieses soll den normalen Flüssigkeitsstand durch eine Marke (Zeiger, Visier oder dergleichen) unzweideutig kennzeichnen und den jeweiligen maßgebenden Stand leicht und sicher abzulesen gestatten.

3. Gasmesser mit Absperrvorrichtung müssen, Gasmesser ohne Absperrvorrichtung können mit einer Einrichtung zur selbsttätigen Einstellung des normalen Flüssigkeitsstandes (Überlauf) versehen sein. Überlaufrohre sollen in der Regel wagerecht abgeschnitten sein.

4. Gasmesser, bei denen die Unabhängigkeit der Messungsergebnisse von der Art der Aufstellung nicht durch die Einrichtung selbst gewährleistet wird, sind mit einer ebenen Fläche zum Ausrichten mittels einer Wasserwage oder mit einem geeigneten Lote zu versehen.

5. Die zur Einhaltung des normalen Flüssigkeitsstandes dienenden Teile sind derartig einzurichten und anzubringen, daß sie gegen leicht auszuführende Abänderungen gesichert sind oder durch Stempelung gesichert werden können.

§ 127.

Trockene Gasmesser.

Die Scheidewände der messenden Kammern müssen gasdicht sein. Sie sind aus einem Material herzustellen, das unter der Einwirkung der dem Gase beigemengten fremden Bestandteile, insbesondere der Feuchtigkeit, keine Änderungen erfährt, durch welche die Angaben des Gasmessers um 4 Prozent oder mehr verfälscht werden können.

§ 128.

Bezeichnung.

Auf jedem Gasmesser ist anzugeben:

1. Name und Wohnort des Verfertigers;
2. die laufende Fabriknummer und die Jahreszahl der Anfertigung;
   Die Angaben unter Nr. 1 und 2 müssen auf einem Schilde angebracht sein.
3. der Inhalt des messenden Raumes (J) nach Liter, und zwar mit dem ausgeschriebenen Wort oder mit der Abkürzung l;
4. der größte stündliche Gasverbrauch in Kubikmeter nach der Gasmenge (V), die der Gasmesser in einer Stunde durchlassen soll und zwar mit dem ausgeschriebenen Wort oder der Abkürzung cbm. Daneben ist auch die Angabe nach der Anzahl der Flammen, die der Gasmesser zu speisen bestimmt ist, zulässig, wobei auf eine Flamme ein stündlicher Verbrauch von 150 Liter zu rechnen ist;
5. das Konstruktionssystem, dem der Gasmesser angehört;
6. auf oder an den Zählscheiben die Einheit, nach der sie zählen und zwar mit dem ausgeschriebenen Worte. Die Bezifferung der Scheiben des Zählwerks hat nach Kubikmeter sowie ihren Zehnfachen, Hundertfachen usw. fortzuschreiten.
7. Bei Stationsgasmessern mit abnehmbarem Zählwerk muß auch letzteres die unter Nr. 1 und 2 geforderten Bezeichnungen tragen.
8. Auf Gasmessern mit Wechselzählwerk ist anzugeben „Wechselzählwerk".
9. Das Eingangsrohr ist als solches zu kennzeichnen.
10. Ausgebesserte Gasmesser sind außer mit den obigen Bezeichnungen auf einem besonderen Schilde mit Namen und Wohnort des Fabrikanten, der die Ausbesserung ausgeführt hat, sowie mit der Jahreszahl der Ausbesserung zu versehen.
11. Bei den Angaben von J und V und bei der Angabe der Einheit auf den Zählscheiben dürfen neben den deutschen auch fremdsprachliche Raumgehalts-Bezeichnungen wie mètre cube usw. aufgebracht sein.

§ 129.

Fehlergrenzen.

Die Fehlergrenzen betragen:

1. 2 Hundertstel der Anzeige bei einer dem angegebenen größten stündlichen Verbrauch entsprechenden Durchlaßgeschwindigkeit (normale Geschwindigkeit).
2. Die trockenen Gasmesser müssen diese Fehlergrenze auch bei der Hälfte dieser Durchflußgeschwindigkeit einhalten.

§ 130.

Stempelung.

Die Stempelung erfolgt auf einem Zinntropfen. Zu stempeln sind außer den Schildern, welche die im § 128 unter Nr. 1 bis 5 genannten Bezeichnungen tragen, erforderlichenfalls die Verbindung des Zählwerkes mit dem Gasmesser und die Einrichtung zur selbsttätigen Herstellung des normalen Flüssigkeitsstandes.

Bei Stationsgasmessern mit abnehmbarem Zählwerk ist auch die Verbindung der Hauptwellen des Gasmessers und des Zählwerkes mit dem auf diese aufgesteckten Übertragungsmechanismus durch Stempelung zu sichern.

Das Jahreszeichen ist dem Stempelzeichen beizufügen, das das Schild mit dem Namen des Verfertigers trifft.

IX. Getreideprober.

§ 131.

Zulässige Gattungen.

Zulässig sind nur Getreideprober, bei denen die Qualität des Getreides durch Abwägung abgemessener Körnermengen bestimmt wird, und zwar:

A. Der Viertelliterprober. Das Hohlmaß hat einen Raumgehalt von $^1/_4$ Liter, die Wage eine größte zulässige Last von mindestens 500 Gramm.

B. Der Literprober. Das Hohlmaß hat einen Raumgehalt von 1 Liter, die Wage eine größte zulässige Last von mindestens 2 Kilogramm.

C. Der Zwanzigliterprober. Das Hohlmaß hat einen Raumgehalt von 20 Liter, die Wage eine größte zulässige Last von 50 Kilogramm.

§ 132.

Gestalt und Einrichtung des Viertelliter- und des Literprobers.

1. Die Getreideprober bestehen aus dem Hohlmaß, dem Vorlaufkörper, Füllrohr und Abstreichmesser, der Wage und den Gewichten.

2. Dem Literprober muß außerdem eine Holzplatte mit metallner Säule zum Aufhängen der Wage und eine Vorrichtung zur Befestigung des Maßes

beim Füllen beigegeben sein. Dem Viertelliterprober kann die Platte beigegeben sein (Form für stehenden Gebrauch), oder sie darf auch fehlen (tragbare Form).

3. Das Hohlmaß soll Zylinderform haben, aus gezogenem Messingrohre bestehen und oben mit einem die Wandung ringsum durchsetzenden Schlitz für das Abstreichmesser versehen sein. Sein Maßraum muß unten durch die Oberseite des eingelegten Vorlaufkörpers, oben durch die Ebene des unteren Randes des Schlitzes begrenzt sein. Über dem Schlitze muß sich noch ein Ring von der Höhe des Vorlaufkörpers befinden. Der Schlitz darf nur so breit sein, daß das Abstreichmesser gerade noch leicht hindurchgeht. Der Boden muß mit seinem die Maßwand umfassenden Rande aus einem Stücke bestehen und mit der Maßwand verschraubt und verlötet sein. Er muß so in das Maß eingesetzt sein, daß es hohl steht. Bei den festaufstellbaren Probern müssen Haken aus dem Boden herausgearbeitet sein.

Ferner muß der Boden oder die Maßwand unmittelbar über dem Boden durchlöchert sein.

4. Der Vorlaufkörper besteht aus Messingblech, er hat die Form eines Zylinders mit ebenen, einander gleichgerichteten glatten Stirnflächen. Innen muß er derart versteift sein, daß Stempel auf die Stirnflächen aufgeschlagen werden können, ohne deren Gestalt zu verändern. In dem Maße soll er einen einseitigen Spielraum von 0,5 bis 1 Millimeter haben.

5. Das Füllrohr muß Zylinderform haben und auf dem Maßrand aufsitzen.

6. Das Abstreichmesser muß eben und aus messerhartem Stahl mit Messingfassung hergestellt sein. Die Schneide muß Winkelform haben und so zugeschärft sein, daß ihre Schärfe mit der Mitte der Blechstärke zusammenfällt. Sie soll nach Einführung des Messers in den Schlitz über das Maß hinausreichen.

7. Die Wage der Getreideprober muß allen an Präzisionswagen (§§ 97 ff.) zu stellenden Anforderungen genügen.

Die Gewichtsschale soll einen starren Bügel haben und an die Wage gehängt, dem Maße mit dem Vorlaufkörper das Gleichgewicht halten oder mit ihm durch ein besonderes Taragewicht ins Gleichgewicht gebracht sein. Sie kann bei dem Viertelliterprober in tragbarer Form als gestielte Scheibe ausgeführt sein.

8. Die Gewichte sollen den Anforderungen an Präzisionsgewichte (§§ 74 ff.) genügen.

Bei dem Viertelliterprober sollen sie folgende Größen haben:

100, 50, 20, 20, 10, 5, 2, 2, 1 Gramm, 500 Milligramm.

Bei dem Literprober die folgende Stückelung:

200, 200, 200, 100, 50, 50, 20, 20, 10, 5, 2, 2, 1 Gramm, 500 Milligramm.

Bei der tragbaren Form des Viertelliterprobers können die Gewichte bis einschließlich 10 Gramm abwärts die Form von Scheiben von gleichem Durchmesser wie die Gewichtsschale haben und mit einem Schlitze zum Aufschieben auf diese versehen sein. Die Gewichte von 5 Gramm bis 500 Milligramm können die Form rechteckiger Platten mit einer aufgebogenen Ecke besitzen.

§ 133.

Gestalt und Einrichtung des Zwanzigliterprobers.

1. Der Prober besteht aus dem Hohlmaß, dem Fülltrichter mit Verschlußklappe und Zerstreuer, dem Abstreichmesser, dem Unterbau mit metallner Säule zum Aufhängen der Wage und der Bewegungseinrichtung für Maß, Verschlußklappe und Messer, der Wage und den Gewichten.

2. Das Hohlmaß soll die Form eines Zylinders haben, dessen Höhe ungefähr gleich dem Durchmesser ist. Es soll aus mindestens 2,5 Millimeter starkem Blech wasserdicht angefertigt und am Rande und Boden außen hinreichend verstärkt sein; auch muß es zwei Handgriffe haben. Sein Rand muß eben abgeschliffen sein.

3. Die Bewegungseinrichtung muß derart ausgeführt sein, daß das Maß auf unveränderlicher Bahn leicht und ohne andere Teile merklich zu erschüttern in die für die Füllung und für die Wägung erforderlichen Stellungen gebracht werden kann.

Durch besondere Einrichtungen muß dafür gesorgt sein, daß es beim Füllen stets in die gleiche Stellung kommt und in dieser während der Füllung unveränderlich festgehalten wird. In der Füllstellung muß das Maß senkrecht stehen.

4. Der Fülltrichter soll aus gegossenem Metall hergestellt sein. Er soll die Form eines abgestumpften Kegels von kreisförmigem Querschnitt haben. Am oberen Ende muß er mit einem zylindrischen Rande, am unteren mit einem schwachkonischen Auslaufstutzen versehen sein.

Er muß in unveränderlicher, für die Füllung des Maßes geeigneter Lage und so angebracht sein, daß seine Achse in die Verlängerung der Maßachse fällt. Seine Innenwand muß ohne Vorsprünge und glatt verlaufen. Sein Fassungsraum muß mindestens 24 Liter betragen.

Das untere Ende des Trichters muß mit einer Verschlußklappe versehen sein, die beim Lösen des Verschlusses die Trichteröffnung freigibt.

Die Klappe muß mit einer Hemmvorrichtung verbunden sein, durch die sie sofort nach Freigabe der Trichteröffnung in einer Lage außerhalb des Bereichs des ausfließenden Getreides festgehalten wird.

Die Einrichtung zum Öffnen des Klappenverschlusses muß derart sein, daß sie erst betätigt werden kann, wenn das Maß die Füllstellung eingenommen hat.

Das Schließen der Klappe soll durch eine Vorrichtung, erfolgen. die bei der Bewegung des Abstreichers (Nr. 6) in Wirksamkeit tritt.

Gegen Eingriffe von außen, welche das Öffnen und Verschließen der Trichterklappe in anderer als in der durch die ordnungsmäßige Füllung bedingten Handhabung des Probers herbeiführen könnten, muß die Verschlußeinrichtung des Trichters hinreichend gesichert sein.

5. Der Zerstreuer muß aus hartem, möglichst unveränderlichem Material gefertigt sein und eine regelmäßige, nach unten verbreiterte Form haben. Er muß mit dem Trichter fest verbunden sein und in den Auslaufstutzen hineinragen. Seine Stellung soll derart sein, daß seine Achse mit der Trichterachse zusammenfällt.

6. Die Führung des Abstreichmessers muß mit dem Unterbau in fester Verbindung sein.

Das Messer muß aus messerhartem Stahl hergestellt und so stark sein, daß es bei ordnungsmäßigem Gebrauche keine Formveränderungen erleidet. Seine Bewegung muß so geführt sein, daß es nur wagerecht dicht über der Randebne des in der Füllstellung befindlichen Maßes hin und her bewegt werden kann. Stoßwirkungen gegen das Maß bei Beginn oder während des Abstreichens müssen durch die Ausführung vermieden sein.

Das Abstreichmesser muß selbsttätig mit einer durch Gewichte gespannten Zugvorrichtung aus der Anfangslage in ununterbrochener Bewegung durch das Getreide gezogen werden. In seiner Anfangslage muß es durch eine Sperrvorrichtung festgehalten werden.

7. Die Einrichtung zur Bewegung des Maßes und der Abstreichvorrichtung muß aus Metall hergestellt und auf einer eisernen Grundplatte angebracht sein.

8. Die Wage muß an einer in die Grundplatte eingelassenen Säule aus Gußeisen angebracht und mit einer Abstellvorrichtung versehen sein. Sie soll im allgemeinen den an Präzisionswagen zu stellenden Anforderungen entsprechen.

Die Gewichtsschale soll dem leeren Maße genau das Gleichgewicht halten.

An der Wagensäule muß ein Lot angebracht sein, das mindestens so lang wie der Zeiger der Wage ist.

9. Die Gewichte sollen allen Anforderungen an Handelsgewichte (§§ 74ff.) genügen und folgende Größen haben:

10, 5, 2, 2, 1 Kilogramm, 500, 200, 200, 100, 50, 20, 20, 10, 5 Gramm.

§ 134.

Bezeichnung.

1. Der Raumgehalt der Maße ist nach Liter (§ 57) zu bezeichnen.

2. Abgesehen von dem Wagebalken und den Gewichten müssen alle Teile des Probers mit einer Fabriknummer gekennzeichnet sein, sie dürfen Name und Wohnort des Verfertigers tragen.

14*

§ 135.

Fehlergrenzen.

Die Fehlergrenzen betragen:

1. für die Durchschnittsangabe aus 10 mit Weizen ausgeführten Vergleichungen mit dem Normal
   bei dem Viertelliterprober . . . . . . 0,5 Gramm
   " " Literprober . . . . 1 "

   Außerdem dürfen die einzelnen Vergleichungen von dem Durchschnitt um nicht mehr als die dreifache Fehlergrenze abweichen;

2. für die Durchschnittsangabe aus 6 Vergleichungen mit dem Normal bei dem Zwanzigliterprober
   für Weizen und Roggen . . . . . . 20 Gramm
   " Hafer und Gerste . . . . 40 "

   Außerdem darf eine einzelne Füllung in einer Reihe von 5 aufeinanderfolgenden Füllungen mit jeder Art von dem Durchschnitt höchstens um 20 Gramm abweichen;

3. für das Maß des Zwanzigliterprobers 20 Kubikzentimeter.

§ 136.

Stempelung.

1. Die Stempelung erfolgt mit dem Stempelzeichen für Präzisionsgegenstände auf dem Maße dicht an der oberen Begrenzung des Maßraumes über der Bezeichnung, auf der Fülleinrichtung (bei dem Füllrohr dicht am oberen Rande, bei dem Vorlaufkörper auf einer Stirnseite, bei dem Trichter auf einer Schraube, bei dem Zerstreuer auf einer angehängten Plombe), auf dem Abstreichmesser und auf der Gewichtsschale oder dem Taragewichte.

2. Das Jahreszeichen wird dem Stempelzeichen auf dem Maße und auf dem Zerstreuer beigefügt.

X. Meßwerkzeuge für wissenschaftliche und technische Untersuchungen.

A. Meßwerkzeuge für chemische und physikalische Untersuchungen.

(Chemische und physikalische Meßgeräte).

§ 137.

Zulässige Meßwerkzeuge.

I. Meßwerkzeuge ohne Einteilung mit einer Marke oder mit mehreren Marken.

1. Meßwerkzeuge für eine Maßgröße:

a) Kolben,

b) Zylinder,

c) Vollpipetten
mit Ansaugrohr,
mit Füll- oder Überlaufeinrichtung,

d) Pyknometer, Dichtefläschchen, Dilatometer, Volumenometer und dergleichen.

2. Meßwerkzeuge für zwei und mehr Maßgrößen:

e) Kolben, Zylinder, Vollpipetten.

Die vorstehend unter a bis e bezeichneten Meßwerkzeuge dürfen auch mit mehreren Marken versehen sein.

II. Meßwerkzeuge mit Einteilung.

3. Meßwerkzeuge mit vollständiger Einteilung:

f) Meßgläser (Meßzylinder) mit Fuß,

g) Büretten aller Art, auch mit Überlauf,

h) Meßpipetten,

i) Meßröhren (einschließlich der Schüttelapparate, Wasserstandsrohre und dergleichen),

k) Butyrometer.

4. Meßwerkzeuge mit unvollständiger und mit unterbrochener Einteilung:

Die gleichen Meßwerkzeuge wie unter 3.

III. Andere Meßwerkzeuge.

5. Andere, unter I und II nicht namhaft gemachte Geräte, auch wenn sie den folgenden Bestimmungen nicht entsprechen, können gleichfalls nach Vorlegung bei der Kaiserlichen Normal-Eichungskommission geeicht werden.

§ 138.

Maßeinheit und Raumgehalt.

1. Die Maßeinheit bildet das Liter, das ist der Raum, den die Masse eines Kilogramms reinen Wassers größter Dichte unter dem Drucke einer Atmosphäre einnimmt. Es ist dem Kubikdezimeter an Größe gleichgeachtet.

2. Der Raumgehalt eines Meßwerkzeuges soll seinem Sollwert entsprechen, wenn es selbst eine auf ihm aufgetragene Temperatur, z. B. 0 Grad, 15 Grad, $17^1/_2$ Grad, 18 Grad, 20 Grad C. usw. hat.

3. Der Raumgehalt kann durch eine in das trockene Meßwerkzeug eingefüllte Flüssigkeitsmenge (Meßwerkzeuge auf Einguß) oder durch eine aus ihm ausgeflossene Flüssigkeitsmenge (Meßwerkzeuge auf Ausguß) verkörpert sein; doch sind Meßwerkzeuge, die zugleich auf Einguß und auf Ausguß eingerichtet sind, gleichfalls zulässig.

Für Meßwerkzeuge auf Ausguß gilt nachfolgende Festsetzung:

Meßwerkzeuge mit Mündung neigt man beim Ausgießen allmählich, bis sie sich in möglichst senkrechter Lage befinden. Eine halbe Minute nach Beendigung des zusammenhängenden Ausflusses streicht man die Mündung an dem die Füllung aufnehmenden Gefäß ab.

Meßwerkzeuge mit Ablauf läßt man in senkrechter Stellung auslaufen, und zwar Büretten frei, andere Geräte, indem man die Ablaufspitze mit der Wandung des Aufnahmegefäßes in Berührung hält. Bei Vollpipetten mit einer Marke streicht man eine viertel Minute nach vollständiger Entleerung die Ablaufspitze am Aufnahmegefäß ab. Gleichfalls nach einer viertel Minute erfolgt das Abstreichen der Ablaufspitze bei Vollpipetten mit zwei Marken sowie bei Meßpipetten, bei Büretten nach einer halben Minute. Die Einstellung geschieht während des Abstreichens, die Ablesung entweder gleichzeitig oder unmittelbar darauf.

Ist auf den Meßwerkzeugen eine Wartezeit angegeben, so tritt diese an die Stelle der vorstehend angegebenen Zeiten.

4. Alle Ablesungen und Einstellungen geschehen bei benetzenden durchsichtigen Flüssigkeiten am tiefsten Punkte des Flüssigkeitsmeniskus. Bei nicht benetzenden Flüssigkeiten erfolgen sie am höchsten Punkte des Meniskus, bei undurchsichtigen an dessen Rande. Es ist dann eine Umrechnung auf die Einstellung am tiefsten Punkte erforderlich, falls nicht auf dem Meßwerkzeug die Flüssigkeit angegeben ist, für die es bestimmt ist.

§ 139.

Material.

Zulässig sind nur Glassorten und andere Materialien (Quarz und dergleichen), die gegen chemische und andere Einwirkungen hinreichend widerstandsfähig sind, insbesondere auch keine erhebliche Nachwirkung zeigen. Pyknometer sind aus besonders gutem Material herzustellen.

§ 140.

Allgemeines über Gestalt und Einrichtung.

1. Die Meßwerkzeuge sollen in der Regel kreisförmigen Querschnitt haben, ausnahmsweise sind auch flache (ovale) Querschnitte zulässig.

2. Die Glasflächen müssen einen gleichmäßigen Verlauf haben. Der Übergang engerer in weitere Teile soll regelmäßig und allmählich erfolgen.

3. Aufstellbare Meßwerkzeuge sollen auf wagerechter ebener Unterlage fest und senkrecht stehen; ihr Boden darf mäßig eingezogen und soll nicht zu schwach im Glase sein.

4. Die Marken müssen von dem Beginn einer Ausbauchung oder Einziehung mindestens 5 Millimeter entfernt sein. Sie sollen scharf, ohne Zacken und ununterbrochen verlaufen und dürfen eingefärbt oder mit Email ver-

sehen sein. Sie müssen gleichmäßig verlaufen, in Ebenen liegen, die mit der Achse des Meßwerkzeuges einen rechten Winkel bilden, und sollen bei Geräten mit kreisförmigem Querschnitt mindestens die Hälfte der Glaswand umfassen. Kürzere Marken sind nur zulässig, wenn besondere unveränderliche Vorrichtungen zur Sicherung der eindeutigen Ablesung vorhanden sind, und wenn der Querschnitt flach ist. Die Bezifferung muß deutlich sein, ihre Ausführung darf nicht zu Irrtümern Anlaß geben.

5. Einteilungen sollen gleichmäßig und ohne ersichtliche Fehler ausgeführt sein.

6. Die obere Begrenzung des Raumgehalts kann durch eine rings um das Meßwerkzeug herumlaufende Marke, eine Überlaufspitze, einen Hahn oder einen Stopfen, die untere Begrenzung in gleicher Weise oder durch den Boden des Gefäßes geschehen.

7. Die Mündung der Aus- und Überlaufspitzen ist glatt zu gestalten, sie darf etwas eingezogen und muß bei den Büretten nach Gay-Lussac nach unten schräg abgeschliffen sein.

Stopfen (auch Thermometer, wenn sie als solche dienen) und Hähne müssen flüssigkeitsdicht eingeschliffen sein.

8. Teile, die in das Innere des Maßkörpers hineinreichen oder durch ihre Lage die richtige Füllung bedingen, müssen mit dem Meßwerkzeug fest verbunden (eingeschmolzen und dergleichen) oder in stets gleicher Lage einzusetzen sein.

9. Zwischen zwei Maßgrößen und Einteilungen sowie bei unterbrochener Einteilung dürfen die Meßwerkzeuge ausgebaucht oder eingezogen sein.

10. Die Meßwerkzeuge dürfen auch als Teile eines Apparates ausgeführt sein.

§ 141.

Gestalt und Einrichtung der Meßwerkzeuge ohne Einteilung.

1. Kolben dürfen Raumgehalte bis einschließlich 10, Zylinder bis einschließlich 5 Liter aufwärts haben. Die obere Abgrenzung eines Raumgehalts geschieht durch einen um den Hals oder das Rohr herumlaufenden Strich, die untere durch den Boden des Gefäßes. Die oberste Strichmarke muß vom oberen Ende des Geräts, die unterste vom Beginne der Ausbauchung des Maßkörpers mindestens 20 Millimeter entfernt sein.

Da, wo ein Strich angebracht ist, soll die innere Weite des Halses in der Regel für einen Raumgehalt bei

Kolben

von mehr als		25	50	200	500	1000	1500	2000	3000	4000	5000 ccm
bis einschließlich . . .	25	50	200	500	1000	1500	2000	3000	4000	5000	10000 ccm
nicht mehr betragen als	6	10	12	15	18	20	25	30	35	40	50 mm

Zylindern

von mehr als		50	100	300	600	1000	1500	3000	4000 ccm
bis einschließlich	50	100	300	600	1000	1500	3000	4000	5000 ccm
nicht mehr betragen als	22	30	40	50	60	70	80	90	100 mm

2. Vollpipettten mit Fülleinrichtung dürfen beliebige Maßgrößen von 2 Liter, Vollpipetten ohne Fülleinrichtung beliebige Maßgrößen von 250 Kubikzentimeter abwärts enthalten. Bei Vollpipetten darf der Raumgehalt oben durch die Mündung eines Überlaufrohrs, durch einen herumlaufenden Strich oder durch einen Hahn, unten durch die Mündung des Ablaufrohrs, durch einen um dieses Rohr herumlaufenden Strich oder durch einen Hahn abgeschlossen werden.

Bildet ein Strich die untere Begrenzung des Raumgehalts, so muß er sich bei Vorhandensein eines Ablaßhahns mindestens 10 Millimeter über dem Hahne, sonst mindestens 5 Millimeter über dem Beginn der Verjüngung des Ablaufrohrs befinden. Ist der Raumgehalt oben durch einen Strich abgegrenzt, so muß dieser von dem aufgeblasenen Ende mindestens 10 Millimeter entfernt sein; bei den Vollpipetten mit Ansaugrohr muß er von dessen oberem Ende mindestens einen Abstand von 110 Millimeter haben.

Die innere Weite der Rohre darf bei den Vollpipetten nicht mehr als 6 Millimeter betragen.

Bei Vollpipetten ohne Ablaufhahn und bei solchen mit Ablaufhahn, wenn dieser ganz geöffnet ist, soll die Auslauföffnung eine solche Weite haben, daß die Entleerung von Wasser für einen Raumgehalt

von mehr als		10	50	100	250	500	1000 ccm
bis einschließlich	10	50	100	250	500	1000	2000 ccm
Sekunden dauert	15 bis 20	22 bis 30	32 bis 40	45 bis 60	65 bis 80	90 bis 120	130 bis 180

Bei Kapillarpipetten darf die Auslaufszeit bis zu 60 Sekunden betragen.

3. Pyknometer dürfen beliebige Maßgrößen von 250 Kubikzentimeter abwärts enthalten. Als untere Begrenzung des Raumgehalts gilt der Boden, als obere ein herumlaufender Strich, der sich auf einem vom Maßkörper ausgehenden oder in den Maßkörper eingeschliffenen Rohre befindet. Zulässig ist auch die Abgrenzung durch je einen Strich auf zwei Rohren dieser Art oder durch einen Strich auf einem Rohre und die Mündung eines zweiten Rohres sowie durch den oberen Rand des Gefäßes oder durch einen eingesetzten vollen oder durchbohrten Stopfen oder ein als Stopfen dienendes Thermometer.

4. Zulässig sind Hilfsteilungen. Sie dürfen nach einer Seite oder nach beiden Seiten einer Marke fortschreiten. Bei Pyknometern darf die Bezifferung fehlen. Hilfsteilungen sind auch nach Millimeter und Dezimalteilen von Millimeter sowie nach Kubikmillimeter oder anderen Einheiten (z. B. nach Prozenten) zulässig.

§ 142.

Gestalt und Einrichtung der Meßwerkzeuge mit Einteilung.

1. Einteilungen sind zulässig nach

0,01	0,02	0,05	Kubikzentimeter
0,1	0,2	0,5	"
1	2	5	"
10	20	50	"
100	200	500	"

Auch Prozenteinteilung und Gradeinteilung und entsprechende Bezifferung sind zulässig (z. B. bei Butyrometern), wenn auf dem Geräte der Raum angegeben ist, der der gewählten Einheit entspricht.

2. Der oberste Teilstrich soll vom oberen Ende des Geräts, ein unterster Teilstrich von dem Beginn einer Verjüngung mindestens 20 Millimeter entfernt sein.

Die Bezifferung erfolgt bei Einteilung in

0,01	0,1	1	10	Kubikzentimeter	an	jedem	Zehner-
0,02	0,2	2	20	"	"	"	Fünfer-
0,05	0,5	5	50	"	"	"	Zweier- oder Zehner-
100	200	500		"	"	"	einzelnen Striche.

Auf andere Einteilungen (Prozent, Grad) findet diese Bestimmung sinngemäße Anwendung.

3. Die bezifferten Striche müssen ganz um den Umfang des Meßwerkzeugs gezogen sein. Ferner soll bei Bezifferung jedes Zweier- und jedes Zehnerstriches der Mittelstrich zwischen den beiden bezifferten Strichen etwa über drei Fünftel des Umfanges sich erstrecken. Die übrigen Striche sollen etwa die Hälfte des Umfanges einnehmen. Sind besondere Ablesungseinrichtungen vorhanden, so müssen die kürzesten Striche etwa ein Viertel, die Mittel- und die bezifferten Striche etwa drei Fünftel des Umfanges umfassen.

Bei Geräten mit flachem Querschnitt müssen die längsten Striche sich nahezu über die vordere Fläche, die kürzesten mindestens über die Hälfte dieser Fläche erstrecken.

4. Der Abstand zweier benachbarter Striche darf nicht kleiner sein als 1 Millimeter. Bei Butyrometern darf er bis zu 0,8 Millimeter herabgehen.

5. Meßgläser sind zulässig mit einem Gesamtraumgehalt von 2000 Kubikzentimeter abwärts.

6. Büretten, Meßpipetten, Meßröhren usw. dürfen einen Gesamtraumgehalt von 300 Kubikzentimeter abwärts haben.

Bei Büretten und Meßpipetten soll die Auslauföffnung eine solche Weite haben, daß die Entleerung von Wasser bei einer Länge der Teilung

von mehr als		20	35	50	70 ccm
bis einschließlich	20	35	50	70	100 ccm
Sekunden dauert	25 bis 35	35 bis 45	45 bis 55	55 bis 70	70 bis 90

§ 143.

Bezeichnung.

1. Der Raumgehalt ist auf den Meßwerkzeugen in Liter, in Milliliter oder in Kubikzentimeter zu bezeichnen, und zwar mit dem ausgeschriebenen Worte oder den Abkürzungen l, ml, ccm.

2. Die Bezeichnung des Raumgehalts geschieht bei Meßwerkzeugen ohne Einteilung an jeder eine Maßgröße abgrenzenden Marke. Bei Meßwerkzeugen für nur eine Maßgröße kann sie auf der Mitte des Maßkörpers erfolgen.

3. Auf den Meßwerkzeugen mit Einteilung erfolgt die Bezeichnung des Raumgehalts dadurch, daß der Ziffer der höchstbezifferten Marke die Angabe der Einheit hinzugefügt wird. Desgleichen muß die Einheit bei Hilfsteilungen hinzugefügt sein.

Bei Geräten mit Prozenteinteilung muß der obersten Ziffer das Zeichen %, z. B. 8%, bei solchen mit Gradeinteilung das Zeichen Gr., z. B. 80 Gr., beigefügt sein.

4. Über der obersten Marke oder über oder unter der Inhaltsangabe muß die Temperatur, bei der das Meßwerkzeug seinem Sollinhalt entsprechen soll (§§ 8, 138 Nr. 2), z. B. in der Form 0° C., 15° C., 18° C., 20° C. usw., aufgebracht sein. Daneben muß angegeben sein, ob das Meßwerkzeug auf Einguß oder auf Ausguß eingerichtet ist. Die Angabe erfolgt entweder mit dem vollen Worte: „Einguß", „Ausguß" oder mit den Abkürzungen „Eing.", „E.", „Ausg.", „A.", Neben dieser Bezeichnung ist noch eine andere fremdsprachliche, gleichbedeutende Bezeichnung zulässig. Die zugleich auf Einguß und Ausguß eingerichteten Meßwerkzeuge müssen unter der unteren Marke (auf Einguß) und über der oberen Marke (auf Ausguß) mit den entsprechenden Angaben versehen sein. Eine etwaige Wartezeit soll in der Form 1^{m}, 2^{m} oder 1^{min}, 2^{min} usw. aufgebracht sein.

5. Außerdem darf auf den Meßwerkzeugen eine Geschäftsnummer, Name und Sitz eines Geschäfts und eine Fabrikmarke sowie ein besonderer Name, den das Meßwerkzeug führt, z. B. Nitrometer nach Lunge, angebracht sein, sofern hierdurch weder die Begrenzungs- und Einteilungsmarken noch die Inhaltsbezeichnungen, die Bezifferungen und die sonstigen Angaben gestört werden.

§ 144.

Fehlergrenzen.

Die Fehlergrenzen betragen:

Meßwerkzeuge ohne Einteilung.

1. Meßwerkzeuge für eine Maßgröße.

Kolben auf Einguß

von mehr als bis einschließlich	 10	10 25	25 50	50 100	100 250	250 400	400 600	600 1000	1000 1500	1500 2000	2000 3000	3000 4000	4000 5000	5 000 ccm 10 000 ccm
	0,008	0,015	0,02	0,05	0,08	0,11	0,14	0,18	0,25	0,35	0,5	0,8	1,2	2,0 ccm

bei Kolben auf Ausguß das Doppelte dieser Beträge;

Zylinder auf Einguß

von mehr als		30	50	100	200	400	600	1000	1500	2000	3000	4000 ccm
bis einschließlich	30	50	100	200	400	600	1000	1500	2000	3000	4000	5000 ccm
	0,06	0,10	0,20	0,5	1,0	1,5	2,0	2,5	3,0	4,0	6,0	9,0 ccm

bei Zylindern auf Ausguß das Doppelte dieser Beträge;

Vollpipetten auf Ablauf

von mehr als		2	5	10	20	30	50	100	150 ccm
bis einschließlich	2	5	10	20	30	50	100	150	250 ccm
	0,006	0,01	0,015	0,02	0,025	0,035	0,05	0,07	0,08 ccm

bei Vollpipetten von mehr als 250 Kubikzentimeter soviel wie die Fehlergrenzen für Kolben auf Einguß gleicher Größe; bei Vollpipetten auf Einguß die Hälfte der Fehlergrenzen für Vollpipetten auf Ablauf;

Pyknometer (Dilatometer, Volumenometer usw.)

von mehr als		10	25	50	75	100	150	200 ccm
bis einschließlich	10	25	50	75	100	150	200	250 ccm
	0,003	0,005	0,008	0,010	0,012	0,015	0,020	0,025 ccm

Bei Pyknometern mit eingeschliffenen Teilen dürfen durch verschiedenes Einsetzen dieser Teile keine größeren Abweichungen entstehen, als die den Beobachtungen innewohnende Unsicherheit beträgt.

Auch dürfen diese Meßwerkzeuge nur mit einem die Fehler des Gesamtinhalts und der etwaigen Einteilung enthaltenden Scheine abgegeben werden.

2. Bei den Meßwerkzeugen für eine Maßgröße mit zwei Marken auf Einguß und Ausguß gilt für jeden der beiden Raumgehalte seine besondere, nach den Vorschriften unter Nr. 1 zu bestimmende Fehlergrenze.

3. Bei Meßwerkzeugen für zwei oder mehr Maßgrößen gilt für jede von der unteren Begrenzung (Boden, Ablaufspitze, unterste Marke usw.) ab gerechnete Maßgröße die zugehörige Fehlergrenze. Außerdem darf der Fehler des von zwei aufeinanderfolgenden Marken abgegrenzten Raumgehalts nicht mehr als die Hälfte der für den Raumgehalt bis zur ersten Marke noch zulässigen Fehlergrenze betragen.

Meßwerkzeuge mit Einteilung.

Meßgläser auf Einguß.

von mehr als		5	10	30	50	100	200	400	600	1000	1500 ccm
bis einschließlich	5	10	30	50	100	200	400	600	1000	1500	2000 ccm
	0,02	0,03	0,05	0,08	0,15	0,40	1,0	1,5	2,0	2,5	3,0 ccm

bei Meßgläsern auf Ausguß das Doppelte dieser Beträge;

Büretten, Meßpipetten, Meßröhren, Butyrometer

von mehr als bis einschließlich	2	2 10	10 30	30 50	50 75	75 100	100 150	150 200	200 250	250 ccm 300 ccm
	0,008	0,02	0,03	0,04	0,06	0,08	0,10	0,12	0,14	0,18 ccm

Ferner darf bei allen Meßwerkzeugen mit Einteilung der Fehler des von zwei Marken eingeschlossenen Raumgehalts nicht größer sein als die Hälfte des für den Gesamtraumgehalt zulässigen Fehlers, falls dieser Teilraumgehalt die Hälfte des Gesamtraumgehalts nicht erreicht. Er darf nicht größer sein als der für den Gesamtraumgehalt zulässige Fehler, wenn der Teilraumgehalt mindestens gleich der Hälfte des Gesamtraumgehalts ist.

§ 145.

Stempelung.

1. Die Stempelung erfolgt mit dem Stempelzeichen unter Hinzufügung des Reichsadlers, und zwar bei Meßwerkzeugen ohne Einteilung in der Nähe der Bezeichnung des Gesamtraumgehalts neben, über oder unter ihr, bei den Meßwerkzeugen mit Einteilung an den Begrenzungsmarken. Ferner erhalten alle Begrenzungshähne und Begrenzungsspitzen (Ablaufspitzen, Überlaufspitzen), soweit sie zugänglich sind, ein Stempelzeichen (ohne Adler) möglichst nahe ihrer Mündung. Das Jahreszeichen wird in der Regel einem Stempelzeichen mit dem Reichsadler beigefügt.

2. Die Maßkörper und alle zu einem Meßwerkzeuge gehörenden abnehmbaren Teile, wie Spitzen, Hähne, Stopfen und dergleichen, werden mit einer, und zwar der gleichen Nummer versehen.

3. Zulässig ist, das Meßwerkzeug mit der Bezeichnung (J. C.) — Internationaler Congreß, International Congreß — oder (C. J.) — Congrès International, Congresso Internazionale — zu versehen.

B. Meßwerkzeuge für chemische und physikalische Gasbestimmungen.

§ 146.

Zulässige Meßwerkzeuge.

I. Meßwerkzeuge ohne Einteilung für eine oder für mehrere Maßgrößen:
   a) Gas-Meßkugeln,
   b) Gas-Pipetten,

II. Meßwerkzeuge mit Einteilung
1. Meßwerkzeuge mit Einteilung nach Maßgrößen:
   a) Gas-Meßpipetten,
   b) Gas-Büretten,

c) Gas-Meßröhren (Absorptionsröhren, Eudiometer, Nitrometer und dergleichen).

2. Meßwerkzeuge mit Einteilung nach Längen (Zentimeter, Millimeter usw.):

Druckröhren und dergleichen.

§ 147.

Maßeinheit und Raumgehalt.

1. Hinsichtlich der Maßeinheit und der Temperatur, bei der der Raumgehalt der Meßwerkzeuge seinem Sollwert entsprechen soll, gelten die Vorschriften des § 138 Nr. 1 und 2.

2. Der Raumgehalt der Meßwerkzeuge wird abgegrenzt durch eine Absperrflüssigkeit. Als Absperrflüssigkeiten gelten in der Regel Quecksilber oder Wasser, jedoch sind auch andere Absperrflüssigkeiten zulässig.

3. Als Grenze der Absperrflüssigkeit gilt deren Meniskus, und zwar bei Quecksilber seine höchste Stelle, bei durchsichtigen benetzenden Flüssigkeiten seine tiefste Stelle, bei undurchsichtigen benetzenden Flüssigkeiten sein Rand.

4. Der Raumgehalt der Geräte mit benetzender Absperrflüssigkeit soll seinem Sollwert nach beendetem Nachlauf der Flüssigkeit entsprechen.

§ 148.

Gestalt, Einrichtung und Bezeichnung.

1. Die Meßwerkzeuge für chemische und physikalische Untersuchungen haben den Vorschriften im § 140 Nr. 1 bis 5 und Nr. 7 bis 10 und im § 143 zu entsprechen.

2. Zulässig ist es, bei den Meßwerkzeugen ohne Einteilung mehrere Kugeln oder Pipetten miteinander zu einem Geräte zu verbinden, und zwar beliebig für eine Maßgröße oder für mehrere Maßgrößen.

3. Bei den Meßwerkzeugen mit Einteilung nach Maßgrößen sind auch Einteilungen nach anderen Einheiten als der Raumeinheit zulässig, z. B. nach Prozenten des Gesamtinhalts, wenn auf dem Meßwerkzeuge das Verhältnis zum Liter oder Milliliter angegeben ist.

Die Einteilung kann beliebig fortlaufend, sie kann auch unterbrochen oder unvollständig sein.

4. Auf dem Gerät ist die Sperrflüssigkeit anzugeben, für welche es bestimmt ist, wobei auch übliche Abkürzungen benutzt werden dürfen (z. B. Wasser H_2O, Quecksilber, Hg benetzt, Hg trocken). Die Angabe unterbleibt bei Geräten mit Längeneinteilung.

§ 149.

Fehlergrenzen.

1. Als Fehlergrenzen gelten diejenigen, welche im § 144 für Meßwerkzeuge für chemische und physikalische Untersuchungen entsprechender Art festgestellt sind, wobei Meßkugeln wie Kolben zu behandeln sind.

2. Für geteilte Meßwerkzeuge, deren Einrichtung von derjenigen entsprechender Meßwerkzeuge für chemische und physikalische Untersuchungen abweicht, gilt als Fehlergrenze für jeden Teilabschnitt wie für den Gesamtinhalt der Sollwert eines Abschnitts von 1 Millimeter Länge. Liegen die Grenzmarken eines Abschnitts in Teilen mit verschiedenem Durchmesser, so ist dieser Sollwert für die Stelle mit dem größeren Durchmesser anzusetzen.

3. Meßwerkzeuge mit Längeneinteilung sollen ohne ersichtliche Einteilungsfehler sein, dürfen jedoch nur mit einem Schein, der die in der Prüfung ermittelten Fehlerangaben enthält, abgegeben werden.

§ 150.

Stempelung.

Die Stempelung geschieht wie bei den Meßwerkzeugen für chemische und physikalische Untersuchungen (§ 145).

Inkrafttreten.

§ 151.

Vorstehende Eichordnung tritt gleichzeitig mit der Maß- und Gewichtsordnung vom 30. Mai 1908 in Kraft.

Berlin, den 8. November 1911.

Kaiserliche Normal-Eichungskommission.
Robolski.

Anlage 10.

Bekanntmachung, betreffend die abgekürzten Maß- und Gewichtsbezeichnungen.

Vom 17. Januar 1912.

(Zentralblatt für das Deutsche Reich 1912 S. 17.)

Aus Anlaß des am 1. April 1912 erfolgenden Inkrafttretens der Maß- und Gewichtsordnung vom 30. Mai 1908 (R.G.Bl. S. 349) hat der Bundesrat in seiner Sitzung vom 14. Dezember 1911 — § 1107 der Protokolle — beschlossen:

Die Bundesregierungen werden ersucht, anzuordnen, daß im amtlichen Verkehr und bei dem Unterricht in den öffentlichen Lehranstalten die in der nachfolgenden Zusammenstellung aufgeführten abgekürzten Bezeichnungen der Maße und Gewichte in Anwendung gebracht werden.

Berlin, den 17. Januar 1912.

Der Reichskanzler.
In Vertretung: Delbrück.

Zusammenstellung der abgekürzten Maß- und Gewichtsbezeichnungen.

1. Längenmaße:

Kilometer	km
Meter	m
Dezimeter	dm
Zentimeter	cm
Millimeter	mm

2. Flächenmaße:

Quadratkilometer	qkm oder km²
Hektar	ha
Ar	a
Quadratmeter	qm oder m²
Quadratdezimeter	qdm oder dm²
Quadratzentimeter	qcm oder cm²
Quadratmillimeter	qmm oder mm²

3. Körpermaße:

Kubikmeter	cbm oder m³
Kubikdezimeter	cdm oder dm³
Kubikzentimeter	ccm oder cm³
Kubikmillimeter	cmm oder mm³
Liter	l
Milliliter	ml

4. Gewichte:

Tonne	t
Doppelzentner	dz
Kilogramm	kg
Hektogramm	hg
Gramm	g
Milligramm	mg

Anlage 11.

Maß- und Gewichtsordnung für den Norddeutschen Bund

vom 17. August 1868 (B.G.Bl. S. 473) mit den ergänzenden und abändernden Gesetzen vom 10. März 1870 (R.G.Bl. S. 46), 7. Dezember 1873 (R.G.Bl. S. 377), 11. Juli 1884 (R.G.Bl. S. 115) und 26. April 1893 (R.G.Bl. S. 151).

Artikel 1.

Die Grundlage des Maßes und Gewichtes ist das Meter oder der Stab, mit dezimaler Teilung und Vervielfachung —

abgeändert durch das Gesetz vom 11. Juli 1884 (R.G.Bl. S. 115) in: Die Grundlage des Maßes und Gewichtes ist das Meter.

Das Meter ist die Einheit des Längenmaßes. Aus demselben werden die Einheiten des Flächenmaßes und des Körpermaßes — Qudratmeter und Kubikmeter — gebildet.

Das Gewicht des in einem Würfel von einem Zehntel des Meter Seitenlänge enthaltenen destillierten Wassers im luftleeren Raume und bei der Temperatur von +4 Grad des hundertteiligen Thermometers bildet die Einheit des Gewichtes und heißt das Kilogramm —

nochmals abgeändert durch das Gesetz vom 26. April 1893 (R.G.Bl. S. 151) in:

Das Meter und das Kilogramm sind die Grundlagen des Maßes und des Gewichtes.

Das Meter ist die Einheit des Längenmaßes. Es wird dargestellt durch den bei der Temperatur des schmelzenden Eises gemessenen Abstand der Endstriche auf demjenigen Maßstab, welcher von der Internationalen Generalkonferenz für Maß und Gewicht als internationales Prototyp des Meter anerkannt worden und bei dem Internationalen Maß- und Gewichtsbureau niedergelegt ist.

Das Kilogramm ist die Einheit des Gewichtes. Es wird dargestellt durch die Masse desjenigen Gewichtsstückes, welches durch die Internationale Generalkonferenz für Maß und Gewicht als internationales Prototyp des Kilogramm anerkannt worden und bei dem Internationalen Maß- und Gewichtsbureau niedergelegt ist.

Artikel 2.

Als Urmaß gilt derjenige Platinstab, welcher im Besitze der Königlich Preußischen Regierung sich befindet, im Jahre 1863 durch eine von dieser und der Kaiserlich Französischen Regierung bestellte Kommission mit dem in dem Kaiserlichen Archive zu Paris aufbewahrten Mètre des Archives verglichen und bei der Temperatur des schmelzenden Eises gleich 1,000 003 01 Meter befunden worden ist —

abgeändert durch Gesetz vom 26. April 1893 (R.G.Bl. S. 151) in:

Als Urmaß gilt derjenige von dem Prototyp des Meter (Artikel 1 Absatz 2) abgeleitete Maßstab aus Platiniridium, welcher durch die Internationale Generalkonferenz für Maß und Gewicht dem Deutschen Reich als nationales Prototyp überwiesen worden ist. Derselbe wird von der Normaleichungskommission aufbewahrt.

Artikel 3.

Es gelten folgende Maße:

A. Längenmaße.

Die Einheit bildet das Meter oder der Stab.

Der hundertste Teil des Meters heißt das Zentimeter oder der Neuzoll.

Der tausendste Teil des Meters heißt das Millimeter oder der Strich.
Zehn Meter heißen das Dekameter oder die Kette.
Tausend Meter heißen das Kilometer.

B. Flächenmaße.

Die Einheit bildet das Quadratmeter oder der Quadratstab.
Hundert Quadratmeter heißen das Ar.
Zehntausend Quadratmeter heißen das Hektar.

C. Körpermaße.

Die Grundlage bildet das Kubikmeter oder der Kubikstab.
Die Einheit ist der tausendste Teil des Kubikmeters und heißt das Liter oder die Kanne.
Das halbe Liter heißt der Schoppen.
Hundert Liter oder der zehnte Teil des Kubikmeters heißt das Hektoliter oder das Faß.
Fünfzig Liter sind ein Scheffel —

abgeändert durch das Gesetz vom 11. Juli 1884 (R.G.Bl. S. 115) in:

Es gelten außer den in Artikel 1 aufgeführten Namen der Maßeinheiten zur Bezeichnung von Teilen und Vielfachen derselben folgende Namen:

A. Längenmaße.

Der tausendste Teil des Meter heißt das Millimeter.
Der hundertste Teil des Meter heißt das Zentimeter.
Tausend Meter heißen das Kilometer.

B. Flächenmaße.

Hundert Quadratmeter heißen das Ar.
Zehntausend Quadratmeter oder hundert Ar heißen das Hektar.

C. Körpermaße.

Der tausendste Teil des Kubikmeter heißt das Liter.
Der zehnte Teil des Kubikmeter oder hundert Liter heißen das Hektoliter.

Zulässig ist auch die Bezeichnung von Flächen oder Räumen durch die Quadrate oder Würfel des Zentimeter und des Millimeter —

nochmals abgeändert durch das Gesetz vom 26. April 1893 (R.G.Bl. S. 151) in:

Aus dem Meter werden die Einheiten des Flächenmaßes und des Körpermaßes — Quadratmeter und Kubikmeter — gebildet. Für die Teile und für die Vielfachen dieser Maßeinheiten gelten folgende Bezeichnungen:

A. Längenmaße.
ungeändert.

B. Flächenmaße.
ungeändert.

C. Körpermaße.

Dem tausendsten Teil des Kubikmeter wird der von einem Kilogramm reinen Wassers im Zustande seiner größten Dichtigkeit unter dem absoluten Druck einer Atmosphäre eingenommene Raum gleichgeachtet. Derselbe heißt das Liter.

Der zehnte Teil des Kubikmeter oder hundert Liter heißen das Hektoliter.

Zulässig ist die Bezeichung von Flächen oder Räumen durch die Quadrate oder Würfel des Zentimeter und des Millimeter.

Artikel 4.

Als Entfernungsmaß dient die Meile von 7500 Meter —
aufgehoben durch Gesetz vom 7. Dezember 1873 (R.G.Bl. S. 377).

Artikel 5.

Als Urgewicht gilt das im Besitze der Königlich Preußischen Regierung befindliche Platinkilogramm, welches mit Nr. 1 bezeichnet, im Jahre 1860 durch eine von der Königlich Preußischen und der Kaiserlich Französischen Regierung niedergesetzte Kommission mit dem in dem Kaiserlichen Archive zu Paris aufbewahrten Kilogramme prototype verglichen und gleich 0,999 999 842 Kilogramm befunden worden ist —

abgeändert durch Gesetz vom 26. April 1893 (R.G.Bl. S. 151) in:

Als Urgewicht gilt dasjenige von dem Prototyp des Kilogramm (Artikel 1 Absatz 3) abgeleitete Gewichtsstück aus Platiniridium, welches durch die Internationale Generalkonferenz für Maß und Gewicht dem Deutschen Reich als nationales Prototyp überwiesen worden ist. Dasselbe wird von der Normal-Eichungskommission aufbewahrt.

Artikel 6.

Die Einheit des Gewichtes bildet das Kilogramm (gleich zwei Pfund). Es ist das Gewicht eines Liters destillierten Wassers bei +4 Grad des hundertteiligen Thermometers.

Das Kilogramm wird in 1000 Gramm geteilt mit dezimalen Unterabteilungen.

Zehn Gramm heißen das Dekagramm oder das Neulot.

Der zehnte Teil eines Gramms heißt das Dezigramm, der hundertste das Zentigramm, der tausendste das Milligramm.

Ein halbes Kilogramm heißt das Pfund.

50 Kilogramm oder 100 Pfund heißen der Zentner.

1000 Kilogramm oder 2000 Pfund heißen die Tonne —

abgeändert durch das Gesetz vom 11. Juli 1884 (R.G.Bl. S. 115) in:

Es gelten für Teile und Vielfache der im Artikel 1 genannten Gewichtseinheit folgende Namen:

Der tausendste Teil des Kilogramm heißt das Gramm.

Der tausendste Teil des Gramm heißt das Milligramm.

Tausend Kilogramm heißen die Tonne.

Artikel 7.

Ein von diesem Gewichte (Artikel 6) abweichendes Medizinalgewicht findet nicht statt.

Artikel 8.

In betreff des Münzgewichts verbleibt es bei den im Artikel 1 des Münzvertrages vom 24. Januar 1857 gegebenen Bestimmungen —

erledigt durch Gesetz vom 4. Dezember 1871 (R.G.Bl. S. 404) —

aufgehoben durch Artikel VI des Gesetzes vom 1. Juni 1900 (R.G.Bl. S. 250).

Artikel 9.

Nach beglaubigten Kopien des Urmaßes (Artikel 2) und des Urgewichts (Artikel 5) werden die Normalmaße und Normalgewichte hergestellt und richtig erhalten.

Artikel 10.

Zum Zumessen und Zuwägen im öffentlichen Verkehr dürfen nur in Gemäßheit dieser Maß- und Gewichtsordnung gehörig gestempelte Maße, Gewichte und Wagen angewendet werden.

Der Gebrauch unrichtiger Maße, Gewichte und Wagen ist untersagt, auch wenn dieselben im übrigen den Bestimmungen dieser Maß- und Gewichtsordnung entsprechen. Die näheren Bestimmungen über die äußersten Grenzen der im öffentlichen Verkehr noch zu duldenden Abweichungen von der absoluten Richtigkeit erfolgen nach Vernehmung der im Artikel 18 bezeichneten technischen Behörde durch den Bundesrat.

Artikel 11.

Bei dem Verkaufe weingeistiger Flüssigkeiten nach Stärkegraden dürfen zur Ermittelung des Alkoholgehaltes nur gehörig gestempelte Alkoholometer und Thermometer angewendet werden.

Artikel 12.

Der in Fässern zum Verkauf kommende Wein darf dem Käufer nur in solchen Fässern, auf welchen die den Raumgehalt bildende Zahl der Liter durch Stempelung beglaubigt ist, überliefert werden.

Eine Ausnahme hiervon findet nur bezüglich desjenigen ausländischen Weines statt, welcher in den Originalgebinden weiter verkauft wird.

Artikel 13.

Gasmesser, nach welchen die Vergütung für den Verbrauch von Leuchtgas bestimmt wird, sollen gehörig gestempelt sein.

Artikel 14.

Zur Eichung und Stempelung sind nur diejenigen Maße und Gewichte zuzulassen, welche den in Artikel 3 und 6 dieser Maß- und Gewichtsordnung benannten Größen, oder ihrer Hälfte, sowie ihrem Zwei-, Fünf-, Zehn- und Zwanzigfachen entsprechen. Zulässig ist ferner die Eichung und Stempelung des Viertelhektoliter, sowie fortgesetzter Halbierungen des Liter —

abgeändert durch Gesetz vom 11. Juli 1884 (R.G.Bl. S. 115) in:

Zur Eichung und Stempelung sind zuzulassen:

diejenigen Längenmaße, welche dem Meter oder seinen ganzen Vielfachen, oder seiner Hälfte, seinem fünften oder seinem zehnten Teile entsprechen;

diejenigen Körpermaße, welche dem Kubikmeter, dem Hektoliter, dem halben Hektoliter oder den ganzen Vielfachen dieser Maßgrößen, oder dem Liter, seinem Zwei-, Fünf-, Zehn- oder Zwanzigfachen, oder seiner Hälfte, seinem fünften, zehnten, zwanzigsten, fünfzigsten oder hundertsten Teile entsprechen;

diejenigen Gewichte, welche dem Kilogramm, dem Gramm oder dem Milligramm oder dem Zwei-, Fünf-, Zehn-, Zwanzig- oder Fünfzigfachen dieser Größen, oder der Hälfte, dem fünften oder dem zehnten Teile des Kilogramm oder des Gramm entsprechen.

Zulässig ist ferner die Eichung und Stempelung des Viertelhektoliter, sowie des Viertelliter.

Artikel 15.

Das Geschäft der Eichung und Stempelung wird ausschließlich durch Eichungsämter ausgeübt, deren Personal von der Obrigkeit bestellt wird. Diese Ämter werden mit den erforderlichen, nach den Normalmaßen und Gewichten (Artikel 9) hergestellten Eichungsnormalen bezw. mit den erforderlichen Normalapparaten versehen. Die für die Eichung und Stempelung zu erhebenden Gebühren werden durch eine allgemeine Taxe geregelt (Artikel 18).

Artikel 16.

Die Errichtung der Eichungsämter (Artikel 15) steht den Bundesregierungen zu und erfolgt nach den Landesgesetzen. Dieselben können auf einen einzelnen Zweig des Eichungsgeschäfts beschränkt sein, oder mehrere Zweige desselben umfassen.

Artikel 17.

Die Bundesregierungen haben, jede für sich oder mehrere gemeinschaftlich, zum Zweck der Aufsicht über die Geschäftsführung und die ordnungsmäßige Unterhaltung der Eichungsämter die erforderlichen Anordnungen zu treffen. In gleicher Weise liegt ihnen die Fürsorge für eine periodisch wiederkehrende Vergleichung der im Gebrauche der Eichungsämter befindlichen Eichungsnormale (Artikel 15) mit den Normalmaßen und Gewichten ob.

Artikel 18.

Es wird eine Normaleichungskommission vom Bunde bestellt und unterhalten. Dieselbe hat ihren Sitz in Berlin.

Die Normaleichungskommission hat darüber zu wachen, daß im gesamten Bundesgebiete das Eichungswesen nach übereinstimmenden Regeln und dem Interesse des Verkehrs entsprechend gehandhabt werde. Ihr liegt die Anfertigung und Verabfolgung der Normale (Artikel 9), soweit nötig auch der Eichungsnormale (Artikel 15) an die Eichungsstellen des Bundes ob, und ist sie daher mit den für ihren Geschäftsbetrieb nötigen Instrumenten und Apparaten auszurüsten.

Die Normaleichungskommission hat die näheren Vorschriften über Material, Gestalt, Bezeichnung und sonstige Beschaffenheit der Maße und Gewichte, ferner über die von seiten der Eichungsstellen innezuhaltenden Fehlergrenzen zu erlassen. Sie bestimmt, welche Arten von Wagen im öffentlichen Verkehr oder nur zu besonderen gewerblichen Zwecken angewendet werden dürfen und setzt die Bedingungen ihrer Stempelfähigkeit fest. Sie hat ferner das Erforderliche über die Einrichtung der sonst in dieser Maß- und Gewichtsordnung aufgestellten Meßwerkzeuge vorzuschreiben, sowie über die Zulassung anderweiter Gerätschaften zur Eichung und Stempelung zu entscheiden. Der Normaleichungskommission liegt es ob, das bei der Eichung und Stempelung zu beobachtende Verfahren und die Taxen für die von den Eichungsstellen zu erhebenden Gebühren (Artikel 15) festzusetzen und überhaupt alle die technische Seite des Eichungswesens betreffenden Gegenstände zu regeln.

Artikel 19.

Sämtliche Eichungsstellen des Bundesgebietes haben sich, neben dem jeder Stelle eigentümlichen Zeichen, eines übereinstimmenden Stempelzeichens zur Beglaubigung der von ihnen geeichten Gegenstände zu bedienen.

Diese Stempelzeichen werden von der Normaleichungskommission bestimmt.

Artikel 20.

Maße, Gewichte und Meßwerkzeuge, welche von einer Eichungsstelle des Bundesgebiets geeicht und mit dem vorschriftsmäßigen Stempelzeichen beglaubigt sind, dürfen im ganzen Umfange des Bundesgebiets im öffentlichen Verkehr angewendet werden.

Artikel 21.

Diese Maß- und Gewichtsordnung tritt mit dem 1. Januar 1872 in Kraft. Die Landesregierungen haben die Verhältniszahlen für die Umrechnung der bisherigen Landesmaße und Gewichte in die neuen festzustellen und bekannt zu machen, und sonst alle Anordnungen zu treffen, welche, außer den nach Artikel 18 der technischen Bundeszentralbehörde vorbehaltenen Vorschriften, zur Sicherung der Ein- und Durchführung der in dieser Maß- und Gewichtsordnung namentlich in Artikel 10, 11, 12 und 13 enthaltenen Bestimmungen erforderlich sind.

Artikel 22.

Die Anwendung der dieser Maß- und Gewichtsordnung entsprechenden Maße und Gewichte ist bereits vom 1. Januar 1870 an gestattet, insofern die Beteiligten hierüber einig sind.

Artikel 23.

Die Normaleichungskommission (Artikel 18) tritt alsbald nach Verkündigung der Maß- und Gewichtsordnung in Tätigkeit, um die Eichungsbehörden bis zu dem im Artikel 22 angegebenen Zeitpunkt zur Eichung und Stempelung der ihnen vorgelegten Maße und Gewichte in den Stand zu setzen.

Anlage 12.

Internationale Meterkonvention.

Vom 20. Mai 1875.

(R.G.Bl. 1876 S. 191.)

Artikel 1. Die hohen vertragschließenden Teile kommen überein, unter dem Namen: „Internationales Maß- und Gewichtsbureau“ ein wissenschaftliches und permanentes Institut, mit dem Sitze in Paris, auf gemeinschaftliche Kosten zu gründen und zu unterhalten.

Artikel 2. Die französische Regierung wird die nötigen Maßregeln treffen, um die Erwerbung oder betreffenden Falles die Erbauung eines speziell diesem Zwecke dienenden Gebäudes, entsprechend den Bedingungen, welche in dem, dem gegenwärtigen Vertrage beigefügten Reglement enthalten sind, zu erleichtern.

Artikel 3. Das internationale Bureau wird unter der ausschließlichen Leitung und Aufsicht eines internationalen Komitees für Maß und Gewicht stehen, welches seinerseits unter die Autorität einer aus Delegierten aller vertragschließenden Regierungen zusammengesetzten Generalkonferenz für Maß und Gewicht gestellt ist.

Artikel 4. Der Vorsitz in der Generalkonferenz für Maß und Gewicht wird dem jeweiligen Präsidenten der Pariser Akademie der Wissenschaften übertragen.

Artikel 5. Die Organisation des Bureaus, sowie die Zusammensetzung und die Befugnisse des internationalen Komitees und der Generalkonferenz für Maß und Gewicht werden durch das dem gegenwärtigen Vertrage beigefügte Reglement bestimmt.

Artikel 6. Dem internationalen Bureau für Maß und Gewicht liegen ob:

1. sämtliche Vergleichungen und Beglaubigungen der neuen Prototype des Meter und des Kilogramm;
2. die Aufbewahrung der internationalen Prototype;
3. die periodisch wiederkehrenden Vergleichungen der nationalen Prototype mit den internationalen Prototypen und mit den zur Kontrolle der letzteren dienenden sogenannten Témoins, sowie die periodischen Prüfungen der (bei diesen Vergleichungen benutzten) Normalthermometer.
4. die Vergleichung der neuen Prototype mit den fundamentalen in den verschiedenen Ländern und in der Wissenschaft angewandten nichtmetrischen Maß- und Gewichtseinheiten;
5. die Bestimmung und Vergleichung der geodätischen Meßstangen;
6. die Vergleichung der Prototype und aller Maß- und Gewichtsabstufungen von hohem Präzisionscharakter, welche, sei es von Regierungen, sei es von wissenschaftlichen Gesellschaften, sei es auch von einzelnen Gelehrten und Mechanikern, dem internationalen Bureau zur Beglaubigung übersandt werden.

Artikel 7. Das Personal des Bureaus besteht aus einem Direktor, zwei Adjunkten und der nötigen Anzahl von Beamten.

Von dem Zeitpunkte an, wo die Vergleichungen der neuen Prototype ausgeführt und dieselben unter die verschiedenen Staaten verteilt sind, wird das Personal des Bureaus in zweckentsprechender Weise reduziert werden.

Die Ernennung der Beamten des Bureaus werden von dem internationalen Komitee den Regierungen der hohen vertragschließenden Teile zur Kenntnis gebracht werden.

Artikel 8. Die internationalen Prototype des Meter und des Kilogramm ebenso wie die dazu gehörigen Témoins werden in dem Bureau aufbewahrt bleiben. Der Zutritt zu denselben bleibt ausschließlich dem internationalen Komitee vorbehalten.

Artikel 9. Sämtliche Herstellungs- und Einrichtungskosten des internationalen Maß- und Gewichtsbureaus, sowie die jährlichen Unterhaltungskosten des Bureaus und des internationalen Komitees werden durch Beiträge der vertragschließenden Staaten aufgebracht, welche nach einer auf deren gegenwärtige Bevölkerungszahl sich gründenden Skala zu berechnen sind.

Artikel 10. Die Beiträge jedes einzelnen der vertragschließenden Staaten werden zu Anfang jedes Jahres durch Vermittelung des französischen Ministeriums der auswärtigen Angelegenheiten an die „Caisse des dépôts et consignations" in Paris abgeführt, aus welcher je nach Bedürfnis die Zahlungen auf Anweisung des Direktors des Bureaus geleistet werden.

Artikel 11. Diejenigen Regierungen, welche von dem, sämtlichen Staaten vorbehaltenen Rechte, dem gegenwärtigen Vertrage beizutreten, später Gebrauch machen, sind gehalten, einen Beitrag zu leisten, dessen Höhe von dem internationalen Komitee auf Grundlage des Artikels 9 festgestellt und welcher zur Vermehrung und Verbesserung der wissenschaftlichen Hilfsmittel des Bureaus verwendet werden soll.

Artikel 12. Die hohen vertragschließenden Teile behalten sich vor, an dem gegenwärtigen Vertrage nach gemeinschaftlichem Übereinkommen alle die Veränderungen vorzunehmen, die sich durch die Erfahrung als zweckmäßig erweisen sollten.

Artikel 13. Nach Verlauf von 12 Jahren kann der gegenwärtige Vertrag von dem einen oder anderen der hohen vertragschließenden Teile gekündigt werden. Diejenige Regierung, welche von diesem Kündigungsrecht für sich Gebrauch zu machen gedenkt, ist gehalten, ihre Absicht ein Jahr vorher zu erklären, und es verzichtet dieselbe dadurch auf alle Eigentumsrechte an den internationalen Prototypen und an dem Bureau.

Artikel 14. Der gegenwärtige Vertrag wird nach Maßgabe der in jedem Staate bestehenden konstitutionellen Gesetze ratifiziert werden, und es sollen die Ratifikationen in der Zeit von sechs Monaten oder womöglich früher in Paris ausgewechselt werden. Der Vertrag tritt mit dem 1. Januar 1876 in Kraft.

Reglement.

Artikel 1. Das internationale Maß- und Gewichtsbureau wird in einem besonderen Gebäude untergebracht, welches alle nötigen Garantien der Ruhe und Festigkeit bietet.

Außer dem zur Aufbewahrung der Prototype geeigneten Lokale soll dieses Gebäude Säle zur Aufstellung von Komparatoren und Wagen, ein Laboratorium, eine Bibliothek, einen Archivsaal, Arbeitszimmer für die Beamten und Wohnungen für das Aufsichts- und Dienstpersonal enthalten.

Artikel 2. Das internationale Komitee ist mit der Erwerbung und Einrichtung dieses Gebäudes, sowie mit der Organisation der Arbeiten, für welche dasselbe bestimmt ist, betraut.

Artikel 3. Die französische Regierung wird auf Verlangen des internationalen Komitees die nötigen Maßregeln treffen, um dem internationalen Bureau die Privilegien einer gemeinnützigen Anstalt verleihen zu lassen.

Artikel 4. Das internationale Komitee wird für die Herstellung der nötigen Instrumente Sorge tragen, als da sind: Komparatoren zur Vergleichung von End- und Strichmaßen, Instrumente zur Bestimmung der absoluten Ausdehnung, Wagen für Gewichtsbestimmungen in der Luft und im leeren Raume, Komparatoren zur Vergleichung der geodätischen Meßstangen usw.

Artikel 5. Die Kosten für die Erwerbung oder die Herstellung des Gebäudes und die Ausgaben für die Aufstellung beziehungsweise für die Beschaffung der Instrumente und Apparate dürfen zusammen die Summe von 400 000 Franken nicht übersteigen.

Artikel 6*). Das jährliche Ausgabebudget ist folgendermaßen festgestellt:

A) Für die erste Periode während der Herstellung und Vergleichung der neuen Prototype:

	Franken
a) Gehalt des Direktors	15 000
„ zweier Adjunkten à 6 000 Franken	12 000
„ für 4 Assistenten à 3 000 Franken	12 000
„ für einen Mechaniker und Hauswart	3 000
Lohn für 2 Bureaudiener à 1 500 Franken	3 000
Summe der Gehälter	45 000
b) Entschädigungen für Gelehrte und Mechaniker, welche auf Verlangen des Komitees mit speziellen Arbeiten betraut werden, Unterhalt des Gebäudes, Ankauf und Reparatur von Apparaten, Heizung, Beleuchtung und Bureaukosten	24 000
c) Entschädigung für den Sekretär des internationalen Maß- und Gewichtskomitees	6 000
Gesamtsumme	75 000

Das Jahresbudget des Bureaus kann nach Bedarf auf Vorschlag des Direktors von dem internationalen Komitee abgeändert werden, jedoch ohne die Summe von 100 000 Franken übersteigen zu dürfen.

Jede Abänderung, welche das Komitee innerhalb dieser Grenzen in dem durch vorstehendes Reglement aufgestellten Jahresbudget einführen zu müssen glaubt, wird zur Kenntnis der vertragschließenden Regierungen gebracht werden.

Das Komitee kann den Direktor auf sein Verlangen ermächtigen, innerhalb des ihm zustehenden Budgets Übertragungen von einer Position auf die andere vorzunehmen.

B. Für die nach Verteilung der Prototype eintretende Periode:

	Franken
a) Gehalt des Direktors	15 000
„ eines Adjunkten	6 000
„ für einen Mechaniker und Hauswart	3 000
Lohn für einen Bureaudiener	1 500
Summe	25 500
b) Bureaukosten	18 500
c) Entschädigung für den Sekretär des internationalen Komitees	6 000
Gesamtsumme	50 000

*) Artikel 6 ist durch Beschluß der 4. Generalkonferenz abgeändert worden, siehe die neue Fassung am Schluß der Anlage.

Artikel 7. Die im Artikel 3 des Vertrages erwähnte Generalkonferenz wird sich wenigstens einmal alle 6 Jahre auf eine von seiten des internationalen Komitees zu erlassende Einladung in Paris versammeln.

Sie hat zur Aufgabe, die für Verbreitung und Vervollkommnung des metrischen Systems dienlichen Maßnahmen zu diskutieren und anzuregen, sowie die neuen Fundamentalbestimmungen für Maß- und Gewicht, welche etwa in dem Zeitraum zwischen ihren Zusammenkünften ausgeführt sein sollten, zu sanktionieren. Sie nimmt den Bericht des internationalen Komitees über die ausgeführten Arbeiten entgegen und erneuert im Wege geheimer Abstimmung das internationale Komitee zur Hälfte.

Die Abstimmungen im Schoße der Generalkonferenz geschehen nach Staaten; jeder Staat hat eine Stimme.

Die Mitglieder des internationalen Komitees sind berechtigt an den Sitzungen der Generalkonferenz teilzunehmen. Sie können zugleich Delegierte ihrer Regierungen sein.

Artikel 8. Das im Artikel 3 des Vertrages erwähnte internationale Komitee besteht aus 14 Mitgliedern, die alle verschiedenen Staaten angehören müssen.

Für das erste Mal wird das Komitee zusammengesetzt sein aus den 12 Mitgliedern des früheren permanenten Komitees der internationalen Kommission von 1872 und aus denjenigen beiden Delegierten, welche bei der Ernennung des gedachten Komitees die nächstgrößte Stimmenzahl nach den ernannten Mitgliedern erhalten haben.

Bei der zur Hälfte erfolgenden Erneuerung des internationalen Komitees treten zunächst diejenigen Mitglieder aus, die infolge von Vakanzen zwischen zwei Zusammenkünften der Generalkonferenz provisorisch ernannt worden sind; die übrigen austretenden Mitglieder werden durch das Los bezeichnet.

Sämtliche austretende Mitglieder sind wieder wählbar.

Artikel 9. Das internationale Komitee leitet die Arbeiten behufs der Beglaubigung der neuen Prototype, sowie im allgemeinen alle diejenigen Maße und Gewichte betreffenden Arbeiten, welche die hohen vertragschließenden Teile gemeinsam ausführen zu lassen beschließen werden.

Artikel 10. Das internationale Komitee konstituiert sich, indem es im Wege geheimer Abstimmung seinen Präsidenten und seinen Sekretär selbst erwählt. Diese Wahlen sind zur Kenntnis der Regierungen der hohen vertragschließenden Teile zu bringen.

Der Präsident und der Sekretär des Komitees und der Direktor des Bureaus müssen verschiedenen Ländern angehören.

Einmal konstituiert kann das Komitee neue Wahlen oder Ernennungen nur drei Monate, nachdem sämtliche Mitglieder durch das Bureau des Komitees davon in Kenntnis gesetzt sind, vornehmen.

Artikel 11. Bis zu der Zeit, wo die neuen Prototype fertig gestellt und verteilt sein werden, wird das Komitee wenigstens einmal im Jahre zusammentreten. Nach dieser Zeit werden seine Versammlungen wenigstens alle zwei Jahre stattfinden.

Artikel 12. Die Abstimmungen des Komitees geschehen nach absoluter Majorität. Bei Stimmengleichheit entscheidet die Stimme des Präsidenten. Die Beschlüsse sind nur gültig, wenn die Anzahl der anwesenden Mitglieder die Hälfte sämtlicher das Komitee bildenden Mitglieder wenigstens um eins übersteigt.

Unter Vorbehalt dieser Bedingung haben die abwesenden Mitglieder das Recht, ihre Stimmen auf anwesende Mitglieder zu übertragen, welche sich über diese Ermächtigung auszuweisen haben. Dasselbe gilt für die Ernennungen mit geheimer Abstimmung.

Artikel 13. In der Zwischenzeit von einer Sitzungsperiode zur anderen hat das Komitee das Recht, im Wege der Korrespondenz zu beraten und zu beschließen.

Damit in diesem Falle ein Beschluß Gültigkeit habe, müssen sämtliche Mitglieder des Komitees aufgefordert sein, ihre Stimmen abzugeben.

Artikel 14. Das internationale Maß- und Gewichtskomitee ergänzt sich provisorisch im Falle etwa eintretender Vakanzen; die betreffenden Wahlen geschehen durch Korrespondenz, wobei sämtliche Mitglieder aufgefordert werden, teilzunehmen.

Artikel 15. Das internationale Komitee wird ein ausführliches Reglement für die Organisation und die Arbeiten des Bureaus entwerfen, und es wird die Taxen bestimmen, welche für die in Artikel 6 des Vertrages vorgesehenen außerordentlichen Arbeiten zu bezahlen sind.

Diese Taxen werden zur Vervollständigung der wissenschaftlichen Hilfsmittel des Bureaus verwendet werden.

Artikel 16. Sämtliche Mitteilungen des internationalen Komitees an die Regierungen der Hohen vertragschließenden Teile geschehen durch Vermittelung ihrer diplomatischen Vertreter in Paris.

Für alle Geschäfte, deren Erledigung einer französischen Verwaltung zusteht, wird sich das Komitee an das französische Ministerium der auswärtigen Angelegenheiten wenden.

Artikel 17. Der Direktor des Bureaus sowie die Adjunkten werden von dem internationalen Komitee in geheimer Abstimmung ernannt.

Die übrigen Beamten werden durch den Direktor ernannt.

Der Direktor hat Sitz und Stimme im Schoße des Komitees.

Artikel 18. Der Direktor des Bureaus hat nur kraft eines Beschlusses des Komitees und in Gegenwart zweier Mitglieder des letzteren Zutritt zu den internationalen Prototypen.

Der Aufbewahrungsort der Prototype kann nur vermittelst dreier Schlüssel geöffnet werden, von denen der eine in den Händen des Direktors der französischen Staatsarchive, der zweite in den Händen des Präsidenten des Komitees, der Dritte in denen des Direktors des Bureaus sich befindet.

Zu den gewöhnlichen Arbeiten und Vergleichungen des Bureaus dienen Maße und Gewichte von der Kategorie der den einzelnen Staaten zu liefernden Prototype.

Artikel 19*). Der Direktor des Bureaus unterbreitet dem Komitee jährlich:

1. einen Finanzbericht über die Rechnung des abgelaufenen Jahres. Nach geschehener Prüfung wird ihm dafür Decharge erteilt;
2. einen Bericht über den Bestand des Materials;
3. einen allgemeinen Bericht über die im Verlaufe des letzten Jahres ausgeführten Arbeiten.

Das internationale Komitee wird seinerseits sämtlichen Regierungen der Hohen vertragschließenden Teile einen Jahresbericht über die Gesamtheit der von ihm selbst und von dem Bureau ausgeführten wissenschaftlichen, technischen und administrativen Arbeiten mitteilen.

Der Präsident des Komitees wird der Generalkonferenz über die seit ihrer letzten Sitzung ausgeführten Arbeiten Bericht erstatten.

Die Berichte und Publikationen des Komitees und Bureaus werden in französischer Sprache abgefaßt. Dieselben werden den Regierungen der Hohen vertragschließenden Teile gedruckt mitgeteilt.

Artikel 20*). Die im Artikel 9 des Vertrages erwähnte Skala der Beiträge wird auf folgende Weise berechnet:

Die in Millionen ausgedrückte Bevölkerungszahl wird multipliziert:
mit dem Koeffizienten 3 für diejenigen Staaten, in welchen das metrische System obligatorisch eingeführt ist;
mit dem Koeffizienten 2 für diejenigen Staaten, in welchen dasselbe fakultativ eingeführt ist;
mit dem Koeffizienten 1 für die übrigen Staaten.

Die Summe der so erhaltenen Produkte bildet den Divisor, durch welchen die Gesamtausgabe zu teilen ist. Der so erhaltene Quotient liefert die Einheitszahl für die Berechnung der Beiträge.

Artikel 21. Die Kosten für die Herstellung der internationalen Prototype sowie der denselben beizugebenden Kontrollmaße und Témoins werden von den Hohen vertragschließenden Teilen nach der im vorigen Artikel aufgestellten Skala getragen.

Die Kosten von Vergleichungen und Verifikationen von Kopien und Normalen für Staaten, welche an gegenwärtigem Vertrage nicht teilnehmen, werden von dem Komitee, entsprechend den nach Artikel 15 des Reglements festgesetzten Taxen, berechnet.

Artikel 22. Gegenwärtiges Reglement hat gleiche Kraft und Gültigkeit wie der Vertrag, dem dasselbe beigefügt ist.

---

*) Artikel 19 und 20 ist durch Beschluß der 4. Generalkonferenz abgeändert worden, siehe die neue Fassung am Schluß der Anlage.

Übergangsbestimmungen.

Artikel 1. Alle Staaten, welche in der 1872 in Paris versammelt gewesenen internationalen Meterkommission vertreten waren, gleichviel ob dieselben bei dem gegenwärtigen Vertrage beteiligt sind, oder nicht, werden die von ihnen bestellten Prototype erhalten, und zwar unter allen Garantiebedingungen, welche von jener internationalen Kommission festgesetzt worden sind.

Artikel 2. Die erste Sitzung der im Artikel 3 des Vertrages erwähnten Generalkonferenz für Maß und Gewicht hat hauptsächlich zum Zwecke, jene neuen Prototype zu sanktionieren und dieselben unter die Staaten, welche solche bestellt haben, zu verteilen.

Demnach haben die Delegierten aller Regierungen, welche in der internationalen Kommission vom Jahre 1872 vertreten gewesen sind, sowie die Mitglieder der französischen Sektion das Recht, an dieser ersten Versammlung teilzunehmen, um bei der Sanktion der Prototype mitzuwirken.

Artikel 3. Das in Artikel 3 des Vertrages erwähnte und gemäß Artikel 8 des Reglements zusammengesetzte internationale Komitee ist beauftragt, die neuen Prototype entgegenzunehmen und untereinander zu vergleichen in Gemäßheit der von der internationalen Kommission des Jahres 1872 und von deren permanentem Komitee gefaßten wissenschaftlichen Beschlüsse, jedoch unter Vorbehalt derjenigen Abänderungen, welche die Erfahrung in Zukunft als ratsam erscheinen lassen dürfte.

Artikel 4. Die französische Sektion der internationalen Kommission von 1872 bleibt nach wie vor unter Mitwirkung des internationalen Komitees mit denjenigen Arbeiten beauftragt, mit denen sie behufs Herstellung der neuen Prototype betraut worden ist.

Artikel 5. Die Herstellungskosten der von der französischen Sektion ausgeführten metrischen Normal-Maße und Gewichte werden von den beteiligten Regierungen zurückerstattet, entsprechend dem Selbstkostenpreise, welcher von der französischen Sektion für jedes Stück festgestellt wird.

Artikel 6. Das internationale Komitee wird ermächtigt, sich sogleich zu konstituieren und alle vorbereitenden zur Ausführung des Vertrages nötigen Untersuchungen vorzunehmen, jedoch ohne vor Auswechselung der Ratifikationen dieses Vertrages irgendwelche Ausgaben zu veranlassen.

Die Artikel 6, 19 und 20 des Reglements zur internationalen Meterkonvention vom 20. Mai 1875 (Reichs-Gesetzbl. 1876 S. 201) lauten nach den Abänderungen, die von der Vierten Generalkonferenz für Maß und Gewicht im Oktober 1907 in Paris beschlossen worden sind, wie folgt: (Reichs-Gesetzbl. 1908 S. 509.)

Artikel 6. Die Jahresdotation des internationalen Bureaus wird auf 100 000 Franken festgesetzt.

Auf Vorschlag des Direktors hat das Komitee das jährliche Budget aufzustellen, wobei jedoch die genannte Summe von 100 000 Franken nicht überschritten werden darf. Das Budget wird jährlich durch einen besonderen Finanzbericht zur Kenntnis der Regierungen der Hohen vertragschließenden Teile gebracht.

Wenn das Komitee eine Änderung für notwendig erachtet, sei es hinsichtlich der Art und Weise der Berechnung der Beiträge, wie solche im Artikel 20 des gegenwärtigen Reglements festgesetzt ist, so hat es den Abänderungsvorschlag den Regierungen so rechtzeitig zu unterbreiten, daß es ihnen möglich ist, ihren Delegierten für die nächste Generalkonferenz die erforderlichen Weisungen zu erteilen, damit letztere endgültig beschließen kann. Die Entscheidung soll nur dann gültig sein, wenn keiner der vertragschließenden Staaten vor oder auf der Konferenz einer gegenteiligen Meinung Ausdruck gibt.

Artikel 19. Der Direktor des Bureaus hat dem Komitee bei jeder Session vorzulegen:

1. Einen Finanzbericht für die abgelaufenen Rechnungsjahre, wofür dem Direktor nach erfolgter Prüfung Entlastung erteilt wird.
2. Einen Bericht über den Bestand des Materials.
3. Einen allgemeinen Bericht über die seit der letzten Session ausgeführten Arbeiten.

Das Bureau des internationalen Komitees hat seinerseits sämtlichen Regierungen der Hohen vertragschließenden Teile einen Jahresbericht über die Verwaltungs- und Finanzlage vorzulegen, in dem gleichzeitig der Kostenvoranschlag für die folgende Rechnungsperiode und die Aufstellung der Beitragsquoten der Vertragsstaaten enthalten ist.

Der Präsident des Komitees hat der Generalkonferenz über die seit ihrer letzten Vereinigung ausgeführten Arbeiten zu berichten.

Die Berichte und Veröffentlichungen des Komitees und des Bureaus sind in französischer Sprache abzufassen und den Regierungen der Hohen vertragschließenden Teile vorzulegen.

Artikel 20. Die Skala der Beiträge, von denen im Artikel 9 der Konvention die Rede ist, wird auf Grund der durch Artikel 6 dieses Reglements festgesetzten Dotation und auf Grund der Bevölkerungszahl aufgestellt; jedoch darf der Normalbeitrag keines Staates geringer als 500 Franken und höher als 15000 Franken sein, welches auch die Bevölkerungszahl sein mag.

Zur Aufstellung dieser Skala ist zunächst zu ermitteln, bei welchen Staaten die Voraussetzungen für das Minimum oder das Maximum zutreffen; der hiernach von der Gesamtsumme verbleibende Rest wird unter den übrig bleibenden Staaten nach Maßgabe ihrer Bevölkerungszahl verteilt.

Die so berechneten Beitragsquoten gelten für die ganze Zeit, die zwischen zwei aufeinanderfolgenden Generalkonferenzen liegt, und können in der Zwischenzeit nur in folgenden Fällen geändert werden:

a) wenn einer der beigetretenen Staaten drei Jahre hintereinander hat verstreichen lassen, ohne seine Beiträge zu leisten;

b) wenn andererseits ein Staat, der bisher länger als 3 Jahre mit seinen Beiträgen im Rückstande war, diese rückständigen Beiträge bezahlt hat, so daß dadurch den übrigen Regierungen die von ihnen geleisteten Vorschüsse zurückerstattet werden können;

c) schließlich, wenn ein neuer Staat der Konvention beigetreten ist.

Wenn einer der Konventionsstaaten erklärt, die Vorteile aus der Konvention auf eine oder mehrere seiner nicht autonomen Kolonien erstrecken zu wollen, so wird für die Berechnung seines Beitrags die Bevölkerungszahl der betreffenden Kolonien derjenigen des Staates hinzugezählt.

Wenn eine als autonom anerkannte Kolonie der Konvention beizutreten wünscht, so wird sie hinsichtlich ihres Beitritts zu der Konvention nach Maßgabe der Entscheidung des Mutterlandes entweder als ein Teil des letzteren oder als ein vertragschließender Staat betrachtet.

Nach dem neuen Verteilungsplan haben vom Jahre 1908 ab zu zahlen:

Vertragsstaaten	Jahr der Schätzung oder Zählung	Bevölkerung in 1000 Einwohner	Jahresbeitrag: für 1000 Einwohner 0,192 677 Fr.
			Franken
1. Deutschland	1905	60 638	11 683
2. Ver. Staaten von Amerika*	1905	83 343	15 000
3. Republik Argentinien	1905	5 678	1 094
4. Österreich	1900	26 151	5 039
5. Belgien	1905	7 161	1 380
6. Canada	1904	5 604	1 080
7. Dänemark*	1901	2 465	500
8. Spanien	1900	18 831	3 628
9. Frankreich und Algerien	1901	43 763	8 432
10. Großbritannien und Irland	1906	44 177	8 512
11. Ungarn	1900	19 255	3 710
12. Italien	1906	33 733	6 500
13. Japan	1903	51 742	9 969
14. Mexiko	1900	13 607	2 622
15. Norwegen*	1900	2 240	500
16. Peru	1896	4 560	879
17. Portugal	1900	5 423	1 045
18. Rumänien	1905	6 480	1 248
19. Rußland*	1897 1904	130 469	15 000
20. Serbien	1905	2 689	518
21. Schweden	1905	5 295	1 020
22. Schweiz	1900	3 325	641
		Summe 576 629	100 000

Die mit einem * bezeichneten Staaten zahlen den Höchst- oder Mindestbetrag.

Anlage 13.

Gesetz zur Bekämpfung des unlauteren Wettbewerbs.

Vom 27. Mai 1896.

(R.G.Bl. S. 145.)

§ 5.

Durch Beschluß des Bundesrats kann festgesetzt werden, daß bestimmte Waren im Einzelverkehr nur in vorgeschriebenen Einheiten der Zahl, der Länge und des Gewichts oder mit einer auf der Ware oder ihrer Aufmachung anzubringenden Angabe über Zahl, Länge oder Gewicht gewerbsmäßig verkauft oder feilgehalten werden dürfen.

Für den Einzelverkehr mit Bier in Flaschen oder Krügen kann die Angabe des Inhaltes unter Festsetzung angemessener Fehlergrenzen vorgeschrieben werden.

Die durch Beschluß des Bundesrates getroffenen Bestimmungen sind durch das Reichsgesetzblatt zu veröffentlichen und dem Reichstag sogleich oder bei seinem nächsten Zusammentritt vorzulegen.

Zuwiderhandlungen gegen die Bestimmungen des Bundesrats werden mit Geldstrafe bis einhundertfünfzig Mark oder mit Haft bestraft.

Hierzu sind die beiden nachfolgenden Ausführungsbestimmungen erlassen worden:

1. Bekanntmachung, betreffend Bestimmungen für den Kleinhandel mit Garn. Vom 20. November 1900 (Reichs-Gesetzbl. S. 1014).

Auf Grund der Vorschriften im § 5 Abs. 1 des Gesetzes zur Bekämpfung des unlauteren Wettbewerbs vom 27. Mai 1896 (Reichs-Gesetzbl. S. 145) hat der Bundesrat die nachstehenden Bestimmungen betreffend den Kleinhandel mit Garn, beschlossen:

§ 1.

Zum Einzelverkauf aufgemachte baumwollene, wollene und halbwollene Garne aller Art dürfen nur in bestimmten Einheiten des Gewichts und unter Angabe der Gewichtsmenge im Einzelverkehre gewerbsmäßig verkauft oder feilgehalten werden, baumwollene Garne bis zur Gesamtlänge von 100 Metern jedoch auch in bestimmten Einheiten der Länge unter Angabe der Länge.

Die Vorschriften dieser Verordnung finden keine Anwendung

a) auf Garne, die zum Zwecke der Fertigstellung von halbfertigen Waren in Verbindung mit diesen feilgehalten werden,

b) auf baumwollene Nähgarne, die auf Holzrollen aufgemacht sind,

c) auf Garne, die dem Käufer zugemessen oder zugewogen werden.

§ 2.

Als Mengeneinheiten werden zugelassen:

a) Gewichtseinheiten zu 1, 5, 10, 20 und 50 Gramm oder zu einem Vielfachen von 50 Gramm,

b) Längeneinheiten für baumwollene Garne zu 5, 10, 20, 30 usw. bis 100 Meter. Die Vereinigung mehrerer Mengeneinheiten ist nur insoweit zulässig, als sie zusammen eine zulässige Mengeneinheit darstellen.

§ 3.

Als Gewicht gilt das Trockengewicht der Garne ohne Umhüllung, Einlage usw. (Nettogewicht) und ohne Beschwerung, soweit diese nicht durch die Fabrikation bedingt ist, nebst einem Normalfeuchtigkeitszuschlage, der bei Baumwollgarn $8^1/_2$, bei halbwollenen Garnen, sogenannten Mischgarnen) 10, bei Kammgarn $18^1/_4$ und bei Streichgarn 17 Hundertteile des Trockengewichts beträgt.

§ 4.

Das Gewicht darf nicht um mehr als 3 Prozent bei Mengen über 50 Gramm, 5 Prozent bei Mengen von 10 bis 50 Gramm und 10 Prozent bei Mengen von 1 bis 5 Gramm, die Länge darf nicht um mehr als 5 Prozent bei Längen von 10 bis 100 Meter und 10 Prozent bei Längen von 5 Meter hinter den angegebenen Beträgen zurückbleiben.

§ 5.

Das Gewicht ist in Grammen, die Länge in Metern anzugeben; die Angaben sind an der Ware selbst oder an ihrer Aufmachung, Verpackung oder Umschließung leicht erkennbar anzubringen.

Bei Vereinigung mehrerer Stränge im Gesamtgewicht bis zu 50 Gramm genügt es, wenn die Gewichtsangabe auf der gemeinsamen Verpackung angebracht ist, bei Mengen über 50 Gramm ist sie auf jedem einzelnen Stücke anzubringen. Garne in Knäueln, sowie Garne, welche nach der Länge verkauft werden, müssen stets mit einer Mengenangabe versehen sein.

§ 6.

Vorstehende Bestimmungen treten mit dem 1. Januar 1903 in Kraft.

In Ausführung dieser Bekanntmachung ist in Preußen folgende Anleitung ergangen: Anleitung zur Untersuchung von Garnen nach Maßgabe der Bekanntmachung vom 20. November 1900 (Reichs-Gesetzbl. S. 1014 bis 1015), eingeführt bei dem öffentlichen Waren-Prüfungsamt für Wolle, Baumwolle, Seide und deren Garne und Gewebe in Berlin, der Elberfeld-Barmer Seidentrocknungs-Aktiengesellschaft in Elberfeld, der öffentlichen Seidentrocknungsanstalt in Krefeld und der Öffentlichen Konditionieranstalt in Aachen.

2. **Bekanntmachung, betreffend Bestimmungen für den Kleinhandel mit Kerzen.** Vom 4. Dezember 1901 (Reichs-Gesetzbl. S. 494).

Auf Grund der Vorschriften in § 5 Abs. 1 des Gesetzes zur Bekämpfung des unlauteren Wettbewerbs vom 27. Mai 1896 (Reichs-Gesetzbl. S. 145) hat der Bundesrat die nachstehenden Vorschriften, betreffend den Kleinhandel mit Kerzen, beschlossen:

§ 1.

Packungen mit Stearin- und Paraffinkerzen sowie mit Kerzen, die überwiegend aus diesen Stoffen hergestellt sind (Kompositionskerzen) dürfen im Einzelverkehr nur in bestimmten Einheiten des Gewichts und unter Angabe der Gewichtsmenge gewerbsmäßig verkauft oder feilgehalten werden.

§ 2.

Als Einheiten für das Rohgewicht der Packungen werden 500 Gramm, 330 Gramm und für Packungen, bei welcher die einzelne Kerze 25 Gramm oder weniger wiegt, auch 250 Gramm zugelassen.

§ 3.

Das Reingewicht der in den Packungen enthaltenen Kerzen muß bei einem Rohgewichte

von 500 Gramm mindestens 470 Gramm
von 330 Gramm mindestens 305 Gramm
von 250 Gramm mindestens 225 Gramm

betragen.

§ 4.

Auf der Außenseite der Packungen ist sowohl das Rohgewicht als das Reingewicht in leicht erkennbarer Weise anzugeben. Die Angabe ist in Gramm oder in Bruchteilen von Kilogramm auszudrücken.

§ 5.

Weder das Rohgewicht noch das Reingewicht darf um mehr als 10 Gramm hinter dem angegebenen Betrage zurückbleiben.

§ 6.

Diese Vorschriften treten mit dem 1. Januar 1903 in Kraft.

In Ausführung dieser Bekanntmachung ist in Preußen folgende Anleitung ergangen: Anleitung zur Feststellung des Roh- und Reingewichts von Packungen mit Kerzen nach Maßgabe der Bekanntmachungen vom 4. Dezember 1901 (Reichs-Gesetzbl. S. 494).

Das Gesetz vom 1896 ist inzwischen ersetzt worden durch das „**Gesetz gegen den unlauteren Wettbewerb.** Vom 7. Juni 1909 (R.G.Bl. S. 499).

Der hier in Betracht kommende § 11 des Gesetzes lautet folgendermaßen:

§ 11.

Durch Beschluß des Bundesrates kann festgesetzt werden, daß bestimmte Waren im Einzelverkehre nur in vorgeschriebenen Einheiten der Zahl, des Maßes oder des Gewichtes oder mit einer auf der Ware oder ihrer Aufmachung anzubringenden Angabe über Zahl, Maß, Gewicht, über den Ort der Erzeugung oder den Ort der Herkunft der Ware gewerbsmäßig feil gehalten werden dürfen.

Für den Einzelverkehr mit Bier in Flaschen oder Krügen kann die Angabe des Inhalts unter Festsetzung angemessener Fehlergrenzen vorgeschrieben werden.

Die durch Beschluß des Bundesrats getroffenen Bestimmungen sind durch das Reichs-Gesetzblatt zu veröffentlichen und dem Reichstage sogleich oder bei seinem nächsten Zusammentritt vorzulegen.

Zuwiderhandlungen gegen die Bestimmungen des Bundesrats werden mit Geldstrafe bis zu einhundertundfünfzig Mark oder mit Haft bestraft.

Anlage 14.

Mustergültige Formen der Eich- und Jahresstempel.*

Präzisionseichstempel

zum Aufschlagen für Metalle — zum Aufätzen

A B C D E F

Adlerstempel zum Aufätzen.

Jahresstempel

z. Aufbrennen — zum Aufschlagen für Metalle — für Bleiplomben — zum Aufätzen

1 2 3 4 5 6 7 8

* In Bayern werden dem Bande statt der Buchstaben D R die Buchstaben K B eingefügt.

Eichstempel

für Metalle zum Aufschlagen

1 A

2 A

1 B

2 B

1 B C

2 C

1 C

2 D

1 D

2 E

für Glas zum Auf- ätzen

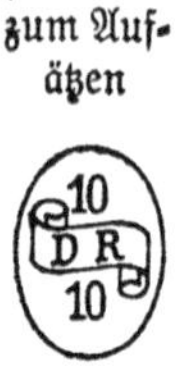

3A

für Holz zum Auf- schlagen

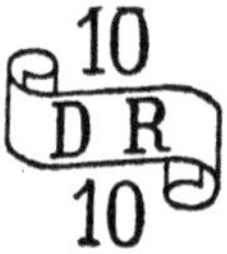

4 A

3 B

4 B

für Holz zum Aufbrennen

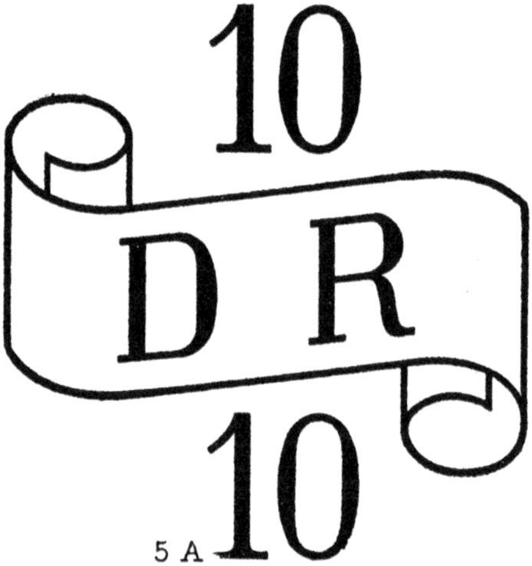

5 A

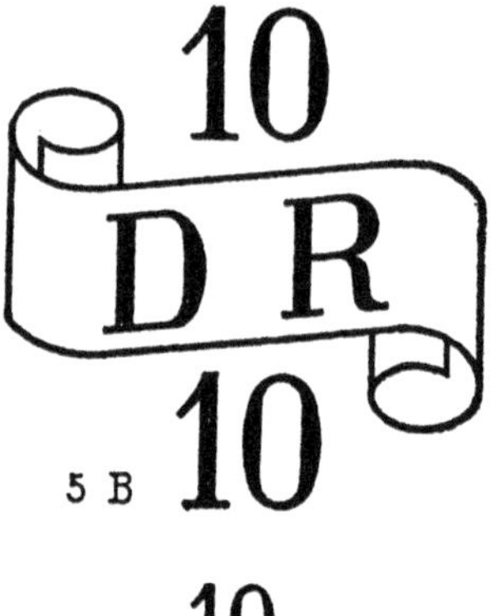

5 B

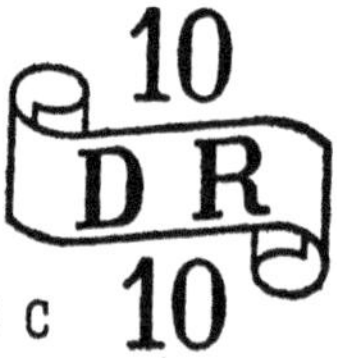

5 C

Anlage 15.

Zusammenstellung von Auszügen

aus den im Deutschen Reiche erlassenen gesetzlichen Bestimmungen und Verordnungen bezügl. der Eichung und Nacheichung der in steuer- und zollamtlichem Gebrauch oder in den einer steuerlichen Überwachung unterstellten Gewerbeanstalten befindlichen Wagen, Gewichten und sonstigen Meßgeräten.

Branntweinsteuergesetz vom 15. Juli 1909.

(R.G.Bl. S. 661.)

§ 76.

Die angemeldeten Gefäße können amtlich vermessen und gestempelt werden.

Ausführungsbestimmungen zum Branntweinsteuergesetz.

(Zentralbl. 1909 Nr. 56.)

1. Branntweinsteuer-Grundbestimmungen.

§ 25.

Alle zur Abfertigung dienenden Wagen und Gewichte müssen geeicht sein, Thermoalkoholometer müssen gemäß § 3 der A.O. geeicht oder beglaubigt sein.

§ 26.

Die Oberbeamten haben die Wiege- usw. Gerätschaften von Zeit zu Zeit zu prüfen. Eine gleiche Prüfung ist von den Abfertigungsbeamten bei der Abfertigung vorzunehmen. Entstehen Zweifel an der Richtigkeit der Gerätschaften, so ist vor ihrer Weiterbenutzung die eichamtliche Nachprüfung herbeizuführen. Die Nachprüfung ist insbesondere dann vorzunehmen, wenn Wagen in beliebiger Lage stehen bleiben, mangelhaft schwingen oder bei Auflegung kleinerer Gewichte auf die Gewichtsschale unempfindlich sind, wenn Gewichte stark verrostet sind oder abgestoßene Kanten zeigen oder wenn bei Thermoalkoholometern Risse im Glase, Zerteilung des Quecksilbers im Thermometer oder Loslösung einer Skale bemerkt werden.

§ 27.

Wagen, welche für eine größte zulässige Last von mehr als 20 dz bestimmt sind oder welche auf einem festen Unterbaue ruhen, sowie Wagen und Gewichte, welche dauernd unter amtlichem Verschlusse gehalten werden, müssen binnen 3 Jahren, andere Wagen und Gewichte, vorbehaltlich anderweiter landesrechtlicher Bestimmungen, binnen Jahresfrist nach dem Jahre ihrer letzten eichamtlichen Prüfung einer eichamtlichen Nachprüfung unterzogen werden.

Die Eichscheine und Beglaubigungsscheine, welche über die Nachprüfung der in Brennereien, Lagern und Reinigungsanstalten benutzten Wiege- und Meßgerätschaften ausgestellt werden, sind zu den Beleghaften dieser Anstalten zu nehmen.

§ 41.

Für die Abfertigungen, welche nicht an der Amtsstelle stattfinden, hat der Antragsteller, soweit nicht das Hauptamt Ausnahmen bewilligt, nach näherer Bestimmung des Oberkontrolleurs eine Wage mit Gewichten sowie die nötigen Revisions- und Meßgerätschaften zu beschaffen, sie in gutem Zustande zu erhalten und für ihre eichamtliche Nachprüfung (§§ 26 und 27) zu sorgen; insbesondere hat er Alkoholometer, Standgläser, die amtlichen Tafeln für die Alkoholermittelung sowie Gefäße usw. zur Bestimmung der Menge des Vergällungsmittels zur Verfügung zu halten.

2. Brennereiordnung (Zentralbl. 1909 Nr. 56).

§ 17.

Die amtlichen Branntwein-Sammelgefäße und die Branntwein-Aufbewahrungsgefäße sind trocken und naß zu vermessen, sofern nicht das Hauptamt für letztere von der nassen Vermessung absieht.

Der durch nasse Vermessung ermittelte Raumgehalt der Geräte ist mit dem durch trockene Vermessung gefundenen zu vergleichen. Findet sich hierbei ein Unterschied von mehr als 3 v. H. des Ergebnisses der nassen Vermessung und kann dieser nicht genügend aufgeklärt werden, so hat eine zweite Vermessung mit Wasser stattzufinden, das Ergebnis dieser Vermessung ist maßgebend.

Von der trockenen Vermessung kann abgesehen werden, wenn sie nach Beschaffenheit oder Stellung der Geräte Schwierigkeiten bereitet; in diesem Falle ist die nasse Vermessung zweimal vorzunehmen. Weichen die Ergebnisse der beiden nassen Vermessungen um nicht mehr als 3 v. H. des ermittelten größeren Raumgehalts voneinander ab, so ist dieser Raumgehalt maßgebend. Beträgt der Unterschied mehr als 3 v. H., so ist eine dritte nasse Vermessung vorzunehmen; das Ergebnis dieser Vermessungen ist maßgebend.

§ 18.

Die Maischbottiche sind trocken oder naß zu vermessen.

§ 19.

(5) Zum Messen des Wassers sind geeichte Gefäße zu verwenden. Es ist gestattet, Hilfsgefäße zu benutzen, welche vorher mit geeichten Gefäßen auszumessen sind.

(7) An hölzernen Geräten ist nach der Vermessung der Steuerstempel einzubrennen.

§ 22.

Haben Brennereigeräte nach ihrer Vermessung eine Veränderung ihres Raumgehalts erfahren oder liegt die Vermutung einer solchen Veränderung vor, so ist eine neue Vermessung vorzunehmen.

§ 54.

Die Vorschriften über die verschlußsichere Herrichtung der amtlichen Meßuhren sind in der Meßuhrordnung enthalten.

§ 124.

(Entnahme von Proben der Lutterrückstände.)

pp. Die Aufsichtsbeamten haben ab und zu auch außerhalb der Abtriebszeit, dem Hahne Proben zu entnehmen und deren Alkoholgehalt mit einem von dem Brennereibesitzer zu liefernden beglaubigten Lutterprober zu bestimmen.

3. Meßuhrordnung (Zentralbl. 1909 Nr. 70).

§ 1.

Als amtliche Meßuhren sind zugelassen der Siemenssche Alkoholmesser und die Siemensschen Probenehmer.

§ 3.

Die Meßuhren sind, bevor sie an die Brennereien versandt werden, von der Kaiserl. Techn. Prüfungsstelle zu prüfen. pp.

§ 16.

Die Kaiserl. Techn. Prüfungsstelle bildet die oberste technische Behörde für die Prüfung, Behandlung und Nachschau der Meßuhren.

4. Branntweinsteuer-Befreiungsordnung (Zentralbl. 1909 Nr. 56).

Anleitung zur Untersuchung der Vergällungsstoffe mit Ausnahme des Essigs.

A) 3. Die bei der Untersuchung der Vergällungsstoffe zu verwendenden Gewichte, Thermometer, Meßgeräte und Spindeln müssen geeicht oder eichamtlich beglaubigt sein.

Anleitung zur Prüfung des zur Verwendung als Denaturierungsmittel bestimmten Essigs (Zentralbl. 1900 S. 440).

Zur Prüfung des Essigs auf seinen Gehalt an Essigsäure wird pp. ein amtlich beglaubigter Essigprober benutzt.

Anleitung zur Ausführung und Nachprüfung der Vergällung von Branntwein (Zentralbl. 1909 S. 1139).

B. II. 2.

a) Ermittelung der wahren Stärke. Diese ist mittelst Thermoalkoholometer in der im § 11 A.O. angegebenen Weise festzustellen. pp.

b) Ermittelung des Gehalts an Essigsäure. Diese ist mittelst des in Anlage 9 Bfr. 0 beschriebenen Essigprobers vorzunehmen. pp.

Anleitung zur Untersuchung der im § 71 unter b bis h genannten Äther (Zentralbl. 1900 S. 477).

Anleitung zur Untersuchung von Gärungsessig auf seinen Gehalt an wasserfreier Essigsäure (Zentralbl. 1909 S. 1147).

2. a) Von der entnommenen Probe, welche Zimmerwärme haben soll, mißt man 10 ccm mittelst einer geeichten Pipette ab pp. Alsdann setzt man zu dem Inhalt des Kölbchens einige Tropfen einer weingeistigen Phenolphtaleinlösung (1 : 100) hinzu und läßt aus einer in zehntel ccm geteilten geeichten Bürette Normal-Natronlauge in kleinen Mengen pp. hinzufließen. pp.

3. pp. Die hierbei benutzten Geräte müssen, falls sie nicht geeicht sind, von dem Chemiker auf Genauigkeit geprüft sein.

5. Essigsäureordnung.

Anleitung zur Untersuchung von Essigsäure auf ihren Gehalt an wasserfreier Essigsäure (Zentralbl. 1909 S. 1193).

1. b) (wie vorstehend 2 a).
2. (wie vorstehend 3).

6. Branntweinlagerordnung.

(Zentralbl. 1900 S. 318.)

§ 7.

Die Lagergefäße sind nach den in den §§ 19 bis 22 Abs. 1 der Brennereiordnung für die Vermessung von amtlichen Sammelgefäßen gegebenen Vorschriften in der Regel auf trockenem und nassem Wege zu vermessen. pp.

7. Branntweinreinigungsordnung.

§ 6 (Zentralbl. 1900 S. 350).

(wie vorstehend § 7).

8. Alkoholermittelungsordnung.

§ 2 (Zentralbl. 1900 S. 377).

Bei den steueramtlichen Ermittelungen der Branntweinstärke sind, abgesehen von den in der Anlage 39 zur Brennereiordnung und im § 65

Abs. 1 der Befreiungsordnung zugelassenen Ausnahmen, Alkoholometer anzuwenden, welche die Stärke nach Gewichtsprozenten angeben.

Für die regelmäßigen Fälle sind zwei Thermoalkoholometer bestimmt, von denen das eine die Branntweinstärken von 10 bis 67, das andere die Branntweinstärken von 65 bis 100 Gewichtsprozent angibt. pp. (Alkoholometerskale nach halben bezw. fünftel Prozenten geteilt, Thermometerskale nach ganzen und halben Graden geteilt).

Zur Abfertigung von Branntwein unter 10 Gewichtsprozent scheinbarer Stärke dient ein kleines Thermoalkoholometer (Lutterprober) mit Teilung der Alkoholometerskale nach ganzen Prozenten und der Thermometerskale nach ganzen Graden. pp).

Zur Ermittelung des Alkoholgehaltes von Likören, Essenzen usw. (§ 16 Abs. 2) dienen zwei kleine Thermoalkoholometer für scheinbare Stärken von 0 bis 30 bezw. von 29 bis 35 Gewichtsprozent mit Teilung der Alkoholometerskale nach halben Prozenten und der Thermometerskale nach ganzen Graden.

Zur Prüfung des denaturierten Branntweins auf die vorgeschriebene Mindeststärke dient ein kleines Thermoalkoholometer, dessen Alkoholometerskale die Gewichtsprozente von 75 bis 85 mit Teilung nach fünftel Prozenten umfaßt und dessen Thermometerskale nach halben Graden geteilt ist.

§ 3.

Die im § 2 Abs. 2 aufgeführten Alkoholometer müssen geeicht sein. Die Eichung ist ersichtlich gemacht durch Aufätzen des Eichstempels nebst Jahreszahl und Nummer auf den Glaskörper oberhalb der Thermometerskale sowie eines kleineren Stempels auf die Spindelkuppe. Auf den Glaskörper ist das Gewicht in Milligrammen aufgeätzt.

Die im § 2 Abs. 3 bis 5 aufgeführten Alkoholometer müssen amtlich beglaubigt sein. Die Beglaubigung erfolgt durch Aufätzen eines Adlerstempels nebst Jahreszahl und Nummer auf den Glaskörper oberhalb der Thermometerskale. pp.

§ 7.

Wird Branntwein in Fässern vorgeführt, die mit eichamtlicher Gewichtsangabe versehen sind, so kann von der Verwiegung der leeren Fässer, wenn sie besondere Schwierigkeiten bereiten würde, abgesehen und das eichamtlich ermittelte Eigengewicht angewendet werden. pp.

§ 9.

Wird das Nettogewicht von Branntwein in Kesselwagen auf der Zentesimalwage ermittelt, so sind die nachstehenden Vorschriften zu beobachten:

a) Vor der Verwiegung ist das richtige Wirken der Zentesimalwage durch Probelastung zu prüfen.

b) bis e pp.

Die Direktivbehörde kann die Gewichtsermittelung des Branntweins in Gefäßen, die mit einer Wage verbunden sind, gestatten.

Anleitung für die Zollabfertigung.
Teil III (Seite 197).

88. Anweisung zur Untersuchung der Fuselöle auf Weingeistgehalt.

pp. Darauf wird das Gesamtgewicht dieser vereinigten Flüssigkeiten in Gramm ermittelt und die wahre Stärke nach dem Filtrieren durch ein trockenes Papierfilter mittels eines amtlich beglaubigten Lutterprobers (A.O. § 2 Abs. 3) festgestellt. pp.

Zuckersteuergesetz vom 27. Mai 1896.

(R.G.Bl. S. 117).

§ 13.

Zu den für die Zwecke der steuerlichen Kontrolle und Abfertigung vorzunehmenden amtlichen Verwiegungen haben die Fabrikinhaber Wagen und Gewichte nach näherer Bestimmung der Steuerbehörde zu halten und nach Anweisung der letzteren die Wagen aufzustellen.

Zuckersteuerausführungsbestimmungen.

Anleitung für die Steuerstellen zur Untersuchung der Zuckerabläufe auf Invertzuckergehalt pp. (Zentralbl. 1903 S. 302).

I. 3. Die bei der Untersuchung der Abläufe zu verwendenden Gewichte, Meßgeräte und Spindeln müssen geeicht oder eichamtlich beglaubigt sein.

Bestimmung des Quotienten.

II. 2. a) pp. Die Spindelung selbst erfolgt mittels der Brixschen Spindel nach den für die Spindelung von Branntwein, Mineralöl, Wein usw. bestehenden Regeln (siehe z. B. A.O.).

Anleitung für Chemiker zur Feststellung des Quotienten der Zuckerabläufe und zur Ermittelung des Raffinosegehalts (Zentralbl. 1903 S. 312).

Die Vorschriften unter I. Ziffer 2 und 3 der Anlage A finden auch auf diese Feststellung Anwendung mit der Maßgabe, daß auch nicht geeichte, jedoch eichfähige Geräte Verwendung finden dürfen, sofern sie einer genauen Prüfung durch den untersuchenden Chemiker unterzogen sind; hierüber ist bei der Mitteilung des Ergebnisses ein entsprechender Vermerk zu machen. Auf die Spindeln und Gewichte bezieht sich diese Ausnahme nicht.

Weingesetz vom 7. April 1909.

(R.G.Bl. S. 393.)

Weinzollordnung.

Anweisung für die zollamtliche Untersuchung von Verschnittwein und Verschnittmost auf den Weingeist, oder den Fruchtzucker- und den Extraktgehalt (Zentralbl. 1909 S. 344).

II. Ausführung der Untersuchung.

Tafeln zur zollamtlichen Abfertigung von Verschnittweinen und Verschnittmosten.

Anleitung.

§ 1.

Spindelung der Probe und des Destillats.

1. Die Spindelung geschieht beim Destillate mit einem amtlich beglaubigten Alkoholometer nach Gewichtsteilen in 100, bei der Probe gleichfalls mit einem solchen Alkoholometer, falls die Dichte derselben geringer, dagegen mit einem amtlich beglaubigten Saccharimeter, falls ihre Dichte größer ist als diejenige des Wassers, was durch probeweise Einsenkung eines der beiden Geräte zu ermitteln ist.

Soweit bei der Untersuchung Spindelungen stattfinden, sind die in den „Tafeln zur zollamtlichen Abfertigung von Verschnittweinen und Verschnittmosten" enthaltenen Vorschriften maßgebend.

Die bei der zollamtlichen Untersuchung zu benutzenden Geräte (Alkoholometer, Saccharimeter, Meßzylinder, Meßkolben, Büretten usw.) sind von der Normal-Eichungskommission zu beziehen.

a) Spindelung der Probe.

pp. Als Spindeln dienen Alkoholometer oder Saccharimeter, je nachdem die Probe eine geringere oder größere Dichte hat als Wasser. Als Standglas benutzt man das der in Anlage 2 zur A.O. vorgeschriebenen Brennvorrichtung beigegebene Meßglas.

Anweisung für die zollamtliche Untersuchung von Wein zur Kognakbereitung auf den Weingeistgehalt (Zentralbl. 1909 S. 346).

2. Ausführung der Untersuchung.

a) Spindelung der Proben pp.

Als Spindeln dienen zwei Alkoholometer und zwei Saccharimeter. Die Alkoholometer haben eine Teilung nach 0,2 Gewichtsteilen in Hundert und umfassen 0 bis 12 und 10 bis 22 Gewichtsteile. Die Saccharimeter haben ebenfalls eine Teilung nach 0,2 Gewichtsteilen und umfassen 0 bis 16 und 15 bis 31 Gewichtsteile. Die Wärmeskalen der vier Geräte reichen von 10 bis 20 Grad des hundertteiligen Thermometers und sind nach 0,5 Wärmegraden geteilt. Die Geräte müssen amtlich beglaubigt sein.

Schaumweinsteuerausführungsbestimmungen (Zentralbl. 1909 S. 367).

§ 5.

Der Raumgehalt der übergebenen Umschließungen ist amtlich zu ermitteln. Die Ermittelung hat in der Weise zu erfolgen, daß die Umschließung entweder mit vorher abgemessenem Wasser bis zum Überlaufen gefüllt oder zunächst bis zum Überlaufen gefüllt und das eingefüllte Wasser gemessen wird. Zum Messen des Wassers sind geeichte Gefäße zu verwenden. pp.

Brausteuergesetz vom 15. Juli 1909.

(R.G.Bl. S. 773.)

§ 17.

Jede Brauerei soll mit einer geeichten Wage und den erforderlichen geeichten Gewichten versehen sein. Die Wage muß geeignet sein, die einzelnen Maischposten, wenn diese das Gewicht von 2,5 dz nicht erreichen, auf einmal, sonst aber mindestens 2,5 dz zusammen zu verwiegen.

§ 61.

pp.

Anmerkung.

Der Bundesrat kann für Bier in amtlich geeichten Fässern, auf denen der Eichstempel, das Jahr der Eichung und der Raumgehalt nach Litern deutlich und dauerhaft angegeben sind, wenn seit der Eichung nicht mehr als 5 Jahre verflossen sind, die Verzollung nach dem Raumgehalt der Fässer zulassen.

Ermittelung der Litermenge bei Erhebung der Übergangsabgabe von Bier (Zentralbl. 1911 S. 405).

3. Die Litermenge von Bier in Fässern ist durch Berechnung des Inhalts nach den Vorschriften der Anleitung zur Bestimmung der Brennerei- und Brauereigeräte zu ermitteln. Der Raumgehalt von Flaschen ist durch Nachmessung mit geeichten Gefäßen festzustellen. pp.

Brausteuerausführungsbestimmungen.

§ 47.

Ausführung der Vermessung (Zentralbl. 1909 S. 425).

pp.

(6) Zum Abmessen des Wassers sind geeichte Gefäße zu verwenden.

Es ist gestattet, Hilfsgefäße zu benutzen, die vorher mit geeichten Gefäßen auszumessen sind

§ 52. (Zentralbl. 1909 S. 426).

(1) Wagen, die für eine größte zulässige Last von mehr als 20 dz bestimmt sind oder die auf einem festen Unterbaue ruhen, müssen binnen 3 Jahren andere Wagen und Gewichte sowie die selbsttätigen Verwiegungsvorrichtungen binnen Jahresfrist nach dem Jahre ihrer letzten eichamtlichen Prüfung einer eichamtlichen Nachprüfung unterzogen worden. Die Direktivbehörden sind befugt, die letztere Frist für Wagen und Gewichte in Brauereien, die nicht mehr als 500 dz steuerpflichtige Braustoffe jährlich verwenden, bis auf 3 Jahre zu verlängern.

(2) Die Aufsichtsbeamten haben die Wiegegeräte von Zeit zu Zeit zu prüfen. Ergeben sich hierbei Zweifel an der Richtigkeit der Geräte, so kann die Steuerbehörde die sofortige Vornahme der eichamtlichen Nachprüfung fordern.

§ 72.

Einrichtung für selbsttätige Verwiegungsvorrichtungen.

(1) Der Reichskanzler bestimmt die selbsttätigen Verwiegungsvorrichtungen, die für die Verwiegung von steuerpflichtigen Malze in Brauereien verwendet werden dürfen.

(2 bis 6) pp. (Beschreibung).

§ 74.

Reinigung und Prüfung der Verwiegungsvorrichtungen.

(2) Außer bei der Eichung und Nacheichung (§ 52) ist die eigentliche Wage (§ 72, 2) im unbelasteteten Zustande mindestens einmal jährlich durch die Aufsichtsbeamten auf ihre Empfindlichkeit und ihr genaues Einspielen zu prüfen und erforderlichenfalls neu zu tarieren.

Zulassung selbsttätiger Verwiegungsvorrichtungen (Zentralbl. 1907 S. 2).

1. Malzsteuerwage „Chronos" der Firma Reuther & Reisert in Hennef a. d. Sieg.
2. Selbsttätige Registrierwage der Firma L. A. Riedinger, Augsburg.
3. Malzsteuerwage „Libra" der Fabrik selbsttätiger Registrierwagen G. m. b. H. in Gliesmarode-Braunschweig.
4. Die selbsttätige Registrierwage „Ceres" der Firma A. Spies G. m. b. H. in Siegen (Zentralbl. 1907 S. 436).

Brausteuer-Vergütungsordnung (Zentralbl. 1909 S. 525).

Anlage C zu den Brausteuerausführungsbestimmungen.

§ 2 (1) f)

Zur Bierausfuhr mit dem Anspruch auf Brausteuervergütung dürfen nur geeichte Fässer, auf denen der Eichstempel, das Jahr der Eichung und der Raumgehalt nach Maßgabe der eichamtlichen Vorschriften deutlich angegeben sind pp.

§ 10 (2).

Ist auf den Fässern die nach § 2 f erforderliche eichamtliche Raumgehaltsbezeichnung nicht erkennbar pp., so hat eine amtliche Vermessung des Fasses mittels des Längen- und Höhenmessers und des geeichten Maßstabes und eine Berechnung des Inhalts nach den Vorschriften der amtlich zu liefernden Anleitung zur Bestimmung der Brennerei- und Brauereigeräte einzutreten.

Gerstenzollordnung.

Anleitung zur Feststellung des Hektolitergewichts (Zentralbl. 1906 S. 308).

Zur Feststellung des Hektolitergewichts ist der von der Normal-Eichungskommission geeichte Getreideprober ($^1/_4$l-Apparat) zu benutzen.

a) Beschreibung des Apparates. pp.

Ölmühlen-Zollordnung.

§ 8 (Zentralbl. 1906 S. 374).

Die Beschaffenheit der zur Ausfuhr angemeldeten Öle ist durch Prüfung mittels der Fischerschen Ölwage festzustellen, welche das spezifische Gewicht der fetten Öle nach Graden angibt.

Mineralöl-Zollordnung.

§ 15 Abs. 2 (Zentralbl. 1906 S. 397).

Für das Verfahren bei Ermittelung des Eigengewichts des in Eisenbahnkesselwagen für das Lager eingehenden und aus diesen versendeten Mineralöls sind die Bestimmungen, betreffend die Ermittelung des zollpflichtigen Gewichts von Waren, die in Eisenbahnwagenladungen eingehen, mittels der Gleiswage (Zentesimalwage) maßgebend. (Siehe Anleitung für die Zollabfertigung, Teil II, 6.)

pp.

C. Anleitung zur Untersuchung der Mineralöle für die zollamtliche Abfertigung (Zentralbl. 1906 S. 401).

1. Bestimmung des Siedepunkts der Mineralöle.

a) Beschreibung des Apparates. pp.

Absatz 3. Der Apparat nebst zugehörigem Thermometer muß von der Physikalisch-Technischen Reichsanstalt geprüft und beglaubigt sein; auch dürfen zu den Untersuchungen nur geeichte Kölbchen und Büretten verwendet werden.

2. Bestimmung des Entflammungspunkts von 50° C. mittels des Abelschen Petroleumprobers (Zentralbl. 1906 S. 404).

Zur Untersuchung dient der durch die Kaiserliche Verordnung vom 24. 2. 1882 (Reichs-Gesetzbl. S. 40) für die Untersuchung des Petroleums auf seine Entflammbarkeit (Feuergefährlichkeit) vorgeschriebene Abelsche Petroleumprober. Der Apparat muß amtlich beglaubigt sein, und, abweichend von den Ausführungsbestimmungen zu der Kaiserlichen Verordnung, muß das Thermometer, welche die Wärme des Öles angibt, bis mindestens 70° C., das Thermometer für das Wasserbad bis mindestens 100° C. reichen.

D. Anweisung für die zollamtliche Abfertigung von Mineralöl nach dem Raumgehalte (Zentralbl. 1906 S. 405).

pp.

Zu 1. Das Eigengewicht der Mineralöle ist nach § 15 der Bestimmungen über die Zollbegünstigung der Mineralöle (s. unter B) zu ermitteln. Demnächst ist mittels des geeichten Thermoaräometers die scheinbare Dichte und der Wärmegrad des Öles festzustellen.

pp.

Zu 2. Nach der Vermessung des Öles wird mittels des geeichten Thermoaräometers die scheinbare Dichte und der Wärmegrad bestimmt.

pp.

Zu 3. Nachdem die Literzahl auf Grund der amtlichen Eiche festgestellt ist, wird nach Maßgabe der Bestimmung unter 2 verfahren.

Anleitung für die Zollabfertigung.

Teil III.

Anweisung zur chemischen Untersuchung von Baumöl (Anlage zu Ziffer 20).

1. Bestimmung des spezifischen Gewichts.

Die Bestimmung des spezifischen Gewichts geschieht bei 15° C. mit Hilfe einer Westphalschen Wage. pp.

9. Ermittelung der Höhe von Pferden mittels des Stockmaßes.

Zur genauen Höhenmessung des Pferdes dient ein geeichtes Stockmaß (ein mit metrischer Maßeinteilung und mit einem verschiebbaren, genau wagerecht liegenden Arm ohne Maßeinteilung versehener Maßstock).

96. Flüchtige Öle aus Früchten der Citrusarten.

Abs. 3. Die Bestimmung der Dichte erfolgt bei 15° C. mit Hilfe einer Mohr-Westphalschen Wage.

111. Anweisung zur Feststellung des Gewichts eines Quadratmeters Gewebefläche.

3. Abgekürzte Ermittelung.

Bei der abgekürzten Ermittelung wird nicht der Flächeninhalt und das Gewicht des ganzen Gewebestücks festgestellt, sondern nur ein aus letzterem mittels der amtlich gelieferten Schablone ausgeschnittenes Stück pp. verwogen.

Abs. 3. Die Verwiegung der auf diese Weise gewonnenen Ausschnitte ist mittels einer geeichten Präzisionswage zu bewirken. pp.

124. Anweisung zur Feststellung der Feinheitsnummern der mit Staffelzöllen belegten Gespinste aus pflanzlichen Spinnstoffen.

Beschreibung der zur Feststellung der Feinheitsnummern der Gespinste erforderlichen Geräte und deren Anwendung (Anlage).

1. Erforderliche Geräte.

An Geräten sind erforderlich:

a) eine auf einem Holzbrett aufgestellte Präzisionsweife,
b) ein zu a gehöriger fünfteiliger Strähnhaspel,
c) eine Präzisionsneigungswage,
d) ein zu c gehöriger Gewichtskasten, enthaltend:
1 bis 4. pp.

3. Beglaubigung der Geräte; Fehlergrenzen; Nachprüfung.

Die sämtlichen unter I aufgeführten Geräte mit Ausnahme des Strähnhaspels müssen von der K.N.E.K. beglaubigt sein. Zum Zeichen der erfolgten Beglaubigung erhalten sie das Adlerzeichen, eine für den ganzen Satz von Geräten gleiche Nummer und die Jahreszahl.

(Es folgen Angaben über Prüfung, Fehlergrenzen und Nachprüfung.)

128. Anweisung zur Feststellung der Fadenzahl von Gewebeflächen.

2. Zählung im Gewebestück.

pp. Sie erfolgt mittels des amtlich gelieferten, von der K.N.E.K. beglaubigten Präzisionsfadenzählers.

3. Zählung der aus Gewebeausschnitten ausgerüffelten Fäden.

pp. Zum Ausschneiden ist bei Geweben pp. die amtlich gelieferte 5 mm breite Doppelschere anzuwenden.

129. Ermittelung des Durchmessers von Bindfaden, Tauen, Seilen und Stricken.

Der Durchmesser von Bindfaden aus Baumwollengespinsten sowie von Tauen, Seilen, Stricken und Bindfaden aus anderen pflanzlichen Spinnstoffen als Baumwolle ist mittels einer mit Mikrometerschraube versehenen amtlich gelieferten Lehre (einer Schraubenlehre) festzustellen.

Auszug aus einem Schreiben des Staatssekretärs des Reichsschatzamts.

Berlin, den 11. August 1909.

Mit den Vorschlägen der K.N.E.K. über die endgültige Gestaltung der Schublehre zur Ermittelung der Wandstärke von Röhren usw., mit der Bestellung dieser Instrumente durch die Norm. Eich.-Komm. und die Herstellung eines Musterinstruments erkläre ich mich in Übereinstimmung mit dem Königlich Preußischen Herrn Finanzminister einverstanden und stelle das Weitere hiernach ergebenst anheim.

Anlage 16.

Bekanntmachung, betreffend Gebührenordnung für eichamtliche Beglaubigungen und Prüfungen außerhalb des eichpflichtigen Verkehrs.

(Zentralblatt für das Deutsche Reich 1912. S. 539.)

Nachdem die Vorschriften über die Erhebung von Gebühren für eichamtliche Beglaubigungs- und Prüfungsarbeiten außerhalb des eichpflichtigen Verkehrs, die von der Kaiserlichen Normal-Eichungskommission als Anhang zur Eichgebührentaxe vom 28. Dezember 1884 (Reichs-Gesetzbl. 1885, Besondere Beilage zu Nr. 5 S. XVII) erlassen worden sind, mit dem am 1. April 1912 erfolgten Inkrafttreten der neuen Eichgebührenordnung vom 18. Dezember 1911 (Reichs-Gesetzbl. S. 1074) ihre Geltung verloren haben, hat der Bundesrat zur Erhaltung der bisherigen Einheitlichkeit der Vorschriften auf diesem Gebiete in seiner Sitzung vom 7. Juni 1912 — § 584 der Protokolle — beschlossen:

die Bundesregierungen zu ersuchen, die Erhebung von Gebühren für eichamtliche Prüfungen und Beglaubigungen außerhalb des eichpflichtigen Verkehrs nach Maßgabe der nachfolgenden Gebührenordnung zu regeln.

Berlin, den 21. Juni 1912.

Der Reichskanzler.

Im Auftrage: von Jonquières.

Erster Abschnitt.

Gebühren.

1. Für die Prüfung von Gegenständen, die sich von eichfähigen Meßgeräten nicht, oder nur in der Form, Einteilung, Bezeichnung usw. unterscheiden, werden, sofern die Prüfung nach den Grundsätzen der Eichung geschieht, die Sätze der Eichgebührenordnung erhoben, und zwar die der gleichen Stufe oder in deren Ermangelung die der nächsthöheren Stufe der Eichgebühren.

2. In gleicher Weise werden die Gebühren berechnet für die Prüfung solcher Prüfungshilfsmittel (Fehlergewichte, Zulagegewichte, Büretten und Pipetten, Meßpipetten, Fehlergläser, Abschnitte für Eich- und Verkehrsfehlergrenzen auf Eichkolben, Dicken- und Tiefenmaße, Lehren, Maßstäbe usw.), deren Genauigkeit der Genauigkeit eichfähiger Meßgeräte entsprechen soll.

3. Für die Prüfung von Gegenständen mit der Genauigkeit entsprechender Gebrauchsnormale sowie für die Prüfung von Schraublehren, Nonien und ähnlichen Feinteilungen, ferner für die Prüfung von Eichkolben, die zur Prüfung von Kubizierapparaten für Fässer und Gasmesser dienen, ist das Doppelte der für entsprechende eichfähige Meßgeräte in Betracht kommenden Eichgebühren zu erheben.

4. Für die Prüfung von Wagen mit der Genauigkeit der Eichamtswagen sowie für die Prüfung von Kontrollgasmessern ist das Vierfache der für entsprechende eichfähige Meßgeräte in Betracht kommenden Eichgebühren zu erheben.

5. Für die Prüfung von Kubizierapparaten für Fässer und für Gasmesser werden folgende Sätze erhoben:

bis zu 100 Liter	6 Mark,
mehr als 100 „ „ 400 „	12 „
„ „ 400 „ „ 600 „	16 „
„ „ 600 „ „ 800 „	20 „
„ „ 800 „ „ 1000 „	24 „
größere, für jede volle oder angefangene Stufe von 100 Litern mehr	2 „

Für die Prüfung auf Dichtheit und Haltbarkeit allein wird die Hälfte der obigen Gebühr erhoben.

6. Für die Beglaubigung von Gegenständen mit der Genauigkeit der entsprechenden Kontrollnormale ist das Vierfache der für entsprechende eichfähige Meßgeräte in Betracht kommenden Eichgebühren zu erheben. Für die Beglaubigung von Wagen, deren Genauigkeit die der Eichamtswagen übersteigt, das Sechsfache.

7. Für Konstruktionsprüfungen an Meßgeräten ist das Doppelte der für entsprechende Meßgeräte in Betracht kommenden Eichgebühren zu erheben.

8. Für die Beglaubigung von Hebelsystemen und Gewichtsgerätschaften sind Gebühren für die verwendete Zeit, und zwar mit 3 Mark für jede angefangene Stunde und für jeden beanspruchten Beamten, zu berechnen.

In gleicher Weise wird verfahren, wenn die Bestimmungen in Nr. 1 bis 7 einen Anhalt nicht bieten, z. B. bei der Beglaubigung von Meßgeräten, deren Größe außerhalb der zugelassenen Größen liegt, oder die auch der Art nach eichfähigen Meßgeräten nicht entsprechen, wie größere Tanks, Tankwagen, Zementbottiche usw.

Zweiter Abschnitt.

Sonstige Bestimmungen.

1. Die im ersten Abschnitt festgesetzten Gebügren sind auch dann zu erheben, wenn die Prüfung zu einer Beglaubigung nicht geführt hat. Mußte jedoch die Prüfung schon nach einer äußerlichen Besichtigung abgelehnt werden, so werden Gebühren nicht erhoben.

2. Ist die Prüfung mit besonderen Nebenarbeiten verbunden, wie Auseinandernehmen oder Zusammensetzen des Gegenstandes, Berichtigung, Herstellung vorläufiger Skalen usw., so können Zusatzgebühren bis zur Hälfte der Gebühren erhoben werden.

3. Für Prüfungen, die zur Ausstellung eines Fehlerverzeichnisses mit bestimmten Zahlenangaben führen sollen, wird ein Zuschlag bis zur Hälfte der Gebühren erhoben.

4. Für Nachprüfungen werden die gleichen Gebühren erhoben wie für erste Prüfungen.

5. Bei allen außerhalb der Amtsstelle stattfindenden Prüfungen werden neben den Gebühren die bestimmungsmäßigen Tagegelder und Reisekosten sowie die aus der Hin- und Rückbeförderung der Normale und Prüfungsmittel entstehenden Kosten erhoben.

Anlage 17.

Gesetz, betreffend die Bezeichnung des Raumgehalts der Schankgefäße.

Vom 20. Juli 1881.

(R.G.Bl. S. 249.)

§ 1.

Schankgefäße (Gläser, Krüge, Flaschen usw.), welche zur Verabreichung von Wein, Obstwein, Most oder Bier in Gast- und Schankwirtschaften dienen, müssen mit einem bei der Aufstellung des Gefäßes auf einer horizontalen Ebene den Sollinhalt begrenzenden Strich (Füllstrich) und in der

Nähe des Strichs mit der Bezeichnung des Sollinhalts noch Litermaß versehen sein. Der Bezeichnung des Sollinhalts bedarf es nicht, wenn derselbe ein Liter oder ein halbes Liter beträgt.

Der Strich und die Bezeichnung müssen durch Schnitt, Schliff, Brand und Ätzung äußerlich und in leicht erkennbarer Weise angebracht sein.

Zugelassen sind nur Schankgefäße, deren Sollinhalt einem Liter oder einer Maßgröße entspricht, welche vom Liter aufwärts durch Stufen von $^1/_2$ Liter, vom Liter abwärts durch Stufen von Zehnteilen des Liters gebildet wird. Außerdem sind zugelassen Gefäße, deren Sollinhalt $^1/_4$ Liter beträgt.

§ 2.

Der Abstand des Füllstrichs von dem oberen Rande der Schankgefäße muß

a) bei Gefäßen mit verengtem Halse, auf dem letzteren angebracht, zwischen 2 und 6 Zentimeter,

b) bei anderen Gefäßen zwischen 1 und 3 Zentimeter betragen.

Der Maximalbetrag dieses Abstandes kann durch die zuständige höhere Verwaltungsbehörde hinsichtlich solcher Schankgefäße, in welchen eine ihrer Natur nach stark schäumende Flüssigkeit verabreicht wird, über die vorstehend bezeichneten Grenzen hinaus festgestellt werden.

§ 3.

Der durch den Füllstrich begrenzte Raumgehalt eines Schankgefäßes darf

a) bei Gefäßen mit verengtem Halse höchstens $^1/_{50}$,

b) bei anderen Gefäßen höchstens $^1/_{30}$

geringer sein als der Sollinhalt.

§ 4.

Gast- und Schankwirte haben gehörig gestempelte Flüssigkeitsmaße von einem zur Prüfung ihrer Schankgefäße geeigneten Einzel- oder Gesamtraumgehalt bereit zu halten.

§ 5.

Gast- und Schankwirte, welche den vorstehenden Vorschriften zuwiderhandeln, werden mit Geldstrafe bis zu einhundert Mark oder mit Haft bis zu 4 Wochen bestraft. Gleichzeitig ist auf Einziehung der vorschriftswidrig befundenen Schankgefäße zu erkennen, auch kann die Vernichtung derselben ausgesprochen werden.

§ 6.

Die vorstehenden Bestimmungen finden auf fest verschlossene (versiegelte, verkapselte, festverkorkte usw.) Flaschen und Krüge, sowie auf Schankgefäße von $^1/_{20}$ Liter oder weniger nicht Anwendung.

§ 7.

Dieses Gesetz tritt am 1. Januar 1884 in Kraft.

Das vorstehende Gesetz hat mehrfache Änderungen erfahren durch das Gesetz wegen Änderung des Schankgefäßgesetzes. Vom 24. Juli 1909 (Reichs-Gesetzbl. S. 891).

Artikel I.

Das Gesetz betreffend die Bezeichnung des Raumgehalts der Schankgefäße, vom 20. Juli 1881 (Reichs-Gesetzbl. S. 249) wird wie folgt geändert:

1. An die Stelle des § 1 Abs. 3 tritt folgende Vorschrift:
Zugelassen sind nur Schankgefäße, deren Sollinhalt einem Liter oder einer Maßgröße entspricht, welche vom Liter aufwärts durch Stufen von $^1/_2$ Liter, vom Liter abwärts durch Stufen von Zehnteilen und vom halben Liter abwärts durch Stufen von Zwanzigteilen des Liters gebildet wird.

2. Im § 2 Abs. 1 wird eine neue lit. b eingefügt in folgender Weise:

b) bei Schankgefäßen für Bier zwischen 2 und 4 Zentimeter,

c) wie bisher b.

3. Dem § 2 werden folgende Absätze 3 und 4 hinzugefügt:
Die höhere Verwaltungsbehörde ist ferner befugt, den in Abs. 1 zu b bezeichneten Mindestbetrag des Abstandes für Gefäße von einem halben Liter und darüber bis auf 3 Zentimeter zu erhöhen.
Bis zum 1. Oktober 1913 ist der Gebrauch von Schankgefäßen für Bier mit einem Mindestabstande von 1 Zentimeter gestattet.

Artikel II.

Dieses Gesetz tritt am 1. August 1909 in Kraft.

Anlage 18.

Zusammenstellung

der im Texte angeführten letztinstanzlichen Urteile.

Berlin.	Kammergericht.	14. 2. 1884.	S. 519, 83.
		25. 1. 1897.	S. 1124, 96/Nr. 339.
		30. 6. 1905.	Goltd. Arch. **52**, 421.
	Obertribunal.	7. 11. 1867.	Oppenhof, Rechtspr. **8**, 674.
		15. 7. 1874.	Goltd. Arch. **22**, 64.
		17. 7. 1874.	Strinthorst. Arch. **4**, 76, 220.
		7. 1. 1875.	Goltd. Arch. **23**, 131.
		31. 10. 1878.	Oppenhof, Rechtspr. **19**, 496.

Berlin.	Oberverwaltungsgericht.	15. 10. 1890.	Entsch. d. Pr. OVG. **20**, 426. Reger, Entsch. **11**, 77.
		20. 9. 1894.	Entsch. d. Pr. OVG. **27**, 325; Reger, Entsch. **15**, 221.
		4. 10. 1899.	OVG. III Nr. 1487.
		18. 3. 1901.	
		18. 4. 1901.	OVG. III Nr. 677.
		11. 4. 1904.	Reger, Entsch. **25**, 351.
		6. 10. 1904.	Goltd. Arch. **52**, 412. Reger, Entsch. E. III, 566.
		5. 11. 1906.	OVG. III, 2137.
		1. 2. 1909.	Gewerbearchiv **8**, 668.
Braunschweig.	Oberlandesgericht.	24. 6. 1894.	Nr. 606*).
Breslau.	Oberlandesgericht.	8. 1. 1895.	S. 318, 94/III f. 123.
		19. 2. 1895.	S. 32, 95/III f. 568.
		9. 4. 1895.	S. 82, 95/III f. 1158.
		11. 6. 1895.	S. 174, 95/III f. 1902.
		24. 9. 1901.	7. 3. S. 227, 01/22.
		28. 3. 1905.	8a. 3. S. 52, 05/14.
		17. 11. 1908.	Zeitschr. d. Anwaltsk. Breslau **22**, 48.
Celle.	Oberlandesgericht.	11. 3. 1893.	III. S. 9/93.
		26. 7. 1894.	III. S. 45/94.
		10. 12. 1906.	3. S. 165, 06/21.
Colmar.	Oberlandesgericht.	7. 4. 1891.	Goltd. Arch. **39**, 357.
Cöln.	Oberlandesgericht.	24. 3. 1893.	S. 13, 93/100.
		31. 1. 1902.	S. 3, 02/16.
		17. 6. 1905.	Rheinisches Archiv **104**, 184.
		24. 2. 1906.	S. 34, 06/21.
Darmstadt.	Oberlandesgericht.	27. 5. 1886.	Rev. 14, 86.
Dresden.	Oberlandesgericht.	29. 9. 1904.	Sächsisches Archiv **1**, 80.
Hamm.	Oberlandesgericht.	9. 6. 1902.	Reger, Entsch. **24**, 175.
		3. 4. 1905.	5. S. 34, 05/13.
		7. 5. 1907.	10. S. 64, 07/14.
Jena.	Oberlandesgericht.	19. 3. 1895.	Goltd. Arch. **43**, 63.
Kiel.	Oberlandesgericht.	9. 7. 1896.	O. 155, 96.
Marienwerder.	Oberlandesgericht.	17. 3. 1893.	S. 10, 93.
		17. 3. 1896.	Goltd. Arch. **43**, 63, 415; Reger, Entsch. **16**, 433.
München.	Oberstes Landesgericht.	11. 2. 1893.	Goltd. Arch. **41**, 2, 98; Reger, Entsch. **14**, 405.
		22. 2. 1900.	Reger, Entsch. **22**, 406.
		30. 1. 1902.	Rev. Reg. Nr. 272, 01.
		22. 3. 1902.	Samml. v. Entsch. des BayrOLG. in Strafs. **2**, 307.
		11. 3. 1905.	Desgl. **5**, 292, Reger **26**, 459.
		20. 10. 1908.	Desgl. **9**, 35, Gewerbearchiv **8**, 669.
		30. 1. 1909.	Bayr. Amtsbl. d. Min. d. Innern 1909, 266.

*) Das im Texte angegebene Datum 25. 5. 1894 bezieht sich auf das Urteil des Landgerichts.

München.	Oberstes Landesgericht.	13. 3. 1909.	Zeitschr. f. Rechtspfl. in Bayern **5**, 257.
		20. 12. 1910.	Samml. v. Entsch. d. Bayr. OLG. **10**, 421.
Naumburg.	Oberlandesgericht.	1. 12. 1892.	Goltd. Arch. **40**, 354; Reger, Entsch. **13**, 315.
		17. 1. 1895.	S. 223, 94/III. 303.
		1. 6. 1896.	S. 69, 96/III. 2608.
		10. 4. 1901.	
Posen.	Oberlandesgericht.	1. 4. 1899.	Goltd. Arch. **46**, 463; Reger, Entsch. **22**, 228.
		11. 6. 1902.	8 S. 64, 02*).
		4. 2. 1903.	S. 6, 03/16.
		18. 2. 1903.	S. 11, 03/23.
		7. 1. 1904.	I. 34/4272.
		4. 3. 1903.	S. 16, 03/18.
		14. 12. 1904.	S. 120, 04.
		25. 1. 1905.	S. 133, 04.
		7. 2. 1906.	8 S. 8, 06/22.
		19. 1. 1907.	8 S. 2, 07/14.
		24. 4. 1909.	8 S. 121/09.
Stettin.	Oberlandesgericht.	23. 12. 1892.	Goltd. Arch. **40**, 354; Reger, Entsch. **13**, 314.
		23. 2. 1894.	S. 10, 94.
		26. 4. 1895.	S. 22, 95.
		16. 12. 1903.	
		14. 12. 1904.	
		25. 1. 1905.	
		7. 2. 1906.	
Stuttgart.	Oberlandesgericht.	29. 4. 1907.	S. 6, 1907.
Reichsgericht.		9. 1. 1893.	Entsch. **23**, 1893. 378.

*) Das im Texte angegebene Datum 17. 4. 1902 bezieht sich auf das Urteil des Landgerichts.

Sachregister.

A.

Abgekürzte Bezeichnungen 15, **222**.
— Bekanntmachung betr. — der Maße und Gewichte 222.
Abfertigungsstelle der Eichämter 75.
Adlerstempel 107, **124**, 204, 220, 243.
Alkoholgehalt, Ermittelung **49**.
Alkoholmesser, Steuervorschriften 44.
Alkoholometer s. a. Thermoalkoholometer.
— Gewichts 50.
— Volumen 50.
Amtsstelle.
— Begriff der 75.
— besondere (nichtständige) 75, 76.
— ständige 75, 76.
— Eichungen an der 76.
— Eichungen außerhalb der 76.
— technische Anforderungen 75.
Ansiedelungskommission, Beamte der 65.
Apfelmost 57.
Apparate zur Eichung 74.
Ar 13, 15, 223.
Aräometer 49.
— Begriffsbestimmung 49.
— Eichvorschriften 200.
— Steuervorschriften 43.
Arbeitsleistung, Wertbemessung 32.
Archivkilogramm 1, 2.
Archivmeter 1, 2, 4.
Atlas der Meßgeräte 100.
Aufsetzmaße s. Rahmenmaße.
Aufsichtsbehörden.
— Befugnis zum Eichen 84, 85.
— gemeinschaftliche 87, 89.
— Organisation 87.
— Verpflichtung 75, 84.
— Verzeichnis der 86.
Aufsichtsbezirke 86.
Ausführungsbestimmungen der K. N.-E.-K. 90, 99, 116.
Ausrüstung der Eichbehörden 76.
Außerverkehrssetzung von Geräten 104, 142.
Azetylen 50.

B.

Band, Stefansches 45.
Bandmaße 45, 128, 150.
Bauinspektoren, Geräte der 65
Beförderungskosten.
— für die Normale 80, 138.
— für den Eichbeamten 80, 138
Befugnisse der Eichbehörden 74.
— Beschränkung der 74, 76.
— örtliche Begrenzung der 75.
Befundprüfung 71.
— außerhalb der Amtsstelle 80.
Beglaubigung 83.
Beglaubigungsgebühren 83, 257.
— Bekanntmachung betr. die 257.
Behörde, zuständige 57, 59.
— Verkehr der 27, 113.
Bekanntmachung betreffend
— abgekürzte Bezeichnungen 222.
— Befreiung von der Eichpflicht 127.
— Eichgebührenordnung 137.
— Gebühren für Beglaubigungen 257
— Molkereigeräte 146.
— Neueichung vorschriftswidriger Geräte 146.
— nicht metrische Geräte 126.
— Stempel- und Jahreszeichen 124
— Verkehrsfehlergrenzen 128.
Benutzen 113.
Bereithalten 22, 40, 67, 113.
Berichtigungsgebühren 79, **137**.
Berggesetze 47.
Bergwerksbetriebe 46, 48.
Beschleunigung der Schwere 5.
Besichtigung, äußerliche 79, **137**.
Betrieb.
— Bergwerks- 46, 48.
— fabrikmäßiger 22, 44.
— landwirtschaftlicher 112.
— innerer 33.
Bezeichnungen, abgekürzte **15**.
— Bekanntmachung betr. 222.
Bier 30, 50.
Bierfässer
— Eichpflicht 54.

Bierfässer.
— Eichvorschriften 165.
— Kennzeichnung 63, 166
— Nacheichungsfristen 61.
— Übergangsbestimmungen 118.
Both 50.
Brennholz, Maße für 37, 173.
Bundesrat, Befugnisse.
— Abänderung der Nacheichfristen 64.
— Ausdehnung des Eichzwanges 64.
— Ausnahmen von der Eichpflicht 64.
— Eichgebührenordnung 77.
— Stempel- und Jahreszeichen 106.
— Zulassung nicht metrischer Geräte 22.
Bayer 2.
Benoit, R. 9, 10, 14, 18.
Boinot 8.
Broch 7, 9, 12.
Brunner, Gebr. 7.
Buisson 14.

C.

Cyder 57.
Collot 16.
Cornu 6.

D.

Darstellungen, bildliche 100.
Dezimeter 13, 15, 223.
Dickenmaße 62.
— Eichgebühren 139.
— Eichvorschriften 153.
— Verkehrsfehlergrenzen 129.
Direktor der K. N.-E.-K. 91, 93.
Doppelschere 44.
Doppelzentner 14, 21, 223.
Debray 8, 9, 16, 17.

E.

Eichämter s. a. Eichbehörden, Gemeindeeichämter.
— Abfertigungsstellen der 75.
— Aufsicht über die 84.
— Gemeinde- 87.
— Neben- 75.
— Nebenstellen der 75.
— Staats- 87.
— Organisation der 87.
— verschiedene Arten 75.
Eichbehörden s. a. Befugnisse.
— Ausrüstung der 76, 87, 88.
— Befugnisse der 74, 75, 76.
— Verpflichtung zum Eichen 74, 149.
Eichfähig 69, 99, 100, 147.
Eichfähigkeit 110.
— Bedingungen der 90.
— Begriff der 100.
Eichfehler 69.
Eichfehlergrenze 68.
Eichgebühren s. a. Gebühren 77.
— für Aräometer 143.
— für Dickenmaße 139.
— für Fässer 140.
— für Flächenmaße 139.
— für Flüssigkeitsmaße usw. 139.
— für Gasmesser 144.
— für Getreideproben 144.
— für Gewichte 141.
— für Hohlmaße usw. 40
— für Längenmaße 138.
— für Meßrahmen 141.
— für Meßwerkzeuge für wissenschaftliche und technische Untersuchungen 145.
— für Wagen 141.
— Grundsätze für die Festsetzung 78.
— Verhältnis zu den Ausgaben 77, 81.
Eichgebührenordnung 77, 137.
— allgemeine Vorschriften 78, 137.
Eichmittel 84, 89.
— Begriff der 84.
— Prüfung der 84.
Eichnormale s. a. Gebrauchsnormale 74, 84.
Eichordnung 99, 147.
— allgemeine Vorschriften 147.
— besondere Vorschriften 150.
Eichpflichtiger Verkehr 30, 61.
— Begriffsbestimmung 30.
— Anwesenheit des Käufers 31.
— des Großhandels 31.
Eichstempel, mustergültige Formen 243.
Eichung 57, 74.
— Begriffsbestimmung 57.
— in der Amtsstelle 76.
— außerhalb der Amtsstelle 76, 80.
— probeweise 101, 147.
Eichungskommission 87.
Eichungsinspektion 86, 87.
Eichvorschriften.
— für Aräometer 200.
— für Dickenmaße 153.
— für Fässer 165.
— für Flächenmaße 155.
— für Flüssigkeitsmaße usw. 156.
— für Gasmesser 205.

Eichvorschriften
— für Getreideproben 208.
— für Gewichte 175.
— für Hohlmaße usw. 167.
— für Längenmaße 150.
— für Meßrahmen 173.
— für Meßwerkzeuge für wissenschaftliche und technische Untersuchungen 212.
— für Wagen 181.
Eichwesen, Überwachung 97, 103.
Einheiten s. Maßeinheiten 13.
Einteilung der Maße 73.
Einziehung 111, 112, 113.
Eisenbahn, Geräte der 32.
Endmeter 1.
Entwertung 104, 150.
Entwertungszeichen 104, 150.
Essigproben 43.

F.

Fabrikmäßiger Betrieb 22, 44.
Fadenzähler 45.
Fahrlässigkeit des Täters 35, 112.
Fahrpreisanzeiger 36.
Fässer s. a. Bierfässer, Weinfässer.
— Begriffsbestimmung 52.
— Eichgebühren 140.
— Eichpflicht 54.
— Eichvorschriften 165.
— Größe der 74.
— Nacheichungsfristen 61.
— Steuervorschriften 42.
— Verbot unrichtiger 67.
— Verkehrsfehlergrenzen 128.
Faßweiser Verkauf 51, 55.
Fehlergrenzen 68, 69.
— Eich- 68.
— Nacheichungs- 68, 71.
— Verkehrs- 68, 131.
Feiler Verkauf 24.
Feilhalten 23, 24.
Feldmesser, Geräte der 32, 65.
— Befreiung vom Eichzwang 65, 127.
Festfundamentierte Wagen.
— Begriffsbestimmung 63.
— Nacheichungsfrist 61.
Fettgas 50.
Flächenmaße 62, 139.
— Abgekürzte Bezeichnungen 15, 223.
— Bezeichnungen 13.
— Eichgebühren 139.
— Eichvorschriften 155.
— Zulässigkeit 74.
Flaschen 36, 37, 38.
Flüssigkeiten, weingeistige 49, 50.
Flüssigkeitsmaße s. a. Glasgeräte.
— Eichgebühren 139.
— Eichvorschriften 156.
— gläserne 62.
— Nacheichungsfrist 61.
— Steuervorschriften 42.
— Verkehrsfehlergrenzen 130.
Förderwagen, Fördergefäße.
— Eichgebühren 141.
— Eichpflicht 46, 48.
— Eichvorschriften 170.
— Größe 71, 74.
— Lebensdauer 48.
— Nacheichung 62.
— Übergangsbestimmungen 105, 118, 146.
— Verkehrsfehlergrenzen 131.
Freizügigkeit der Meßgeräte 111.
Fuder 51.
Fizeau 8.
Fortin 1.

G.

Garn, Kleinhandel mit 240.
Gas, Arten von 50.
— Verkehr mit 49.
Gasmesser.
— Befreiung von der Nacheichung 62.
— Eichgebühren 144.
— Eichpflicht 49.
— Eichvorschriften 205.
— Verbot unrichtiger 67.
— Verkehrsfehlergrenzen 136.
Gasometer 49.
Gebinde 50, 51, 53.
Gebrauchsnormale.
— Begriff der 84.
— Fehlergrenzen 97.
— wiederkehrende Prüfung 84.
Gebrauchsnormalapparate s. Gebr.-N.
Gebühren s. a. Beglaubigungs-, Berichtigungs-, Eich-, Nacheichgebühren.
— für Aufbringen der Bezeichnung 79, 137.
— außerhalb der Amtsstelle 79, 137
— für äußerliche Besichtigung 79, 137
— für Beglaubigung 83, 257.
— für Berichtigung 79, 137.
— Eich- 77, 137.
— Festsetzung der 77.
— Nacheich- 77, 81, 82, 138.
— für probeweise Eichung 81, 138.

Gebühren
— für Prüfung ohne Stempelung 79, 137.
— bei ungenügender Vorbereitung 81, 138.
— Zuschläge 80, 138.
Geeicht 22.
— Begriffsbestimmung 34.
— probeweise 101, 103.
G. m. b. H., Verkehr der 28, 116.
Gemeindeeichämter.
— Beibehaltung von 87, 89.
— Bestimmungen für 87.
Generalkonferenz für Maße und Gewichte 3, 5.
Genossenschaftsmolkereien 116.
Geometer, Geräte der 32, 65.
Geräte.
— der Eisenbahn 32.
— der Post 32.
— der Steuer s. steueramtl. Geräte 22, 26, 41, 245.
Gesamtgröße der Maße 73, 74.
Geschäftsbetrieb von Vereinen 111, 112, 116.
Geschäftsverkehr 29.
Getreideprober.
— Eichgebühren 144.
— Eichpflicht 33, 101.
— Eichvorschriften 208.
— Steuervorschriften 43.
— Verkehrsfehlergrenzen 136.
Gewerbe, Ausübung eines 111, 112, 113.
Gewerbebetrieb 25, 29.
Gewerbegehilfen, Verantwortlichkeit 115.
Gewerbeordnung 112, 115.
Gewerbetreibender 24, 25, 113.
Gewichte s. a. Goldmünz-, Präzisions-Urgewicht.
— abgekürzte Bezeichnungen 15, 223.
— Bezeichnungen 21.
— Begriffsbestimmung 5, 6, 39.
— Eichgebühren 141.
— Eichpflicht 22.
— Eichvorschriften 175.
— Größe 71.
— Grundlage 1, 3.
— Nacheichungsfristen 61.
— Steuervorschriften 43.
— Verbot unrichtiger 67.
— Verkehrsfehlergrenzen 132.
Glasgeräte, Befreiung von der Nacheichung 62, 66, 127.
Goldmünzgewichte.
— besondere, nichtmetrische 20.
— Eichgebühren 141.
— Eichvorschriften 179.
— Verkehrsfehlergrenzen 133.
Gramm 15, 21.
— Teile und Vielfache 71.
Großhandel 25, 26, 27, 30, 31.
Großhändler, Verkehr der 28, 31.
Guillaume 9, 11, 12.

H.

Handelsverkehr 22, 23, 26.
Hanks 45.
Hartglas, Zusammensetzung 4.
Haspeln 36, 45.
Hauptnormale 97.
— wiederkehrende Prüfung 98.
— Zweck 98.
Hausierhandel 29.
Hektar 13, 15, 223.
Hektogramm 14, 21, 223.
Hektoliter 13, 15, 223.
— Teile und Vielfache 71.
— Viertel 72, 123.
Hohlmaße für trockene Gegenstände.
— Eichgebühren 140.
— Eichvorschriften 167.
— Nacheichungsfristen 61.
— Verkehrsfehlergrenzen 131.
Holzhandel, Meßgeräte im 46, 127.
Hirsch 10, 18.

J.

Jahreszeichen.
— Bedeutung 109.
— Bekanntmachung betr. 124.
— Festsetzung der 106.
— Form 107.
— Größe 243.
— undeutliche 59.
Jahresstempel, mustergültige Formen 243.
Jedermann 23, 24.
Informationskurse 96.
Informationsreisen der Mitglieder 97.
Inkrafttreten der Maß- u. Gew.-O 117.
— Kaiserl. Verordnung betr. 123.
— teilweises 117, 118, 123.

Instruktion, allgemeine.
— Amtsstelle (1) 75.
— Ausrüstung der Eichbehörden (11) 76.
— äußerliche Besichtigung (3) 79, 137.
— Befundprüfung (6) 71, 80.
— Begriff der Eichmittel (11) 84.
— Beschaffenheit der Arbeitsräume (13) 88.
— Nachprüfung der Normale (12f, h) 84, 85.
— Neueichung, Nacheichung (2) 61.
— Prüfung mit und ohne Stempelung (4) 79.
— Prüfung in und außerhalb der Amtsstelle (4, 5, 6) 80.
— Verpflichtung der Eichbehörden (2) 74.
Instruktionen 99.
International.
— Maß- und Gewichtsbureau 2.
— Meterkonferenz 2.
— Meterkonvention 2, 35, 230.
— Prototype 2.
— Urmaße 2.
Juwelengewicht 18.
Isaachsen 9.
Johnson 7, 16.

K.

Karatgewicht 18.
Kastenmaße.
— Eichgebühren 141.
— Eichvorschriften 170.
— Verkehrsfehlergrenzen 131.
Kerzen, Kleinhandel mit 242.
Kilogramm s. a. Urkilogramm.
— abgekürzte Bezeichnung 15, 223.
— Begriffsbestimmung 1, 2, 5, 6.
— der Archive 1, 2, 4, 6.
— Prototyp 1, 5, 6.
— Teile und Vielfache 21, 71.
Kilogrammprototyp, internationales.
— Beschreibung 6.
— Masse 6.
Kilometer 13, 15, 223.
Kleinhandel 30.
Kleinverkehr 30, 40.
Kluppmaße s. a. Dickenmaße 66, 74.
Konsumvereine, Verkehr der 28, 29, 116.
Kontrollnormale 84.
— Begriff 85, 97.
— Fehlergrenzen 97.
— wiederkehrende Prüfung 84, 97.
Körpermaße 13, 72.
— abgekürzte Bezeichnungen 15, 223.
— Bezeichnungen 13.
— Größe der 71.
Kubikdezimeter 13, 15, 223.
Kubikmeter 12, 15, 223.
— Teile und Vielfache 71.
Kubikmillimeter 13, 15, 223.
Kubikzentimeter 13, 15, 223.
Kumtmaße 72.
— Eichgebühren 141.
— Eichvorschriften 170.
— Verkehrsfehlergrenzen 131.
Kreichgauer 17.

L.

Lager, Meßgeräte auf 40.
Landesregierungen
— Ein- und Durchführung der M. u. G.-O. 117.
— Erlaß über Nacheichgebühren 77.
— Ordnung des Eichwesens 118.
— Organisation der Eichbehörden 87.
Landmesser, Geräte der 32, 65.
— Befreiung vom Eichzwang 65, 127
Landwirte.
— als Gewerbetreibende 113, 114.
— Meßgeräte der 113, 114.
Landwirtschaftlicher Betrieb 112.
Längenmaße.
— abgekürzte Bezeichnungen 15, 223.
— Bezeichnungen 13.
— Eichgebühren 138.
— Eichvorschriften 150.
— Größe 71.
— Nacheichungsfristen 61.
— Steuervorschriften 42.
— Verkehrsfehlergrenzen 128.
Legemaschine 45.
Lehren.
— Arten von 66.
— Befreiung vom Eichzwang 65, 66, 127.
— Eichpflicht 33.
Leistungen, Umfang von 22, 24, 26, 27, 33, 34.
Leonische Industrie, Geräte der.
— Befreiung vom Eichzwang 45, 127.
Leonische Waren 127.
Leuchtgas 50.
Liter.
— Begriffsbestimmung 13, 14.
— Teile und Vielfache 71.

Lösch- u. Ladegefäße s. a. Meßwerkzeuge für trockene Gegenstände.
— Eichgebühren 141.
— Eichvorschriften 170.
— Verkehrsfehlergrenzen 131.
Laurent, L. 8.
Lénoir 1.

M.

Markscheider, Geräte der 32, 65.
— Befreiung vom Eichzwang 65, 127.
Masse, Begriff der 5, 6.
Maß.
— Begriffsbestimmung 35, 36.
— Eichpflicht 22.
— Größe 71.
— Grundlage 1.
— Rechtsprechung 37.
— Verbot unrichtiger 67.
Maße s. a. Flüssigkeitsmaße, Meßwerkzeuge.
— mit Einteilung 73, 161.
— ohne Einteilung 73, 161.
— zusammengesetzte 73.
Maßeinheiten, abgeleitete 13.
Maß- u. Gewichtsbureau 2.
Maß- und Gewichtsordnung.
— norddeutsche v. 17. 8. 1868 2, 41, 68, 223.
— preußische v. 30. 5. 1816 22.
— Anwendung auf Bayern 120.
Maß- und Gewichtspolizei 111, 112, 116.
Maßstäbe 45, 150.
Medizinalgewichte 19.
Meliorationsbaubeamte, Geräte der 65.
Messen 22, 27, 30, 31.
— Begriffsbestimmung 34.
Meßflaschen 37, 157.
Meßgeräte 58.
— der Behörden 41.
— der Eisenbahn und Post 32.
— der Feldmesser- und Markscheider 32, 65, 127.
— des Holzhandels 46, 127.
— der leonischen Industrie 45, 127.
— der Molkereien 67, 146.
— der pharmazeutischen Industrie 46, 127.
— der Steuer 22, 26, 41, 245.
— der Textilindustrie 45, 126.
— Freizügigkeit geeichter 111.
— gläserne s. Glasgeräte 62, 66, 127.
— nicht metrische 22, 44, 126.
Meßmaschinen 35, 45.
Meßrahmen 45, 72.
— Eichgebühren 141.
— Eichvorschriften 173.
— Verkehrsfehlergrenzen 132.
Meßräder 36, 45.
Meßtisch 45.
Meßuhren 45.
Meßwalzen 36, 45.
Meßwerkzeuge 35, 37, 68.
— für Flüssigkeiten s. diese 22, 36, 37, 62.
— für trockene Gegenstände 22, 36, 37.
— für wissenschaftliche und technische Untersuchungen 36, 62.
Meßwerkzeuge f. Flüssigkeiten.
— Eichgebühren 139.
— Eichpflicht 22.
— Eichvorschriften 160.
— Nacheichungsfrist 61.
— Verkehrsfehlergrenzen 130.
Meßwerkzeuge für trockene Gegenstände s. Kastenmaße, Lösch- und Ladegefäße, Förderwagen, Rahmenmaße, Kumtmaße.
— Eichpflicht 22.
— Nacheichungsfrist 61.
Meßwerkzeuge für wissenschaftliche und technische Untersuchungen.
— Befreiung von der Nacheichung 66.
— Eichgebühren 145.
— Eichvorschriften 212.
— Steuervorschriften 43.
Meßzylinder 45.
Meter s. a. Urmeter.
— abgeleitete Einheiten 12.
— abgekürzte Bezeichnung 15, 223.
— Begriffsbestimmung 1, 3.
— der Archive 1, 3, 4.
— Prototyp 1, 3, 4.
— Teile und Vielfache 13, 71.
Meterkonferenz, internationale 2.
Meterkonvention, internationale 2, 3, 5, 230.
Meterprototyp, internationales.
— Beschreibung 3.
— Länge 4.
Milchmaße 74.
— Eichgebühren 140.
— Eichvorschriften 162.
— Verkehrsfehlergrenzen 131.
Milligramm 15, 21, 223.
— Vielfache 71.
Milliliter 13, 15, 223.

Millimeter 13, 15, 223.
Mitglieder der K. N.-E.-K.
— beigeordnete 93.
— ständige 93.
— Informationsreisen der 97.
Mitteilungen der K. N.-E.-K. 96, 100.
Mohrsche Wage 44.
Molkereigeräte 67.
— Übergangsbestimmungen 67, 146.
Most 57.
Macé de Lépinay 14.
Mathey & Co. 7, 16.
Mulhacén, Gal. 10, 18.

N.

Nacheichung 57, 61.
— außerhalb der Amtsstelle 80.
— Begriffsbestimmung 57, 61, 103, 109.
— Überwachung der 103.
Nacheichungsfehlergrenzen 68, 71.
Nacheichungsfristen.
— Beginn der 62, 63, 119.
— Dauer der 61.
— Ruhen der 62.
Nacheichgebühren 77, 81, 82, 138.
Nacheichungspflicht, Voraussetzung zur 62.
Nebeneichämter 75.
Nebenstellen der Eichämter 75.
Neigungswagen 67.
— der Molkereien, Übergangsbestimmungen 67.
— der Post und Eisenbahn 198.
Neueichung s. a. Eichung, probeweise Eichung 57, 61.
— außerhalb der Amtsstelle 80.
— Begriffsbestimmung 57, 61.
— Überwachung der 90, 96.
Normalapparate 77.
Normale s. a. Eich-, Gebrauchs-, Kontroll-, Hauptnormale 69, 77, 98.
— Gebrauchs- 97.
— Kontroll- 97.
— Haupt- 97.
Normal-Eichungskommission, Kaiserliche s. a. Direktor, Mitglieder, Personal, Zulassung.
— Ausführungsbestimmungen der 90, 99, 116.
— Auslegung der Vorschriften 96.
— Außerverkehrsetzung von Geräten 90, 104, 142.
Normal-Eichungskommission, Befugnisse 90, 94, 126, 149.
— Bestimmungen über Stempelung 105, 149.
— Eichtätigkeit 75, 90, 106.
— Errichtung 91.
— Gebühren für probeweise Eichung 81, 103, 138.
— Geschäftsbereich 95.
— Geschäftsordnung 91.
— Gültigkeit des Stempels 90, 106.
— Mitteilungen 100.
— Organisation 91.
— Sitz 91.
— Übergangsbestimmungen 104, 146.
— Überwachung des Eichwesens 90, 97, 103.
— Unterrichtskurse für Eichbeamte 96.
— Verabfolgung, Vergleichung der Normale 90.
— Verhältnis z. bayerischen N.-E.-K. 121.
— Vorbehalt bestimmter Eichzweige 98.
— Zulassung zur Eichung 90, 101.
— Zulassung von Flächenmaßen 72.
— Zuständigkeit 95.
Normal-Eichungskommission, Kgl. bayerische 120.
— Anerkennung des Stempels 122.
— als Aufsichtsbehörde 87, 122.
— probeweise Eichungen 122.
— Verhältnis z. K. N.-E.-K. 120, 121.
Normaltemperatur des metr. Systems 3, 148.
Normalthermometerskala 4.

O.

Obereichamt 87.
Obereichungsamt 87.
Oberlandesgerichte, Urteile 261.
Obstwein 30, 50.
Obstweinfässer.
— Eichpflicht 50.
— Nacheichungsfristen 61.
Öffentlichkeit 27, 28, 29.
Öffentlicher Ort 27, 29.
Öffentlicher Verkehr 23 ff.
— Begriffsbestimmung 24, 27, 28.
— historische Entwicklung 23.
— Kreis der Personen 24, 27, 28.
— Rechtsprechung 27 ff.
Ölwage, Fischersche 44.
Originalgebinde 50, 55.
Oxhoft 50, 56.

P.

Personal der K. N.-E.-K. 93.
Petroleumprober 44.
Pfundeinheit 72, 73.
Pharmazeutische Industrie, Geräte der 46, 127.
Pipe 50, 56.
Planimeter s. Flächenmaße 62, 77, 155.
Präzisionseichstempel 243.
Präzisionslängenmaße 61, 139, 150, 152.
Präzisionsfadenzähler 44, 256.
Präzisionsgewichte 141, 175.
Präzisionsneigungswage 44.
Präzisionswagen 142, 189, 256.
Präzisionsweiten 256.
Post, Geräte der 32, 61.
Postgewichte 21.
Präzisionsmaße s. a. Längenmaße 63.
— Eichgebühren 139.
— Eichvorschriften 150.
Preisberechnung 31.
Privatgebrauch 22, 23, 28, 33.
Privatverkehr 24.
Probenehmer 44.
Probeweise geeicht 101, 103.
Prototyp.
— des Kilogramm 1.
— des Meter 1.
— internationale 1, 2, 6, 98.
— nationale 7, 98.
Prüfung.
— mit Stempelung 78.
— ohne Stempelung 78.
— vorschriftsmäßige 57, 58.
Publikum 28.

Q.

Quadratdezimeter 13, 15, 223.
Quadratkilometer 13, 15, 223.
Quadratmeter 12, 15, 223.
— Teile und Vielfache 13.
Quadratmillimeter 13, 15, 223.
Quadratzentimeter 13, 15, 223.
Qualität, Feststellung der 33.
Quantitätsbestimmung 33, 34.
— Nachprüfung einer 33.

R.

Rahmenmaße.
— Eichgebühren 141.
— Eichvorschriften 170.
— Verkehrsfehlergrenzen 131.
Rechtsgeschäft, Festsetzung eines 30.
Rechtsprechung, Zusammenstellung von Urteilen 261.
Reichsadler im Stempelzeichen 107, 124, 204, 220, 243.
Rektometer 45.
Revisionen, polizeilich-technische 71.
Richtig, Begriffsbestimmung 68, 148.
Richtigkeit, Feststellung 69.
absolute 69.

S.

Schablone für Steuerzwecke 44.
Schankgefäße 39.
— Gesetz betr. Bezeichnung usw. 259.
Schublehre 44.
Schwere 5, 6.
— Beschleunigung der 5.
Sicherungsstempel 110.
Sollgröße 69.
Stellvertreter, Verantwortlichkeit der 115.
Stempel.
— Abmessungen der 243.
— Eich- 74.
— mustergültige Formen 243.
— Ort und Zahl der 58, 110.
Stempelung.
— Ausführung 149.
— überflüssige 60.
— ungesetzliche 60.
— ungültige 60.
— unvollständige 59.
— unvorschriftsmäßige 57, 58.
— vorschriftsmäßige 57, 58.
— auf Plombe 110.
— bei der Nacheichung 109, 111.
Stempelzeichen.
— Bedeutung 109, 110.
— Bekanntmachung betr. 124.
— Festsetzung der 106.
— Form der 107.
— Freizügigkeit 111.
— Größe 243, 244.
— Gültigkeitsdauer 109.
— undeutliche 59, 109.
— Unterscheidungsmerkmale 107.
— urkundlicher Charakter 108.
Steueramtliche Meßgeräte s. 22, 41, 126.
— Beglaubigung 42.
— Eichung 22, 43.
— Vorschriften über 245.
Steuervorschriften, Zusammenstellung von Auszügen 245.

Strafbarkeit, Voraussetzung für die 112.
Strafbestimmungen 111.
— Begründung der 112.
— Umfang der 112.
Strähnhaspel 44.
Stückfaß 51, 56.
Sainte-Claire-Deville 8, 16.
Staß 16.

T.

Tarameter 32, 36, 37.
Textilindustrie, Meßgeräte der 45, 126.
Textilwaren 44, 126.
Thermoalkoholometer.
— Befreiung von der Nacheichung 66.
— Eichgebühren 143.
— Eichpflicht 49.
— Eichvorschriften 201.
— Verbot unrichtiger 67.
— Verkehrsfehlergrenzen 136.
Thermometer, Steuervorschriften 43.
Thermometerskala.
— Tonnelot Hartglas 4.
— Wasserstoff international 5.
Tonne 15, 21, 51.
Tonnelot-Thermometer 4, 10.
Tonnelot-Thermometer 4321.
— Beschreibung 10.
— Druckkoeffizienten 11.
— Fundamentalabstand 12.
— Kaliberfehler 11.
— Nullpunkt 12.
— Reduktion auf Wasserstoff 5.
— Teilung 11.
— Untersuchung 11.
— Zertifikat 10.
Transportgefäß 36, 38.
Tauflieb, Frl. 11.
Thiesen 17.
Tonnelot 4, 10, 17.
Tornöe 8, 9, 16, 17.
Treska, G. 7.

U.

Überliefern 24.
Überlieferung 25, 30, 54.
Übergangsbestimmungen.
— Erlaß von 116.
— für Bierfässer 118, 123.
— für Förderwagen 105, 118, 123.
— für Geräte ohne Jahreszeichen 119.
— für Molkereigeräte 67, 146.
— für unvorschriftsmäßige Geräte 104, 105, 146.
— für Viertelhektoliter 118, 123.
Unbrauchbarmachung 111, 113, 117.
Ungeeicht 109.
Unlauterer Wettbewerb 30.
— Gesetz gegen den 240.
Unrichtig 68, 69.
Unrichtigkeit 68, 70.
Unterabteilungen der Maße 73.
Unvorschriftsmäßig 69.
— gestempelt 60, 110.
Unzulässig 69.
Urgewicht.
— deutsches s. Urkilogramm 16.
— französisches 1.
— internationales 2.
Urkilogramm 16.
— Aufbewahrung 16.
— Beschreibung 16.
— chemische Zusammensetzung 16.
— Masse 17.
— Nachprüfung 18.
— Volumen 17.
— Zertifikat 16.
Urmaß.
— deutsches s. Urmeter 7.
— französisches 1.
— internationales 2, 3.
Urmeter.
— Aufbewahrung 7.
— Ausdehnung 9.
— Beschreibung 8.
— chemische Zusammensetzung 8.
— Hilfsstriche 10.
— Länge bei 0 Grad 9.
— Nachprüfung 10.
— Zertifikat 7.
Urteile, Zusammenstellung letztinstanzlicher 261.

V.

Vereine, Verkehr der 27, 113, 116.
— verantwortliche Personen 116.
Verkauf, feiler 24.
Verkaufsräume 26.
Verkaufsstellen.
— nicht offene 22, 23, 25, 26, 30.
— offene 23, 29, 30, 39.
Verkehr s. a. eichpflichtiger, öffentlicher Verkehr.
— Auslands- 22, 30.
— der Behörden 27, 113.
— der Vereine 27, 113, 116.
— eichpflichtiger 30, 61.
— Geschäfts- 29.

Verkehr, Handels- 22, 23, 26.
— handelsgewerblicher 27.
— Herausziehung von Geräten aus dem 104.
— öffentlicher 22, 23, 26, 27, 30.
— Überwachung des 103.
— Waren 23.
Verkehrsfähig 99, 109.
Verkehrsfähigkeit 70, 110
— Entziehung der 150.
Verkehrsfehlergrenzen 68, 128.
— Bekanntmachung betr. 128.
— Größe der 70.
— für Längenmaße 128.
— für Dickenmaße 129.
— für Fässer 131.
— für Flüssigkeitsmaße und Meßwerkzeuge 130.
— für Gasmesser 136.
— für Getreideprober 136.
— für Gewichte 132.
— für Hohlmaße und Meßwerkzeuge 131.
— für Thermoalkoholometer 136.
— für Wagen 133.
Vernichtung 111, 113, 117.
Verordnung, Kais. betr. Inkrafttreten der M. u. G.O. 117, 123.
Verschulden des Täters 35, 112.
Viertelhektoliter 72.
— Übergangsbestimmungen 118, 123.
— Verkehrsfehlergrenzen 131.
Vorsatz des Täters 35, 112.

W.

Wagen s. a. festfundamentierte Wagen.
— Eichgebühren 141.
— Eichpflicht 22.
— Eichvorschriften 181.
— Nacheichungsfristen 61.
— Steuervorschriften 43.
— Verbot unrichtiger 67.
— Verkehrsfehlergrenzen 133.
Wägen 22, 27, 30.
— Begriffsbestimmung 34.
Warenumsatz 32.
Warenverkäufer 23, 25.
Warenverkehr 23.
Wassergas 50.
Wassermesser, Befreiung vom Eichzwang 65, 127.
Wasserstoffskala, internationale 4, 7.
Weifen 36, 45.
Wein 30, 50.
— ausländischer 56.
— Begriffsbestimmung 56.
Weinähnliche Getränke 56.
Weinfässer s. a. Fässer.
— Eichpflicht 50, 54.
— Eichvorschriften 166.
— Nacheichungsfrist 61.
— Ruhen der Nacheichungsfrist 62, 64.
Weingeistige Flüssigkeiten 49, 50.
Weinhaltige Getränke 56.
Wettbewerb, unlauterer 30.
— Gesetz gegen den 240.
Wickelmaschine 45.

Z.

Zentimeter 13, 15, 223.
Zentralstelle für Gewerbe und Handel 87.
Zertifikat.
— des Thermometers Tonnelot 4321 10.
— des Urkilogramms 16.
— des Urmeters 7.
Zulassung, Verfahren bei der 101.
— probeweise 102, 103.
Zumessen 24, 26, 29, 31.
Zusammenstellung
— von Steuervorschriften 245.
— von Urteilen 261.
Zuwägen 24, 26, 29.
Zuwiderhandeln 111, 112.
Zuwiderhandlung gegen § 22 112.

GPSR Compliance

The European Union's (EU) General Product Safety Regulation (GPSR) is a set of rules that requires consumer products to be safe and our obligations to ensure this.

If you have any concerns about our products, you can contact us on ProductSafety@springernature.com

In case Publisher is established outside the EU, the EU authorized representative is:

Springer Nature Customer Service Center GmbH
Europaplatz 3
69115 Heidelberg, Germany

Batch number: 10844627

Printed by Printforce, the Netherlands